간찰, 붓길 따라 인연 따라

동혼재東昏齋 석한남石韓男

고문헌 연구가. 독학으로 한문과 고서화를 공부하여 약 3만 자 정도의 고문 문장을 외우고 있고, 초서로 쓰인 옛 편지 2천여 편을 탈초 번역했으며, 사서와 노장철학에 능하다. 2008년부터 경희대학교, 국민대학교, 예술의전당, 추사박물관, 단재신채호기념관, 육사박물관, 소암기념관 등에서 고서화 전시 자문을 맡았고, 고문서의 탈초와 번역을 했다. 법무법인 율촌, 포스코 등 기업체 및 아주대학교 등 대학교, '에이트 인스티튜터' 등 미술교육기관, 공무원 연수원 등에서 '공자와 경제', 'A4 4장으로 읽는 대학', '중용', '장자와 쉼', '우리 옛 글씨와 그림 읽기' 등의 강의를 했다. 2017년 국립중앙도서관에서 2개월 동안 '동혼재 석한남의 고문헌 사랑' 기획전을 열었다. 저서로 『명문가의 문장』(학고재), 『다산과 추사, 유배를 즐기다』(가디언), 『지금, 노자를 만날 시간』(가디언), 『전각, 세상을 담다』(광장), 『건축가의 서재』(태학사·광장)이 있고, 번역서로 『정벽(貞碧) 유최관(柳最寬)』, 『추사가 사랑한 꽃』(이상 추사박물관), 『고간(古簡)』(소암기념관), 『여선합벽(麗鮮合璧)』, 『황각필한(黃閣筆翰)』(이상 경희대학교) 등과 그 외 밀양 박씨, 고령 신씨 등의 문중 자료 다수가 있다.

간찰, 붓길 따라 인연 따라
조선 선비 142인의 명필 편지 모음

초판 1쇄 발행 2025년 6월 5일

기획 | 더프리마아트센터
글 | 석한남

펴낸곳 | (주)태학사
등록 | 제406-2020-000008호
주소 | 경기도 파주시 광인사길 217
전화 | 031-955-7580
전송 | 031-955-0910
전자우편 | thspub@daum.net
홈페이지 | www.thaehaksa.com

편집 | 조윤형 여미숙 김태훈
마케팅 | 김민선
경영지원 | 김영지

ⓒ 더프리마아트센터, 2025. Printed in Korea.

값 50,000원

ISBN 979-11-6810-360-3 (93810)

책임편집 | 조윤형
디자인 | 이윤경

간찰, 붓길 따라 인연 따라

조선 선비 142인의 명필 편지 모음

기획 더프리마아트센터
글 석한남

태학사

프롤로그

저는 부모님 모시고 근근이 살고 있습니다만, 굶어 죽은 시체가 계속 이어지고 있어 장차 살아남는 사람이 없게 생겼으니, 더 말씀드려 무엇 하겠습니까. 매일같이 밥상을 마주할 때마다, 목에 바늘이 걸린 것만 같습니다.

1671년(현종 12) 2월 13일, 남구만(南九萬)은 아저씨뻘 되는 집안 어른께 이렇게 편지를 썼다. 남구만은 "동창이 밝았느냐"라는 시조로 익히 잘 알려진 인물이다. 1670년부터 기상이변에 전염병까지 번져 조선 백성들은 전대미문의 대기근을 겪었다. 경술년(1670년)에 시작되어 신해년(1671년)까지 이어진 이 재앙을 역사는 경신대기근(庚辛大飢饉)으로 기록하고 있다.

이 대기근으로 조선 전역에서 100만 명 가까이 병과 굶주림으로 죽어 나갔다. 함경도에서는 메뚜기 떼가 출몰하여 구황작물까지 송두리째 먹어 치워 버린 탓에 백성들의 피해가 가장 컸다. 이때의 함경도관찰사가 남구만이었다.

땅속에 장사 지내고 나니 목소리도 모습도 영원히 다시 대할 수 없어, 이 한 몸은 쓸쓸하고 만 가지 일은 아득하기만 하여 문을 닫고 홀로 누워 눈물만 흘릴 뿐이니, 또 무슨 말씀을 드릴 수 있겠습니까.

1701년(숙종 27) 정월 12일 김창협(金昌協)은 생때같은 외아들을 가슴에 묻고 이렇게 썼다. 그의 아들 김숭겸(金崇謙)은 비록 19세의 나이로 요절했으나 학문이 깊었고 수백 편의 시를 남긴 수재였다.

김창협은 병자호란 때 척화파의 대표적 인물인 김상헌(金尙憲)의 증손자이다. 아버지는 영의정을 지낸 김수항(金壽恒)이다. 그의 형 김창집(金昌集)도 영의정을 지냈다. 김수항과 김창집 부자는 당쟁의 격변기에 사약을 받고 세상을 떠났다. 김창집의 후손에서만 왕비 3명, 영의정 4명, 좌의정 3명, 판서 13명이 배출되었다. 그리고 그의 4세손 김조순(金祖淳)으로부터 조선의 멸망으로 이어지는 세도정치가 시작되었다. 이 얘기는 여기서 논할 일은 아니다.

・・・

옛 편지를 간찰(簡札)이라고 통칭한다. 종이가 없던 시절에 대나무나 나뭇조각에 글을 써서 소통한 데서 그 이름이 유래한다. 송나라 정명도(程明道)는 『이정전서(二程全書)』「유서(遺書)」에 "서찰은 선비의 일에 가장 가깝다(至於書札 於儒者事 最近)."라고 썼다. 그래서 간찰을 '최근(最近)', '유근(儒近)', '근유(近儒)'라고도 불렀다.

간찰은 조선 선비의 정신세계와 생활양식의 속살을 적나라하게 보여 준다. 아울러 우리 조상들의 친필을 엿볼 수 있는 귀한 기회를 제공한다.

간찰은 한 시대를 살았던 선비들의 사생활과 가장 밀접한 까닭에 형식과 내용이 무척 다양하다. 수신인이 웃어른일 경우 간찰은 해서(楷書)에 가까운 행서(行書)로 정갈히 썼다. 그러나 자식이나 가까운 아랫사람에게 보내는 간찰의 글씨체는 참으로 난해해진다. 제삼자가 읽기에는 거의 불가능에 가깝다. 당시에도 아마 '개떡같이 쓰고 찰떡같이' 읽었을 것이다.

발신인이 상대방과 매우 친근하다는 것을 보여 주기 위해 이름까지 생략하는 경우도 있다. 이름 두 글자만 쓰면 될 일을 '잘 아는 처지에 이름을 생략'한다는 의미로 '불명(不名)'이라고 굳이 두 글자를 쓰기도 했다. 심지어 '흠(欠)'이라고 쓰는 경우도 보인다. '흠!'이나 '에헴!'이라는 의성어로써 이름을 쓰지 않는다는 의미를 표현한 것이다. 이 때문에 오랜 세월이 지난 후 연구하는 이들에게 논란과 골칫거리를 제공하고 있다.

심각한 내용이 담긴 간찰 끝에는 '병(丙)'이나 '정(丁)'을 써 놓기도 했다. 병(丙)과 정(丁)은 오행(五行)의 '불 화(火)'에 해당하므로 읽은 후에 태워 버리라는 당부이다. 그런데 의외로 이러한 간찰이 심심찮게 발견되는 것을 봐서 수신인들이 이를 대충 무시하기도 한 모양이다.

간찰의 뒷부분에는 물품을 보낸다는 내용이 자주 발견된다. 중국 사신 맞이에 여념이 없던 홍유구(洪有龜)는 1682년(숙종 8) 2월 18일 상대방에게 제수(祭需)를 보내면서 이렇게 썼다.

왼쪽에 약소하게 쓴 것은 제사의 제수에 보태려고 올려 드리는 것이지만, 이렇게 심히 보잘것없으니 도리어 부끄럽고 한심합니다.

누룩 두 덩이
민어 두 마리
조기 네 두름

간찰에 기록된 주고받는 선물로 이 정도면 매우 거창한 것이다. 선물은 대부분 부채나 달력, 종이나 먹, 고기나 과자 등에 지나지 않았다. 서로 화답하여 지은 시를 간찰에서 발견하게 되는 일도 그리 드문 일이 아니다. 당시 영의정이었던 김재로(金在魯)는 1750년(영조 26) 11월 18일 홍시를 선물로 받고 이렇게 감사 편지를 썼다.

보내 주신 홍시는 정이 담긴 맛난 음식이어서 감사한 마음으로 받았으며, 어떻게 보답해야 할지 모르겠습니다.

• • •

주고받은 간찰은 집안에서 고이 간직하였다. 사후에 문집이라도 펴낼 요량이면 후손들은 편지를 주고받았던 상대 집안을 찾아가 이미 보낸 간찰을 찾아오기도 했다. 이렇게 모아 서책으로 엮은 것을 '간찰첩(簡札帖)', '간독첩(簡牘帖)' 등으로 부른다. 간찰첩이 시중에서 상품으로 거래되기 시작한 시기는 아마도 일제강점기 전후로 여겨진다.

이 물건의 주인에게 80원에 마침내 겨우 승낙을 받았습니다. 그러나 소인에게는 조금의 이문도 없습니다. 부디 살펴 주시기를 간절히 바랍니다.

데라우치 마사다케(寺內正毅)가 조선에서 수집한 『명현간독(名賢簡牘)』의 표지를 넘기면 이 쪽지가 나온다. 1910년 식민지 조선의 총독으로 부임한 데라우치는 조선의 고미술품에 흠뻑 빠져 방대한 양의 조선 골동품을 사들였다. 그의 의도가 무엇이었든 간에 그 어마어마한 구입 비용은 사적인 영역을 넘어선 것으로 보인다. 데라우치 사후 1922년에 문을 연 데라우치문고에는 조선의 간찰과 법첩만 해도 191책 150종에 달했다.

1996년 1월 야마구치현립대학이 경남대학교에 기증하면서 데라우치문고 중 135첩과 1축으로 된 조선시대의 전적(典籍)이 우리나라로 돌아왔다. 이를 애국적인 기자들은 '약탈 문화재 반환'이라고 선동적으로 썼다. 그리고 경남대학교는 20여 년이나 걸려 이를 '한마고전총서(汗馬古典叢書)'로 간행하였다.

우리나라 사람으로 간찰첩의 소중한 가치를 알고 수집에 나선 대표적인 인물은 위창(葦滄) 오세창(吳世昌)이다. 위창은 개화사상가로 서화와 금석학에 뛰어났던 역매(亦梅) 오경석(吳慶錫)의 아들이다. 역매는 추사(秋史) 김정희(金正喜)의 제자로, 추사로부터 저 유명한 〈세한도(歲寒圖)〉를 받은 추사의 제자 우선(藕船) 이상적(李尙迪)에게서 학문을 배웠다.

위창은 고려 말부터 근대기에 이르는 1,136명에 달하는 역대 명사들의 진적(眞蹟)을 수집하여 『근묵(槿墨)』이라는 다섯 권의 책으로 엮었다. 이 『근묵』은 성균관대학교 박물관에 기증되어 지금도 그 가치를 빛내고 있다.

다산(多山) 박영철(朴榮喆)은 일제강점기에 고위 관료와 실업가로 활동하면서 위창의 도움을 받아 간찰을 포함한 대규모 고서화를 구입했다. 그는 막대한 자금을 들여 소장한 수집품에 거금까지 보태어 경성제국대학에 기증했다. 서울대학교 박물관은 그의 헌신적인 후원의 토대 위에서 건립되었다. 현재 그는 친일반민족행위자로만 기억되고 있다.

석당(石堂) 정재환(鄭在煥)은 6·25전쟁으로 흩어져 있던 고서화를 열정적으로 수집하여 자신이 설립한 동아대학교에 수장하였다. 많은 양의 중요한 간찰들이 포함된 동아대학교 석당박물관의 유물은 대학 박물관 소장품 중 발군의 위치를 차지하고 있다. 동아대학교는 이 방대한 간찰들을 정리하여 1983년 『선현필적집(先賢筆蹟集)』으로 펴냈다. 그리고 지금 필자가 다시 수정, 보완하여 번역하는 작업을 하고 있다.

경희대학교 설립자 조영식(趙永植)이 수집한 10여 권의 간찰첩도 무척 훌륭하다. 『여선합벽(麗鮮合璧)』·『황간필한(黃閒筆翰)』 두 권을 필자가 번역했다. 예산 관계로 더 이상 진행하지 못하고 있어서 안타깝다.

개인이 수집한 간찰첩으로 1992년 편찬된 『명가잉묵(名家賸墨)』 7권은 기억할 만하다. 소장가 이종덕(李鍾悳)은 머리말에 은행 융자 등으로 자금을 구하여 어렵게 수집하였다고 썼다. 유림으로 일제강점기 관리를 지낸 이명세(李明世)의 아들인 이종덕은 러시아 대사를 지낸 이인호(李仁浩) 교수의 아버지이기도 하다. 번역 작업 없이 도판으로만 출간되어 아쉬움이 남는다.

더프리마 회장 신암(愼庵) 이상준(李相俊)은 미술계에서 알 만한 사람은 다 아는 유명 컬렉터이다. 그의 컬렉션에는 빛나는 미술품으로 가득하다.

그는 자신의 컬렉션 중에서도 간찰을 비롯한 우리 옛 글씨에 남다른 애정을 가지고 있다. 그 밑바탕에는 백아(白我) 양지환(梁址煥)의 외종손으로서의 인문학적 정서가 은연중에 영향을 끼쳤을 것이다.

백아는 독립투사이자 교육자, 시서화에 뛰어난 문화예술인으로 널리 알려져 있는 인물이다. 특히 글씨를 잘 써서 남원의 실상사(實相寺) 명부전(冥府殿), 함양의 서진암(瑞眞庵)·등구정(登九亭) 등 많은 현판을 남겼다.

그는 고향 함양에 차군정(此君亭)을 세우고 의재(毅齋) 허백련(許百鍊), 효당(曉堂) 최범술(崔凡述)과 더불어 석불(石佛) 정기호(鄭基浩), 운여(雲如) 김광업(金廣業), 금당(錦堂) 최구용(崔圭用), 청남(菁南) 오제봉(吳濟峰), 운전(芸田) 허민(許珉), 청사(晴斯) 안광석(安光碩) 등과 교유하였다. 차군정의 현판은 당대의 거장 해강(海岡) 김규진(金圭鎭)이 썼다.

의재는 백아의 조카딸 혼인식에 8폭 병풍을 선물했다. 이 병풍은 6·25전쟁 와중에 유실되었다. 이상준 회장은 모친이 시집올 때 가져온 이 8폭 병풍 중 두 폭을 우여곡절 끝에 손에 넣어 지금까지 소중하게 간직하고 있다. 그리고 언젠가 나머지 여섯 폭을 찾아 제대로 병풍을 완성하고 싶어 한다.

옛 간찰첩의 소장자 중에서 이를 탈초, 번역하여 책으로 출간한 경우는 기관을 제외하고 지금까지 찾아볼 수 없다. 평생을 기업인으로 살아온 이상준 회장은 앞으로 누가 읽게 될지도 모르는 책을 기꺼이 펴내려고 했다. 그가 물려받은 정신적 유산이 마음의 빚으로 남아 있었던 탓일지도 모를 일이다.

여러 해 함께 공부한 시절 인연으로 한미한 서생이 감히 나서서 이렇게 책으로 엮어 보았다. 강호제현(江湖諸賢)의 질정(叱正)과 응원을 바란다.

2025년 5월
동혼재 석한남

차례

프롤로그 · 004

제1부

정여창~김장생
1400년대 후반~1500년대 전반 출생 인물들의 간찰

001	정여창(鄭汝昌)	018
002	조광조(趙光祖)	021
003	이언적(李彦迪)	024
004	성수침(成守琛)	027
005	이황(李滉)	030
006	금난수(琴蘭秀)	033
007	김부륜(金富倫)	036
008	김현성(金玄成)	040
009	이원익(李元翼)	042
010	김장생(金長生)	045

제2부

전(傳) 송상현~채유후
1500년대 후반 출생 인물들의 간찰

011	전(傳) 송상현(宋象賢)	050
012	이항복(李恒福)	054
013	한준겸(韓浚謙)	057
014	전(傳) 김지남(金止男)	060
015	이준(李埈)	062
016	김상준(金尙寯)	066
017	이홍주(李弘胄)	069
018	박동선(朴東善)	072
019	이정구(李廷龜)	075
020	성계선(成啓善)	078
021	박동량(朴東亮)	080
022	심열(沈悅)	083
023	김상헌(金尙憲)	085
024	김류(金瑬)	089

025	기협(奇協)	092
026	이현영(李顯英)	095
027	조익(趙翼)	098
028	김육(金堉)	101
029	이시백(李時白)	105
030	정홍명(鄭弘溟)	108
031	윤신지(尹新之)	111
032	이식(李植)	114
033	강학년(姜鶴年)	118
034	이경여(李敬輿)	121
035	심대부(沈大孚)	124
036	조경(趙絅)	128
037	장유(張維)	131
038	오준(吳竣)	134
039	신익성(申翊聖)	137
040	이해(李澥)	140
041	김세렴(金世濂)	143
042	이시방(李時昉)	146
043	이원진(李元鎭)	149
044	이명한(李明漢)	152
045	조속(趙涑)	155
046	이경석(李景奭)	157
047	허목(許穆)	162
048	박정(朴炡)	166
049	김남중(金南重)	169
050	이소한(李昭漢)	173
051	채유후(蔡裕後)	176

제3부

박의~김우항
1600년대 전반 출생 인물들의 간찰

052	박의(朴漪)	180
053	임유후(任有後)	183
054	이시술(李時術)	187
055	송시열(宋時烈)	190
056	허격(許格)	195
057	황호(黃㦿)	199
058	유도삼(柳道三)	202
059	윤선거(尹宣擧)	205
060	박장원(朴長遠)	209
061	이정기(李廷夔)	211
062	이상진(李尙眞)	214
063	이태연(李泰淵)	217
064	이정영(李正英)	220
065	이은상(李殷相)	222
066	홍위(洪葳)	225
067	여성제(呂聖齊)	230
068	김수흥(金壽興)	233
069	이단상(李端相)	238
070	남용익(南龍翼)	241
071	김수항(金壽恒)	244
072	남구만(南九萬)	250
073	이세화(李世華)	256
074	정재숭(鄭載嵩)	259
075	홍유구(洪有龜)	261
076	이민서(李敏敍)	264

077	윤심(尹深)	267
078	김석주(金錫胄)	270
079	신익상(申翼相)	276
080	서문중(徐文重)	279
081	이세백(李世白)	282
082	윤지완(尹趾完)	285
083	나양좌(羅良佐)	288
084	조지겸(趙持謙)	291
085	조위명(趙威明)	294
086	조상우(趙相愚)	297
087	심익현(沈益顯)	300
088	권상하(權尙夏)	303
089	이돈(李墪)	308
090	이세필(李世弼)	311
091	심권(沈權)	314
092	오도일(吳道一)	317
093	이유(李濡)	322
094	신완(申琓)	325
095	최석정(崔錫鼎)	329
096	박태유(朴泰維)	333
097	이세재(李世載)	336
098	이정겸(李廷謙)	340
099	정재륜(鄭載崙)	343
100	김구(金構)	346
101	김우항(金宇杭)	351

제4부

강현~원경하
1600년대 후반 출생 인물들의 간찰

102	강현(姜鋧)	356
103	최규서(崔奎瑞)	359
104	김창협(金昌協)	364
105	송징은(宋徵殷)	381
106	이익수(李益壽)	384
107	김창흡(金昌翕)	387
108	박태보(朴泰輔)	395
109	이희조(李喜朝)	398
110	이인엽(李寅燁)	402
111	송상기(宋相琦)	405
112	김진규(金鎭圭)	408
113	윤덕준(尹德駿)	411
114	김창업(金昌業)	414
115	민진후(閔鎭厚)	417
116	오태주(吳泰周)	420
117	최창대(崔昌大)	422
118	채팽윤(蔡彭胤)	425
119	이병연(李秉淵)	428
120	한지(韓祉)	431
121	윤순(尹淳)	434
122	이재(李縡)	439
123	김재로(金在魯)	442
124	안중관(安重觀)	445
125	윤봉구(尹鳳九)	448
126	유척기(俞拓基)	450
127	원경하(元景夏)	454

제5부

김시찬~미상(未詳)
1700년대 이후 출생 인물들의 간찰

128	김시찬(金時粲)	458
129	조명정(趙明鼎)	461
130	조중회(趙重晦)	464
131	서지수(徐志修)	467
132	김상숙(金相肅)	470
133	홍낙성(洪樂性)	473
134	김종후(金鍾厚)	476
135	민백분(閔百奮)	486
136	김종수(金鍾秀)	489
137	김근순(金近淳)	494
138	조두순(趙斗淳)	496
139	미상(未詳) 1	499
140	미상(未詳) 2	501
141	미상(未詳) 3	503
142	미상(未詳) 4	506

에필로그 - 이상준 • 510

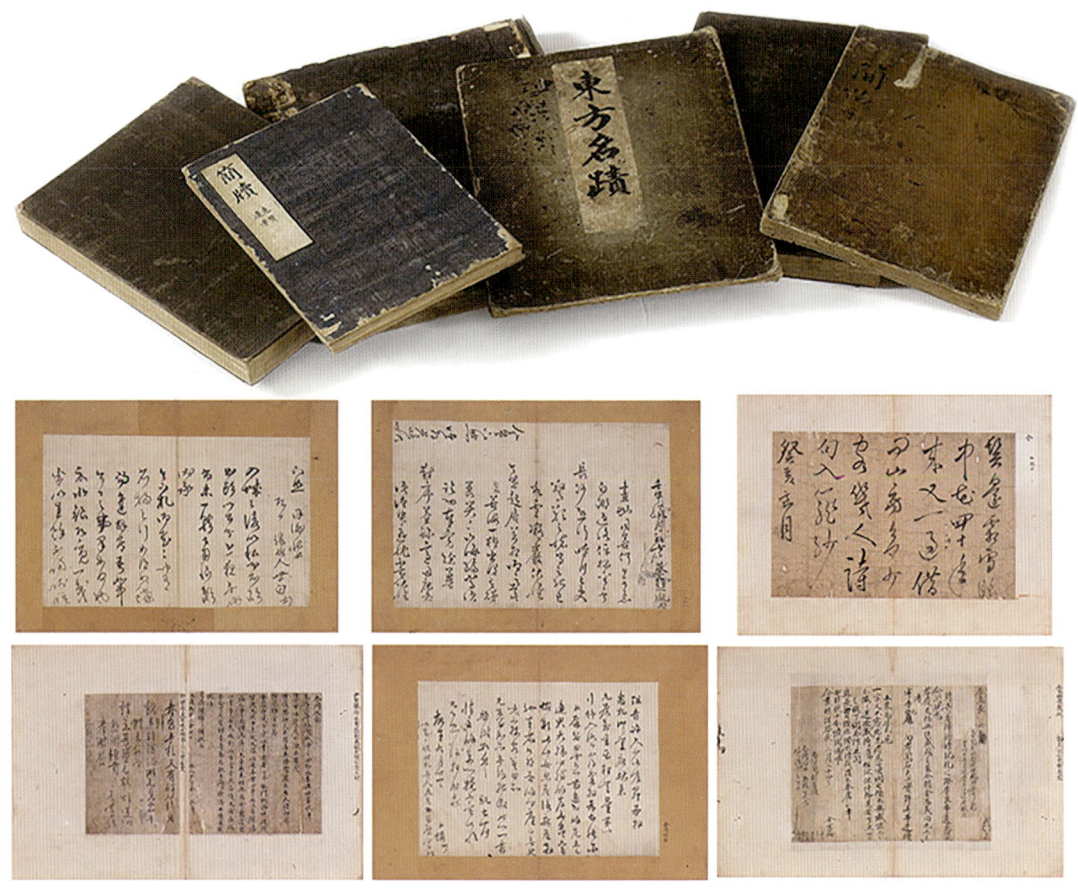

『동방명적(東方名蹟)』 등 조선시대 간찰첩 6책과 내지. 더프리마아트센터 소장.

일러두기

- 이 책은 더프리마아트센터에서 소장하고 있는 조선시대 간찰첩 6책에 수록된 142명의 간찰(簡札) 및 시고(詩稿) 총 164편을 필자들의 생몰년 순으로 재구성한 것이다.
- 각 편은 '필자 소개', '간찰 원문과 독음', '번역문 및 주석', '간찰 도판'으로 구성되어 있으며, 한 필자가 2편 이상의 간찰을 쓴 경우도 있다.
- 간찰 도판 중에는 구(舊) 소장자가 해당 간찰 필자에 관한 정보를 적어 붙여 놓은 필적이 포함된 것도 있는데, 이는 번역하지 않았다.

제1부

정여창~김장생

1400년대 후반~1500년대 전반 출생 인물들의 간찰

정여창(鄭汝昌)　1450(세종 32)~1504(연산군 10)

본관은 하동(河東). 자는 백욱(伯勗), 호는 일두(一蠹)·수옹(睡翁)이다.

김굉필(金宏弼)과 함께 김종직(金宗直)의 문하에서 학문을 연마하였다. 1483년(성종 14) 사마시에 합격하였으며, 효행과 학식으로 추천되어 소격서 참봉에 제수되었으나 사양하였다. 그해 별시문과에 급제하고, 예문관검열을 거쳐 시강원설서를 지냈다.

1495년(연산군 1) 안음현감(安陰縣監, '안음'은 현 경남 함양 지역의 옛 지명)에 임명되어 백성들의 괴로움과 고통이 부렴(賦斂 : 조세를 거둠)에 있음을 알고「편의수십조(便宜數十條)」를 지어 시행하여 백성들로부터 칭송을 들었다. 고을을 다스리면서 한편으로는 고을의 총명한 자제를 뽑아 친히 교육하였으며, 봄가을로 양로례(養老禮)를 행하였다. 이 내용은 다산(茶山) 정약용(丁若鏞)의『목민심서(牧民心書)』에도 나온다.

1498년 무오사화(戊午士禍) 때 종성(鍾城)으로 유배되어 1504년 세상을 떠났으며, 연산군의 어머니 윤 씨의 사사(賜死)와 얽혀 야기된 갑자사화(甲子士禍)로 부관참시되었다. 중종 대에 우의정에 증직되었다. 저서로『일두유집(一蠹遺集)』이 있다.

· · ·

以書投閱 雖暫慰沃 豈若相對穩討情素耶 이서투열 수잠위옥 기약상대온토정소야
雪寒侍奉萬安 是慰是慰 설한시봉만안 시위시위

生 侍老僅遣 知荷遠念 생 시로근견 지하원념

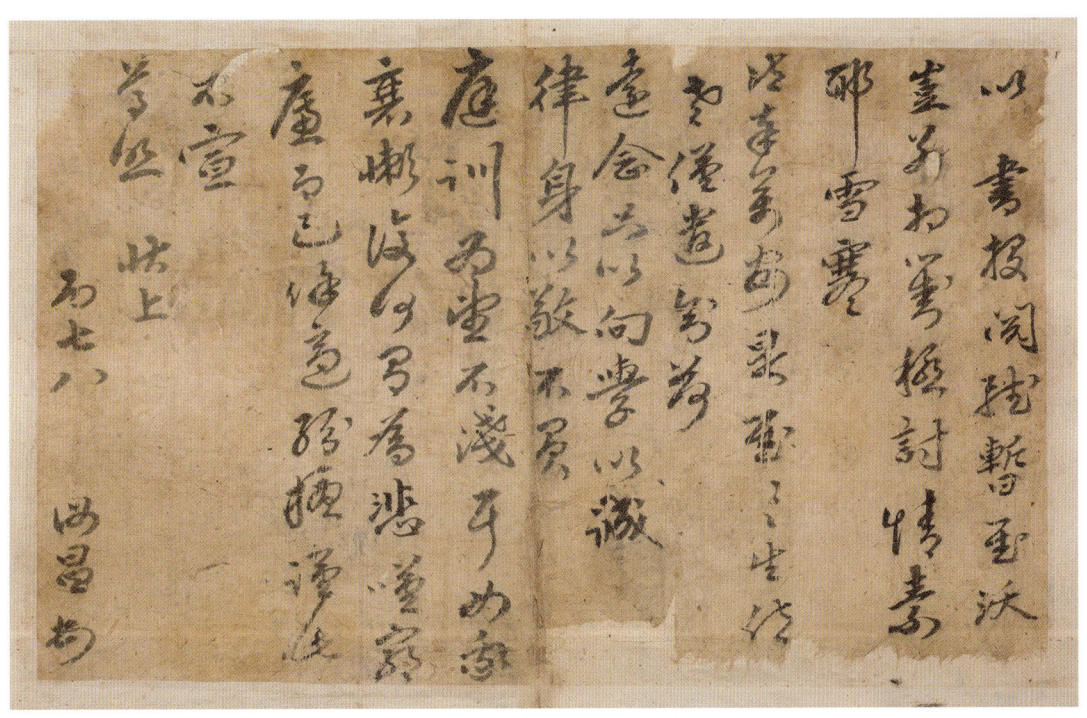

只以向學以誠 律身以敬 不負庭訓 지이향학이성 율신이경 불부정훈

爲望不淺耳 위망불천이

如我衰懶 復何有爲 悲嘆窮廬而已 여아쇠라 부하유위 비탄궁려이이

餘適紛擾 謹此不宣 尊照 狀上 여적분요 근차불선 존조 장상

丙 七 八 병칠팔　汝昌 頓 여창 돈

보내 주신 편지를 읽고 나니, 비록 잠시나마 위안은 되었습니다. 그렇지만 만나서 흉금을 터놓고 얘기하는 것만 하겠습니까.
눈보라 차가운데 부모님 모시고 편안하시다고 하니 위로가 됩니다.

저는 멀리서 염려해 주시는 덕분으로 늙으신 부모님 모시고 그럭저럭 지내고 있습니다.
다만, 성(誠)으로써 학문에 나아가고, 경(敬)으로써 스스로를 다스리며, 정훈

(庭訓)¹을 저버리지 않으려는 마음만 간절할 뿐, 저같이 늙고 게으른 사람에게 또 무엇이 있겠습니까.

곤궁한 초막에서 슬피 탄식만 하고 있을 뿐입니다.

나머지 사연은 어지럽고 시끄러운 까닭에 다 쓰지 못합니다. 삼가 글을 맺습니다. 살펴 주시기 바랍니다.

병(丙)년 7월 8일 여창 올림

---

1 정훈(庭訓) : '뜰에서 내린 교훈'이란 뜻으로, 아버지가 자식에게 내리는 가르침을 이른다. 공자(孔子)가 아들 백어(伯魚)에게 뜰에서 시와 예를 배우도록 가르친 일에서 나온 말이다. 『논어(論語)』 「계씨편(季氏篇)」에 나온다.

조광조(趙光祖)

1482(성종 13)~1519(중종 14)

본관은 한양(漢陽). 자는 효직(孝直), 호는 정암(靜菴)이다.

김굉필(金宏弼)의 문인으로, 김종직(金宗直)의 학통을 이어 사림파(士林派)의 영수가 되었다. 1510년(중종 5) 사마시에 장원으로 합격하고, 1515년 관직에 있으면서 가을 별시문과에 급제하였다.

전적, 감찰, 예조좌랑을 지내면서 왕의 두터운 신임을 얻게 되었으며, 정언이 되어 언관으로서 왕도정치의 실현을 역설하였다. 그의 이러한 도학정치는 후일 이황(李滉)·이이(李珥) 같은 학자가 탄생할 수 있었던 기반이 되었으며, 조선시대의 풍습과 사상을 유교식으로 바꾸어 놓는 데 중요한 동기가 되었다.

또한 유학의 이상정치를 구현하기 위해 미신 타파를 내세워 소격서(昭格署)를 혁파하고, 신진 사류들을 정계에 본격적으로 진출시키면서 훈구 세력인 반정공신과 대립하게 되었다. 그러나 이러한 시도는 도학정치와 과격한 언행에 염증을 느끼게 된 왕에 의해 실패에 그치게 되었다. 결국 그는 1519년(중종 14)에 사사되었는데, 이 사건이 바로 기묘사화(己卯士禍)이다.

율곡 이이는 김굉필·정여창(鄭汝昌)·이언적(李彦迪) 등과 함께 그를 동방사현(東方四賢)이라 불렀다. 저서로 『정암집(靜菴集)』이 전한다.

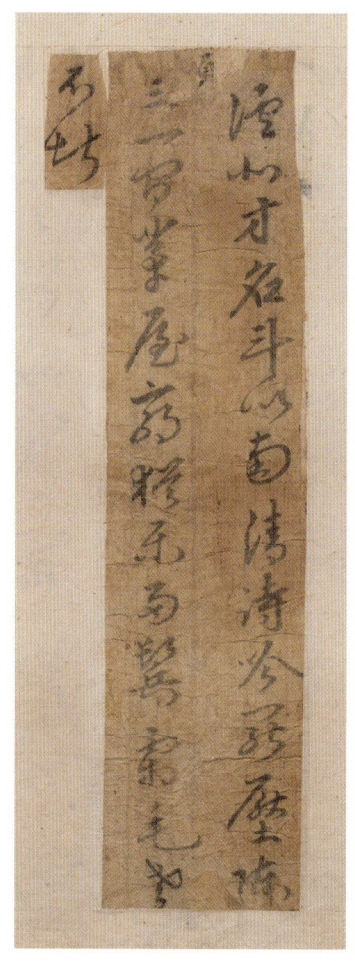

· · ·

溪北才名斗以南 계북재명두이남
淸詩吟罷壓陳三 청시음파압진삼
一間茅屋窮猶樂 일간모옥궁유락
兩鬢霜毛老不堪 양빈상모노불감

계북(溪北)¹의 재명(才名) 북두 이남에서 가장 빼어나²

1   계북(溪北) : 어느 분의 호인 듯한데 미상이다. 조광조의 문집 『정암집(靜菴集)』에 수록된 「박제독에게 남기는 시(拾遺 贈朴提督)」에도 이 시와 표현이 유사한 구절 "斗北高名嶺以南 淸詩

맑은 시 읊고 나니 진삼(陳三)³을 압도하네.
한 칸 초가집에 가난은 오히려 즐거운데
서리 앉은 귀밑머리 늙어 감이 벅차네.

吟罷壓陳三"이 사용되었다.
2 북두 이남에서 가장 빼어나 : 두(斗)는 북두성(北斗星)이란 뜻으로 즉 천하를 의미한다. 당나라 때 인인기(藺仁基)가 적인걸(狄仁傑)의 어즮을 일컬어 "적공의 어즮은 북두성 남쪽의 제일인자이다(狄公之賢 北斗以南一人而已矣)."라고 한 데서 온 말이다.
3 진삼(陳三) : 송나라 때의 문인 진사도(陳師道, 1053~1101)를 가리킨다. 그는 증공(曾鞏)에게서 문장을 배우고 황정견(黃庭堅)의 시를 배웠다. 벼슬에 나아가지 않고 안빈낙도(安貧樂道)의 삶을 살면서 동서(同壻)인 조정지(趙挺之)의 탐오함을 미워하였는데, 추운 날씨에 아내가 빌려 온 조정지의 옷을 입지 않고 제사에 참석하다가 결국 감기에 걸려 죽었다고 한다. 『송사(宋史)』 「진사도열전(陳師道列傳)」에 나온다.

이언적(李彦迪)   1491(성종 22)~1553(명종 8)

본관은 여주(驪州). 자는 복고(復古), 호는 회재(晦齋)·자계옹(紫溪翁)이다. 회재라는 호는 회암(晦菴 : 주희의 호)의 학문을 따른다는 견해를 보여 준다.

1514년(중종 9) 문과에 급제하여 이조정랑, 사헌부장령, 밀양부사, 사간, 직제학, 전주부윤 등을 거쳐 이조·예조·형조의 판서를 역임하고, 좌찬성을 지냈다.

사화가 거듭되는 사림의 시련기에 살았던 선비로서, 을사사화(乙巳士禍) 때는 좌찬성, 판의금부사라는 중요한 직책에 있으면서 사림과 권력층 간신 사이에서 불의와 타협하지 않고 온건한 해결책을 추구하였다. 그러나 결국 1547년(명종 2) 윤형원(尹元衡) 일당이 조작한 '양재역벽서사건(良才驛壁書事件)'에 무고하게 연루되어 강계로 유배되었으며, 그곳에서 많은 저술을 남긴 후 세상을 떠났다.

그는 조선시대 성리학의 정립에 공헌한 선구적인 인물로서 성리학의 발전을 위해 중요한 역할을 하였다. 주희(朱熹)의 주리론적 입장을 정통으로 확립하여 이황(李滉)에게 전해 주었으며, 유배 생활을 하면서 『구인록(求仁錄)』·『대학장구보유(大學章句補遺)』·『중용구경연의(中庸九經衍義)』·『봉선잡의(奉先雜儀)』등 중요한 저술을 남겼다.

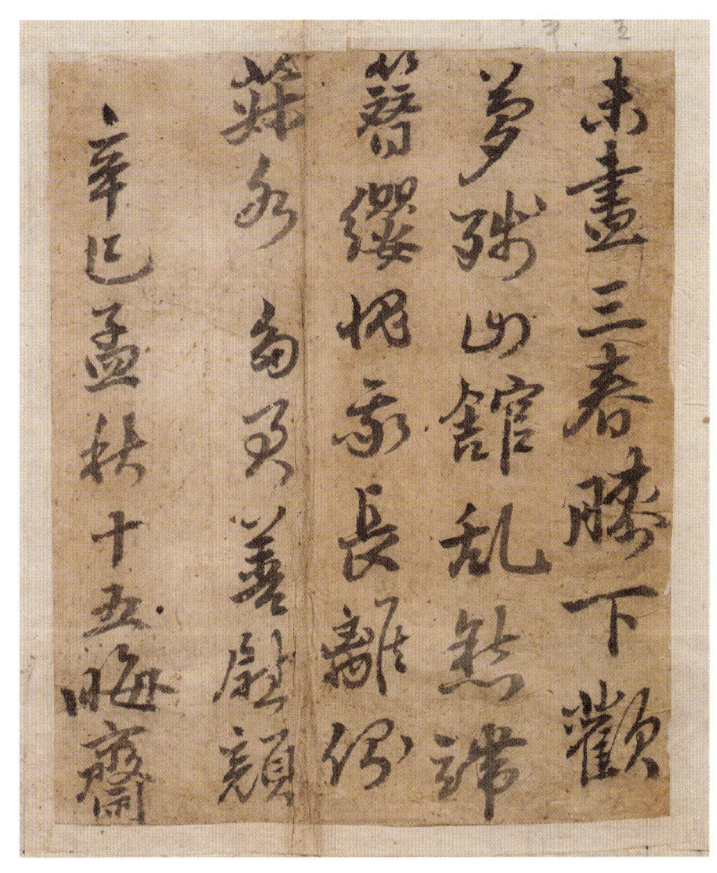

· · ·

未盡三春膝下歡 미진삼춘슬하환
夢殘山館亂愁端 잔몽산관난수단
簪纓愧我長離側 잠영괴아장리측
菽水多君善慰顔 숙수다군선위안

 辛巳 孟秋 十五 晦齋

부모님 슬하의 즐거움은 봄 석 달을 못 채웠고
산관에서 꿈을 깨니 서럽기만 하네.
부끄럽게도 벼슬살이로 오래 떠나 있으니

가난 속에서 봉양 잘하는 그대 모습이 부럽네.[1]

1521년 7월 15일　회재

* 이 시는 『회재집』 제3권에 「문경 객관에서 아우의 시에 차운하다(聞慶客館 次舍弟韻)」라는 제목으로 전하고 있다. 이 작품을 통해 이 시를 지은 정확한 시점이 밝혀지게 되었다.

1　가난 속에서 봉양 잘하는 그대 모습이 부럽네 : 원문의 '숙수(菽水)'는 가난한 생활을 말한다. 공자의 제자 자로(子路)가 집안이 가난해서 효도를 제대로 못 한다고 탄식하자, 공자가 "콩죽을 끓여 먹고 물을 마시더라도 기쁘게 해 드리는 일을 극진히 행한다면, 그것이 바로 효이다(啜菽飮水盡其歡 斯之謂孝)."라고 하였던 고사가 『예기(禮記)』 「단궁(檀弓)」에 전한다.

성수침(成守琛)

1493(성종 24)~1564(명종 19)

본관은 창녕(昌寧). 자는 중옥(仲玉), 호는 청송(聽松)·죽우당(竹雨堂)·파산청은(坡山淸隱)·우계한민(牛溪閒民)이다.

조광조(趙光祖)의 문인으로, 조광조에 의해 천거되어 벼슬길에 올랐다. 기묘사화(己卯士禍)로 조광조를 비롯한 많은 사림들이 처형 또는 유배당하자 벼슬을 버리고 낙향하여 '聽松(청송)'이라는 편액을 내걸고 은거하였다.

이후에도 몇 차례 관직에 임명되었으나 나아가지 않고 평생을 가난하게 살면서 『대학』과 『논어』 등 경서 공부에 전념하였다. 그의 문하에서 아들 성혼(成渾)을 비롯한 많은 석학들이 배출되었다.

글씨를 잘 써서 〈방참판유령묘갈(方參判有寧墓碣)〉 등의 친필을 남겼으며, 저서로 『청송집(聽松集)』이 전한다.

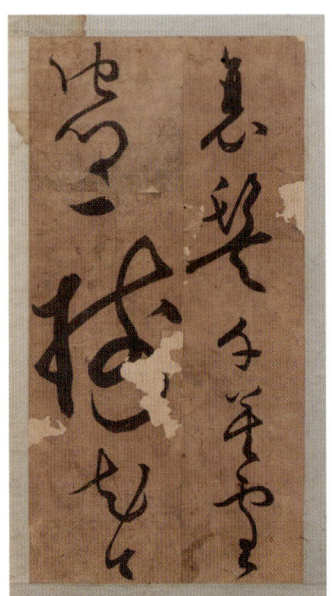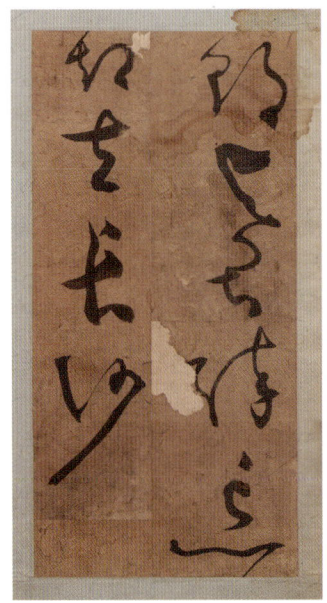

• • •

衰鬢千莖雪 쇠빈천경설
他鄕一樹花 타향일수화
今朝與君醉 금조여군취
忘却在長沙 망각재장사

희끗한 귀밑머리 천 갈래 눈처럼 희고
타향 땅 한 그루 나무엔 꽃이 피었구나.
이 아침 그대와 함께 술에 취하니
장사(長沙)[1]에 있다는 걸 까맣게 잊었네.

* 이 글씨는 중당(中唐) 때 시인 사공서(司空曙, 740?~790?)의 시 「강촌즉사(江村卽事)」를 쓴 것이다. 사공서의 자는 문명(文明) 또는 문초(文初)이며, '대력십재자(大曆十才子)'의 한 사람으로 우부낭중(虞部郞中) 벼슬을 지냈고, 저서로 『사공문명시집(司空文明詩集)』을 남겼다.

1   장사(長沙) : 한나라 문제(文帝) 때 가의(賈誼)가 권신(權臣)의 배척을 받아 '장사(長沙)'로 좌천되어 갔던 고사에서 유래하여, 유배지를 가리키는 말로 쓰이게 되었다.

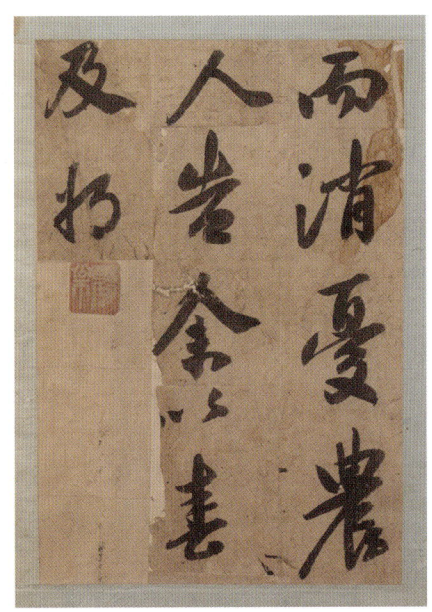

∴

(樂琴書)而消憂(낙금서)이소우
農人告余以春及 농인고여이춘급
將(有事於西疇)장(유사어서주)

(거문고를 타고 책을 읽으며) 시름을 달래고
농부가 찾아와 봄이 왔다고 알려 주니,
장차 (서쪽 밭에 밭갈이가 시작되리라.)

* 동진(東晉)의 대표적인 전원시인 도연명(陶淵明, 365~427)의 대표작 「귀거래사(歸去來辭)」의 부분을 쓴 것이다.

이황(李滉)

1501(연산군 7)~1570(선조 3)

본관은 진보(眞寶). 자는 경호(景浩), 호는 퇴계(退溪)·퇴도(退陶)·도수(陶叟)이다. 좌찬성 이식(李埴)의 7남 1녀 중 막내아들로 태어나, 생후 7개월에 아버지의 상(喪)을 당하고, 작은 아버지 이우(李堣)로부터 『논어』를 배웠다. 김인후(金麟厚)와 교유하고, 김안국(金安國)에게 가르침을 받기도 하였다.

1534년(중종 29) 문과에 급제하여 벼슬길에 올랐으나, 을사사화(乙巳士禍) 후 병약함을 구실로 모든 관직을 사퇴하고 낙동강 상류 토계(兎溪)에서 독서에 전념하였다. 이때 토계를 퇴계(退溪)라 개칭하고, 자신의 아호로 삼았다. 1560년(명종 15)에는 도산서당(陶山書堂)을 짓고 아호를 '도옹(陶翁)'이라 정했으며, 이로부터 7년간 서당에 기거하면서 독서·수양·저술에 전념하는 한편, 많은 제자들을 길렀다.

명종은 자헌대부(資憲大夫), 공조판서, 대제학에 임명하는 등 그를 여러 차례 불렀으며, 명종 후에 즉위한 선조는 그를 부왕의 행장수찬청당상경(行狀修撰廳堂上卿) 및 예조판서에 임명하였으나 병으로 귀향하고 말았다. 68세가 되어서야 비로소 대제학·지경연(知經筵)의 중임을 맡고, 선조에게 「무진육조소(戊辰六條疏)」를 올렸다.

이후 선조에게 정이(程頤)의 『사잠(四箴)』, 『논어집주』, 『주역』, 장재(張載)의 『서명(西銘)』 등을 진강하였으며, 어린 국왕 선조를 위해 『성학십도(聖學十圖)』를 저술하였다. 1570년(선조 3) 지병이 악화되자 평소에 사랑하던 매화분에 물을 주게 하고 침상을 정돈시킨 후, 단정히 앉은 자세로 세상을 떠났다. 한국 유학사상에 큰 발자취를 남긴 그는 『주자서절요(朱子書節要)』·『자성록(自省錄)』·『역학계몽전의(易學啓蒙傳疑)』를 비롯한 다양한 저술을 남겼다.

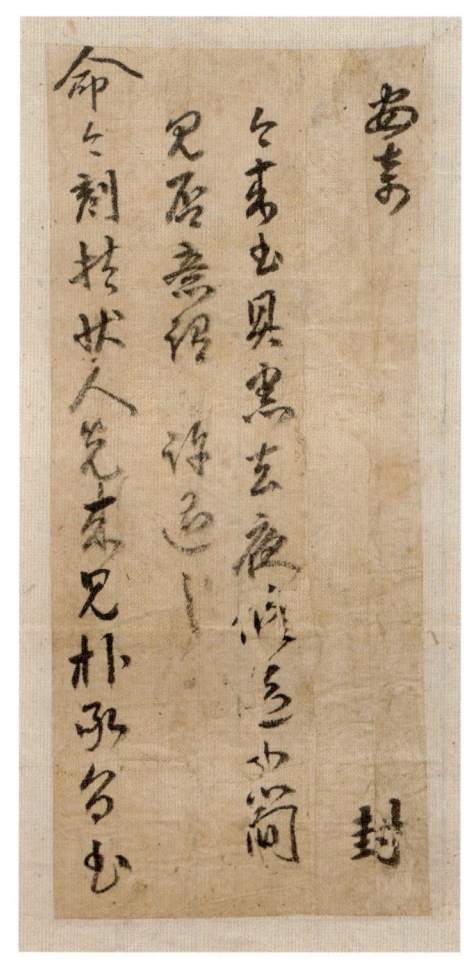

...

安奇안기　　封봉

今來書具悉금래서구실
去夜修送小簡 見否거야수송소간 견부
意謂許退之命의위허퇴지명
今刻 持狀人先來 見朴承旨書금각 지장인선래 견박승지서

안기(安奇) 찰방(察訪)에게[1]　　봉(封)

지금 온 편지는 잘 보았다.
지난밤에 보낸 작은 쪽 편지는 보았느냐.
물러가기를 허락하는 명(命)이라고 생각되는구나.
지금 장계를 가지고 온 사람이 먼저 왔으며, 박 승지의 글을 보았다.

1 이 편지는 퇴계 이황이 경상도의 안기도(安奇道) 찰방으로 근무하던 큰아들 준(寯)에게 보낸 것이다.

금난수(琴蘭秀)

1530(중종 25)~1604(선조 37)

본관은 봉화(奉化). 자는 문원(聞遠), 호는 성재(惺齋)·고산주인(孤山主人)이다.

이황(李滉)의 문인으로, 1561년(명종 16) 사마시에 합격하여 장흥고봉사(長興庫奉事), 직장(直長), 장례원사평을 지냈다. 1592년(선조 25) 임진왜란이 일어나자 고향에 내려와 의병을 일으켰다.

저서로 『성재집(性齋集)』이 있다.

· · ·

士敬兄主 上狀 사경형주 상장
趙判官宅 조판관댁   (手決) 謹封 근봉

伏問氣候若何也 복문기후약하야
頃因仇叱同與尙瑞下 再修候 경인구똘동여상서하 재수후
伏想已下眼矣 복상이하안의

恪兒得病 彌留月餘 是用煎憫 각아득병 미류월여 시용전민
而暫爲蘇復 食飮數三日矣 이잠위소부 식음수삼일의

伏惟下鑑 謹拜上狀 복유하감 근배상장

　萬曆 丙戌 九月 二十四日 만력 병술 구월 이십사일　　蘭秀 난수

兪景申 與鄭爀簡 同封送以繼 유경신 여정혁간 동봉송이계

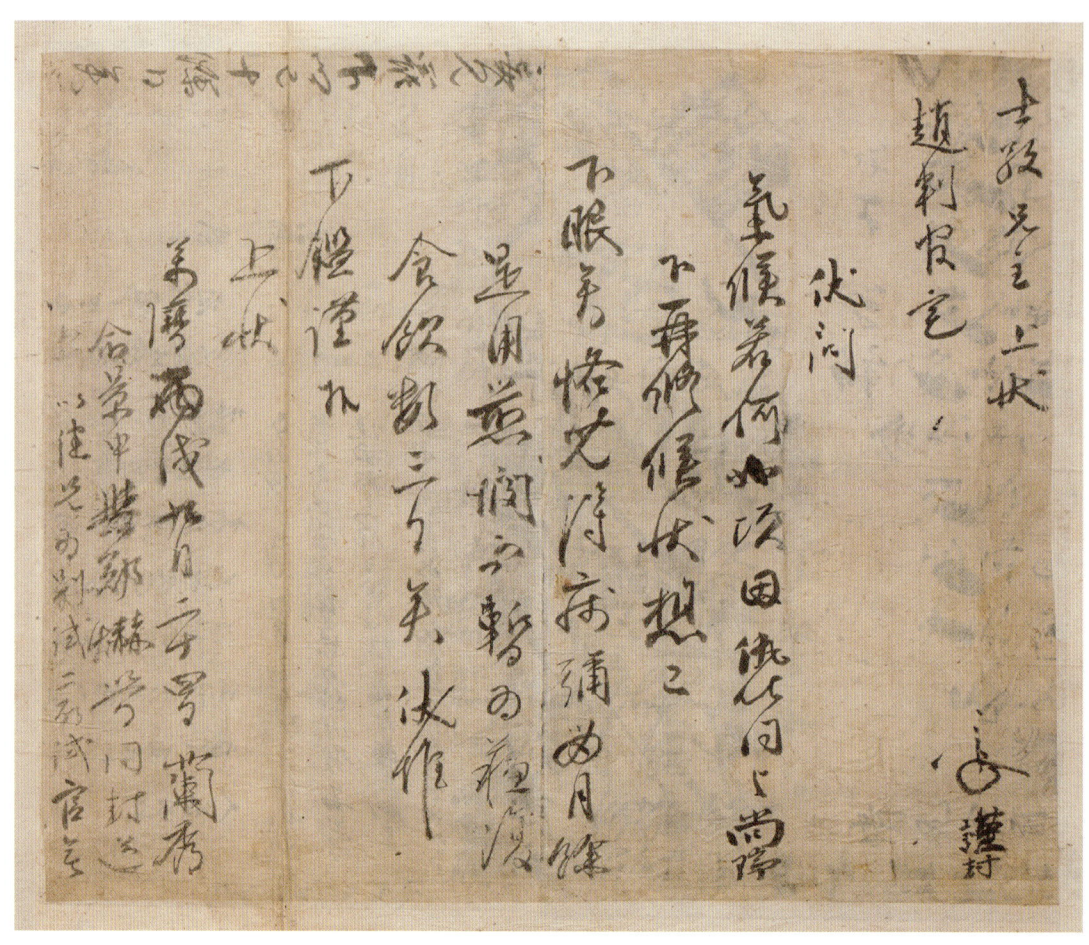

兄爲別試二所試官 無妄見罷 형위별시이소시관 무망견파
下鄕已十餘日矣 하향이십여일의

사경(士敬) 형께 올리는 글
조 판관(趙判官)1 댁   (수결) 근봉(謹封)

건강은 어떠하신지요.

1 사경(士敬) 조 판관(趙 判官) : 조목(趙穆, 1524~1606)이다. 본관은 횡성(橫城). 자는 사경(士敬), 호는 월천(月川)이다. 금난수의 손위 처남이다. 이황의 문인으로 조선 중기의 대학자이다.

접때 구똥(仇叱同)² 이와 상서(尙瑞)³를 통해 다시 안부 편지를 올렸으니, 이미 보셨으리라 생각합니다.

아이 각(恪)이는 병이 들어 몇 달 동안 낫지 않고 있으니 걱정이 심하지만, 잠시나마 회복이 되어 며칠 동안 먹고 마시고는 있습니다.

살펴 주시기 바라며 삼가 글을 올립니다.

  1586년 9월 24일   난수

유경신(兪景申)⁴과 정혁(鄭爀)⁵의 편지를 동봉하여 이어 보냅니다.
형은 별시(別試) 이소(二所)의 시관(試官)이 되었는데, 뜻밖에 파직되어 낙향한 지 십여 일이 되었습니다.

---

2   구똥(仇叱同) : 당시 신분이 낮은 사람에게서 흔히 볼 수 있는 이름이다.
3   상서(尙瑞) : 상서원(尙瑞院)의 관원인 듯하나 미상이다.
4   유경신(兪景申) : 미상이다.
5   정혁(鄭爀) : 당대에 판관과 비인현감(庇仁縣監)을 지낸 정혁(鄭爀)으로 여겨진다. 미상이다.

김부륜(金富倫)

1531(중종 26)~1598(선조 31)

본관은 광산(光山). 자는 돈서(惇敍), 호는 설월당(雪月堂)이다.

이황(李滉)의 문인으로, 1555년(명종 10) 사마시에 합격하고, 1572년(선조 5) 유일(遺逸 : 과거 시험을 거치지 않고 벼슬에 오름)로 천거되어 관직에 올랐다. 1592년(선조 25) 임진왜란이 일어나자 가산을 털어 향병(鄕兵)을 도왔으며 도망간 봉화현감 대신 가현감(假縣監)이 되어 선무에 힘썼다.

만년에는 관직에서 물러나 고향에 설월당을 짓고 후진을 양성하는 데 전념하였다. 저서로 『설월당집(雪月堂集)』 6권이 있다.

∴

李直長 僉哀次 이직장 첨애차　　(手決)謹封 근봉

許弄告歸 將修訊札之際 李良希 適至 허롱고귀 장수신찰지제 이양희 적지
謹承僉問 就悉孝履支福 無任感慰之至 근승첨문 취실효리지복 무임감위지지
今朝 金忠義伯允 亦來傳寄音 尤慰尤慰 금조 김충의백윤 역래전기음 우위우위

向者蘭石夫叱實 許弄 等 連續上來 향자난석붓실 허롱 등 연속상래
而皆不見一字 又不審病兄消息 이개불견일자 우불심병형소식
憂憫之極 不無憾怪 우민지극 불무감괴
而今示縷縷 還深感荷 이금시루루 환심감하

富倫 粗保 但仕務甚苦 了無一日之暇 부륜 조보 단사무심고 요무일일지가
可憫奈何 가민내하

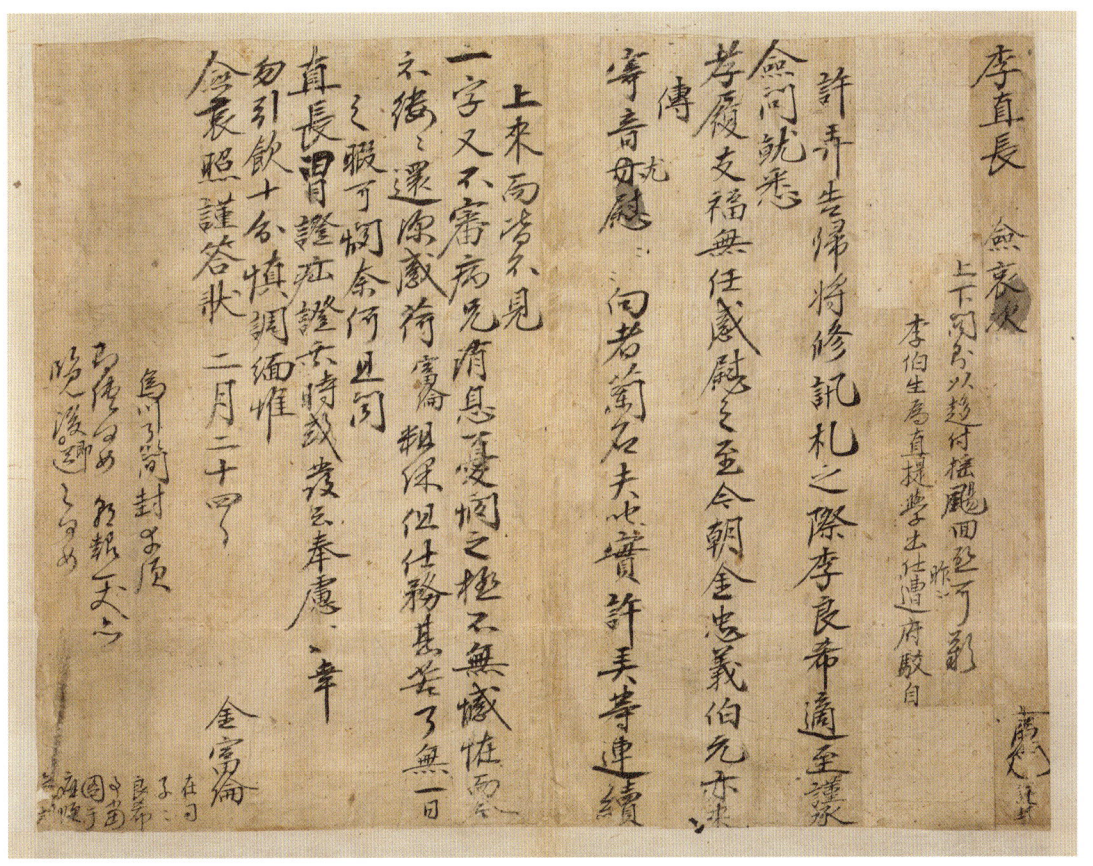

且聞直長 胃證疝證 乘時或發云 奉慮奉慮 차문직장 위증산증 승시혹발운 봉려봉려

幸勿引飮 十分愼調 행물인음 십분신조

緬惟僉哀照 謹答狀 면유첨애조 근답장

二月 二十四日 이월 이십사일　金富倫 김부륜

在司草草 良希事 當圖于應順□□ 재사초초 양희사 당도우응순□□

烏川了簡封 幸須卽傳何如 오천료간봉 행수즉전하여

朝報一丈 亦覽後 卽送之何如 조보일장 역람후 즉송지하여

上下問 則以趍付搖颺回啓 可歎 상하문 즉이추부요양회계 가탄
李伯生 爲直提學出仕 昨昨遭府駁 自… 이백생 위직제학출사 작작조부박 자…

이 직장(直長) 상주 여러분께[1]   (수결) 근봉(謹封)

허롱(許弄)[2]이 돌아간다고 하여 안부 편지를 쓰려고 할 참에, 마침 이양희(李良希)[3]가 도착하여 여러분의 문안 편지를 받아 보고, 상을 치르시면서 복을 누리고 계심을 알게 되어 감사와 위로가 지극합니다.
오늘 아침에는 김충의(金忠義) 백윤(伯允)도 와서 소식을 전해 주니 크게 위안이 되었습니다.

지난번에는 난석붓실(蘭石夫叱實),[4] 허롱 등이 연달아 올라왔으나 모두 편지 한 장 가져오지 않아서 병석에 계시는 형의 소식을 알 수 없었으므로, 너무나 걱정된 나머지 불안하고 괴이하기조차 하였습니다.
그런데 지금 이렇게 자상하게 써 보내 주시니, 오히려 더욱 고맙기 그지없습니다.

저는 그럭저럭 지내고 있습니다만, 공무(公務)가 하도 고달파 하루도 쉴 틈이 없습니다. 고민스럽지만 어쩔 도리가 없습니다.
또 듣자니, 직장의 위병(胃病), 산증(疝證)[5]이 틈틈이 재발한다고 하니 매우 걱정스럽습니다.
물을 자주 드시지[6] 마시고, 몸을 잘 돌보시기 바랍니다.

상주 여러분들께서 살펴 주시기 바라며 삼가 답장에 대합니다.

 2월 24일 김부륜

---

1 상주 여러분께 : 본문의 '애차(哀次)'는 상주(喪主)에게 보내는 편지의 봉투에 상투적으로 쓰는 표현이다.
2 허롱(許弄) : 신분이 높지 않은 사람의 이름이다.
3 이양희(李良希) : 신분이 높지 않은 사람의 이름이다.
4 난석붓실(蘭石夫叱實) : 신분이 높지 않은 사람의 이름이다.
5 산증(疝證, 疝症) : 고환이나 음낭이 커지면서 아프거나, 아랫배가 켕기며 아픈 증상을 말한다.
6 물을 자주 : 원문의 '인음(引飮)'은 물을 자주 찾게 되는 증세를 말한다.

공무 중에 급히 썼습니다. 양희(良希)의 일은 당연히 응순(應順)에게 □□하겠습니다.

오천(烏川)⁷의 편지는 반드시 바로 전달해 주시기 바랍니다. 조보(朝報)⁸ 한 장 또한 보시고 나서 바로 보내 주셨으면 합니다.

임금께서 하문하시니, 빌붙어서 줏대 없이 회계(回啓)⁹하게 되니 한탄스럽습니다. 이백생(李伯生)¹⁰이 직제학으로 출사하였습니다. 그저께 부(府)에서 반박하여 스스로….

---

7 오천(烏川) : 경상북도 안동시 예안면 오천리(烏川里)를 말하며, 여기서는 당시 오천에 살고 있던 김부륜의 형 김부필(金富弼, 1516~1577)을 지칭하는 것으로 보인다. 김부필의 자는 언우(彦遇), 호는 후조당(後彫堂)이며, 조선 중기의 대학자이다. 오천(烏川)은 광산김씨(光山金氏) 예안파(禮安派)가 약 20대에 걸쳐 600여 년 동안 세거(世居)하여 온 마을이나, 1974년 안동댐 조성 공사로 인해 수몰되었다.
8 조보(朝報) : 승정원의 발표 사항을 매일 아침 기록해서 반포하던 관보를 일컫는 말이다.
9 회계(回啓) : 임금의 하문(下問)을 재심하여 상주하는 것을 말한다.
10 이백생(李伯生) : 이순인(李純仁, 1533~1592)을 지칭한다. 조선 중기의 문신·학자로, 본관은 전의(全義), 자는 백생(伯生)·백옥(伯玉), 호는 고담(孤潭)이다. 김부륜의 문집인 『설월당집(雪月堂集)』에는 이순인에게 주는 시가 수록되어 있다.

김현성(金玄成)

1542(중종 37)~1621(광해군 13)

본관은 김해(金海). 자는 여경(餘慶), 호는 남창(南窓)이다.

1564년(명종 19) 식년문과에 병과로 급제하여, 양주목사 등을 거쳐 1617년(광해군 9)에 동지돈령부사(同知敦寧府事)를 지냈다.

조선 중기의 대표적인 선비 서화가로 시서화(詩書畫)에 두루 능하였으며, 그림보다는 글씨에 뛰어났다. 당시 유행하였던 송설체(松雪體)를 따라 우아하고 균정(均整)한 아름다운 서체를 구사하였다.

유작으로 행서(行書)로 쓴 〈주자시(朱子詩)〉가 남아 있으며, 금석문으로 〈숭인전비문(崇仁殿碑文)〉·〈이충무공수군대첩비문(李忠武公水軍大捷碑文)〉·〈신숭겸충렬비문(申崇謙忠烈碑文)〉 등이 전하고 있다. 문집으로 『남창잡고(南窓雜稿)』가 있다.

· · ·

倦客初投縣德山 권객초투현덕산
雪峯斜日坐看來 설봉사일좌간래
十年來往孤吟意 십년내왕고음의
贏得愁痕上鬢端 영득수흔상빈단

村烟蕭瑟吏民稀 촌연소슬이민희
雪岳當軒冷透衣 설악당헌냉투의
寥落客懷吟獨立 요락개회음독립
寒鴉初帶夕陽飛 한아초대석양비

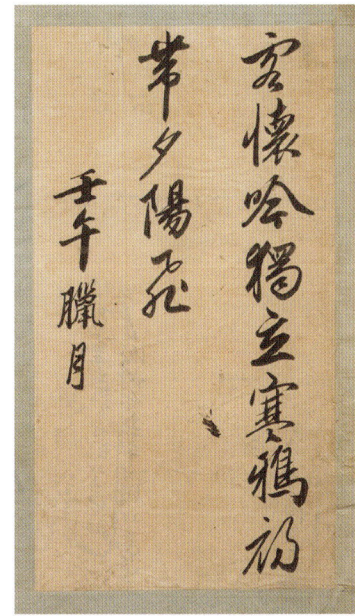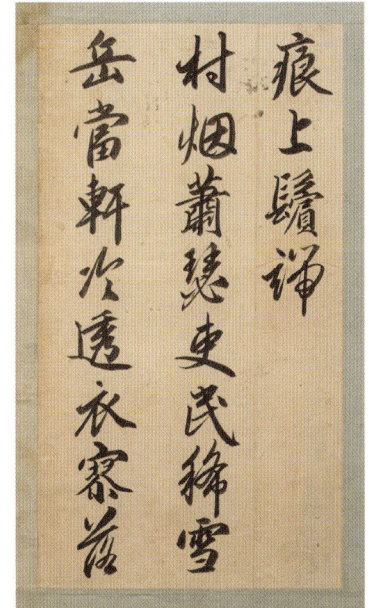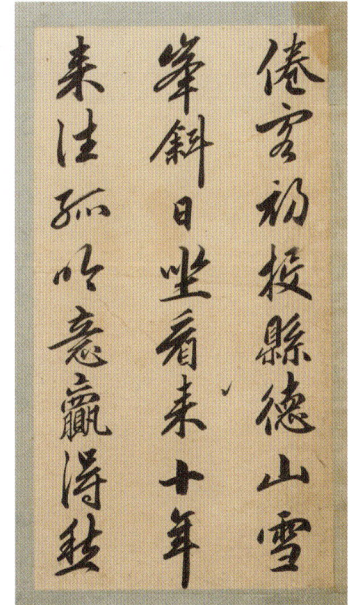

壬午 臘月 임오 납월

지친 길손 비로소 덕산(德山)에 묵어
설봉(雪峯)에 지는 해를 바라다본다.
십 년 동안 오가며 외로이 읊조리는 마음은
서러움이 되어 귀밑머리 끝에 흰머리로 남았네.

연기 피어오르는 촌락에는 아무도 없이 쓸쓸하고
설악(雪岳) 당마루엔 찬 기운 옷을 스미네.
처량한 나그네 마음 시 한 구절로 읊노라니
추위 지친 까마귀 황혼을 안고 날아가네.

1582년 12월

이원익(李元翼)

009

1547(명종 2)~1634(인조 12)

본관은 전주(全州). 자는 공려(公勵), 호는 오리(梧里)이다. 태종의 아들 익녕군(益寧君) 이치(李袳)의 4세손이며, 키가 작아 '키 작은 재상'으로 널리 불렸다.

15세에 동학(東學 : 4학 중 하나)에 들어가 수학해 1564년(명종 19) 사마시에 합격하고, 1569년(선조 2) 별시문과에 급제해, 호조·예조·형조의 좌랑, 우부승지 등을 거쳐 임진왜란 전까지 형조참판, 대사헌, 호조·예조 판서, 이조판서 겸 도총관·지의금부사 등을 역임하였으며, 임진왜란이 발발하자 이조판서로서 평안도도순찰사의 직분을 맡아 선조의 피란을 도왔다. 1593년 정월, 이여송(李如松)과 합세해 평양을 탈환한 공로로 숭정대부(崇政大夫)에 가자되었으며, 1595년 우의정 겸 4도체찰사를 역임하고, 영의정에 올랐다.

그 이후로도 중추부사, 영의정, 좌의정, 영의정을 여러 차례 번갈아 역임하였고, 1623년 인조반정이 일어났을 때에는 제일 먼저 영의정이 되어, 광해군을 죽여야 한다는 여론에 자신이 광해군 밑에서 영의정을 지냈으니 광해군을 죽여야 한다면 자신도 떠나야 한다는 말로 인조를 설득해 광해군의 목숨을 구하기도 하였다.

소박한 성품에 소임에 충실하였으며, 정의감이 투철하였고, 다섯 차례나 영의정을 지냈으나 집은 두어 칸짜리 오막살이 초가에 불과할 정도로 청빈하였다. 저서로 『오리집(梧里集)』·『속오리집(續梧里集)』·『오리일기(梧里日記)』 등이 있으며, 가사로 「고공답주인가(雇工答主人歌)」가 있다.

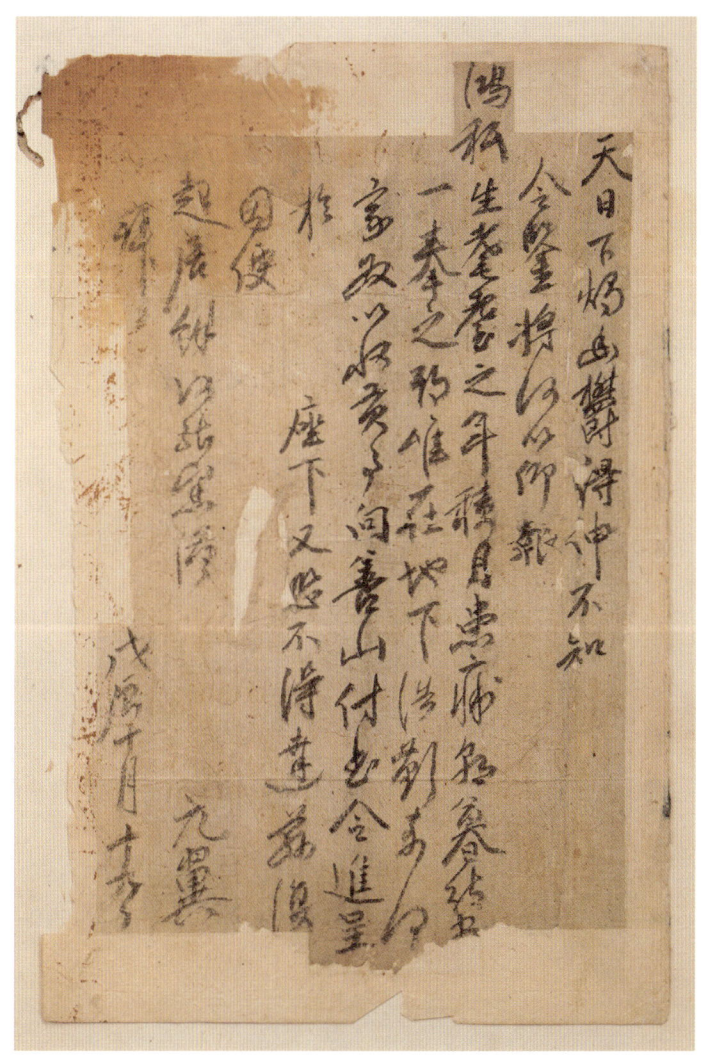

· · ·

天日下燭 幽鬱得伸 천일하촉 유울득신

不知令鑒 將何以仰報鴻私 부지영감 장하이앙보홍사

生 耄耋之年 積月患痢 생 모질지년 적월환리

朝暮待盡 一奉之期 唯在地下 浩歎奈何 조모대진 일봉지기 유재지하 호탄내하

家奴以收貢事 向善山 가노이수공사 향선산

付書令進呈於座下 又恐不得達 부서영진정어좌하 우공부득달
玆復因便起居 자부인편기거
餘何能悉 謹拜 여하능실 근배

戊辰 十月 十九日 무진 시월 십구일　元翼 원익

하늘의 해가 밝게 비추어[1] 억울하고 답답한 마음이 풀렸으니, 영감께서는 장차 어떻게 그 크신 은혜[2]에 보답할 수 있겠습니까.
저는 늙은 몸[3]에 몇 달째 설사병을 앓아 아침저녁으로 죽을 날만 기다리고 있어, 한번 만날 기약은 저승에서나 이룰 수 있을 것 같으니 크게 한탄해 봐야 어쩌겠습니까.

집안의 종이 수공〔收貢, 신공(身貢)을 징수하는 것〕을 위해 선산(善山)으로 갈 때 편지를 써서 그대에게 갖다 드리게 하였는데 전달이 안 되었을까 봐, 이렇게 다시 인편에 부쳐 안부를 여쭙습니다.

나머지는 글로는 다 쓰지 못하고 삼가 올립니다.

1628년 10월 19일　원익

1　하늘의 해가 밝게 비추어 : 원문의 '天日下燭'은 임금의 은혜를 입었다는 뜻이다.
2　크신 은혜 : 원문의 '홍사(鴻私)'에서 '홍(鴻)'은 임금을 비유하며, '사(私)'는 임금이 사사로이 내려 준 것이니, 곧 임금이 신하에게 내려 준 매우 큰 은혜를 의미한다.
3　늙은 몸 : 원문의 '모질(耄耋)'에서 '모(耄)'나 '질(耋)'은 모두 '여든 살' 또는 '일흔 살'을 가리키는 말이다.

김장생(金長生)

1548(명종 3)~1631(인조 9)

본관은 광산(光山). 자는 희원(希元), 호는 사계(沙溪)이다.

송익필(宋翼弼)과 이이(李珥)의 문인으로, 학행(學行)으로 천거되어 벼슬길에 올랐다.

1592년(선조 25) 임진왜란 때 호조정랑으로 공을 세웠으며, 안성군수, 익산군수, 회양·철원 부사를 지낸 후 관직을 버리고 학문에만 전념하였다. 인조반정 이후에 고령의 나이로 다시 벼슬에 올랐으나 곧 사직하고, 줄곧 향리에 머물면서 학문과 교육에 전념하였으며, 서인의 영수로 정계에 큰 영향력을 행사하였다.

송시열(宋時烈)·송준길(宋浚吉)·이유태(李惟泰)·강석기(姜碩期)·장유(張維)·정홍명(鄭弘溟)·이후원(李厚源)·조익(趙翼)·윤순거(尹舜擧)·윤원거(尹元擧)·최명길(崔鳴吉)·이덕수(李德洙)·이경직(李景稷) 등 당대의 쟁쟁한 명사들이 그의 문하에서 배출되었다.

저서로 『상례비요(喪禮備要)』 4권을 비롯하여, 『가례집람(家禮輯覽)』·『전례문답(典禮問答)』 등 예에 관한 저술, 『근사록석의(近思錄釋疑)』·『경서변의(經書辨疑)』와 시문집을 모은 『사계선생전서』가 전한다.

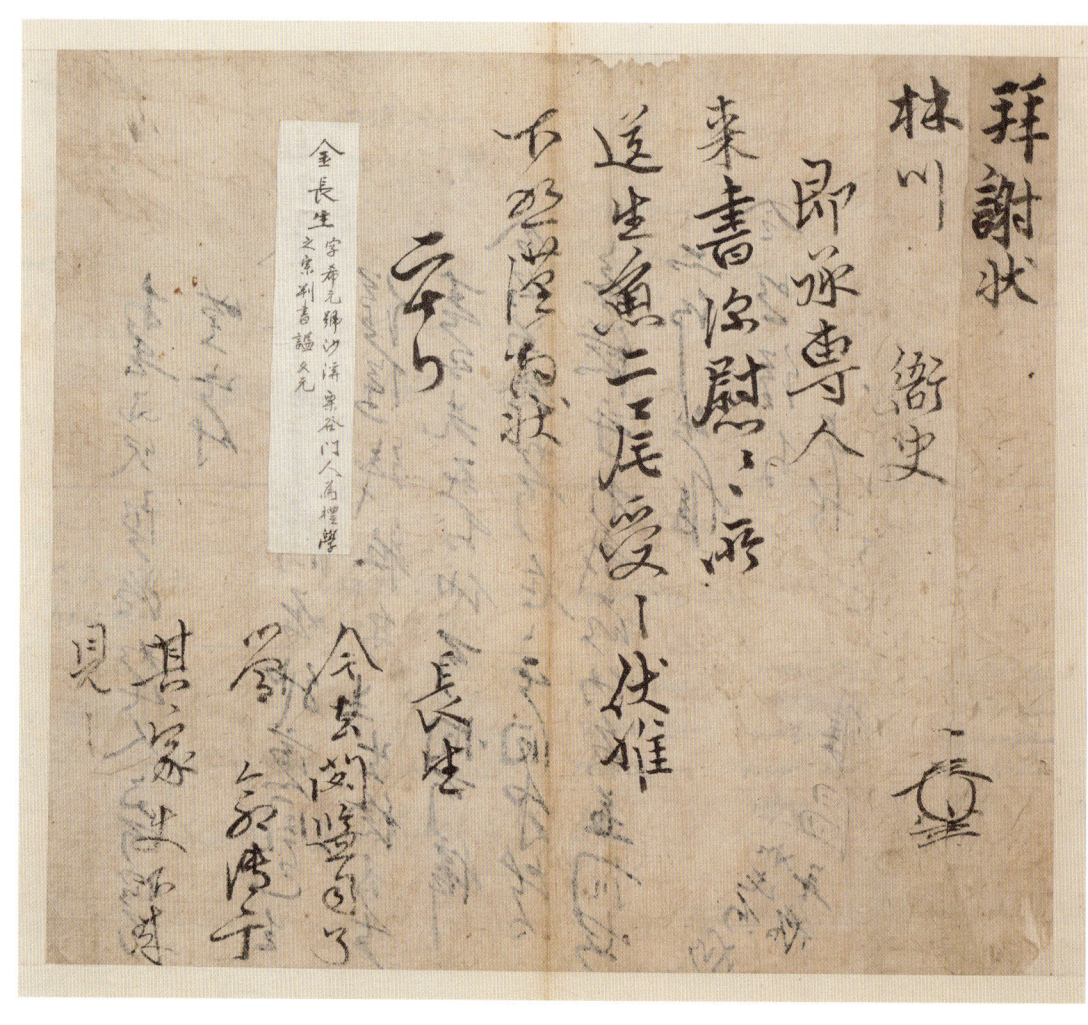

拜謝狀 배사장

林川 衙史 임천 아사　　（手決）

卽承專人來書 深慰深慰 즉승전인래서 심위심위
所送生魚 二尾 受之 소송생어 이미 수지

伏惟下照 謹拜狀 복유하조 근배장

二十日 이십일 長生 장생

今去 閔監司了簡 命傳于其家 使下來見 금거 민감사료간 명전우기가 사하래견

답장
임천(林川) 아사(衙史)　　　(수결)

지금 심부름꾼이 가져온 편지를 받고 무척 위안이 되었습니다.
보내 주신 생선 두 마리는 잘 받았습니다.

살펴 주시기 바라며 삼가 답장을 보냅니다.

　20일 장생

지금 보내는 민 감사의 편지는 그 집안에 전해 주도록 하여 내려와 보게 하십시오.

제2부

전(傳) 송상현~채유후

1500년대 후반 출생 인물들의 간찰

전(傳) 송상현(宋象賢) 1551(명종 6)~1592(선조 25)

본관은 여산(礪山). 자는 덕구(德求), 호는 천곡(泉谷)이다.

15세에 승보시(陞補試)에 장원하고 1576년(선조 9) 별시문과에 급제하였다.

임진왜란 때 동래부사로 동래산성을 지키다 순절하였다. 그의 문하에서 김집(金集)·서성(徐渻) 등 많은 학자가 배출되었다.

· · ·

蘇堤春曉圖 소제춘효도

露浥春泥不動塵 노읍춘니부동진
馬蹄輕入香會裊 마제경입향회요
啼鶯嗅醒綠窓夢 제앵후성녹창몽
千愁萬愁情短長 천수만수정단장
群鷗飛過水雲西 군구비과수운서
點點遙看鏡中白 점점요간경중백
春去春來人易老 춘거춘래인이로
林林飛花散晴昊 임림비화산청호
昔年曾醉湖山裏 석년증취호산리
婀娜春容照羅綺 아나춘용조라기
不煩飛鵠銜子來 불번비곡함자래
自賣芳根帶(花)掘 자매방근대(화)굴
栽花老守向何許 재화노수향하허
鴈蕩山中採薇蕨 안탕산중채미궐

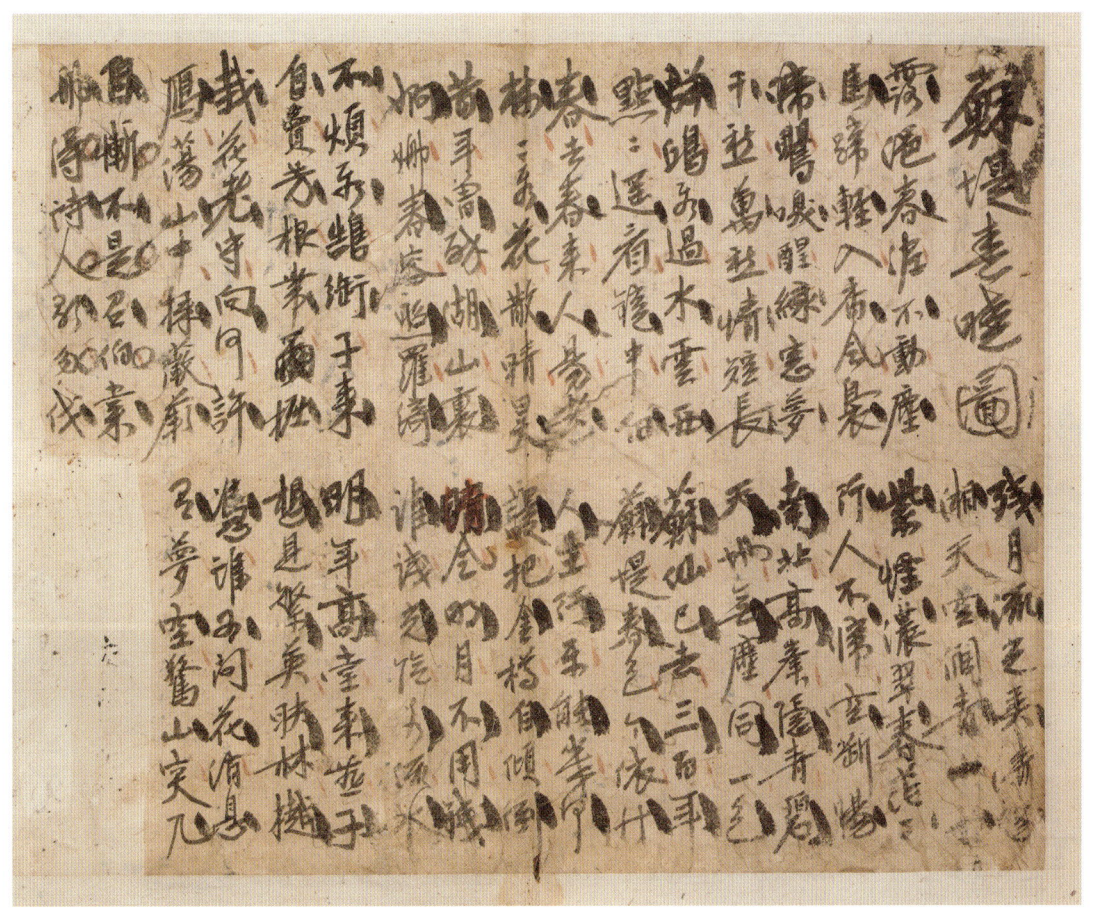

自慚不是召伯棠 자참불시소백당

那得詩人歌勿伐 나득시인가물벌

殘月流光弄清(影) 잔월류광농청(영)

湘天空濶靑□□ 상천공활청□□

紫煙濃翠春茫茫 자연농취춘망망

行人不歸空斷腸 행인불귀공단장

南北高峯隱靑碧 남북고봉은청벽

天地無塵同一色 천지무진동일색

蘇仙已去三百年 소선이거삼백년

蘇堤春色今依然 소제춘색금의연

人生行樂能幾何 인생행락능기하

謾把金樽自傾倒 만파금준자경도
淸會明月不用錢 청회명월불용전
誰識光陰若流水 수식광음약유수
明年高堂來燕子 명년고당래연자
想見繁英暎林樾 상견번영영림월
憑誰爲問花消息 빙수위문화소식
有夢空驚山突兀 유몽공경산돌올

소제춘효도(蘇堤春曉圖)¹

이슬 젖은 질퍽한 땅²엔 먼지도 일지 않고
가볍게 말을 타고 드니 향기로운 만남이 고와라.
꾀꼬리 우는 푸른 창 아래 꿈은 싱그럽고
허다한 시름 속에 정은 짧고도 길구나.
무리 지은 갈매기 수운(水雲)³ 서편으로 날아가고
아득히 바라보니 점점 거울 속처럼 하얘지네.
봄은 가고 오고 인생은 쉬 늙어만 가는데
숲속엔 꽃잎이 날려 푸른 하늘로 흩어지누나.
예전에 일찍이 호산(湖山)에서 술에 취했더니
아리따운⁴ 봄날은 비단처럼 펼쳐졌네.
고니가 씨앗을 물고 날아들 일도 없으리.⁵
향기 품은 뿌리를 꽃을 단 채 뽑아 내면
꽃을 심은 늙은 태수는 어디로 가야 하나.

1 소제춘효도(蘇堤春曉圖) : '소제(蘇堤)'는 송나라 소식(蘇軾)이 쌓은 제방이다. 절강(浙江) 항주현(杭州縣) 서호(西湖)에 있다. '평호추월(平湖秋月)' 등과 더불어 서호십경(西湖十景) 중 한 가지이다.
2 질퍽한 땅 : 원문의 '춘니(春泥)'는 봄에 눈 따위가 녹아서 질퍽덕하게 된 땅을 말한다.
3 수운(水雲) : 물과 구름을 아울러 이르는 말이다.
4 아리따운 : 원문의 '아나(婀娜)'는 아름답고 요염한 것을 형용한다.
5 고니가 씨앗을 물고 날아들 일도 없으리 : 소식(蘇軾)의 「정혜원해당(定惠院海棠)」시에 "한 치 뿌리를 천 리 길 옮겨 오기 쉽지 않거니, 씨앗을 물고 날아온 건 틀림없이 기러기와 고니일 것이다(寸根千里不易到 銜子飛來定鴻鵠)."라고 한 데서 온 말이다. 여기서 씨앗은 '감당(甘棠, 팥배)나무'의 씨를 두고 말한 것이다.

안탕산(雁蕩山)⁶에서 고사리나 캐어 대며
소백(召伯)의 선정⁷을 닮지 못함을 부끄러워하리니
어찌 시인이 이 노래⁸를 그치지 못하게 하리오.
지는 달 흐르는 빛에 기대어 맑은 그림자를 희롱하면
끝없이 드넓은 상천(湘天)⁹은 푸르기만 하고
자줏빛 안개 짙게 깔린 봄날은 아련하기만 한데
돌아오지 않는 나그네는 괜스레 가슴만 아프게 하네.
남북으로 솟은 봉우리는 푸르름에 잠겼고
티 한 점 없는 하늘과 땅 한 빛을 띠었네.
소선(蘇仙)¹⁰이 세상을 떠난 지 어언 삼백 년
소제(蘇堤)의 봄볕은 지금도 여전하구나.
인생살이 즐거움은 얼마나 될 건가.
부질없이 절로 술단지만 기울이네.
밝은 달 아래 맑은 모임에 돈이 무슨 소용이며
세월이 흐르는 물 같은 걸 그 뉘라 알 것인가.
내년에도 고당(高堂)엔 제비가 돌아오고
화려한 꽃망울은 숲 사이로 비취리라.
누굴 붙들고 꽃 소식을 들으리오.
깜짝 놀라 꿈에서 깨어나니 산은 높기만 하구나.

* 이 작품을 송상현의 자작으로 볼 근거는 희박하다. 이 시의 일부는 송나라 매계(梅溪) 왕십붕(王十朋. 1112 ~1171)의 시「군포무해당매수근식지(郡圃無海棠買數根植之)」의 한 부분, 즉 "不煩飛鵠銜子來 自買芳根帶花掘 明年高堂來燕子 想見繁在映林樾 栽家老手在何許 雁蕩山中彩薇蕨 憑誰爲問花消息 有夢遙驚山突兀 自慚不是召伯堂那得詩人歌不伐"을 약간 변형시켜 인용하기도 했다. 그럼에도 불구하고 내용 중 "소선(蘇仙)이 세상을 떠난 지 어언 삼백 년"은 송상현과 연대가 거의 일치하고 있어서, 송상현의 작품이라는 가능성을 완전히 무시할 수도 없다. 임진왜란과 조선 유학사에서 중요한 위치를 차지하고 있는 송상현에 대한 연구를 위해서라도 앞으로 더욱더 진지한 접근이 요구된다.

6   안탕산(雁蕩山) : 중국 절강성(浙江省) 동남쪽에 있는 산으로, 높은 절벽과 기이한 봉우리, 폭포가 많은 것으로 유명하다.
7   소백(召伯)의 선정 : 주(周)나라 소공석(召公奭)이 순행(巡行)하던 중 마침 농번기를 맞자 마을로 들어가지 않고 감당(甘棠)나무 아래에서 정사를 처리하는 등 인정(仁政)을 베풀었으므로, 백성들이 감당나무를 베지 않고 기념하며 노래를 지어 불렀다는 고사에서 나온 것이다.『시경』「소남(召南)」에서 인용한 것이다.
8   이 노래 :『시경』「소남(召南)」을 말한다.
9   상천(湘天) : '소상강(瀟湘江) 하늘'이라는 뜻이다.
10 소선(蘇仙) : 송나라 소식(蘇軾), 즉 소동파(蘇東坡)를 가리킨다.

이항복(李恒福)

1556(명종 11) ~ 1618(광해군 10)

본관은 경주(慶州). 자는 자상(子常), 호는 필운(弼雲)·백사(白沙)·동강(東岡)이다.

율곡(栗谷) 이이(李珥)의 문인으로, 1580년(선조 13) 알성문과에 급제하여, 정언(正言), 수찬(修撰) 등 언관직을 두루 거쳤다. 1592년(선조 25) 임진왜란이 일어나자 도승지로서 선조의 의주 피란에 호종하였다. 전란 중에 병조판서가 되어 한음(漢陰) 이덕형(李德馨)을 명나라에 급파하여 군대의 파병을 요청하는 한편, 국왕의 근위병을 모집하는 데 주력하였다.

1595년 이조판서에 올랐으며, 1597년 정유재란이 일어나자 다시 병조판서를 맡아 전란을 지휘하는 데 앞장섰다. 1598년에는 조선이 일본과 함께 명나라를 치려고 한다는 오해가 발생하자 이를 해결하기 위해 진주사(陳奏使)가 되어 목숨을 걸고 명나라에 다녀왔다. 그의 탁월한 외교적 수완으로 전란을 무사히 극복하여 그 공로가 인정되었으며, 1599년 우의정을 거쳐 이듬해에 영의정에 올랐고, 1602년 오성부원군(鰲城府院君)에 진봉되었다.

광해군이 즉위하자 대북파(大北派)들과 대립하여 폐모론(廢母論)에 적극 반대하다가, 1618년(광해군 10) 삭탈관직 되고 북청(北靑)으로 유배되어 그곳에서 사망하였다. 저서로는 『백사집(白沙集)』·『북천일록(北遷日錄)』·『사례훈몽(四禮訓蒙)』 등이 있다.

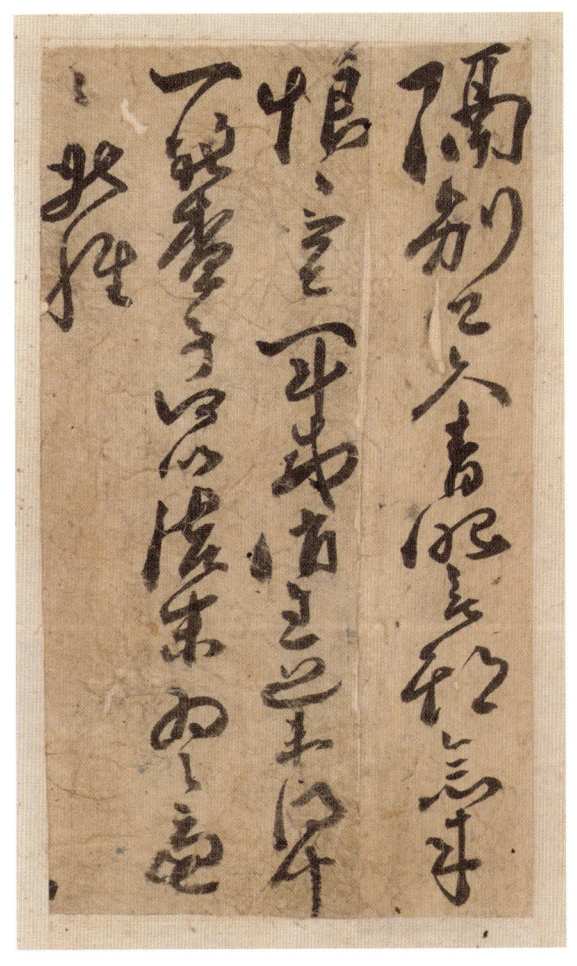

• • •

隔別已久 靑眼無期 念成恨意 격별이구 청안무기 염성한의

軍威消息 近未得聞 군위소식 근미득문
一善査事 何以結末 爲之慮慮 일선사사 하이결말 위지려려
姑惟 고유

헤어진 지 이미 오래되었는데 만날 기약[1]은 없으니, 마음은 슬프기만 합니다.

군위(軍威)² 소식은 근래 듣지 못하였습니다.
일선(一善)³ 현감이 조사를 받고 있으니 그 결말이 어떻게 날 것인지 걱정입니다.
이만 줄입니다.

1   만날 기약 : 원문의 '청안(靑眼)'은 눈에 푸른 동자가 많은 것으로, 반가운 사람을 봄을 뜻한다. 진(晉)나라 완적(阮籍)이 싫은 사람을 보면 백안(白眼)을 하고 반가운 사람을 보면 청안을 했다는 고사에서 유래한다.
2   군위(軍威) : 대구광역시에 소재한 지역명이다. 일찍이 이항복은 퇴계(退溪) 이황(李滉)의 넷째 형 온계(溫溪) 이해(李瀣)의 아들 이녕(李寗, 1527-1588)과 교유하였고, 이녕이 군위현감을 지냈으므로 이녕을 지칭하는 것으로 추측된다. 이항복이 쓴 묘갈명에 이녕에 대한 글이 전한다.
3   일선(一善) : 경상북도 선산(善山)의 본래 명칭이다.

한준겸(韓浚謙) 1557(명종 12)~1627(인조 5)

본관은 청주(淸州). 자는 익지(益之), 호는 유천(柳川)이다. 인조의 장인이다.

1586년(선조 19) 별시문과에 급제하여 금천현감, 원주목사, 지평, 정언, 사간, 집의 등을 지냈다. 1597년에는 좌부승지로 명나라 도독 마귀(麻貴)를 도와 마초와 병량의 보급에 힘썼다.

1598년 임진왜란이 끝나자 우승지, 경기감사, 대사성 등을 역임하고, 이듬해 경상도관찰사가 되었으나 정인홍(鄭仁弘)과의 알력으로 파직당하였다. 이듬해 병조참판을 거쳐, 호조판서, 대사헌, 한성부판윤 및 평안도와 함경도의 관찰사를 지냈다.

선조로부터 영창대군(永昌大君)의 보필을 부탁받은 유교칠신(遺敎七臣)의 한 사람으로 1613년(광해군 5) 계축옥사(癸丑獄事)에 연루되어 방귀전리(放歸田里 : 벼슬을 삭탈하고 고향으로 내쫓던 형벌)되는 등 고난을 겪었다. 1623년 인조반정으로 그의 딸이 인열왕후(仁烈王后)로 책봉되자 영돈령부사로 서평부원군(西平府院君)에 봉해졌다.

예학(禮學)과 국가의 고사(故事)에 밝았으며, 저서로 『유천유고(柳川遺稿)』를 남겼다.

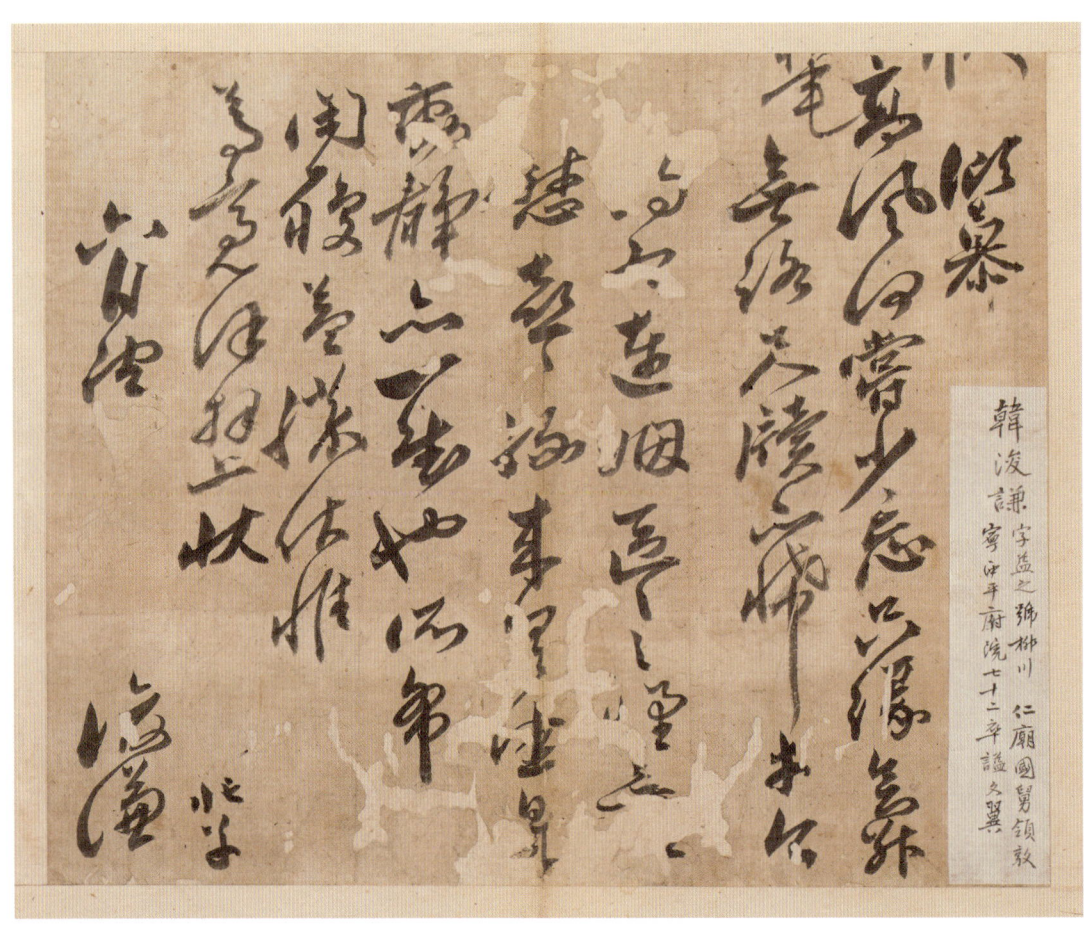

傾慕高風 何嘗少忘 경모고풍 하상소망
只緣會赴無路 尺牘亦希幸 지연회부무로 척독역희행

今初爲連姻 區區之懷 無任慰喜慰喜 금초위연인 구구지회 무임위희위희
豚來具審 日來動靜 亦一慰也 돈래구심 일래동정 역일위야

所希閑履益勝 소희한리익승
伏惟尊亮 謹拜上狀 복유존량 근배상장

六月 望유월 망 浚謙 忙草준겸 망초

고귀한 풍모를 사모하는 마음을 어찌 잠시라도 잊은 적이 있었겠습니까.
다만 나아가 만나려고 하여도 할 수 없지만, 편지로나마 왕래할 수 있어 다행스럽기만 합니다.

지금 막 인척의 인연을 맺게 되어 기쁘기 그지없습니다.
저희 아이가 와서 요즈음 안부를 살피게 된 것도 한 가지 위안입니다.

부디 한가로이 지내시는 가운데 더욱 평안하시길 빕니다.
살펴 주시기 바라면서 삼가 편지를 올립니다.

　6월 15일　준겸이 바빠서 대충 썼습니다.

전(傳) 김지남(金止男)

1559(명종 14)~1631(인조 9)

본 간찰첩의 편철자(編綴者)가 쓴 제(題)에 따르면, 이 시는 김지남(金止男)이 쓴 것으로 보인다. 이렇게 본다면, 이 시는 김지남이 64세가 되던 1623년(인조 1)에 쓴 것이다.

김지남의 본관은 광산(光山)이며, 자는 자정(子定), 호는 용계(龍溪)이다.

상주(尙州)·청풍(淸風) 등의 수령(守令)을 거쳐, 1621년(광해군 13) 경상도관찰사를 역임하였다.

저서로 『용계유고(龍溪遺稿)』가 전한다.

· · ·

鬢邊霜雪眼中花 빈변상설안중화
四十年來又一過 사십년래우일과
借問山房多少客 차문산방다소객
幾人詩句入籠紗 기인시구입농사

癸亥 良月 계해 양월

귀밑머리엔 서리 내리고 눈은 흐릿하기만 한데[1]
사십 년 세월에 또 한 번 지나가네.
묻노라, 산집엔 여러 나그네 들었는데

---

1   눈은 흐릿하기만 한데 : 원문의 '안중화(眼中花)'는 눈이 흐릿한 증세를 말한다.

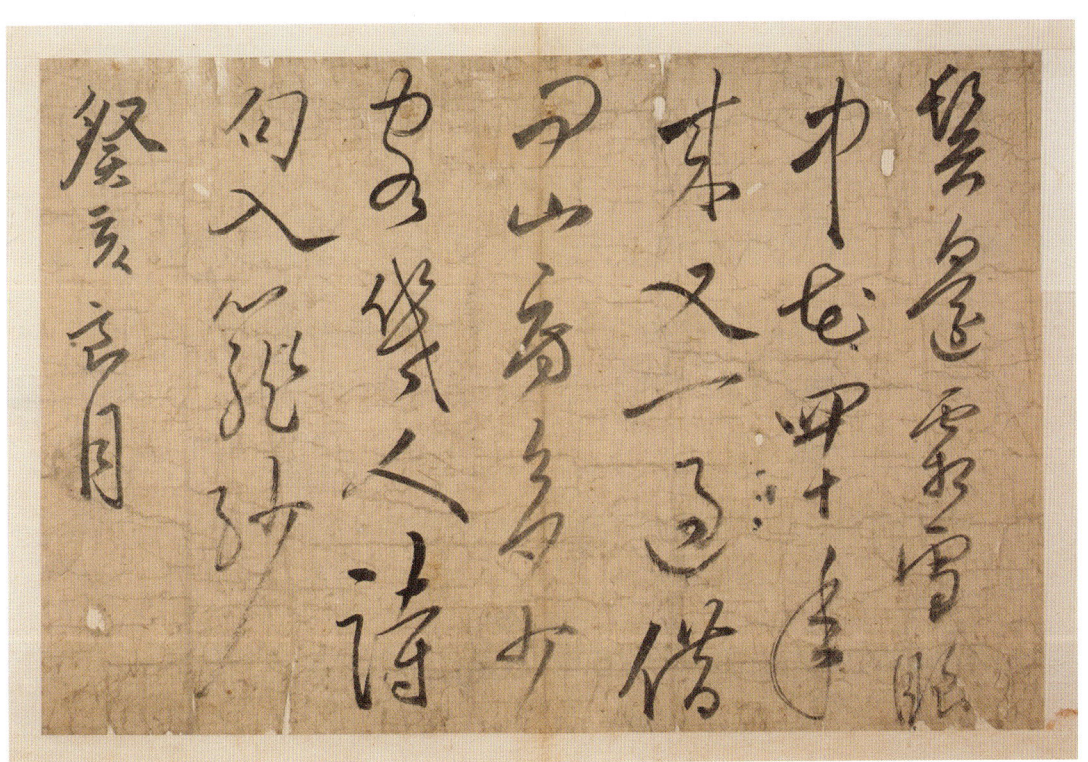

몇 사람의 시구(詩句)가 농사(籠紗)²에 들었는가.

계해년 10월

2 농사(籠紗) : '벽사롱(碧紗籠)'에서 온 말로, 귀인과 명사가 지어서 벽에 걸어 놓은 시문을 먼지가 묻지 않도록 푸른 깁으로 감싸서 보호하는 것을 말한다. 당나라 왕파(王播)가 어려서 가난하여 양주(楊州) 혜소사(惠昭寺)에서 승려들에게 잿밥[齋食]을 얻어먹었는데, 20여 년이 지난 뒤에 높은 지위에 올라 그 절을 찾아갔더니, 지난날 자기가 벽에다 써 놓은 시를 푸른 비단으로 감싸 놓고 있었다. 이에 그 시의 뒤에 "이십 년 동안 먼지를 뒤집어쓰고 있다가, 오늘에야 푸른 깁으로 장식되었구나(二十年來塵撲面 如今始得碧紗籠)."라고 써 넣은 데서 이 말이 유래하였다.

이준(李埈)

1560(명종 15)~1635(인조 13)

본관은 흥양(興陽). 자는 숙평(叔平), 호는 창석(蒼石)이며, 이조년(李兆年)의 증손으로, 이수인(李壽仁)의 아들이다.

유성룡(柳成龍)의 문인으로, 1591년(선조 24) 별시문과에 급제하였으며, 임진왜란 때 피란민과 함께 안령에서 적과 싸우다 패하고 난 뒤, 다시 정경세(鄭經世)와 함께 의병 수천 명을 모아 고모담(姑姆潭)에서 왜적과 싸웠으나 또다시 패하였다.

1594년 의병을 모아 싸운 공으로 형조좌랑에 임명되었으나 사양하였으며, 이듬해 경상도도사, 지평, 단양군수 등을 거쳐 형조와 공조의 정랑 등을 지내다가, 1611년(광해군 3) 정인홍(鄭仁弘)이 이황(李滉)과 이이(李珥)를 비난하자 그에 맞서다 벼슬을 버리고 고향으로 돌아갔다.

1623년 인조반정으로 다시 등용되어, 응교, 집의, 사간 등 삼사(三司)의 관직을 여러 차례 역임하였으며, 1627년(인조 5) 정묘호란이 일어나자 의병을 모집하는 등 활약을 했고, 화의가 이루어진 뒤에는 첨지중추부사와 승지를 거쳐 대사간과 부제학을 역임하였다.

저서로 『창석집(蒼石集)』을 남겼으며, 『형제급난지도(兄弟急難之圖)』를 편찬하였다.

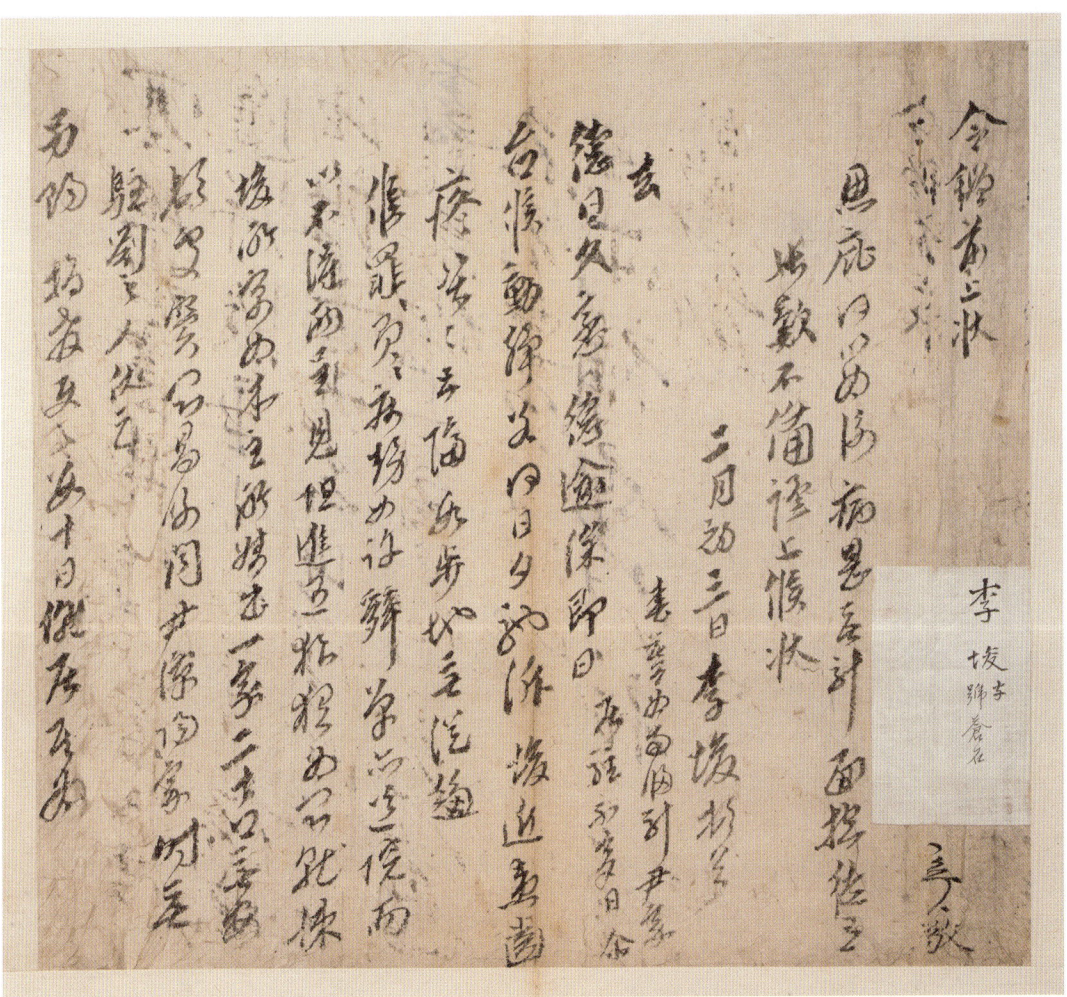

令鑑前上狀영감전상장

□□□□□　（手決）

去德日久 戀德愈深거덕일구 연덕유심
卽日 台候動靜若何 日夕馳泝즉일 태후동정약하 일석치소

埈 近患齒疼 苦苦者준 근환치동 고고자

隔數步地 無從趨候 負罪 격수보지 무종추후 부죄

病勢如許 辭單亦送院 병세여허 사단역송원

而以不得兩呈見 但進退狼狽 爲悶 이이부득양정현 단진퇴낭패 위민

就悚 埈 所寓爲本主所督出 취송 준 소우위본주소독출

一家二十口 無安頓處 窘悶曷喩 일가이십구 무안돈처 군민갈유

聞尹漢陽家 時無駐箚之人 문윤한양가 시무주차지인

伏乞另賜指敎 使之數十日僦居 복걸영사지교 사지수십일취거

其爲恩庇 何以爲謝 기위은비 하이위사

病甚無計面控 徒有悵歎 병심무계면공 도유창탄

不備 謹上候狀 불비 근상후장

二月 初三日 이월 초삼일 李埈 頓首 이준 돈수

春暮爲南歸計 尹家居駐 不多日爾 춘모위남귀계 윤가거주 불다일이

영감께 드리는 글
□□□□□   (수결)

어진 그대께서 떠나시고 난 뒤로는 날이 가면 갈수록 그 덕을 사모하는 마음이 더욱 깊어져만 갑니다.
지금 대감께서는 어떻게 지내고 계시는지요, 밤낮으로 그리워합니다.

저는 요즈음 치통을 심하게 앓고 있어서, 몇 걸음밖에 안 되는 곳에 계신데도 가서 인사를 여쭙지 못하니 죄스럽기만 합니다.
병세가 이와 같아 사직(辭職)을 청하는 단자(單子)도 승정원에 보냈습니다만, 한 관사에서 두 명의 관원이 사직을 할 수 없는 규정[1]에 걸리어, 다만 어찌하지도 못하고 낭패를 겪고 있으니 고민스럽습니다.

드릴 말씀은, 제가 살고 있는 곳은 원래 주인이 나가기를 독촉하여, 한 집안

스무 명의 식구가 편안히 머무를 곳이 없으니 군색하고 민망하여 무슨 말을 하겠습니까.
한양(漢陽) 윤(尹)의 집이 마침 비어 있다고 하는데, 엎드려 부탁드리니, 특별히 말씀해 주셔서 수십 일 동안 세를 얻어 살도록 해 주신다면, 그 보살펴 주시는 은혜가 얼마나 고맙겠습니까.

병이 깊어 만나서 말씀드릴 수 없으니 부질없이 슬프고 한숨이 납니다.
이만 줄이며 삼가 문안 편지에 대합니다.

  2월 3일 이준 올림

늦봄에 남쪽으로 돌아갈 계획이어서, 윤가(尹家)에 머무를 날이 길지는 않을 것입니다.

---

1 한 관사에서 두 명의 관원이 사직을 할 수 없는 규정 : 원문의 '부득양정(不得兩呈)'은 "육전조례(六典條例) 이전(吏典) 승정원정사(承政院呈辭)"의 규정에 친병(親病, 부모의 병)을 제외하고는 "한 관사에서 두 명의 관원이 정사할 수 없다(一司不得兩呈)."에서 나온 것이다. 이러한 규정은 다수의 관원이 동시에 휴가를 받아서 생기는 업무의 공백을 우려하여 마련된 조치라고 할 수 있다.

김상준(金尙寯)   1561(명종 16)~1635(인조 13)

본관은 안동(安東). 자는 여수(汝秀), 호는 휴암(休菴)이다.

1590년(선조 23) 증광문과에 급제하였다. 영광군수, 호남조도사(湖南調度使), 공주·해주·죽주(竹州)의 목사(牧使) 등 외직을 거쳐, 우승지·좌승지·도승지 등을 역임하고, 가의대부에 올라 형조참판으로 동지춘추관·의금부사를 겸하였다.

1613년(광해군 5) 계축옥사(癸丑獄事) 때 무고로 체포된 뒤 광해군의 친국(親鞫)을 받으면서, 고문에 못 이겨 김제남(金悌男)과 함께 영창대군(永昌大君)을 옹립하려 했다고 허위 진술하여 삭출당하였다. 1623년 인조반정 후에는 계축옥사 때 김제남을 모함한 죄로 유배되었으며, 1635년에 풀려났다.

글씨에 능하였고, 『강감요략(綱鑑要略)』을 편찬하였다.

• • •

僕 預知事必至此 복 예지사필지차
故厥翌觀勢以呈 爲便之意 縷縷告之 고궐익관세이정 위편지의 누누고지
而令不信知己之言 終不免狼狽 可歎亦如何 이영불신지기지언 종불면낭패 가탄역여하

自上旣命 令兄牌招 則及其再招也 자상기명 영형패초 즉급기재초야
更請他員乎 갱청타원호
況其箚入 在初春間 從容呈疏可也 황기차입 재초춘간 종용정소가야
何汲汲於求退耶 하급급어구퇴야
此無非兄自取之 非知己之罪也 차무비형자취지 비지기지죄야

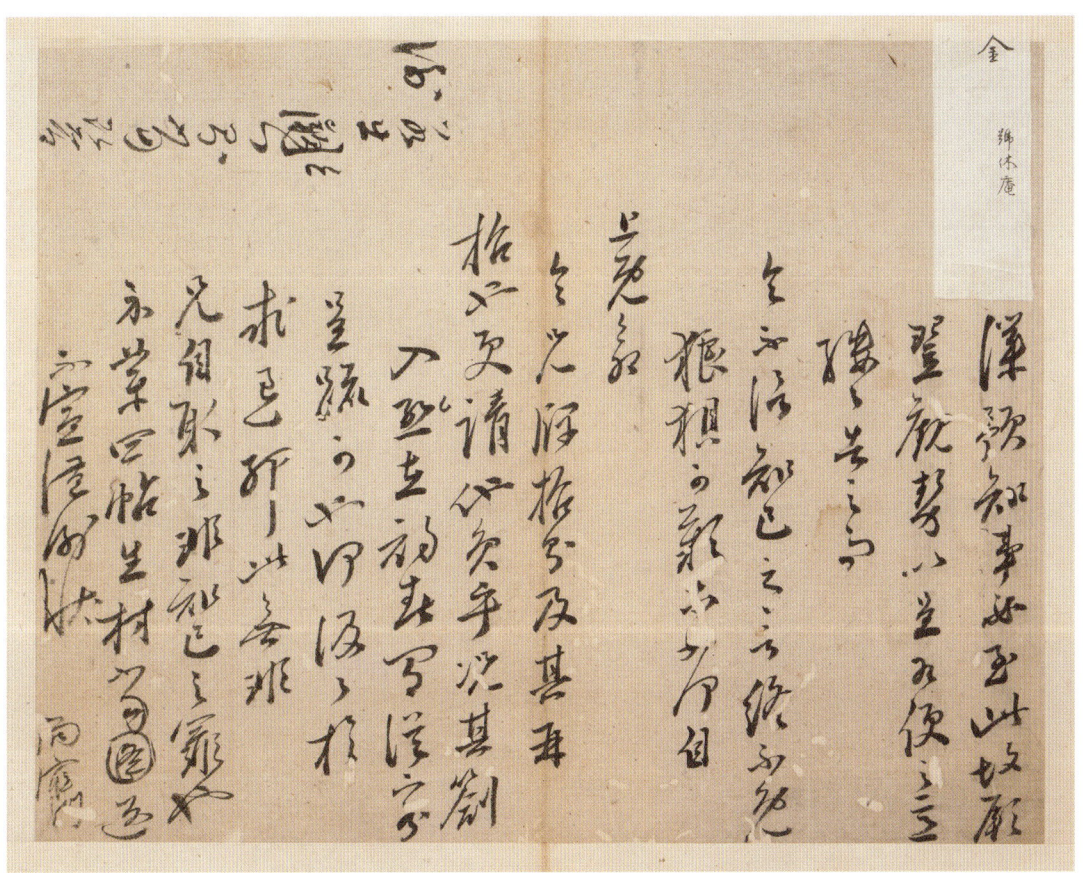

示藥四帖生材 當圖送 시약사첩생재 당도송

不宣 謹謝狀 불선 근사장

尙寓 상우

若出門 則當卽晉謝 약출문 즉당즉진사

일이 꼭 이렇게 될 줄 제가 미리 알았습니다.
그래서 다음 날 돌아가는 사정을 보고 사직서를 올리라고 누누이 말씀드렸으나, 영감께서는 이 벗의 말을 믿지 않으시더니 마침내 낭패를 면하지 못하게 되었습니다.
한탄스럽지만, 어쩔 도리가 없지 않겠습니까.

임금님께서 일찍이 영감을 패초(牌招)¹하셨고 지금은 재차 부르셨는데, 다시 다른 사람을 청하겠습니까.
하물며 차자(箚子)²가 들어왔으니, 초봄에 조용히 사직 상소를 올려도 될 터인데, 어찌 사퇴를 청하는데 이토록 급급할 수가 있습니까.
이는 모두 그대께서 스스로 자초하신 것일 뿐, 이 벗의 잘못이 아닙니다.

말씀하신 약 네 첩 생재(生材)는 마땅히 보내드리겠습니다.
이만 줄이며 삼가 답장에 대합니다.

  상준

도성을 나서게 되면 응당 바로 찾아뵙고 인사를 여쭙겠습니다.

---

1 패초(牌招) : 임금이 승지를 시켜 신하를 부르던 일을 말한다.
2 차자(箚子) : 신하가 임금에게 올리는 상소문 등의 글을 말한다.

이홍주(李弘胄)

1562(명종 17)~1638(인조 16)

본관은 전주(全州). 자는 백윤(伯胤), 호는 이천(梨川)이다.

1582년(선조 15) 진사시에 합격하여 의금부낭관이 되고, 1594년 별시문과에 급제하여 예조·병조·이조 좌랑, 의주부윤, 안동부사를 거쳐 형조·병조·예조 참판, 함경도관찰사, 도승지를 지냈으며, 1624년(인조 2) 이괄(李适)의 난이 일어났을 때는 도원수가 되어 공을 크게 세웠다. 이후 대사헌, 우참찬, 전주부윤, 병조·예조·이조 판서를 역임하고 우의정을 지냈다.

1636년 병자호란 때는 적들이 서문(西門) 밖까지 이르자 왕의 국서(國書)를 가지고 적진으로 들어가 국서를 전하고 화의 교섭을 벌였고 끝까지 항전을 주장하였다.

1637년 영중추부사로 제수되자 사직을 표했으나 허락되지 않았으며, 이해 영의정에 올랐다.

· · ·

答書 답서

　三陟浦 삼척포

戀中見書 多慰 吾亦粗保病喘 無他可言 연중견서 다위 오역조보병천 무타가언
家累流泊窮鄕 無以爲葬 가루유박궁향 무이위장
而各種周急 過優至此 感且未安 이각종주급 과우지차 감차미안

殿最居土 未知因何故耶 전최거토 미지인하고야

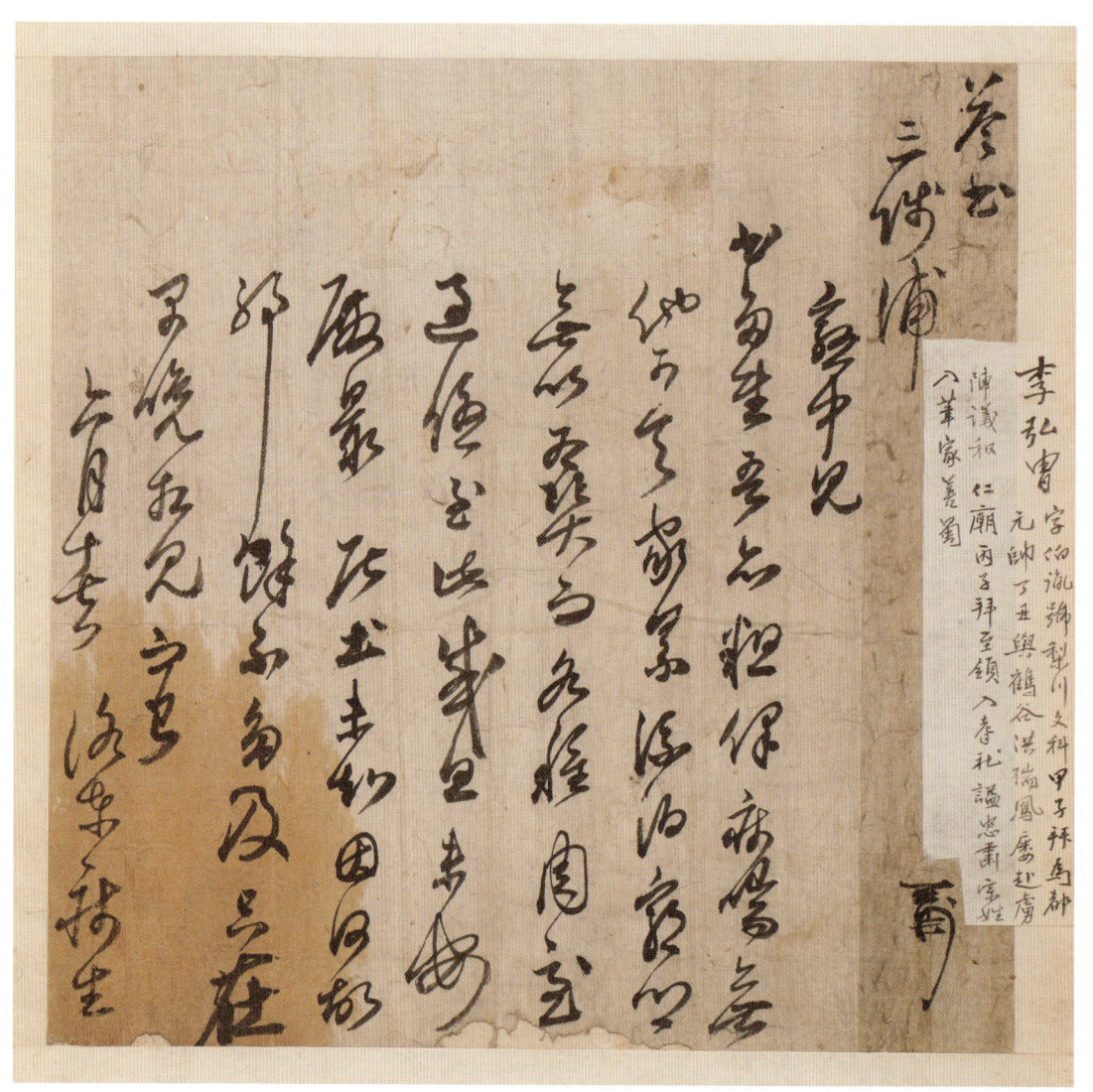

餘不多及 只在早晚相見而已 여불다급 지재조만상견이이

六月 十七日 유월 십칠일 洛東 病生 낙동 병생

답서(答書)

삼척포(三陟浦)

그리워하던 중에 편지를 받고 무척 위로가 되었습니다.

저도 역시 병으로 골골하며 그럭저럭 지내고 있으니 무슨 말씀을 드릴 수 있겠습니까.

가속(家屬)들은 가난한 외딴 시골로 흘러들어 와 장사(葬事)를 치를 수도 없는데, 여러 가지로 이렇게 넉넉하게 도와주시니[1] 고맙고도 미안하기만 합니다.

전최(殿最)[2]에서 거토(居土)[3]를 받은 것은 무슨 이유 때문인지 모르겠습니다.

이만 줄이며, 다만 조만간 만나뵙고 말씀드리도록 하겠습니다.

  6월 17일 낙동(洛東)의 병든 사람이

---

1   도와주시니 : 원문의 '주급(周急)'은 아주 다급한 처지를 구제한다는 뜻으로, 『논어』「옹야편(雍也篇)」에 "군자는 궁핍한 이를 도와주고 부유한 이는 보태 주지 않는다(君子周急不繼富)."에서 나온 말이다.
2   전최(殿最) : 관원들의 근무 성적을 심사하여 우열(優劣)을 매기던 일로서, 일명 '포폄(褒貶)'이라고도 하며, '상(上)'을 '최(最)', '하(下)'를 '전(殿)'이라고 하였다.
3   거토(居土) : '전최(殿最)'에서 나쁜 성적을 받는 것을 말한다.

박동선(朴東善)

1562(명종 17)~1640(인조 18)

본관은 반남(潘南). 자는 자수(子粹), 호는 서포(西浦)이다. 박응천(朴應川)의 아들로 호조판서를 지낸 박동량(朴東亮)의 사촌 형이며, 1590년(선조 23) 증광별시에 나란히 급제하여 여러 벼슬을 거쳐 병조좌랑이 되었다.

그 뒤 예조좌랑, 사복시정 등을 차례로 지내고, 경기도사, 수안군수, 인천·부평·남양 부사 등 여러 관직을 역임하였으나, 1613년(광해군 5) 폐모론(廢母論)이 일어나자 이를 적극 반대하고 시골로 내려가 은거하였다.

인조반정 이후 대사간과 대사헌을 지내고, 이조참판을 거쳐 다시 대사헌이 되었다. 1627년(인조 5) 정묘호란이 일어나자 인조를 호종하여 강화로 갔으며, 형조판서, 좌·우참찬, 지돈령부사, 지중추부사 등을 역임하였고, 1636년 병자호란 때는 늙고 병든 몸으로 왕손을 호종하고 강화·교동·호서 등지로 피란했다가 난이 끝난 뒤 한성에 돌아와 좌참찬이 되었다.

저서로 『서포기문(西浦記聞)』이 있다.

· · ·

昨昨日晚 何以得達 작작일만 하이득달
遠程深蕭 新寓荒凉 想多艱楚之歎 원정심소 신우황량 상다간초지탄
汝之去留 何以定爲 示及爲可 여지거류 하이정위 시급위가

得獮告歸 草此不具 득린고귀 초차불구

小望 소망　　　（手決）

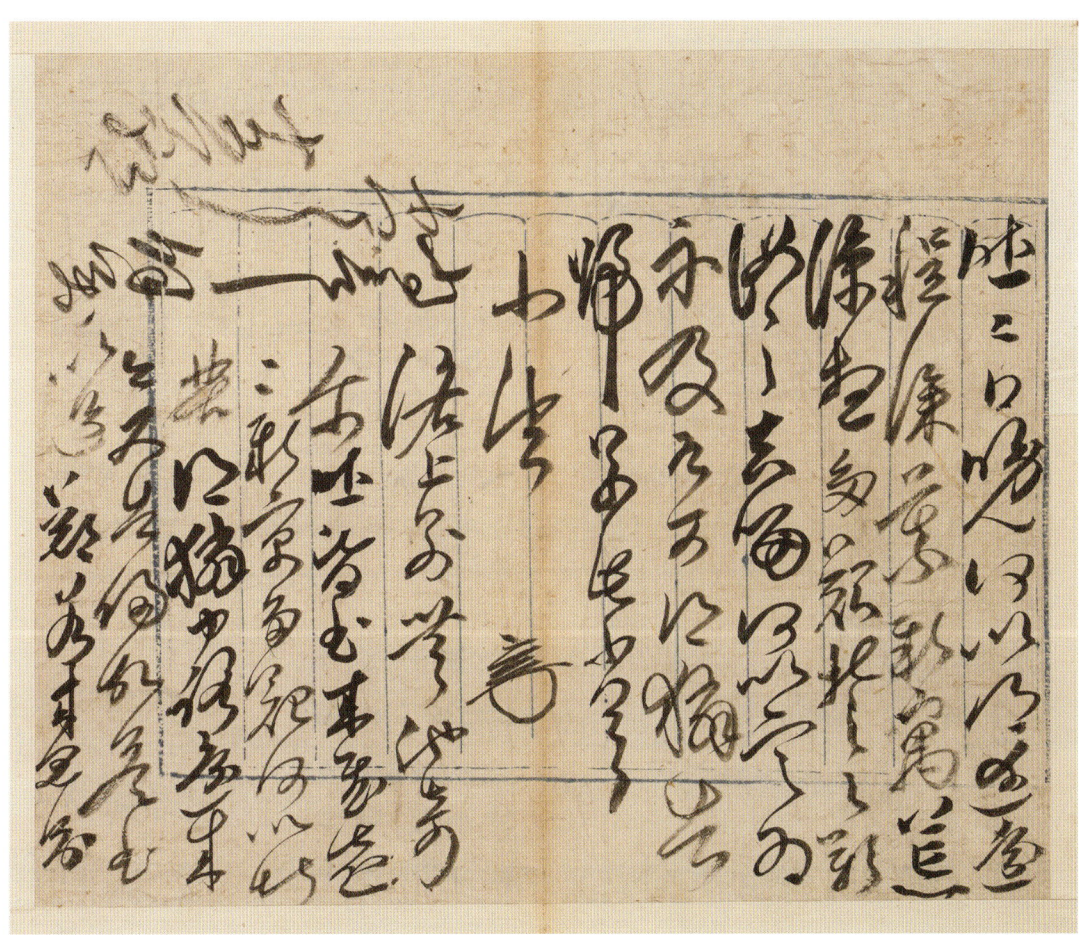

洛上別無他奇爾 낙상별무타기이

昨皆書來 慰喜慰喜 작개서래 위희위희

新寓多艱 何以堪苦 신우다간 하이감고

得獜 中路遠來 今又告歸 故答書以送 득린 중로원래 금우고귀 고답서이송

鄭谷來見 則當言之 정곡래견 즉당언지

餘萬不具 여만불구

　十五 朝 십오 조

그저께는 날도 늦었는데 어떻게 도착하였느냐.

먼 길이 무척 쓸쓸하고 새로 사는 집은 황량할 테니, 어려움 속에 무척 탄식스러울 것 같구나.
네 거취가 어떻게 정해질지 알려 주었으면 좋겠다.

득린(得獜)이 돌아간다고 하니 대충 몇 자 적는다.

 14일 (수결)

서울에는 별다른 소식이 없다.
어제 모든 편지가 와서 무척 위안이 되고 기뻤다.
새로 살고 있는 집이 불편하다는데 어떻게 견뎌 내려느냐.
득린(得獜)이 가는 도중에 먼 길을 왔는데, 지금 또 돌아간다고 하므로 이렇게 답장을 써서 부친다.
정곡(鄭谷)¹이 만나러 오면 사정을 말해 보려고 한다.
할 말은 많으나 이만 줄인다.

 15일 아침에

---

1 정곡(鄭谷) : 조선 중기의 학자 중에 정곡(鄭谷, 1542~1600)이라는 사람이 있으나, 확실하지 않다.

이정구(李廷龜)

1564(명종 19)~1635(인조 13)

본관은 연안(延安), 자는 성징(聖徵), 호는 월사(月沙)이다.

1590(선조 23) 증광문과에 급제하여 승문원(承文院)에 등용되었으며, 1592년 임진왜란 때 설서(說書)가 되었다. 이듬해 명나라 송응창(宋應昌)의 요청으로 경서(經書)를 강의하여 학자로서 존경을 받았다.

이후 병조참지, 대제학을 거쳐 형조·병조·예조 판서를 두루 역임하였다. 1628년(인조 6) 우의정이 되고 이어 좌의정에 올랐다.

한문학의 대가로서 글씨에도 뛰어났고 신흠(申欽)·장유(張維)·이식(李植)과 함께 조선 중기 4대 문장가로 일컬어진다. 저서로『월사집(月沙集)』이 있고, 편저로『서연강의(書筵講義)』·『대학강의(大學講義)』등이 있다.

• • •

謹問令候若何 懸仰懸仰 근문영후약하 현앙현앙
家奴風年 爲人所敺 命在朝夕 傷處極慘 가노풍년 위인소구 명재조석 상처극참
不忍見 不忍見 불인견 불인견

欲親爲呈單 依法治之 而煩不敢 욕친위정단 의법치지 이번불감
爲其妻香伊呈狀 囚其犯人陳希 위기처향이정장 수기범인진희
而三兄弟共打 只囚其一 又將保放 極爲駭怪 이삼형제공타 지수기일 우장보방 극위해괴

令兄視弟 豈誣人者 영형시제 기무인자재
幸乞令嚴治 행걸영엄치

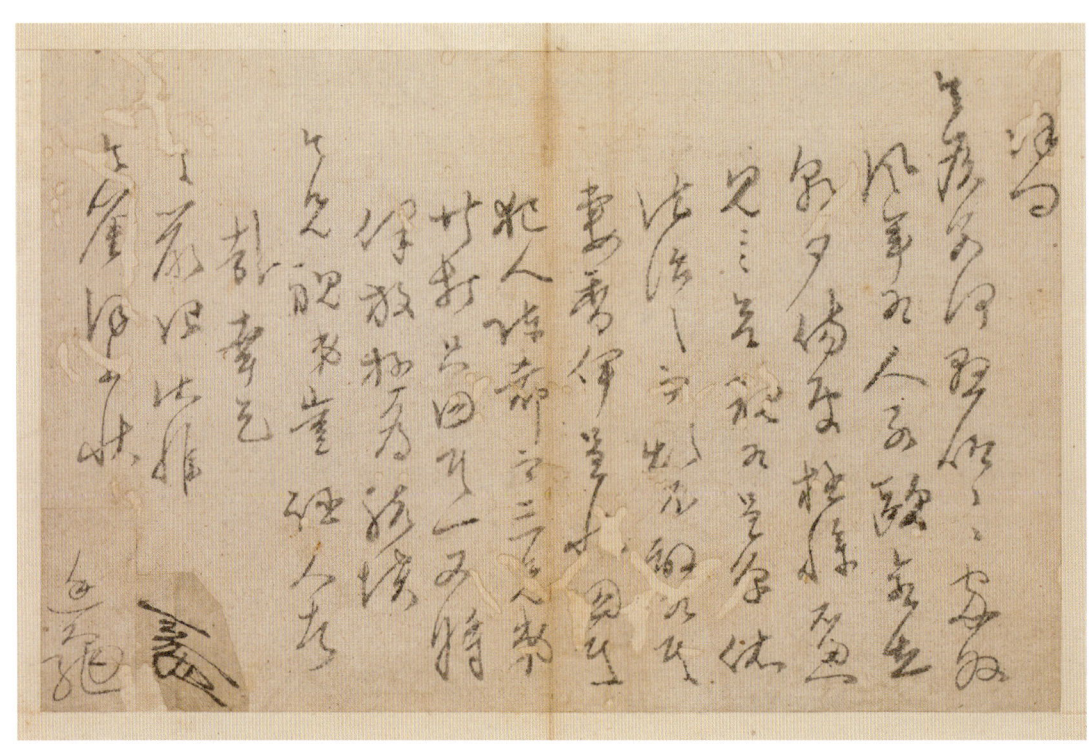

伏惟令鑒 謹上狀 복유영감 근상장

廷龜 정구　　　（手決）

영감께서 어떻게 지내고 계신지 삼가 안부를 여쭈며, 우러러 그리워합니다. 가노(家奴) 풍년(風年)이 남에게 얻어맞아서 생명이 위독한 데다 그 상처가 너무 참혹하여 차마 볼 수가 없습니다.

제가 직접 관아에 단자(單子)를 제출하여 법에 따라 처리하고 싶지만, 번거롭게 하고 싶지 않아 그의 처 향이(香伊)에게 소장(訴狀)을 써 주어서 범인 진희(陳希)가 구속되었습니다.
그러나 삼형제가 함께 구타하였는데 단지 한 사람만 가둔 데다, 그마저 장차 풀려날 것이라고 하니 참으로 해괴한 일이 아닐 수 없습니다.

영감께서 보시다시피, 제가 어찌 다른 사람을 무고하겠습니까.
바라건대, 영감께서 엄하게 다스려 주시길 간청합니다.

영감께서 살펴 주시기 바라며 삼가 글을 올립니다.

　정구　　　(수결)

성계선(成啓善)

1566(명종 21)~1608(선조 41)

본관은 창녕(昌寧). 자는 즉생(則生)이다.

1594년(선조 27) 중형 성진선(成晉善)과 함께 정시문과(庭試文科)에 급제하여, '형제등제(兄弟登第)'로 이름을 떨쳤다. 이어 형과 함께 승문원(承文院) 정자(正字)로 보임되었으며, 이때 동과 급제한 허균(許筠)도 함께 배속되어 매우 가깝게 지내게 되었다.

호조·예조·형조의 좌랑(佐郎)을 역임하고 성균관전적(成均館典籍)을 지낸 뒤 1604년 서천군수(舒川郡守)가 되어, 청렴하고 엄정한 정치를 행하는 목민관으로 표창을 받았다.

1605년(선조 38) 남원부사(南原府使)가 되었고, 내직으로 오위도총부 부사직(副司直)에 임명되었다. 그러나 그해 자신의 아들 과거에 도감(都監) 관하의 글씨를 잘 쓰는 사람을 과장(科場)에 함께 보내 주초(朱草)를 대신 쓰게 했다가 발각되어 12월 사헌부의 탄핵을 받고 파직되었다.

5개월 후 순천부사(順天府使)로 부임하였으나, 이번에는 중한 병으로 향리(鄕吏)에게 정사를 위임하여 물의를 일으키게 되면서 1607년 7월 또다시 사헌부의 탄핵을 받고 파직되었다.

병이 악화되어 이듬해 43세를 일기로 사망하였다. 그의 묘갈명은 교분이 매우 두터웠던 허균이 썼다.

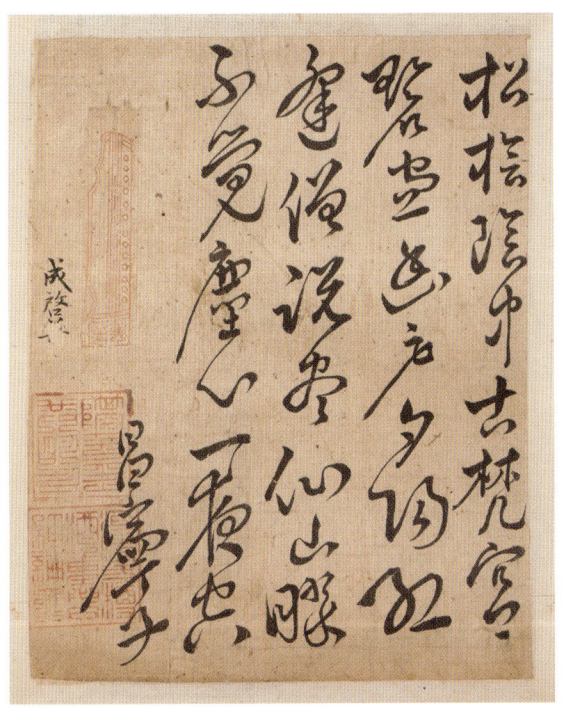

∴

松檜陰中古梵宮_{송회음중고범궁}
碧窓幽戶夕陽紅_{벽창유호석양홍}
逢僧說盡仙山勝_{봉승설진선산승}
不覺塵心一夜空_{불각진심일야공}

昌寧子_{창녕자}

옛 절간은 소나무, 전나무 그늘 속에 들었고
푸른 창 으슥한 지게문 석양에 붉었네.
스님을 만나고 얘기를 그치니 신선 머문 산 곱기만 하고
이 한 밤, 세속에 찌든 마음 나도 모르게 텅 비워 버렸다네.

창녕자(昌寧子)

박동량(朴東亮)

1569(선조 2)~1635(인조 13)

본관은 반남(潘南). 자는 자룡(子龍), 호는 기재(寄齋)·오창(梧窓)·봉주(鳳洲)이다. 대사헌 박응복(朴應福)의 아들이다. 어머니는 선산임씨(善山林氏)로 임구령(林九齡)의 딸이다.

1590년(선조 23) 증광별시에 급제하여 검열, 호조·병조 좌랑 등을 지냈다. 1592년 임진왜란 때 선조를 의주로 호종(扈從)하였으며, 중국어에 능통해 왕의 곁에서 대중외교(對中外交)에 이바지하여 선조의 신임을 받았다.

도승지, 이조참판, 연안부사, 경기도·강원도 관찰사 등을 차례로 역임하면서 전란 뒤의 민생 회복에 힘을 기울였으며, 호조판서를 거쳐 1611년(광해군 3) 판의금부사가 되었다.

한응인(韓應寅)·유영경(柳永慶)·서성(徐渻)·신흠(申欽)·허성(許筬)·한준겸(韓浚謙)과 함께 영창대군(永昌大君)을 잘 보호하라는 선조의 부탁을 받은, 이른바 유교칠신(遺敎七臣)의 한 사람으로서, 1623년 인조반정 이후 대북파(大北派)에 의해 유배되는 등 고난을 겪었다.

뒤에 아들 미(瀰)와 의(漪)의 상언(上言)으로 복관되고, 좌의정에 추증되었다. 저서로 『기재사초(寄齋史草)』·『기재잡기(寄齋雜記)』·『방일유고(放逸遺稿)』 등이 있다.

・・・

江閣無與語 所常對者 層氷而已 강각무어어 소상내사 층빙이이
忽奉手翰 欣幸何極 홀봉수한 흔행하극

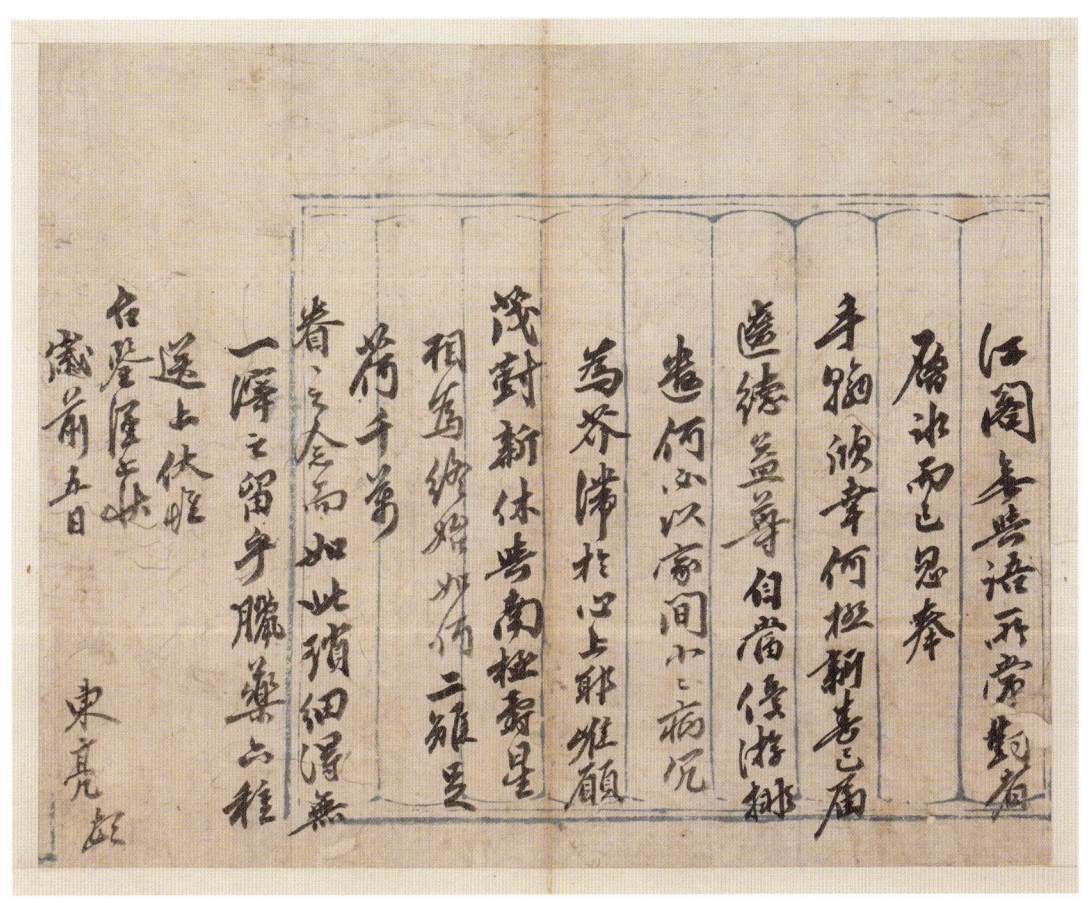

新春已屆 齒德益尊 自當優游排遣 신춘이계 치덕익존 자당우유배견

何必以家間小小病冗 爲芥滯於心上耶 하필이가간소소병용 위개체어심상야

唯願茂對新休 與南極壽星 相爲終始如何 유원무대신휴 여남극수성 상위종시여하

二雉足荷千萬 이치족하천만

眷眷之念 而如此瑣細 得無一滓之留乎 권권지념 이여차쇄세 득무일재지류호

臘藥六種送上 납약육종송상

伏惟台鑒 謹上狀 복유대감 근상장

歲前 五日 세전 오일 東亮 頓 동량 돈

강가 집에는 더불어 이야기 나눌 이도 없고 늘 마주하게 되는 것은 겹겹이 쌓인 얼음 덩어리뿐인데, 문득 이렇게 편지를 받게 되니 너무도 기쁘고 행복합니다.

새봄이 어느덧 다가와 나이와 덕[1]이 더욱 존귀하여지셨으니, 당연히 편안하고 한가롭게 지내시며 모든 근심을 떨쳐 버려야만 합니다. 어찌 집안의 자질구레한 병 따위로 가슴앓이를 하고 계십니까.

부디 새해를 맞이하여 풍성한 복을 누리시고, 남극수성(南極壽星)[2]과 더불어 시작과 끝을 함께하심이 어떠신지요.

꿩 두 마리를 보내 주셔서 정말 고맙습니다. 보살펴 주시는 마음이 이토록 잔단 데까지 이르시니, 어찌 마음에 맺히지 않을 수 있겠습니까.

납약(臘藥)[3] 여섯 가지를 보냅니다.
대감께서 살펴 주시기 바라며 삼가 글을 올립니다.

  새해를 5일 앞두고 동량 올림

---

1 나이와 덕 : 나이가 많고 덕망이 높은 것을 말한다. 『맹자』「공손추(公孫丑)」에 "천하에 달존(達尊)이 셋이니, 벼슬(爵)과 나이(齒)와 덕(德)이다."라고 하였다.
2 남극수성(南極壽星) : 남쪽에 떠 있는 별인 노인성(老人星)으로, 장수(長壽)를 상징하는 별이라고도 한다.
3 납약(臘藥) : 납일(臘日 : 동지 뒤 셋째 미일(未日))을 전후하여 선물로 보내던 청심환(淸心丸)·안신환(安神丸)·소신환(蘇神丸) 등 여러 가지 약을 말한다.

심열(沈悅)

1569(선조 2)~1646(인조 24)

본관은 청송(靑松). 자는 학이(學而), 호는 남파(南坡)이다.

1593년(선조 26) 별시문과에 급제하였다. 성균관전적 등 삼사(三司)의 요직을 거쳐 경기도·황해도·경상도·함경도 관찰사, 호조판서, 강화유수 등을 거쳐 판중추부사, 우의정, 영의정에 올랐다.

시와 글씨에 능하였으며, 저서로 『남파상국집(南坡相國集)』 6권이 있다.

· · ·

承問感仰 승문감앙
室人之病 向差耳 실인지병 향차이

示事 不可煩也 시사 불가번야
雖着署押印信 不可公然踏之 수착서압인신 불가공연답지
生 當觀勢善處 생 당관세선처
能事不須相促迫 願遲耳 능사불수상촉박 원지이

妹主將遠去云 今日當就拜 매주장원거운 금일당취배

　　坡生 파생

안부 편지를 보내 주셔서 고맙습니다.
아내의 병은 나아 가고 있습니다.

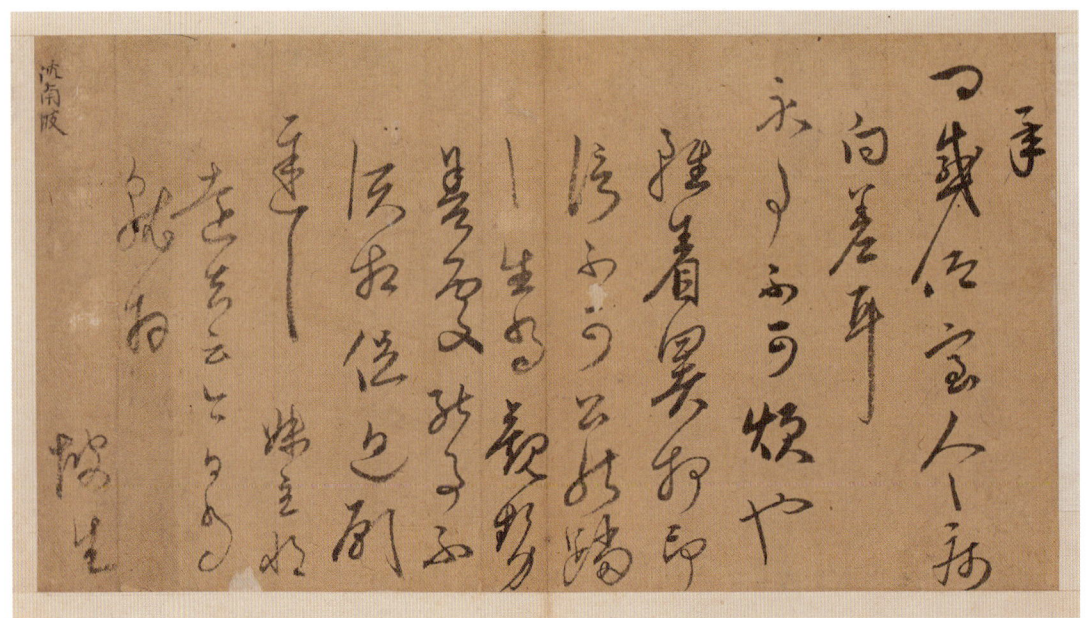

말씀하신 일은 번거로울 것이 없습니다.
비록 서명을 하고 인신(印信)[1]을 찍더라도 공공연히 도장을 찍을 수는 없으므로, 제가 형편을 잘 살펴서 처리하겠습니다.
능사(能事)란 반드시 서로 재촉하는 데 있지 않으므로, 늦추고 싶습니다.

누이가 장차 멀리 떠나게 되었다고 하니, 오늘은 가서 만나 보려고 합니다.

파생(坡生)

---

1 인신(印信) : 도장이나 관인(官印)을 말한다.

김상헌(金尙憲)   1570(선조 3)~1652(효종 3)

본관은 안동(安東). 자는 숙도(叔度), 호는 청음(淸陰)·석실산인〔石室山人 : 중년 이후 양주(楊州) 석실(石室)에 퇴귀(退歸)해 있으면서 사용〕·서간노인〔西磵老人 : 만년에 안동(安東)에 은거하면서 사용〕이다. 돈령부도정(敦寧府都正) 이극효(李克孝)의 아들로, 어머니는 좌의정 정유길(鄭惟吉)의 딸이다. 우의정을 지낸 김상용(金尙容)의 동생이다.

1590년(선조 23) 진사가 되고, 1596년 임진왜란 중에 실시한 정시문과에 병과로 급제하여 벼슬길에 올랐다. 1623년 인조반정 이후 이조참의를 거쳐, 육조의 판서 및 예문관·성균관 제학 등을 지냈다. 1636년(인조 14) 병자호란 때는 예조판서로 주화론(主和論)을 배척하고 끝까지 주전론(主戰論)을 펴다가 인조가 항복하자 안동으로 은퇴하였다.

1639년 청나라가 명나라를 공격하기 위해 요구한 출병에 반대하는 소를 올렸다가 청나라에 압송되어 6년 후 풀려났으며, 1645년 특별히 좌의정에 제수되었고, 기로소(耆老所 : 70세 넘은 정2품 이상의 문관을 예우하기 위한 기구)에 들어갔다.

윤근수(尹根壽)의 문하에서 경사(經史)를 배웠으며, 성혼(成渾)의 도학에 연원을 두었다. 이정구(李廷龜)·신익성(申翊聖)·이경여(李敬輿)·이경석(李景奭)·김집(金集) 등과 교유하였다.

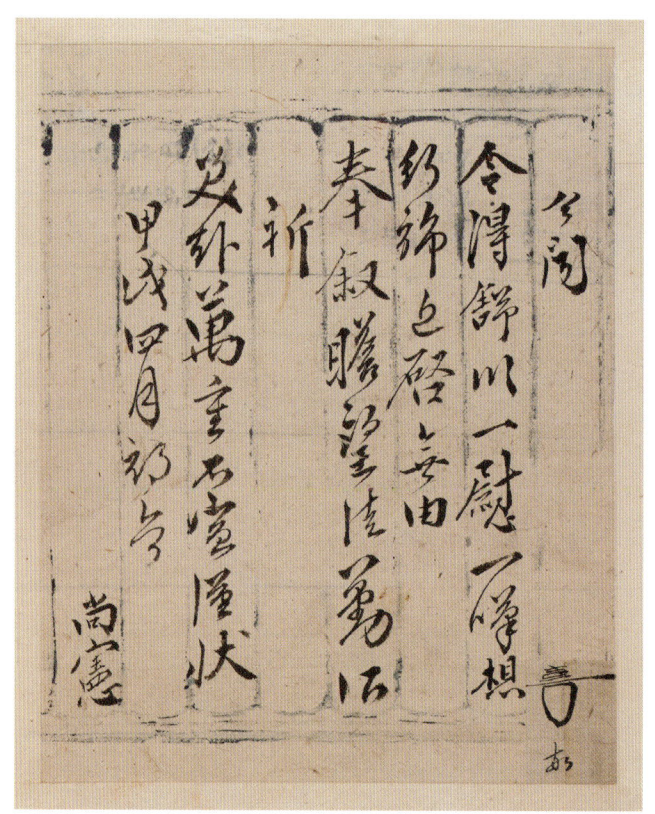

　　　　(手決) 敬 경

今聞令得舒川 一慰一嘆 금문영득서천 일위일탄
想行旆近啓 無由奉敍 瞻望徒勤 상행패근계 무유봉서 첨망도근

所祈美赴萬重 소기미부만중
不宣謹狀 불선근장

　甲戌 四月 初六日 갑술 사월 초육일　尙憲 상헌

　　(수결) 경(敬)

지금 그대께서 서천현감(舒川縣監)으로 제수되셨다는 소식을 듣고, 한편으로는 위로가 되고 또 한편으로는 한숨이 납니다.
행차가 곧 떠날 것이어서 서로 만나 회포를 풀 여유가 없을 듯하여, 속절없이 그저 아쉽기만 합니다.

가시는 길에 평안하시기만 기원하면서 삼가 글을 올립니다.

　　1634년 4월 6일　상헌

• • •

使臣之行 得見臘月書 極慰極慰 사신지행 득견납월서 극위극위
入春調況 復如何 입춘조황 부여하

僕 堅坐絶域 又度一年 只增悵戀而已 복 견좌절역 우도일년 지증창연이이
見阻陪從之列 非出於此地之人 出於日夜所仰望之地 견조배종지열 비출어차지지인 출어일야소앙망지지

天也奈何 천야내하

縷縷煩不敢盡 姑此謝狀 누누번불감진 고차사장

　　甲申 二月 二日 갑신 이월 이일　南冠 남관

사신의 행차 길에 섣달에 보낸 편지를 받고 보니 위로가 끝이 없습니다.
봄이 오고 있는 이때, 건강히 잘 지내시는지요.

저는 이역 머나먼 땅에서 꼼짝없이 앉아 또 이렇게 한 해를 보내게 되니 속절없이 서러움과 그리움만 더할 뿐입니다.
배종(陪從)[1]의 반열에 나아가지 못하는[2] 것은, 이 땅의 사람들 때문에 그런 것

1　배종(陪從) : 임금이나 높은 사람을 모시고 뒤에서 따라감.

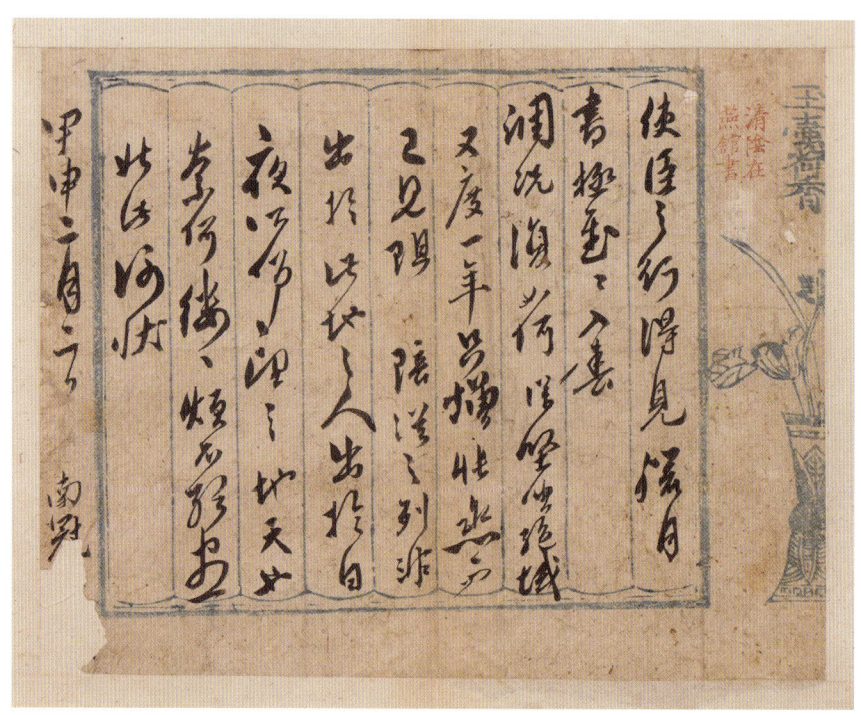

이 아니라 밤낮으로 바라던 대로 된 것이니, 하늘의 운수를 어찌할 수 있겠습니까.

여러 번 번거롭게 감히 다 말씀드리지 못하고 이렇게 답장을 올립니다.

   1644년 2월 2일   남관(南冠)[3]

2 나아가지 못하는 : 원문 '견조(見阻)'의 '견(見)'은 피동의 의미이고 '조(阻)'는 '막히다'의 뜻이다.
3 남관(南冠) : 감옥에 갇혀 있는 사람을 말한다. 춘추시대에 진후(晉侯)가 군부를 시찰하다가 종의(鍾儀)를 보고서 "남관을 쓰고 갇혀 있는 자는 누구냐?" 한 데서 나온 말이다. 김상헌의 시에, "남관 쓴 몸 오랫동안 선주 약속 저버리어(南冠久負仙洲約)", "초 음악과 남쪽의 관 고금토록 한이거니(楚奏南冠今古恨)", "오 년 동안 남관 쓴 채 돌아가지 못했거니(五載南冠尙未歸)", "육 년 동안 남관 쓰다 이제 돌아가거니와(六載南冠今始歸)" 등의 표현이 다수 있으며, 「원우당기(遠憂堂記)」에서는 "남관노인이 쓰다(南冠老人記)"로 자신을 지칭하고 있다[『청음선생집(淸陰先生集)』]. 또한, 민진원(閔鎭遠)이 쓴 〈청음선생유적비(淸陰先生遺蹟碑) 비음기(碑陰記)〉에는 1639년(인조 17) 청음(淸陰)이 청나라 심양(瀋陽)에 잡혀간 것을 표현한 "북녘 변경에 남관 쓴 나그네(北塞南冠客)"로 시작되는 글이 있다.

김류(金瑬)

1571(선조 4)~1648(인조 26)

본관은 순천(順天). 자는 관옥(冠玉), 호는 북저(北渚)이다.

1596년(선조 29) 정시문과에 급제하여, 임진왜란 때는 김시헌(金時獻)의 종사관으로 호서·영남 지방에서 활약하였다. 그러나 1598년 그의 아버지가 전사한 탄금대(彈琴臺) 아래에서 기생과 풍악을 벌여 놀았다는 사헌부의 탄핵을 받았으며, 이 일로 파직과 복직을 반복하였다.

1614년(광해군 6) 대북(大北) 정권 아래서 가선대부(嘉善大夫)로 승진되어 동지사(冬至使)·성절사(聖節使)로 명나라에 다녀왔으나 북인들에 의해 탄핵을 받아 파직되었으며, 이후 이귀(李貴)·신경진(申景禛)·이괄(李适) 등과 함께 인조반정을 일으켰다. 이 반정의 공로로 병조참판, 병조판서, 대제학에 오르고 승평부원군(昇平府院君)에 봉해졌다.

1627년(인조 5) 정묘호란 이후 우의정, 좌의정, 영의정을 지냈으며, 1636년 병자호란 때는 삼전도(三田渡)에서 조약을 맺는 데 주도적 구실을 하였다.

영의정으로서 소현세자(昭顯世子)의 사후 봉림대군(鳳林大君)을 왕세자로 책봉할 것을 주장하고 스스로 세자사(世子師)가 되었으나, 1646년 소현세자빈 강씨(姜氏)의 옥사를 반대하면서 벼슬에서 완전히 물러났다.

글씨와 문장이 맑고 세련되어 많은 비문을 남겼으며, 저서로 『북저집(北渚集)』이 전한다.

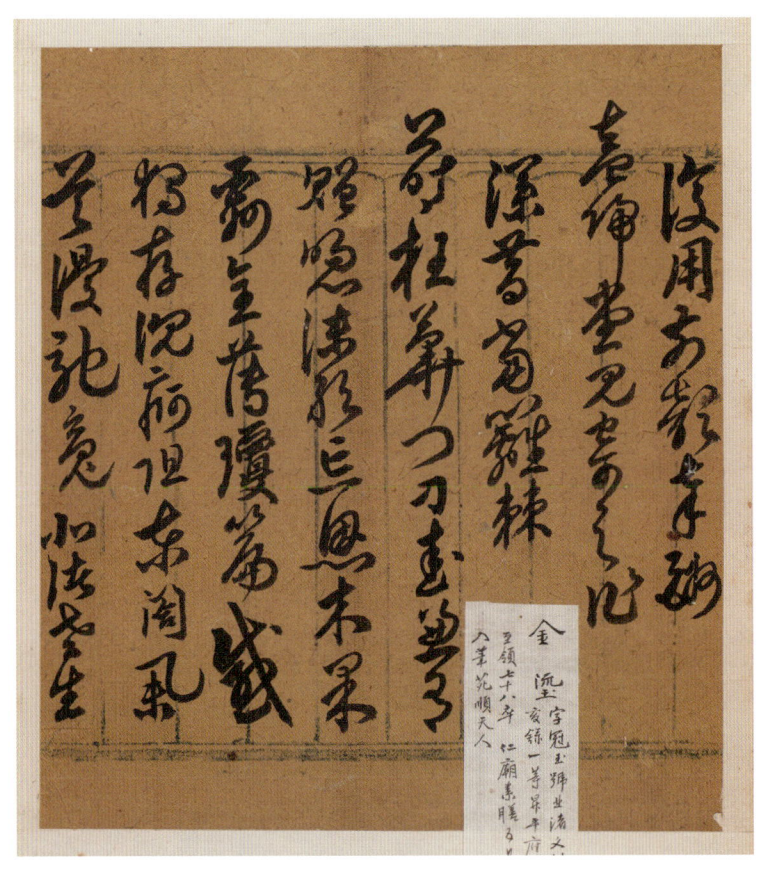

復用前韻 奉酬盍歸堂 見寄之作 부용전운 봉수합귀당 견기지작

僕昔當籬棘 복석당리극
公時枉華門 공시왕화문
刀圭兼有贈 도규겸유증
煦沫敢忘恩 후말감망은
木果酬全薄 목과수전박
瓊篇感獨存 경편감독존
沈痾阻東閤 침아조동합
擧首漫馳寃 거수만치원

北渚老生 북저노생

다시 이전의 운(韻)을 써서 합귀당(盍歸堂)¹이 보내온 시에 화답하여 짓다

이내 몸 예전에 가시 울타리 속²에 있을 때,
공은 항상 영화로운 자리를 드나들며
약물(藥物)³과 선물을 베푸셨으니
후말(煦沫)⁴의 은혜를 어찌 잊으리오.
목과(木果)⁵로 보답하기는 너무나 야박하여
보배로운 시 한 편에 고마운 마음 홀로 담았네.
묵은 병으로 동합(東閤)⁶에 나가지도 못한 채
머리를 돌려 하릴없이 슬픔에 잠기네.

북저(北渚) 늙은이

1 합귀당(盍歸堂) : 미상이다. 신익성(申翊聖)이 1682년(숙종 8)에 지은 칠언절구(七言絶句)의 시「지금 경치를 시로 적어 합귀당에게 주다(卽景寄盍歸堂)」가 그의 문집『낙전당집(樂全堂集)』에 전한다.
2 가시 울타리 속 : 주로 귀양 가거나 파직되었을 때 쓰는 표현이다.
3 약물(藥物) : 원문의 '도규(刀圭)'는 선가(仙家)에서 약을 담는 작은 용기를 말한 것으로, 전하여 선약 또는 의술을 의미한다.
4 후말(煦沫) : 위기에 처해서 서로 보살펴 주는 것을 말한다.『장자』「대종사(大宗師)」의 "물이 바짝 말라 물고기들이 땅바닥에 처하게 되면, 서로 김을 내뿜어 축축하게 해 주고 서로 거품으로 적셔 주지만, 강과 호수에서 서로 잊고 사느니만 못하다(泉涸 魚相與處於陸 相呴以濕 相濡以沫 不如相忘於江湖)."라는 말에서 나온 것이다.
5 목과(木果) : 시 전체로 볼 때 이는 '목과(木瓜)'의 오기(誤記)로 보인다.『시경(詩經)』「목과(木瓜)」에 "나에게 목과를 주거늘 경거로써 갚는다(投我以木瓜 報之以瓊琚)." 하였다. 따라서 다음 구절에 나오는 '경편(瓊篇)'의 '경(瓊)'은 '경거(瓊琚)' 즉 보배로운 구슬로, 시문을 뜻한다.
6 동합(東閤) : '동각(東閣)'과 같은 말로, 동향의 작은 문이다. 한나라 때 공손홍(公孫弘)이 승상(丞相)이 되어서 동각을 열어 현사(賢士)를 초빙했던 데서 유래한 말로, 재상이 어진 이를 초대하는 곳을 뜻하기도 한다. 여기서는 세자를 뜻하는 것으로 여겨진다. 이 시의 작자인 김류는 봉림대군(鳳林大君)이 왕세자로 책봉되었을 때 세자사(世子師)를 지냈다.

기협(奇協)

1572(선조 5)~1627(인조 5)

본관은 행주(幸州). 자는 여인(汝寅)이다.

1601년(선조 34) 식년문과에 급제하였으며, 전적, 병조좌랑, 수찬, 장성현감을 거쳐 강화부사가 되었는데, 이때 서인(庶人)으로 강등되어 강화에 위리안치(圍籬安置)된 영창대군(永昌大君)를 후대하였다 하여 파직, 하옥되었고, 1620년(광해군 12)에 다시 기용되어 황해도관찰사를 역임하였다.

1626년(인조 4)에 선천부사로 나아갔다가, 이듬해 정묘호란이 일어나 의주가 함락되고 적이 곽산의 능한산성(陵漢山城)에 이르자, 수성장(守城將)으로 최후까지 싸우다가 전사하였다.

· · ·

令前 狀上 영전장상
　崔僉知 座前 최첨지 좌전

夜來 未諳起居如何 야래 미암기거여하
昨者偶拜吳溪僉知 작자우배오계첨지
風神一如卄年前得拜時 此是異事 풍신일여 입년전득배시 차시이사
言及升沈存沒 以未及强及於先人 不免介介云 언급승침존몰 이미급강급어선인 불면개개운

如江原方伯 以李光俊令鑑 猶且爲之 여강원방백 이이광준영감 유차위지
況在令鑑 名論人地 出於諸人 황재영감 명론인지 출어제인
而十年流落之餘 因國恤上來 時乎 이십년유락지여 인국휼상래 시호
先人同年中 唯此老獨存 선인동년중 유차로독존

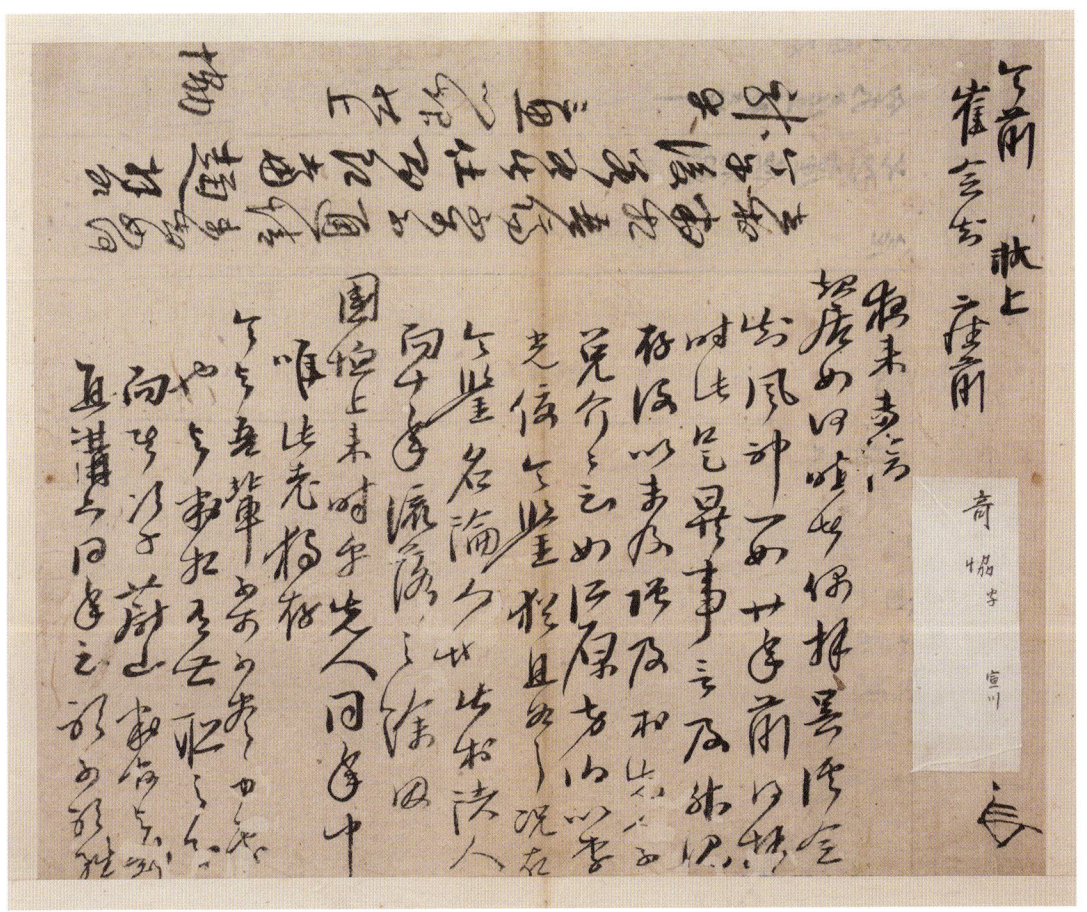

令與吾輩 不可不盡力□也 영여오배 불가불진력□야

與判相 有世取之分 여판상 유세취지분
而其次子 蔚山判官 與□直講 亦同年云 이기차자 울산판관 여□직강 역동년운
聽不聽 雖在於判相 吾儕不可不通情 청불청 수재어판상 오제불가불통정
未知如何 미지여하

今午後 若爲出仕 則卽當趨拜爲計 금오후 약위출사 즉즉당추배위계
幸三思以起 狀上 행삼사이기 장상

協 협

영감께 올리는 편지
  최 첨지 받으심

밤새 어떻게 지내셨는지 궁금합니다.
어제는 우연히 오계(吳溪) 첨지를 만났더니 모습이 이십 년 전에 만났을 때와 같았습니다. 참 이상한 일입니다.
세상의 부침(浮沈)과 살고 죽는 것을 말하며, 돌아가신 제 아버지께 미쳤든 미치지 않았든 간에 마음에 걸리지 않을 수 없다고 하였습니다.

만약 강원도 수령으로 이광준(李光俊)[1] 영감이 오히려 또 되신다면, 비록 영감의 뛰어난 논리와 인지(人地)[2]가 많은 사람들 중에서 출중함에도 불구하고, 십 년간 떠돌다가 국상(國喪) 때문에 올라오게 된 것이니, 바로 시운(時運)이라고 할 만합니다.
돌아가신 제 아버지의 동년배 중에 오직 이 노인만 홀로 살아 계시니, 그대와 우리들이 힘을 다하여 섬기지 않을 수 없습니다.

판상(判相)과는 대대로 이어 온 교분이 있으며, 그의 둘째 아들인 울산 판관(判官)은 □ 직강(直講)과 역시 동년배라고 하니, 들었든지 안 들었든지 간에 비록 판상에서 우리들이 마음을 주고받지 않을 수 없다고 하더라도, 어떨지는 모르겠습니다.

오늘 오후에 만약 출사하게 된다면, 바로 가서 인사할 계획입니다.
모쪼록 여러 번 생각하고 하시기 바라며 이 편지를 씁니다.

  협

---

1 이광준(李光俊) : 1592년(선조 25)까지 강릉부사(江陵府使)를 지낸 이광준(李光俊)을 일컫는 것으로 여겨지나, 미상이다.
2 인지(人地) : 재능(才能)의 품격(品格)과 문벌(門閥)을 통틀어 말한다.

이현영(李顯英)   1573(선조 6)~1642(인조 20)

본관은 한산(韓山). 자는 중경(重卿), 호는 창곡(蒼谷)·쌍산(雙山)이다.

1595년(선조 28) 별시문과에 급제해 벼슬길에 올랐으며, 성절사(聖節使)로 중국 명나라에 다녀오고, 병조참의가 되었으나, 대북파의 전횡에 불만을 품고 은퇴하였다.

1623년 인조반정(仁祖反正)으로 대사간에 등용되어, 경기도관찰사, 예조·형조 참판 및 대사헌, 이조참판, 동지중추부사, 강원도관찰사를 거쳐 부제학·도승지·참찬관 등을 역임하고, 대사헌, 예조·형조 판서를 지내고 사직하였다.

1636년(인조 14) 병자호란이 일어나자, 양근(楊根)에서 의병을 일으켜 청나라 군사와 싸웠으며, 이듬해 형조판서에 임명되었으나 호란 때 왕을 호종하지 못한 것을 자책해 사퇴했다가, 다시 이조판서를 거쳐 대사헌이 되었다.

1642년 청나라 용골대(龍骨大)가 소현세자(昭顯世子)를 볼모로 삼아 중국 심양(瀋陽)에 잡아 놓고 조선 사신의 입국을 요구하자, 김상헌(金尙憲)과 함께 심양에 가서 한 달 동안 감금되었다가 돌아오던 중 평양에서 사망하였다. 뒤에 영의정에 추증되었다.

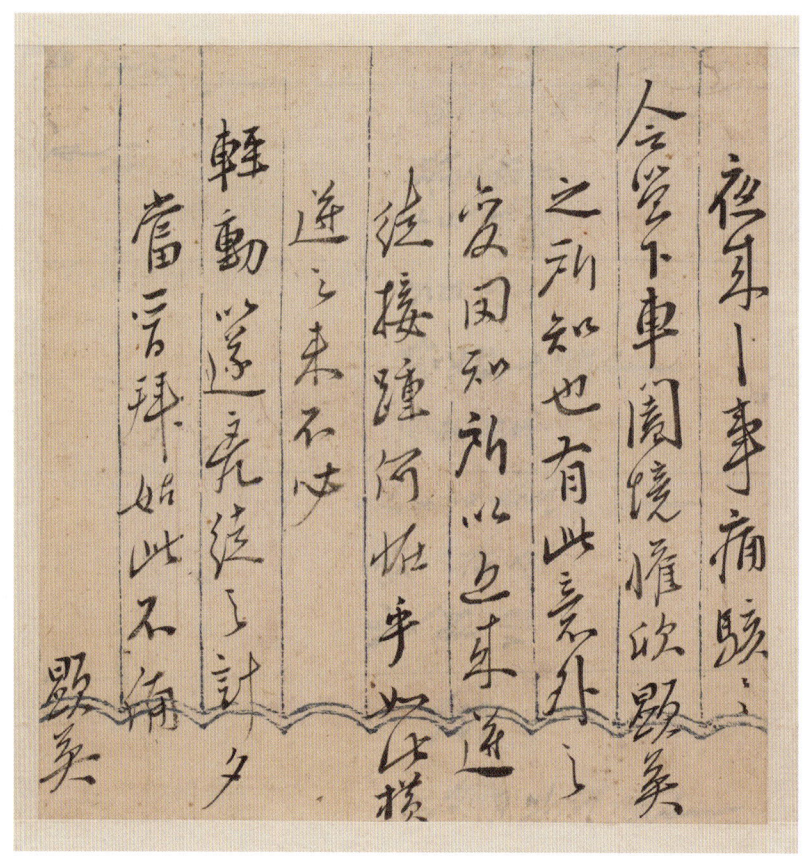

夜來之事 痛駭痛駭 야래지사 통해통해

令監下車 闔境懽欣 顯英之所知也 영감하거 합경환흔 현영지소지야
有此意外之變 罔知所以 유차의외지변 망지소이

近來逆徒接踵 何怪乎 근래역도접종 하괴호
如此橫逆之來 不必輕動 以遂兇徒之計 여차횡역지래 불필경동 이수흉도지계

夕當晉拜 姑此不備 석당진배 고차불비

顯英 현영

밤사이의 일은 비통하고 놀랍습니다.

영감께서 부임하시니 온 고을이 기뻐하였던 것이 제가 아는 바입니다.
이렇게 뜻밖의 변고를 당하게 되니 어찌해야 할지 모르겠습니다.

요사이 역도(逆徒)들이 끊이지 않고 일어나고 있으니 얼마나 괴이한 일입니까.
이렇게 얼토당토아니한 고난이 찾아올 때에는 가벼운 행동으로 흉도들의 계략에 말려들 필요가 없습니다.

저녁에 찾아뵐 것이므로 이만 줄입니다.

    현영

조익(趙翼)

1579(선조 12)~1655(효종 6)

본관은 풍양(豊壤). 자는 비경(飛卿), 호는 포저(浦渚)·존재(存齋)이다. 조영중(趙瑩中)의 아들로, 어머니는 윤근수(尹根壽)의 딸이다. 외할아버지인 윤근수(尹根壽)와 장현광(張顯光)에게 학문을 배웠다.

1592년(선조 25)에 일어난 임진왜란 중 정포만호(井浦萬戶)로 군량미를 운반하는 등 공을 세웠으며, 왜란이 끝난 후 1602년 별시문과에 급제하여 본격적인 벼슬살이를 시작하였으나 인목대비(仁穆大妃)가 유폐되면서 벼슬을 그만두고 은거하였다.

1623년 인조가 즉위하자 다시 조정에 들어가 동부승지, 한성부우윤, 개성부유수, 대사간, 이조참판, 대사성, 예조판서, 대사헌, 공조판서, 한성부판윤 등을 두루 역임하면서 이원익(李元翼)을 도와 대동법(大同法)을 확대하고 관리하는 일에도 적극 참여하였다.

1636년(인조 14) 병자호란 시 예조판서로 재임하면서, 실종된 80세의 아버지를 찾는 일로 남한산성으로 인조를 호종하지 못하였다. 전란 후 이 죄로 관직을 삭탈당하고 유배되었으나, 그의 효심이 인정되고, 윤계(尹棨)·심지원(沈之源) 등과 함께 경기 지역의 패잔병들을 모아 남한산성을 포위하고 있는 적을 공격하며 입성하고자 노력한 사실이 참작되어 그 해 12월에 석방된 것을 제외하고는 비교적 순탄한 관직 생활을 하면서 우의정, 좌의정, 중추부판사·영사의 자리를 거듭 역임하였으며, 김육(金堉)과 함께 대동법을 확장, 시행하는 데 기여함과 동시에 각종 폐단을 개혁하는 데에도 전념하였다.

한편, 학문에도 정진하여 『곤지록(困知錄)』·『중용주해(中庸註解)』·『대학주해(大學註解)』·『서경천설(書經淺說)』 등을 지어 효종에게 바쳤다. 이 외의 저서로 문집인 『포저집(浦渚集)』 35권 18책이 전하고, 『역상개략(易象槪略)』은 이름만 전한다.

. . .

謹問春來 令夙夜體氣何似 溯慕不可言 근문춘래 영숙야체기하사 소모불가언

生 粗保奉老 無足言 생 조보봉로 무족언

孀婦之病 受針後 頓覺有效 상부지병 수침후 돈각유효
諸証皆似減 深用喜幸 제증개사감 심용희행
近日前証 似或往來 可悶 근일전증 사혹왕래 가민
然亦不似前日之甚矣 연역불사전일지심의

近擬上去 迎候鶴駕 而第留京 不能久 근의상거 영후학가 이제유경 불능구
何能得相奉也 하능득상봉야
聞有歸便 忽忽寄此 不盡不盡 문유귀편 총총기차 부진부진

伏惟令下亮 謹拜狀上 복유영하량 근배장상

乙酉 正月 晦日 을유 정월 회일 服人 翼 狀上 복인 익 장상

이 봄날에 그대께서는 아침저녁으로 어떻게 지내시는지 삼가 안부를 여쭙습니다. 이 그리움을 어떻게 말로 다 하겠습니까.

저는 늙으신 부모님을 모시고 그럭저럭 지내고 있으니 더 드릴 말씀도 없습니다.

남편을 잃은 아낙의 병은 침을 맞은 뒤에 효과를 보고 있으며, 여러 증상들이 모두 완화된 것 같아 매우 다행스럽습니다.
요즈음에도 이전과 같은 증세가 들락날락하여 걱정이 됩니다. 그러나 이 역시 이전처럼 심하지는 않은 것 같습니다.

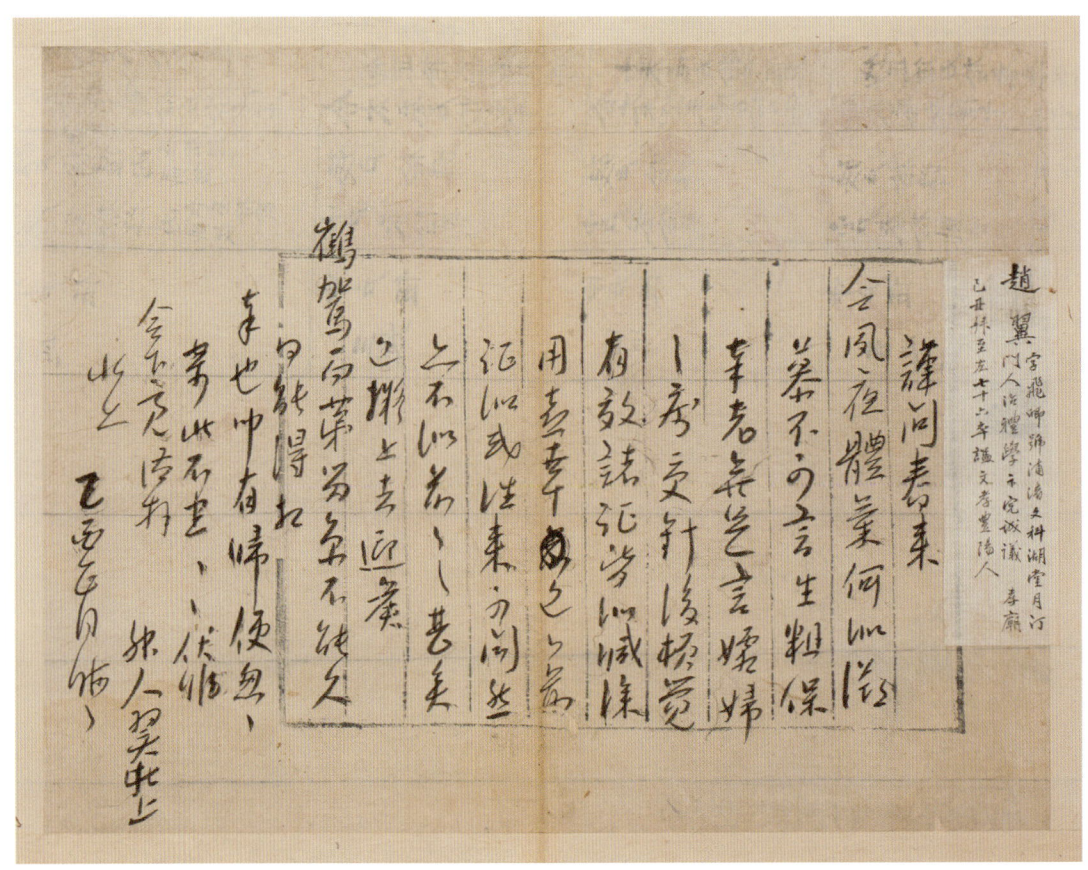

근래 세자(世子)[1]를 마중하기 위해 올라갑니다만, 서울에 오래 머물 수가 없으니 어떻게 뵐 수나 있을는지요.

돌아가는 편이 있다고 하여 급히 써 부치느라 할 말을 다 쓰지 못합니다.

그대께서 살펴 주시기 바라며 삼가 답장을 올립니다.

1645년 1월 그믐날 상중(喪中)의 익 올림

1   세자(世子) : 원문의 '학가(鶴駕)'는 세자의 수레를 뜻하는데, 세자를 가리키는 말로도 쓰인다.

김육(金堉)

1580(선조 13) ~ 1658(효종 9)

본관은 청풍(淸風). 자는 백후(伯厚), 호는 잠곡(潛谷)·회정당(晦靜堂)이다.

1605년(선조 38)에 사마시에 합격하고 성균관으로 들어가 1609년(광해군 1)에 동료 태학생들과 함께 김굉필(金宏弼)·정여창(鄭汝昌)·조광조(趙光祖) 등을 문묘에 배향할 것을 건의하는 소를 올렸다가 문과에 응시할 자격을 박탈당하고 은거하였다.

1623년 인조가 즉위하자 음성현감으로 증광문과에 장원으로 급제하여 예조참의, 우부승지, 충청도관찰사를 거쳐, 대제학, 대사간, 한성부우윤, 도승지, 병조·이조 참판, 형조판서, 우참찬, 대사헌, 예조판서, 도총부도총관, 개성부유수 등의 요직을 두루 역임하였다.

관직에 있으면서 목민관의 위민정신으로 대동법(大同法)의 시행을 건의하고, 수차(水車:물레방아)를 만들어 보급했으며,『구황촬요(救荒撮要)』와『벽온방(辟瘟方)』등을 편찬, 간행하였고, 화폐의 주조와 유통, 수레의 제조와 보급, 시헌력(時憲曆)의 제정과 시행 등에 힘을 쏟았다. 또한 1649년 5월 효종의 즉위와 더불어 대사헌이 되고 이어서 9월에 우의정이 되자, 대동법의 확장 시행에 적극 노력하여 충청도에서 성공적으로 시행하였으며, 아울러 민간에 주전(鑄錢)을 허용하는 일도 성공하였다.

좌의정에 이어 1654년(효종 5) 6월에 다시 영의정에 오르자 대동법의 실시를 한층 확대하기 위해 노력하던 중 이 건의에 대한 찬반의 논의가 진행되는 가운데 세상을 떠났으며, 이 사업은 그의 유언에 따라서 서필원(徐必遠)에 의해 뒷날 성취되었다. 저술로『잠곡유고(潛谷遺稿)』·『천성일록(天聖日錄)』·『조천일기(朝天日記)』·『기묘록(己卯錄)』·『유원총보(類苑叢寶)』등이 전하는데, 이 중에서도 특히 『유원총보』는 우리나라 최초의 백과사전으로 유명하다.

· · ·

伏問旱炎 氣候何如 伏慕不已 복문한염 기후하여 복모불이
姪 依保如昔 而近差園所堂上 不久將出去 질 의보여석 이근차원소당상 불구장출거
役重軍少 伏悶奈何 역중군소 복민내하

大君護將 端午越江 대군호장 단오월강
倭使 初四日渡海 왜사 초사일도해
我國漂風 二十餘人 亦爲率來 아국표풍 이십여인 역위솔래
接慰官 閔應協 下去開諭 使之勿爲上京 접위관 민응협 하거개유 사지물위상경
而未知肯從否也 이미지긍종부야

旱乾如此 而國家多事又至此 한건여차 이국가다사우지차
未知何以爲之也 悶慮罔喩 미지하이위지야 민려망유

園所看審於孝陵內 今日再審 未知決定與否 원소간심어효릉내 금일재심 미지결정여부
此外無他事耳 차외무타사이

伏惟下鑒 再拜 上白是 복유하감 재배 상백시

　　乙酉 五月 初九日 을유 오월 초구일　姪 堉 질 육

가뭄과 더위 속에 건강은 어떠신지, 사모하는 마음은 끝이 없습니다.
이 조카는 예전과 다름없이 지내고 있습니다.
그러나 근래 원소(園所)[1]의 당상(堂上)으로 뽑혀 오래지 않아 나아가야 하지만, 일은 막중하고 병력(兵力)은 적어 고민이 됩니다만 어쩌겠습니까.

1　원소(園所) : 왕세자나 세자빈, 왕의 친척 등의 산소를 이르는 말이다.

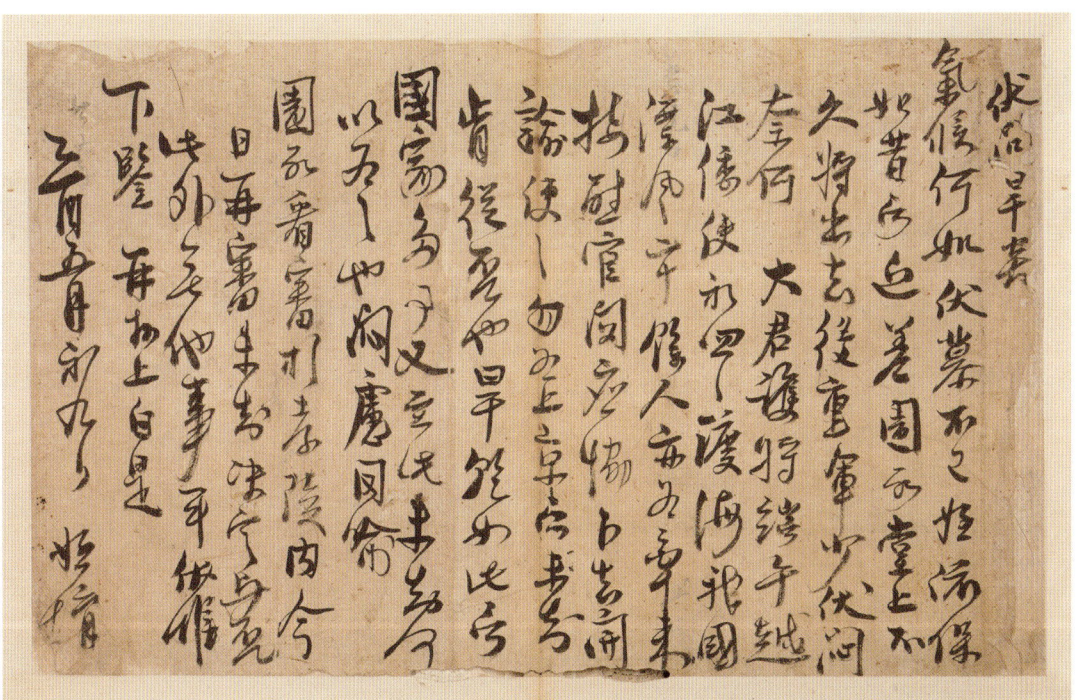

대군(大君)의 호장(護將)[2]은 단옷날에 강을 건넜으며,[3] 왜국의 사신은 4일에 바다를 건너왔는데 표류했다가 붙잡힌 우리나라 사람 이십여 명을 데리고 왔습니다.

접위관(接慰官)[4]은 민응협(閔應協)[5]으로, 내려가서 그들이 서울까지 올라오지 못하도록 타이르도록 했지만, 그들이 제대로 말을 듣게 될지는 알 수 없습니다.

가뭄이 이토록 심하고 나라에는 일도 많은데, 또 이런 일이 생겼으니 어떻게

2 호장(護將) : 길을 가는 데 따르며 보호하는 직책으로, 호행(護行)이라고도 한다.
3 대군(大君)의 … 강을 건넜으며 : 소현세자(昭顯世子)의 부음으로, 봉림대군(鳳林大君)의 행차와 호행장(護行將) 일행이 압록강을 건너 돌아온 일을 말한다.
4 접위관(接慰官) : 왜사(倭使)가 올 때 영접하던 임시직 관원을 말한다.
5 민응협(閔應協) : 1597(선조 30)~1663(인조 11). 조선 후기의 문신. 본관은 여흥(驪興). 자는 인보(寅甫), 호는 명고(鳴皐)·창주(滄洲)이다. 경상감사·함경감사·강화유수와 대사성·대사간·대사헌·병조참판·도승지 등을 지냈다. 이 편지를 보낸 시점인 1645년 5월 접위관으로 동래에 파견되어 왜의 사신을 접대하였고, 이어 1646년 동래부사에 임명되었다.

해야 할지 모르겠습니다. 이 근심을 어찌 말로 할 수 있겠습니까.

원소(園所)로 효릉(孝陵) 안을 간심(看審)⁶하는 일은 오늘 다시 심의하며, 어떻게 결정이 날지는 알지 못합니다.
이 밖에 다른 일은 없습니다.

살펴 주시기 바라며, 두 번 절하고 사룁니다.

  1645년 5월 9일 조카 육

---

6 간심(看審) : '산소 등을 자세히 보고 살핀다'는 의미로, 이 편지를 쓰기 한 달 전인 1645년 4월 26일 소현 세자가 창경궁(昌慶宮)의 환경전(歡慶殿)에서 죽었으므로, 6월 19일에 고양(高陽) 효릉(孝陵)의 뒷등성이에 장사하기위해서 동년 5월8일 효릉 안을 다시 간심(看審)하게 하였다는 기록이 왕조실록에 전한다.

이시백(李時白)

1581(선조 14)~1660(현종 1)

본관은 연안(延安). 자는 돈시(敦詩), 호는 조암(釣巖)이다. 연평부원군(延平府院君) 이귀(李貴)의 아들이며 시방(時昉)의 형이다. 성혼(成渾)과 김장생(金長生)의 문인이다.

1623년 유생으로 인조반정에 공을 세워 정사공신(靖社功臣) 2등으로 가선대부(嘉善大夫)에 오르고 연양군(延陽君)에 봉해졌다. 이듬해 이괄(李适)의 난이 일어나자 향병(鄕兵)을 모집해 공을 세웠다.

정묘호란 때 병마를 이끌고 인조를 강화도로 호종한 공을 인정받아, 양주목사, 강화유수, 병조참판, 경주부윤 등을 지냈으며, 왕이 다시 불러들여 병조참판으로 남한산성수어사를 겸하게 하였다. 그해 12월 병자호란이 일어나자 인조를 맞아 성을 지키고, 이듬해 공조판서에 승진되어 지의금부사를 겸하였다.

척화신(斥和臣)으로 병조·이조 판서를 지내고, 우의정, 좌의정에 이어 연양부원군(延陽府院君)에 봉해졌으며, 1655년(효종 6) 영의정에 임명되었다.

일곱 번이나 판서를 역임했고 영의정에까지 올랐으나 청빈하였으며, 장유(張維)·최명길(崔鳴吉)·조익(趙翼) 등과 교유하였다.

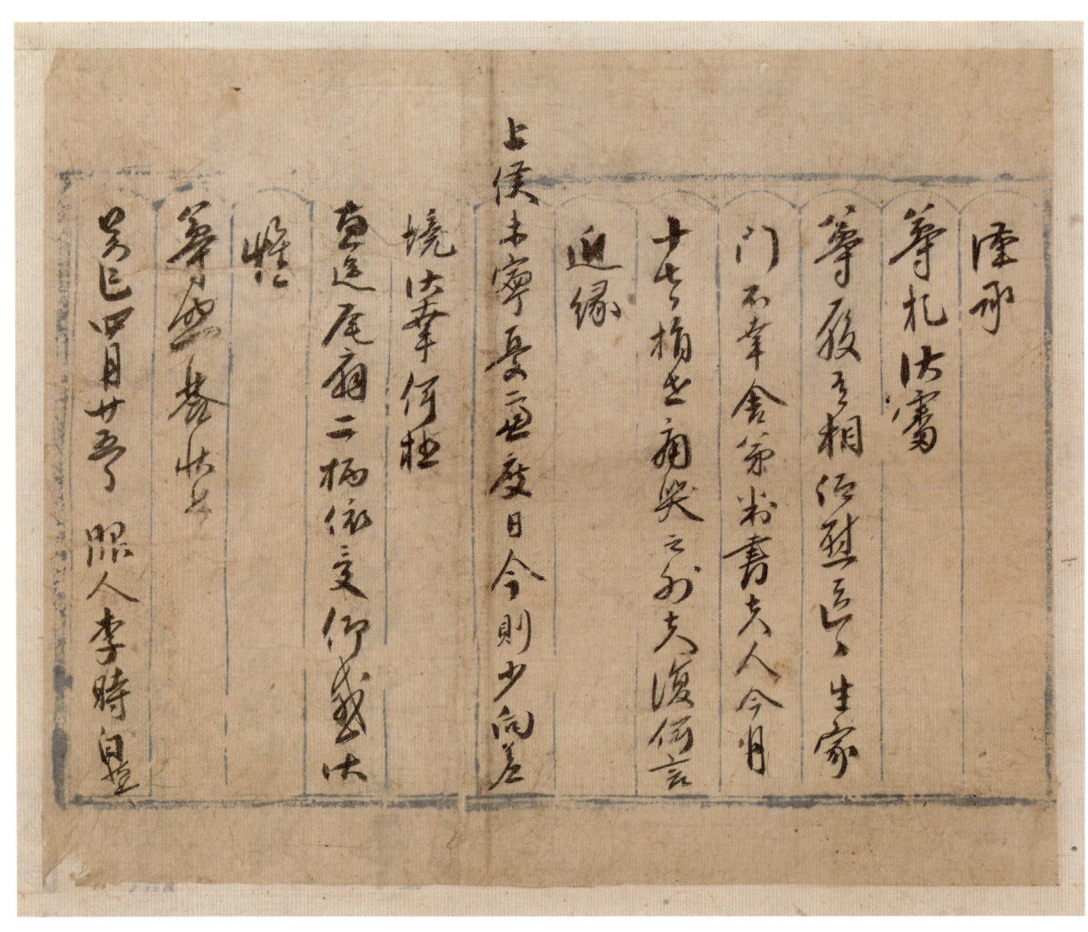

謹承尊札 伏審尊履有相 仰慰區區 근승존찰 복심존리유상 앙위구구

生 家門不幸 舍弟判書夫人 今月十七日捐世 생 가문불행 사제판서부인 금월십칠일연세

痛哭 而外夫復何言 통곡 이외부부하언

近緣上候未寧 憂慮度日 今則少向差境 근연상후미령 우려도일 금즉소향차경

伏幸何極 복행하극

惠送尾扇二柄 依受仰感 혜송미선이병 의수앙감

伏惟尊照 答狀上 복유존조 답장상

癸巳 四月 十五日 계사 사월 입오일　服人 李時白 狀上 복인 이시백 장상

삼가 그대의 편지를 받아 편히 잘 계심을 알게 되어 우러러 위안이 되었습니다.
저는 가문에 불행이 닥쳐 판서 아우의 부인이 이달 17일 세상을 떠나게 되어 곡을 하게 되었으니, 그 밖에 무슨 할 말이 있겠습니까.

요즈음 임금님의 건강이 좋지 않으셔서 걱정스럽게 지내고 있으나, 지금은 약간 차도가 있으시니 더없이 다행스럽습니다.
보내 주신 미선(尾扇)[1] 두 자루는 고맙게 잘 받았습니다.

살펴 주시기 바라며 답장을 올립니다.

　　1653년 4월 25일　상중(喪中)에 있는 이시백 올림

1　미선(尾扇) : 대오리의 한 끝을 가늘게 쪼개어 둥글게 펴고 실로 엮은 뒤, 종이로 앞뒤를 바른 둥그스름한 모양의 부채를 말한다.

정홍명(鄭弘溟)

1582(선조 15)~1650(효종 1)

본관은 연일(延日). 자는 자용(子容), 호는 기암(畸庵)·삼치(三癡)이다. 송강(松江) 정철(鄭澈)의 아들로, 송익필(宋翼弼)과 김장생(金長生)에게 학문을 배웠다.

1616년(광해군 8) 문과에 급제하여 예문관검열, 홍문관의 정자·수찬을 거쳐, 부제학, 대사성을 역임하고, 자청해서 김제군수로 나아가 선정을 베풀었다.

이후 벼슬을 사양하고 낙향하여 후진 양성에 힘쓰며 지내다가 1636년(인조 14) 병자호란이 일어나자 소모사(召募使)로 활약하였으며, 다시 함양군수를 지냈으나 그 이후에는 대제학 등의 벼슬을 일절 사양하고 학문에 전념하였다.

제자백가서에 두루 정통했으며, 고문(古文)과 예학(禮學)에도 밝아 김장생의 학통을 이었다는 평가를 받고 있다. 저서로 『기옹집(畸翁集)』·『기옹만필(畸翁漫筆)』이 있다

• • •

南北敻絶 音問莫接 卽接遠信 無脛而至 남북형절 음문막접 즉접원신 무경이지
憑審旅遊安穩 慰甚慰甚 빙심여유안온 위심위심

僕 一入脩門 靡玆職事 淹滯未歸 복 일입수문 미자직사 엄체미귀
旅況瑣瑣 不可向人言 不久當決歸耳 여황쇄쇄 불가향인언 불구당결귀이

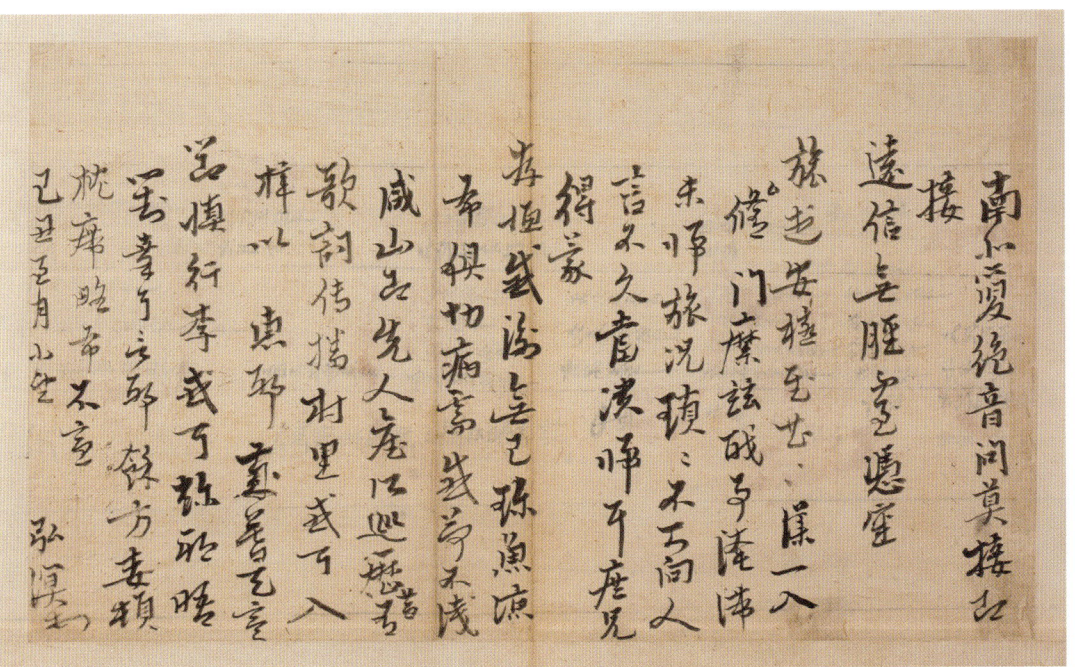

庶兄得蒙存恤 感謝無已 서형득몽존휼 감사무이
珍魚涼布 俱切病需 感荷不淺 진어양포 구절병수 감하불천

咸山卽先人舊所巡歷 昔有歌詞 傳播村里 함산즉선인구소순력 석유가사 전파촌리
或可入梓以惠耶 혹가입재이혜야

歲暮天寒 節愼行李 或可趁期晤對 幸可言耶 세모천한 절신행리 혹가진기오대 행가언야

餘方委頓枕席 略布不宣 여방위돈침석 약포불선

己丑 至月 小望 기축 지월 소망 弘溟 頓 홍명 돈

남과 북으로 멀리 떨어져 소식을 듣지 못하였는데, 지금 먼 곳에서 도착한 편지는 발이 없어도 저절로 오게 된 것이겠지요.[1]
편지를 보고 나그네로 노닐면서 평온하다는 것을 알게 되어 무척 위안이 되었습니다.

저는 한번 궁성으로 돌아오자 이렇게 직책에 발목이 잡히어 오랫동안 돌아가지도 못하고 있습니다.

객지 생활의 자질구레한 이야기는 다른 사람에게 할 수도 없으며, 오래지 않아 돌아갈 것입니다.

제 서형(庶兄)에게 존휼(存恤 : 위문하고 구제함)을 베풀어 주셔서 감사하기 이를 데 없습니다.

귀한 생선과 시원한 베는 모두가 병치레하는 데 꼭 필요한 물건이니 참으로 고맙습니다.

함산(咸山 : 함흥)[2]은 돌아가신 아버지께서 과거에 관찰사를 지내시던 곳이며, 예전에 가사(歌詞)를 지어 고을에 전파하셨는데, 혹시 인쇄하여 보내 주실 수 있으신지요.

세밀 추위가 혹심하니 부디 여행길에 몸을 아끼고 보살피시기 바라며, 혹시라도 때맞춰 만나 이야기 나눌 수 있었으면 좋겠습니다.

나머지는 병석에 누워 있어 다 쓰지 못하므로 간략하게 줄입니다.

   1649년 11월 14일 홍명 올림

---

1 발이 없어도 저절로 오게 된 : 귀한 편지가 왔다는 뜻이다. 한나라 공융(孔融)의 「논성효장서(論誠孝章書)」에 "주옥은 발이 없어도 저절로 오니, 이는 사람이 좋아하기 때문이다. 하물며 현자는 발이 있는 데야 더 말해 무엇 하겠는가(珠玉無脛而自至 以人好之也 況賢者之有足乎)."라는 말이 나온다.
2 함산(咸山 : 함흥) : 정홍명의 아버지인 송강 정철(1536-1593)은 함경도관찰사를 지냈다.

윤신지(尹新之)

1582(선조 15)~1657(효종 8)

본관은 해평(海平). 자는 중우(仲又), 호는 연초재(燕超齋)이다. 선조와 인빈 김씨(仁嬪金氏)와의 소생인 정혜옹주(貞惠翁主)와 혼인하여 해숭위(海嵩尉)에 봉하여졌다.

인조 때에는 군덕(君德)을 극론(極論)하는 데 서슴지 않았으며, 1636년(인조 14) 병자호란 때에는 왕명으로 강화에서 항전하였다.

현호(玄湖)에 은거하면서 '현주산인(玄洲散人)'으로 자호하였고, 시서화(詩書畫)에 능하였다. 저서로 『현주집(玄洲集)』·『파수잡기(破睡雜記)』가 있다.

∴

伏承下札 憑審再朞已過 복승하찰 빙심재기이과
病人 蟄伏神昏 不能省得伻候 人事絶矣 병인 칩복신혼 불능성득팽후 인사절의
慚嘆慚嘆 참탄참탄
示事如係繕工 入稟則或可周旋 敢不行 시사여계선공 입품즉혹가주선 감불행
兄主盡力赴藏氷之事 自□□□ □所稟 형주진력부장빙지사 자□□□ □소품
而都廳出去 □□繕工提調 豈敢爲行下之理乎 이도청출거 □□ 선공제조 기감위행하지리호
至於內氷庫 此不行 則只捧納 輸入之氷而已 지어내빙고 차불행 즉지봉납 수입지빙이이

江居家戶 軍丁試除與否 本無干與之規 강거가호 군정시제여부 본무간여지규
而木□ 分給 輸氷一款 漢城府官員 專稟分給 이목□분급 수빙일관 한성부관원 전품분급
圖囑于漢城府官員 方可必 未能悉而云也 도촉우한성부관원 방가필 미능실이운야

伏枕草謝 복침초사

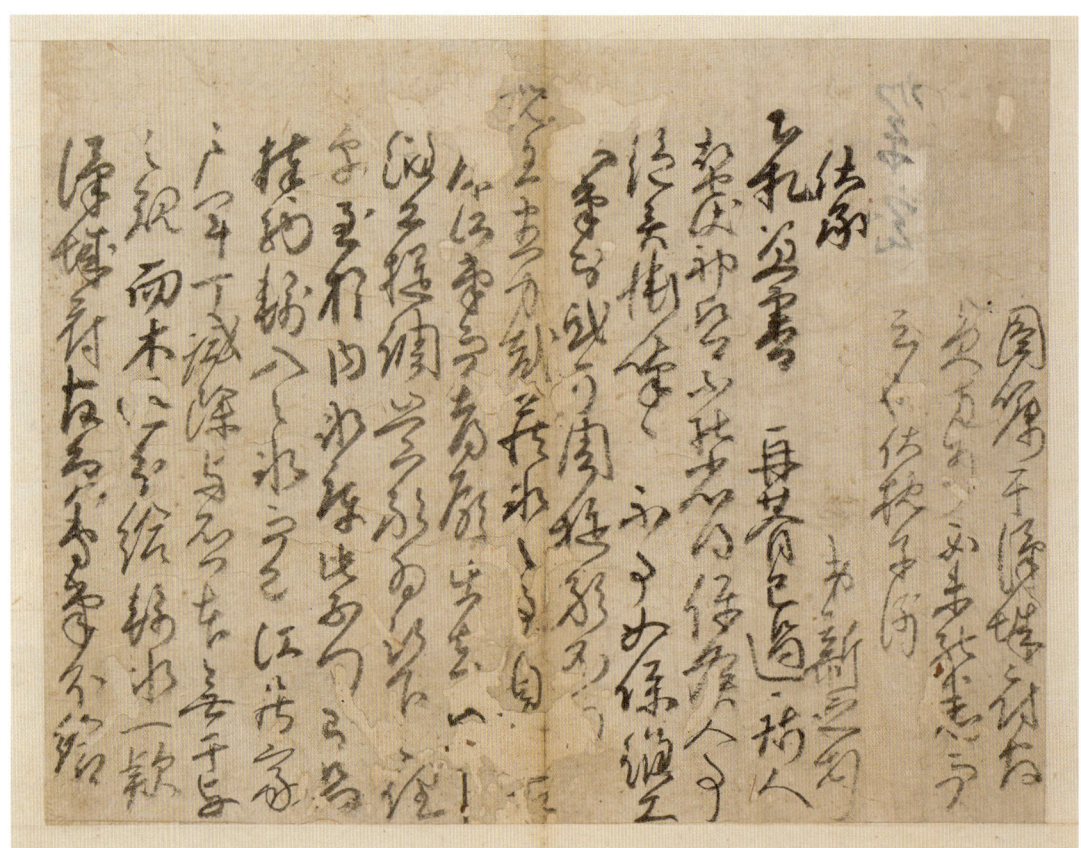

弟 新之 頓 제 신지 돈

보내 주신 편지를 받아 재기(再朞)¹가 이미 지나갔음을 알게 되었습니다.
병든 몸으로 칩거하며 지내느라 정신이 혼미하여 하인을 보내 안부를 살피지도 못하였으니, 사람의 도리를 못 하고 있습니다.
부끄럽고 한탄스러울 뿐입니다.
말씀하신 일은 선공감(繕工監)²과 관련된 것 같은데, 입품(入稟)³하면 혹시라도 주선해 주실 수도 있는데 감히 그렇게 하지 않았습니다.

1 재기(再朞) : 상기(喪朞)로서 만 2년이 되는 때를 말한다.
2 선공감(繕工監) : 토목(土木)·영선(營繕)을 맡아보던 관청을 말한다.
3 입품(入稟) : 어떤 사실을 주로 임금에게 아뢰는 것을 말한다.

형께서 힘을 다해 얼음을 저장하는 일에 나섰고, □□□에서 입품(入稟)하여 도청(都廳)[4]에 나갔는데, 선공제조(繕工提調)[5]가 어찌 감히 이렇게 할 수 있습니까.
내빙고(內氷庫)[6]까지도 이 일을 하지 않는다면 얼음을 실어 와서 바칠 수밖에 없습니다.

강가에 있는 가호(家戶)의 군정(軍丁)[7]을 쓰고 안 쓰고 하는 일은 본래 간여할 규정이 없으나, 목면의 분급(分給), 얼음의 수송 등 한 조목은 한성부 관원이 전적으로 품달(稟達)하여 분급하는 것인데, 한성부 관원에게 부탁해도 지금은 반드시 할 수 있을지 알 수는 없다고 합니다.

병으로 누워서 대충 답장을 썼습니다.

　　신지 올림

4　도청(都廳) : 궁궐과 도성의 개축 공사를 위하여 선공감에 설치하였던 임시 관서. 여기서는 그 우두머리 벼슬아치를 말한다.
5　선공제조(繕工提調) : 선공감 제조(繕工監 提調), 즉 선공감의 최고 책임자로 기술, 잡직 계열의 관아 일을 겸직(兼職)으로 지휘하거나 총괄하던 종일품 내지 종이품의 관원이다.
6　내빙고(內氷庫) : 조선시대 왕실 전용의 얼음을 관리하던 관청으로, 창덕궁의 요금문(曜金門) 안에 있었다.
7　군정(軍丁) : 군적에 있는 지방의 장정(壯丁)이나 부역(賦役)에 종사하는 장정을 말한다.

이식(李植)

1584(선조 17)~1647(인조 25)

본관은 덕수(德水). 자는 여고(汝固), 호는 택당(澤堂)·남궁외사(南宮外史)·택구거사(澤癯居士)이다.

1610년(광해군 2) 별시문과에 급제하여 벼슬길에 올랐으나, 1618년 폐모론(廢母論)이 일어나자 낙향하여 남한강변에 택풍당(澤風堂)을 짓고 오직 학문에만 전념했다.

1623년 인조반정 이후 정계에 돌아와 대사간, 대사성, 좌부승지, 부제학을 거쳐 대제학과 예조·이조 참판을 지냈다.

1636년(인조 14) 병자호란 때 김상헌(金尙憲)과 함께 청나라에 잡혀갔으나 탈출하여 돌아왔다. 이후 대사헌과 형조·이조·예조 판서 등 조정의 주요직을 두루 역임했다.

문장이 뛰어나 신흠(申欽)·이정구(李廷龜)·장유(張維)와 더불어 한문사대가로 꼽혔으며 그의 문하에서 많은 문인과 학자가 배출됐다. 한시에 두루 능숙하여 많은 작품을 남겼다. 문집으로 『택당집(澤堂集)』이 전한다.

• • •

叔主前 上狀 숙주전 상장
　　癸酉 七月 十九日 到 계유 칠월 십구일 도　　　　(手決) 謹封 근봉

下鄕後 消息茫然 하향후 소식망연
伏未審殘炎 氣軆何如 伏慮區區 복미심잔염 기체하여 복려구구

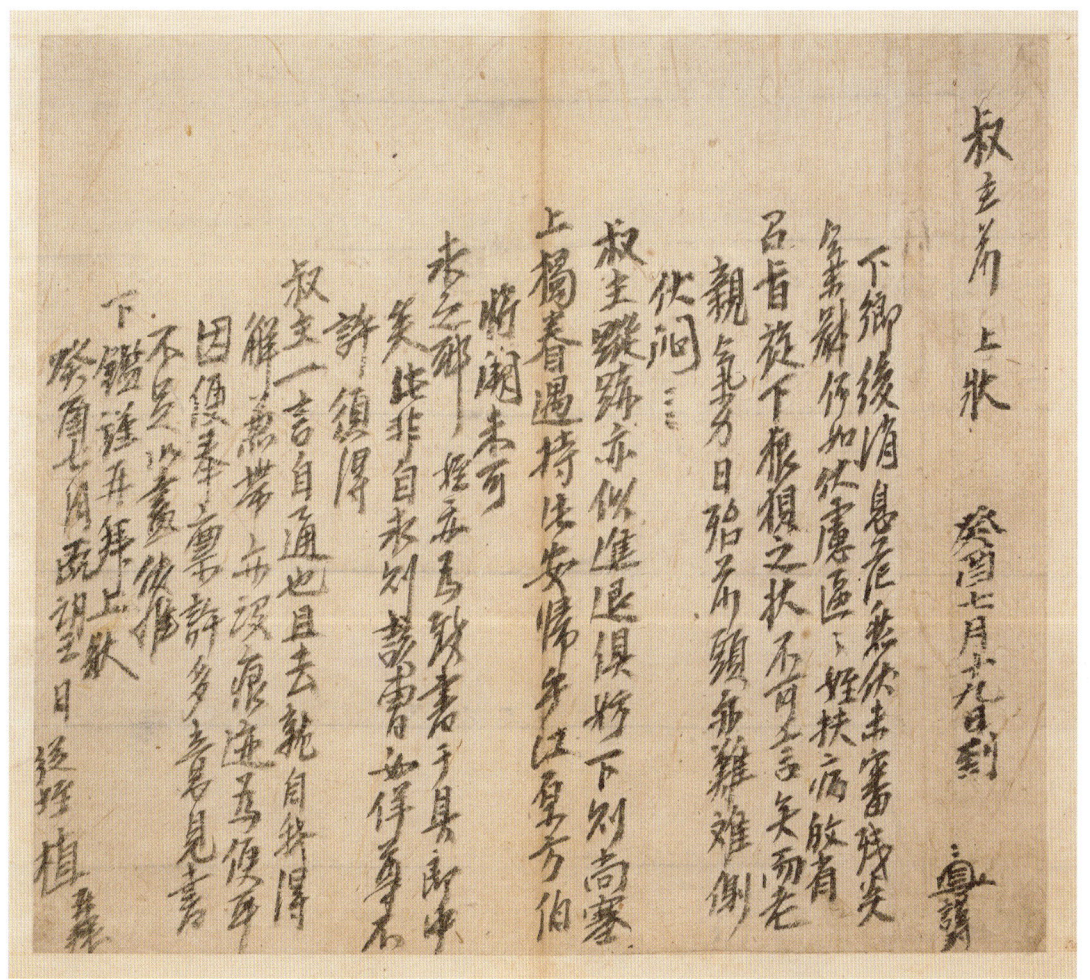

姪 扶病歸省 召旨旋下 狼狽之狀 不可言矣 질 부병귀성 소지선하 낭패지상 불가언의
而老親氣力日殆 前頭亦難離側 伏悶伏悶 이노친기력일태 전두역난리측 복민복민

叔主蹤跡 亦似進退俱妨 下則尙塞 上獨眷遇 숙주종적 역사진퇴구방 하즉상색 상독권우
持此安歸乎 지차안귀호

江原方伯將闕 未可求之耶 강원방백장궐 미가구지야
姪 亦爲致書于具郞中矣 질 역위치서우구낭중의
此非自求 則該曹必佯 尊不許 차비자구 즉해조필양 존불허

須得叔主一言 自通也 수득숙주일언 자통야

且去就 自我得解兼帶 亦沒痕迹爲便耳 차거취 자아득해겸대 역몰흔적위편이

因便奉稟 許多意見 書不足以盡 인편봉품 허다의견 서부족이진

伏惟下鑑 謹再拜上狀 복유하감 근재배상장

癸酉 七月 旣望日 계유 칠월 기망일　從姪 植 再拜 종질 식 재배

숙부님께 올림
　　1633년 7월 19일[1] 도착　　　(수결) 근봉(謹封)

고향으로 내려온 이후 소식이 아득한데, 늦더위에 건강은 어떠신지 염려됩니다.

저는 병든 몸으로 고향에 내려왔으나 다시 소지(김旨)가 내려오니, 이 낭패스러움을 어찌 말로 다 할 수 있겠습니까.
게다가 늙으신 부모님의 기력이 날이 갈수록 위태로워서 장차 그 곁을 떠나기 어려울 것 같습니다. 걱정스럽기 그지없습니다.

숙부님의 거취도 모든 일에 방해를 받고 있어, 아래로는 여전히 막혀 있고 임금님만 홀로 극진히 여기시니, 이래서야 어떻게 돌아갈 수 있겠습니까.

강원도관찰사 자리가 곧 빌 것 같은데 그 자리를 구할 수는 없는지요.
저도 또한 구 낭중(具郞中)에게 글을 보냈습니다.
이것은 스스로 할 수 있는 일이 아니며, 해당 관청에서 거짓으로 꾸밀 것이 확실하고 위에서도 허락하지 않을 것이니, 숙부께서 꼭 한 말씀 하셔야 저절로 통할 것입니다.

1　1633년 7월 19일 : 이 편지를 쓴 1633년에 7월, 당시 부제학이었던 이식은 원종(元宗, 인조의 친아버지)의 신주를 종묘에 모시는 일로 견책을 받고 사직하였다. 그리고 그해 겨울에 다시 대사간에 임명되었으나 사양하여 체직(遞職 : 벼슬에서 물러남)되었다.

또 거취 문제는 제가 겸임했던 여러 직임에서 물러난 이후 흔적을 없애 버려야 손쉬울 것입니다.
인편으로 아뢰게 되어 많은 의견을 글로 다 쓰지 못합니다.

살펴 주시기 바라며, 삼가 두 번 절하고 이 글을 올립니다.

  1633년 7월 16일   조카 식 올림

강학년(姜鶴年)   1585(선조 18)~1647(인조 25)

본관은 진주(晉州). 자는 자구(子久), 호는 복천(復泉)·자운(紫雲)이다. 대사헌 강첨(姜籤)의 아들로 태어나 1609년(광해군 1) 생원이 되었으나, 병이 잦아 벼슬을 단념하고 학문에 전념하였다.

1623년(인조 1) 학행(學行)으로 천거되어 연기현감(燕岐縣監)에 임명되었으나 나아가지 않다가, 1632년 비로소 출사하여 지평을 거쳐 1634년 장령이 된 후, 공신들에 의한 정치의 폐단을 상소하여 파직당하고 은진(恩津)으로 유배되었다가 풀려났다.

초서에 뛰어났으며, 청빈하였고 당대 선비들의 추앙을 받았다.

• • •

都令鑑前 謹百拜上書 도영감전 근백배상서   (手決) 謹封 근봉

補中益氣湯 보중익기탕

加茯神 山棗仁 炒肉枳角 가복신 산조인 초육지각
天花粉 麥門冬 香附 地骨皮 천화분 맥문동 향부 지골피
薄荷 白芍藥 遠志 木香 박하 백작약 원지 목향

右藥所求無□ □悚敢達 우약소구무 □송감달

姜鶴年 강학년

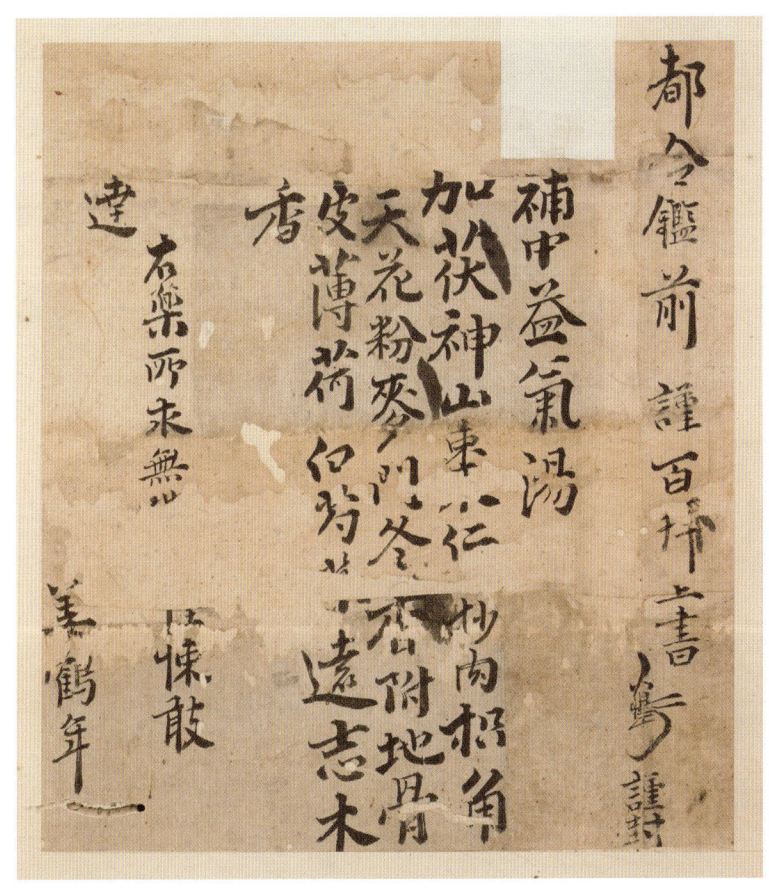

도(都) 영감께 백 번 절하고 올리는 글　　　(수결) 근봉(謹封)

보중익기탕(補中益氣湯)[1]

가복신(加茯神), 산조인(山棗仁, 酸棗仁),[2] 볶은 지각(枳角),[3] 천화분(天花粉),[4] 맥문동(麥門冬), 향부(香附),[5] 지골피(地骨皮),[6] 박하(薄荷), 백작약(白芍藥), 원지(遠

1　보중익기탕(補中益氣湯) : 원기를 도우며, 피로나 영양실조로 인한 열·땀 따위 또는 감기 따위를 푸는 데 쓰는 탕약이다.
2　산조인(山棗仁) : 멧대추의 씨 속에 있는 알맹이를 말한다.
3　지각(枳角) : 탱자이다.
4　천화분(天花粉) : 박과의 여러해살이 풀인 하늘타리의 뿌리를 말한다.
5　향부(香附) : 향부자(香附子), 즉 방동사니를 말한다. 진통 작용이 있는 약재이다.
6　지골피(地骨皮) : 구기자나무의 뿌리껍질이다.

志),⁷ 목향(木香).⁸

오른편의 약재는 구하려고 해도 없어서, 죄송하지만 감히 아룁니다.

강학년

7 　원지(遠志) : 원지과에 속한 여러해살이풀로 주로 심기를 맑게 해 주는 약초로 쓰인다.
8 　목향(木香) : 국화과(菊花科)에 속한 여러해살이풀로 항균 작용이 강한 약재이다.

이경여(李敬輿)

1585(선조 18)~1657(효종 8)

본관은 전주(全州). 자는 직부(直夫), 호는 백강(白江)·봉암(鳳巖)이다.

1609년(광해군 1) 증광문과 급제로 벼슬길에 올라, 인조반정 이후 부제학, 청주목사, 좌승지, 전라도관찰사를 지냈다. 1636년(인조 14) 병자호란이 끝나고 경상도관찰사, 이조참판, 형조판서를 역임하였다.

1642년 청나라 연호를 사용하지 않음을 이계(李烓)가 청나라에 밀고한 일로 배청친명파로 몰려 중국 심양(瀋陽)에 억류되었다가, 이듬해 세자와 함께 돌아와 대사헌에 이어 우의정이 되었다.

1646년 소현세자빈 강 씨의 사사(賜死)를 반대하다가 유배를 당했다. 이후 효종이 즉위하자 다시 복귀하여 영중추부사를 거쳐 영의정에 올랐다.

시문에 능하고 글씨에도 뛰어났으며, 저서로 『백강집(白江集)』이 전한다.

· · ·

追悚 추송
再從弟 李元輿 死於康津適所 慘不忍言 재종제 이원여 사어강진적소 참불인언
旅櫬今將北歸 路中境下 여츤금장북귀 노중경하
伏望命下吏 圖給駕牛 복망명하리 도급가우
千萬切仰切仰 천만절앙절앙

專恃專恃更乞 尊勿泛勿泛 전시전시갱걸 존물범물범

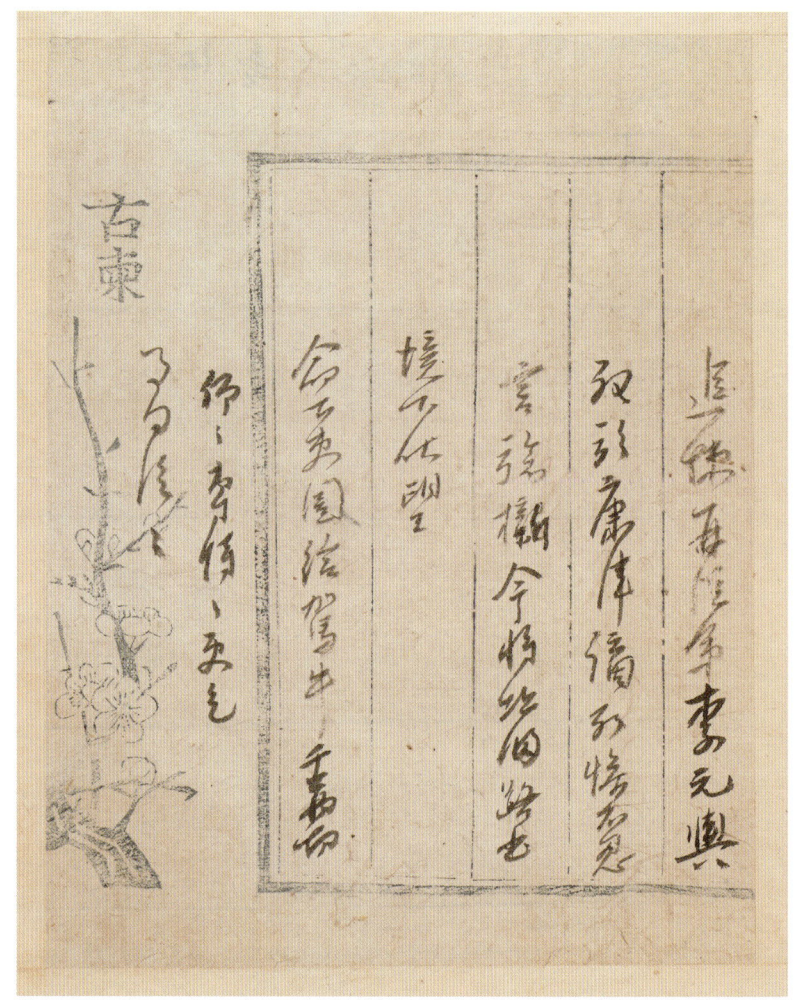

거듭 드릴 말씀은,

제 육촌 아우 이원여(李元興)[1]가 강진(康津) 유배지에서 죽어 그 참혹함은 차마 말로 다 할 수 없습니다.

여츤(旅櫬)[2]이 지금 북쪽으로 돌아가려고 하는데, 가는 길에 그대께서 다스리는 곳을 지날 것입니다.

1 이원여(李元興) : 1586년(선조 19)~?. 본관은 전주(全州). 자는 태허(太虛)이다. 1616년(광해군 8) 별시문과에 급제하여 정언(正言)을 지냈다.
2 여츤(旅櫬) : 객지에서 죽은 사람의 상여를 말한다.

바라옵건대, 아래 관리에게 명을 내리시어 상여를 끌 소를 제공하여 주시기를 간절히 바랍니다.

믿고 또 믿으며 그대에게 부탁드리는 것이니, 결코 소홀히 하지 않으셨으면 합니다.

심대부(沈大孚)

1586(선조 19)~1657(효종 8)

본관은 청송(青松). 자는 신숙(信叔), 호는 가은(嘉隱)·범재(泛齋)이다.

정구(鄭逑)의 문인으로 1613년(광해군 5) 사마시에 합격하여 진사가 되고, 1623년(인조 1) 선행으로 사포서별제(司圃署別提)에 기용되었으나 나아가지 않다가. 그 뒤 중림찰방(重林察訪)을 거쳐 1630년 봉림대군(鳳林大君: 뒤의 효종)의 사부(師傅)가 되었다.

1632년 형조좌랑이 되고, 이듬해 관직에 있으면서 증광문과에 급제하여 예조좌랑, 정언(正言), 송화(松禾)·성산(星山) 현감 등을 거쳐 응교(應敎), 시강관(侍講官), 필선(弼善) 등을 역임하였다.

1649년 인조가 별세하자 사간으로서 유계(俞棨) 등과 함께 인조(仁祖)의 '조(祖)'자 묘호를 반대하다가 왕의 노여움을 사 강원도 회양(淮陽)으로 귀양갔다가 1657년에 풀려났는데, 이해에 사망하였다.

· · · ·

不審近況何如 불심근황하여
頃聞 女息患症非輕云 未知今則如何 경문 여식환증비경운 미지금즉여하

生 負罪已久 今亦晚矣 생 부죄이구 금역만의
又是首唱 而被罪反輕於同儕 天恩何可量也 우시수창 이피죄반경어동제 천은하가량야
行十箇日 赴七百里險阻 행십개일 부칠백리험조
昨日來到配所 時無疾痛之苦 是亦天恩也 작일내도배소 시무질통지고 시역천은야

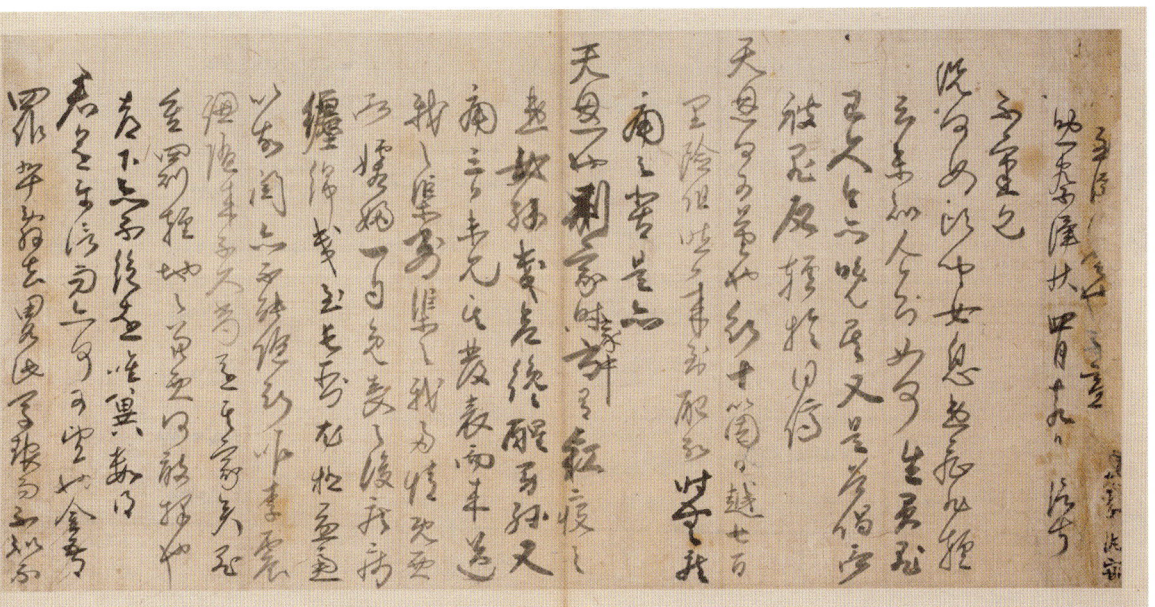

別家時 家中方有紅疫之患별가시 가중방유홍역지환

女孫幾危纔醒 男孫又痛三日 未見其發喪而來여손기위재성 남손우통삼일 미견기발상이래

送我之渠 別渠之我 多情旣惡송아지거 별거지아 다정기악

而孀婦一自免喪之後 疾病纏綿 幾至長臥이상부일자면상지후 질병전면 기지장와

尤極憂慮우극우려

以故閏亦不能隨行 唯李震謙隨來이고윤역불능수행 유이진겸수래

不久當還其家矣불구당환기가의

罪重罰輕 地之善惡 何敢擇也죄중벌경 지지선악 하감택야

都下亦不絶遠 唯冀數得君邊平信도하역부절원 유기수득군변평신

而亦何可望也이역하가망야

金吾羅卒辭去 畧此草報금오나졸사거 약차초보

而不知不至浮沈否也이부지부지부침부야

不宣 照察謹狀불선 조찰근장

四月 十九日 사월 십구일　信叔 신숙

요즈음 근황은 어떠신가요.
지난번 딸의 병이 가볍지 않다고 들었는데 지금은 어떻게 되었는지 모르겠습니다.

저는 죄를 지은 지 이미 오래되었으니 지금 벌을 받는 것도 때가 늦은 것입니다.
또 앞장서서 주창(主唱)한 사람으로서 죄를 받는 것도 오히려 다른 동료들에 비해 가볍기만 하니 임금의 은혜가 한량없습니다.
십 일을 걸어 칠백 리 험한 곳을 지나 어제 유배지에 도착하였으나 오는 내내 아무 탈도 없었으니 이 또한 임금의 은혜입니다.

집을 떠나올 때 집안에는 홍역이 돌고 있어 손녀딸은 간신히 고비를 넘기고 깨어났고, 손자는 또 삼 일을 앓고 있었는데 그 장례를 보지도 못하고 왔으니, 나에게 왔다가 나를 이렇게 떠나가니 깊은 정은 마음의 아픔으로 남았습니다.
남편을 잃은 아낙은 한번 상(喪)을 치르고 나서 병이 들어 오랫동안 누워 있어야 하는 지경에 이르렀으니 근심과 걱정은 끝이 없습니다. 그래서 윤(閏)[1]이는 데려오지 못하고 다만 이진겸(李震謙)[2]만 따라왔으나 오래지 않아 집으로 돌아갈 것입니다.

죄는 무겁고 벌은 가벼우니, 유배지의 좋고 나쁨을 어찌 감히 가릴 수 있겠습니까.
서울과도 또한 멀리 떨어져 있지 않으니, 다만 그대로부터 자주 소식이나 들었으면 좋겠습니다만 이 또한 어찌 바랄 수 있는 일이겠습니까.

---

1 윤(閏) : 심대부(沈大孚)의 서자(庶子)인 창윤(昌閏)을 지칭한다. 미수(眉叟) 허목(許穆, 1595~1682)의 『기언』 별집에 수록된 「범재(泛齋) 심공(沈公) 묘갈명」에 나온다.
2 이진겸(李震謙) : 심대부(沈大孚)의 맏사위이다.

금오(金吾)[3]의 나졸이 간다고 하여 간단히 몇 자 적어 보내지만 제대로 전달이나 될는지 모르겠습니다.

이만 줄입니다. 살펴 주시기 바라며 삼가 글을 올립니다.

4월 19일 신숙(信叔)

* 이 편지는 심대부(沈大孚)가 유계(兪棨) 등과 함께 인조의 '조(祖)' 자 묘호를 반대하다가 강원도 회양(淮陽)으로 귀양 간 1650년(효종 1) 4월에 쓴 것이다.

---

3 금오(金吾) : 임금의 명령을 받들고 국문 등을 관장하는 의금부의 별칭이다.

조경(趙絅)

1586(선조 19)~1669(현종10)

본관은 한양(漢陽). 자는 일장(日章), 호는 용주(龍洲)·주봉(柱峯)이다.

윤근수(尹根壽)의 문인으로, 1612년(광해군 4) 사마시(司馬試)에 합격했으나 광해군의 난정(亂政)으로 대과를 단념하고 은거하다가, 인조반정 후 유일(遺逸)로 천거되어 형조좌랑, 목천현감 등을 지냈다.

1626년(인조 4) 정시문과에 장원급제하면서 여러 요직을 거쳤고, 1636년 병자호란이 일어났을 때는 사간(司諫)으로 척화(斥和)를 주장하였다.

병자호란 이후에는 형조참의, 대사간, 대제학과 이조·형조 판서 등을 역임하였으며, 1661년(현종 2) 판중추부사로 윤선도(尹善道)의 상소를 변호하다가 대간의 탄핵을 받고 파직되었다.

숙종 때 청백리에 녹선되었으며, 저서로 『용주집(龍洲集)』 23권 12책과 『동사록(東槎錄)』이 있다.

· · ·

見汝遺鳳書 尙兒病殊重云 驚慮 견여유봉서 상아병수중운 경려

小兒不解語 雖醫判其輕重未易 소아불해어 수의판기경중미이
以吾意 度日非變詐 則恐是驚風 이오의 도일비변사 즉공시경풍
小柴同 無乃難施於兒病耶 소시동 무내난시어아병야
偉長在洪時 病十分危劇 終得回生 위장재홍시 병십분위극 종득회생
汝須勿生怪商量 用藥爲可 여수물생괴상량 용약위가

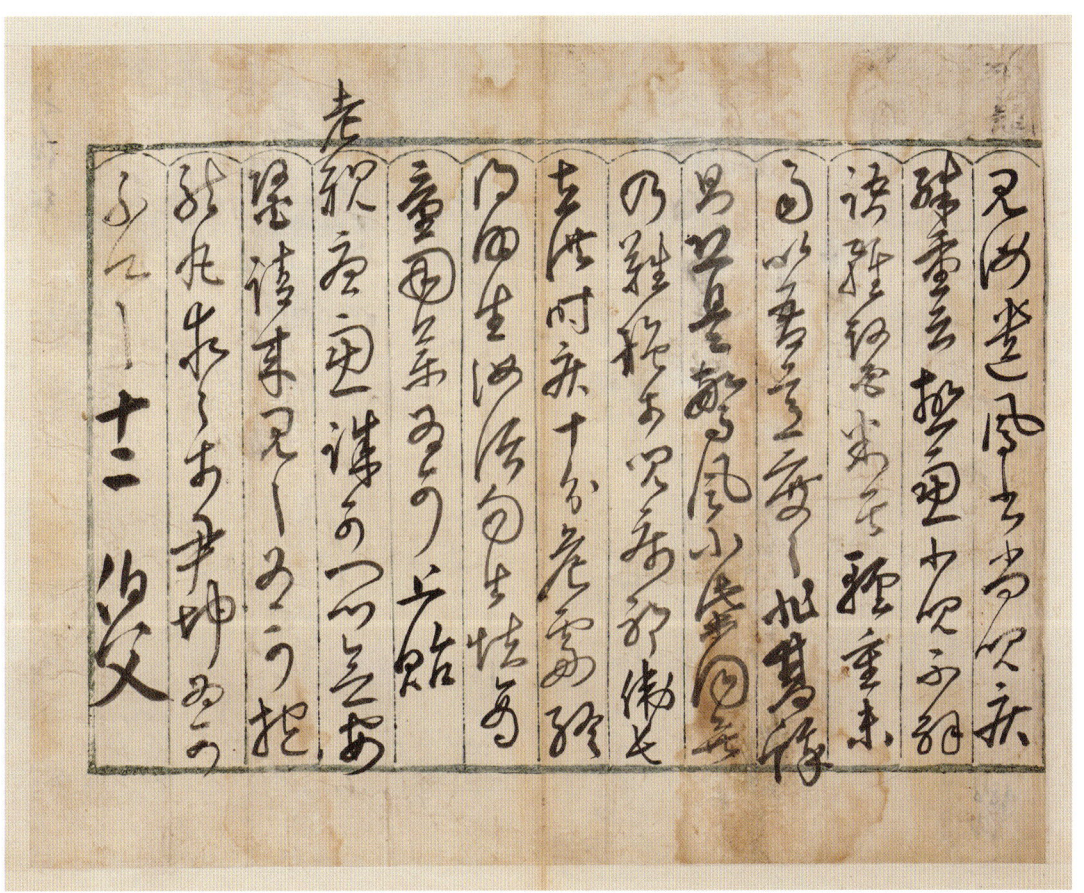

上貽老親憂慮 誠可悶念 상이노친우려 성가민념

安醫請來 見之爲可 안의청래 견지위가

抱龍丸 求之於尹坤爲可 포룡환 구지어윤곤위가

不具 불구

　十二 십이　伯父 백부

네가 봉이에게 남긴 편지에 아이의 병이 여전히 위중하다고 하니 놀랍고 걱정스럽다.

아이는 말을 하지 못하므로 비록 의원이라도 병의 가볍고 중함을 판단하는 일이 쉽지만은 않을 것이다.

내 생각으로는 며칠 동안 병세에 변화가[1] 없으면 경풍(驚風)[2]으로 여겨지는데, 소시호탕(小柴胡湯)[3] 같은 것을 아이 병에 쓰기에는 어렵지 않겠느냐.

위장(偉長)[4]이 홍양(洪陽)[5]에 있을 때에 병으로 위독하였으나 끝내 회복되었으니, 너도 반드시 괴이한 일이 생기지 않도록 잘 생각해서 약을 써야 할 것이다.

위로 늙으신 부모님께 걱정을 끼쳐 드리게 되어 무척 염려스럽구나.
안(安) 의원을 불러서 보여 주는 것도 괜찮겠다.
포룡환(抱龍丸)[6]은 윤곤(尹坤)에게서 구할 수 있을 것이다.
이만 줄인다.

12일 백부

---

1 병세에 변화가 : 원문의 '변사(變詐)'는 변덕스럽게 이랬다저랬다 하는 것을 말하는데, 병세가 갑자기 달라지는 것을 이르는 말이다.
2 경풍(驚風) : 한의학에서 어린애들의 경련(痙攣)을 일컫는 말이다.
3 소시호탕(小柴胡湯) : 바람에 상하여서 생긴 발열·두통·구역증과 갈증을 치료하는 처방이다.
4 위장(偉長) : 미상이다.
5 홍양(洪陽) : 원문의 재홍(在洪)은 지명이 홍(洪)으로 시작되는 곳에 있다는 뜻인데, 조경의 문집에 '홍양(洪陽)'이라는 지명이 나오므로 이렇게 번역하였다.
6 포룡환(抱龍丸) : 소아들의 질환에 사용하는 처방으로, 아이들의 경기(驚氣)·신열이나 혼수 상태 등의 위급한 경우에 많이 사용하는 구급약이다.

장유(張維)

1587(선조 20)~1638(인조 16)

본관은 덕수(德水). 자는 지국(持國), 호는 계곡(谿谷)·묵소(默所)이다. 판서 장운익(張雲翼)의 아들이며, 우의정 김상용(金尙容)의 사위로, 효종비 인선왕후(仁宣王后)의 아버지이다.

김장생(金長生)의 문인으로, 1609년(광해군 1) 증광문과에 급제하여 벼슬길에 올랐으며, 1623년 인조반정에 가담해 정사공신(靖社功臣) 2등에 녹훈되고, 예조·이조 낭관을 거쳐, 대사간·대사성·대사헌 등을 역임하였다.

1627년(인조 5) 정묘호란이 일어나자 강화로 왕을 호종하였으며, 이후에 대사헌, 좌부빈객(左副賓客), 예조판서, 이조판서 등을 역임하였고, 1636년 병자호란 때는 공조판서로 최명길(崔鳴吉)과 더불어 강화론을 주장하였다. 이듬해 예조판서를 거쳐 우의정에 임명되었으나 어머니의 부음(訃音)으로 18차례나 사직소를 올려 끝내 사퇴했고, 장례 후 과로로 병사하였다.

일찍이 양명학(陽明學)을 접한 그는 당시 주자학(朱子學)의 편협한 학문 풍토를 비판하면서 지행합일설(知行合一說)을 주장하였다. 그의 이러한 학문 세계는 이식(李植)에 의해 '반주자(反朱子)'로 배척을 받기도 하였으나, 오히려 송시열(宋時烈)은 "그는 문장이 뛰어나고 의리가 '정자(程子)'와 '주자'를 주로 했으므로 그와 더불어 비교할 만한 이가 없다."고 칭송하였다.

천문·지리·의술·병서 등 각종 학문에 능통했고, 서화와 특히 문장에 뛰어나 이정구(李廷龜)·신흠(申欽)·이식(李植) 등과 더불어 한문사대가라는 칭호를 받았다. 많은 저서가 있다고 하나 대부분 없어지고, 현재 『계곡만필(谿谷漫筆)』·『계곡집(谿谷集)』·『음부경주해(陰符經注解)』만 전하고 있다.

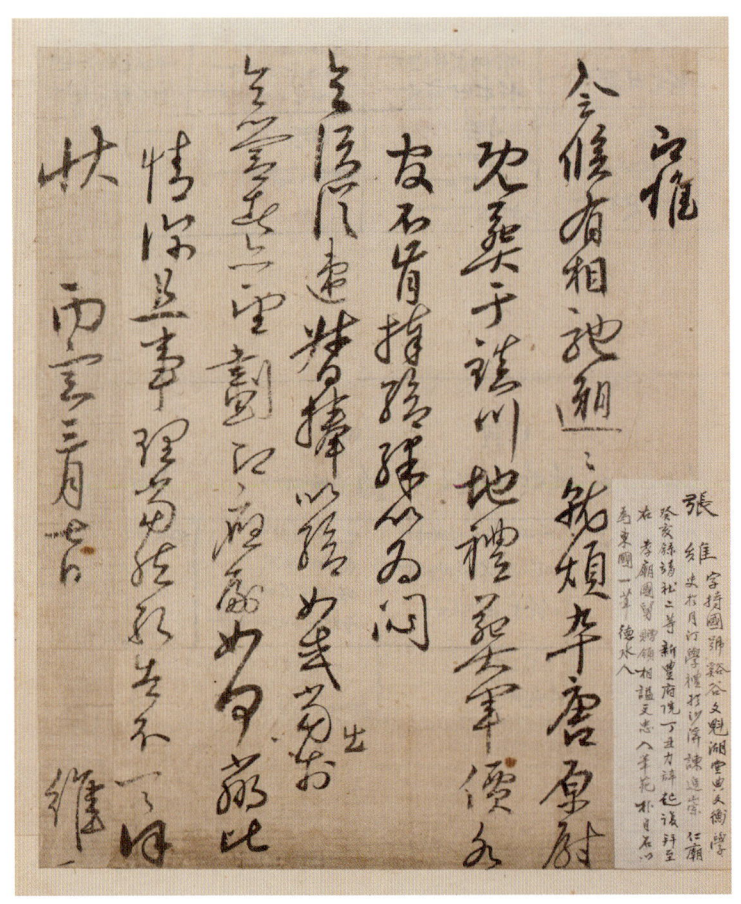

• • •

卽惟令候有相 馳溯馳溯 즉유영후유상 치소치소

就煩 卒唐原尉 旣葬于鎭川地 취번 졸당원위 기장우진천지
禮葬軍價 各官不肯捧給 殊以爲悶 예장군가 각관불긍봉급 수이위민
令 須從速督捧以給 如或當出於令營者 영 수종속독봉이급 여혹당출어영영자
亦望 劃卽應副如何 역망 획즉응부여하
窮比情深 且事理當然 敢告 궁비정심 차사리당연 감고

不一一 謹狀 불일일 근장

丙寅 三月 七日 병인 삼월 칠일 維유

지금 그대께서 평안하시리라 생각하며 그리워합니다.

드릴 말씀은, 돌아가신 당원위(唐原尉)[1]를 이미 진천(鎭川)[2] 땅에 장사 지냈는데, 예장(禮葬)[3] 일꾼의 품삯을 각 관아에서 주지 않으려고 해서 너무 고민이니, 그대께서는 반드시 하루속히 독봉(督捧)[4]하여 주시기 바랍니다.
만약 혹 그대 감영에서 지급하게 된다면, 또한 즉시 부응해 주셨으면 좋겠습니다.
사정이 이토록 궁하기도 하지만, 이렇게 하는 것이 사리에 맞으므로 감히 말씀드리는 것입니다.

이만 줄이며, 삼가 올립니다.

    1626년 3월 7일 유

---

1 당원위(唐原尉) : 홍우경(洪友敬, 1590~1625)을 말한다. 본관은 남양(南陽), 자는 경부(敬夫)이며, 1603년(선조 36) 선조와 정비민씨(靜嬪閔氏) 사이에서 태어난 정인옹주(貞仁翁主)와 혼인하여 당원위에 봉해졌다.
2 진천(鎭川) : 홍우경과 그의 부인 정인옹주는 충청북도 진천군 만승면 신월리에 합장되었다.
3 예장(禮葬) : 예식을 갖추어 치르는 장사(葬事)로, 태상황·황제·황태자·황태손과 그 비(妃) 등의 장례를 일컫는 말이다.
4 독봉(督捧) : 조세 또는 빌려준 돈이나 물건을 독촉하여 거두어들이는 것을 말한다.

오준(吳竣)

1587(선조 20)~1666(현종 7)

본관은 동복(同福). 자는 여완(汝完), 호는 죽남(竹南)이다.

1618년(광해군 10) 증광문과에 급제하여, 주서(注書), 지평(持平), 장령(掌令) 등을 지냈다. 병자호란 뒤인 1639년(인조 17) 한성부판윤으로 주청부사(奏請副使)로 청나라 심양(瀋陽)에 다녀왔고, 그 뒤 1643년 청나라 세조의 즉위 때에는 등극부사(登極副使)로, 1648년에는 동지겸정조성절사(冬至兼正朝聖節使)로 청나라에 다녀왔다.

예조판서로서 『인조실록』의 편찬에 참여하였으며, 형조판서, 대사헌, 우빈객(右賓客) 등을 거쳐 좌참찬, 판중추부사를 지냈다.

문장에 능하고 글씨를 잘 써서 〈삼전도비(三田渡碑)〉의 비문을 비롯한 수많은 비명(碑銘)을 썼다. 특히 왕희지체(王羲之體)를 따라 단아한 모양의 해서(楷書)를 잘 썼다.

저서로 시문집인 『죽남당집(竹南堂集)』이 있으며, 글씨로 아산의 〈충무공이순신비(忠武公李舜臣碑)〉, 구례의 〈화엄사벽암대사비(華嚴寺碧巖大師碑)〉, 회양(淮陽)의 〈허백당명조대사비(虛白堂明照大師碑)〉, 일본 일광사(日光寺)의 〈일광산조선등로명(日光山朝鮮燈爐銘)〉 등이 전한다.

‥‥

連伻自連川未還 每致空還 承書已返庭闈 연팽자연천미환 매치공환 승서이반정위
仰慰仰慰 앙위앙위
之官在何日 如後數日 則當往拜也 지관재하일 여후수일 즉당왕배야

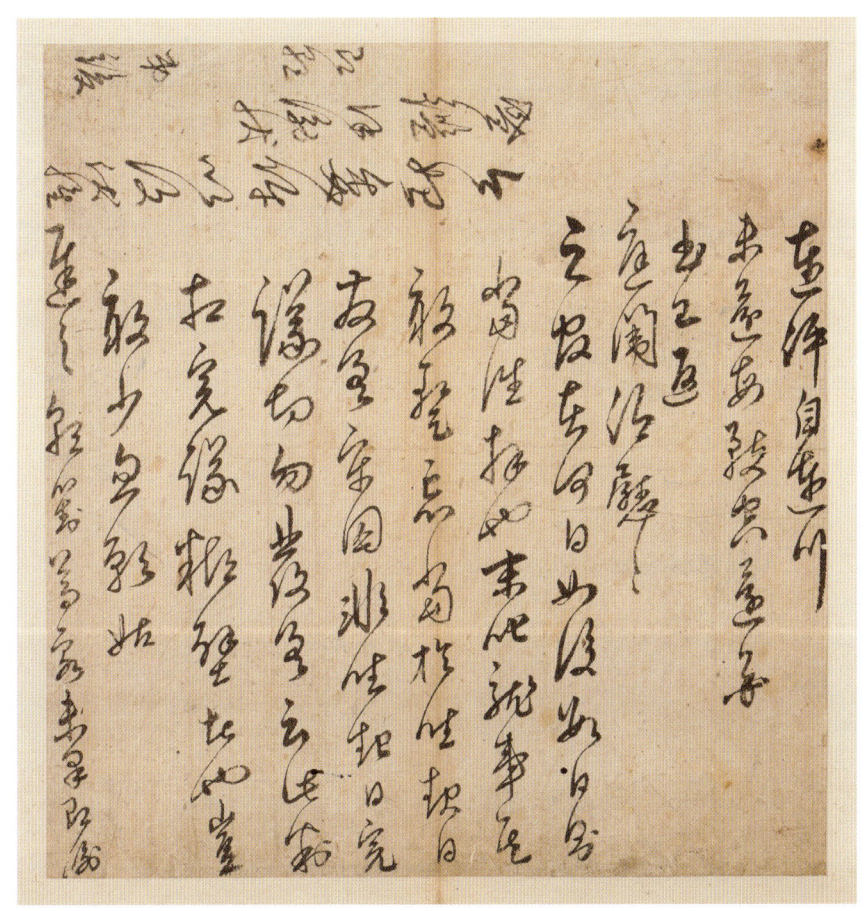

末叱龍事 其敢蹔忘 말질용사 기감잠망

當於坐起日 發差牢囚 당어좌기일 발차뢰수

非坐起日 完議切勿發差云 비좌기일 완의절물발차운

此判相完議糊壁者也 차판상완의호벽자야

豈敢少忽 願姑遲之 기감소홀 원고지지

朝對尊客 未果卽謝 今始委伻以候 조대존객 미과즉사 금시위팽이후

伏惟盛鑑 謹謝狀 복유성감 근사장

卽朝 즉조 弟 竣 제준

연팽(連伻)¹은 연천으로부터 돌아오지 않았습니다.
매번 빈손으로 돌아와서 편지를 받고 고향집²에 돌아갔으니, 우러러 위로가 됩니다.
관아에는 언제 가실는지요. 며칠 뒤에 가신다면, 가서 뵙고 싶습니다.

끝용이 일은 행여 잠시라도 잊을 수 있겠습니까.
당연히 좌기일(坐起日)³에 죄수를 발차(發差)⁴할 것이며 좌기일이 아니면 완의(完議)⁵로써 절대로 발차하지 말게 할 것이라고 하는데, 이것은 판상(判相)들이 완의하여 벽에 붙여 놓았습니다. 어찌 감히 소홀히 할 수가 있겠습니까.
우선은 미뤄 두도록 하겠습니다.

아침에 중요한 분을 만나느라 바로 답장을 쓰지 못하다가, 지금에야 비로소 심부름꾼을 시켜 문안을 여쭙게 되었습니다.

살펴 주시기 바라며 삼가 답장을 올립니다.

　편지를 받은 날 아침에　준

1　연팽(連伻) : 연천(連川)의 심부름꾼을 지칭하는 것으로 보인다.
2　고향집 : 본문의 '정위(庭闈)'는 '어버이가 계신 고향 집'을 의미한다. 진(晉)나라 속석(束晳)이 지은 「보망시(補亡詩) 남해(南陔)」에 "남쪽 섬돌을 따라 올라가, 난초 캐어 어버이께 바쳐 올리리. 어버이 계신 곳 돌아보며 생각하느라 마음이 편안할 틈이 없다오(循彼南陔 言采其蘭 眷戀庭闈 心不遑安)."라는 구절이 있다.
3　좌기일(坐起日) : 관청의 우두머리가 출근하여 일 보는 날이다.
4　발차(發差) : 죄인을 잡아오도록 사람을 보내는 일을 말한다.
5　완의(完議) : 충분히 의논하고 모두가 합의한 결정을 말한다.

신익성(申翊聖) 1588(선조 21)~1644(인조 22)

본관은 평산(平山). 자는 군석(君奭), 호는 낙전당(樂全堂)·동회거사(東淮居士)이다. 영의정 신흠(申欽)의 아들로, 선조의 3녀 정숙옹주(貞淑翁主)와 혼인하여 부마(駙馬)로서 동양위(東陽尉)에 봉해졌다.

광해군 때 폐모론(廢母論)이 일어나자 이를 반대하다가 추방되어 쫓겨났으나 1623년 인조반정 후 재등용되었으며, 1636년(인조 14) 병자호란 때는 인조를 호종하여 끝까지 싸울 것을 주장하여 척화오신(斥和五臣)의 한 사람으로 불렸고 화의가 성립된 뒤 삼전도비사자관(三田渡碑寫字官)에 임명되었으나 이를 거부, 사퇴하였다.

1642년 최명길(崔鳴吉)·김상헌(金尙憲)·이경여(李敬輿) 등과 함께 청나라 심양(瀋陽)에 붙잡혀 가 억류당했으나 조금도 굴하지 않다가 소현세자(昭顯世子)의 주선으로 풀려나와 귀국한 뒤 시서(詩書)로 세월을 보냈다.

문장과 시서에 능하였으며, 특히 전서(篆書)에 뛰어났다. 글씨로 회양(淮陽)의 〈청허당휴정대사비(淸虛堂休靜大師碑)〉, 광주(廣州)의 〈영창대군비(永昌大君碑)〉 등이 있고, 저서로 『낙전당집(樂全堂集)』·『청백당일기(靑白堂日記)』 등이 있다.

· · ·

歲律已盡 緬惟令寓況若何 세율이진 면유영우황약하
苦無信便 一味奉赫蹄以候 고무신편 일미봉혁제이후
孰謂耿耿 長在左右也 숙위경경 장재좌우야
翊聖 粗保昔狀 而碌碌猶前耳 익성 조보석상 이녹록유전이

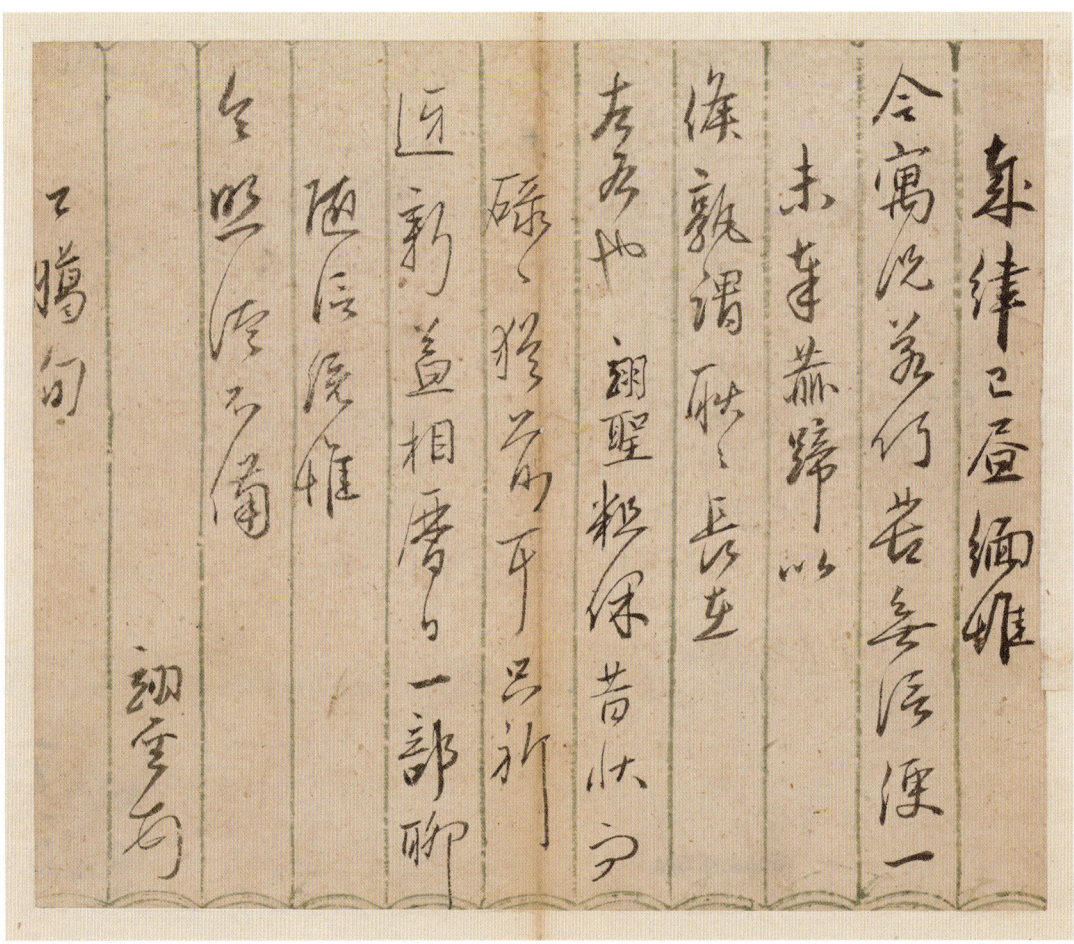

只祈迓新益相 지기아신익상

曆日一部聊隨信 역일일부료수신

統惟令照 謹不備 통유영조 근불비

乙 臘旬 을 납순　翊聖 頓 익성 돈

한 해가 저물어 가고 있는 이때에 객지에서 어떻게 지내시는지요.
안타깝게도 인편이 없어 문안 편지¹를 올리지 못하였습니다.
누군들 오랫동안 여기저기 있으면서 마음이 쓰이지 않겠습니까.

저는 예전대로 그럭저럭 지내고 있으니 변변찮은 모습 그대로이며, 다만 새해를 맞이하여 더욱 복을 누리시기만 빌 뿐입니다.
겨우 달력 한 부만 함께 보냅니다.

모두 살펴 주시기 바라며 이만 줄입니다.

  을(乙)년 12월   익성 올림

---

1 편지 : 본문의 '혁제(赫蹄)'는 옛날에 글씨를 쓰는 데 썼던 폭이 좁은 비단을 말하는데, 종이를 칭하는 말로 전용되어 쓰여, 편지 또는 글이라는 의미이다. 『한서(漢書)』 「외척전(外戚傳)」 '효성조황후(孝成趙皇后)'에 "적무(籍武)가 상자를 여니 그 속에 약 두 매와 혁제에 쓴 글이 있었다(武 發篋 中有裹藥二枚 赫蹄書)."라는 구절이 있다.

이해(李澥)

1591(선조 24)~1670(현종 11)

본관은 함평(咸平). 자는 자연(子淵), 호는 농옹(聾翁)이다. 대사간을 지낸 이효원(李效元)의 아들이다.

광해군 때 대북파의 정인홍(鄭仁弘)·이이첨(李爾瞻) 등에 의하여 아버지가 절도(絶島)에 유배되고 형 정(瀞)이 울분을 참지 못하여 죽자 벼슬을 단념하고 은거하였다.

1623년 인조반정에 가담하여 정사공신(靖社功臣) 2등에 책록되면서 함릉군(咸陵君)에 봉하여졌다. 이듬해 1624년(인조 2) 개성부유수를 지냈다. 그 뒤 여러 관직을 거쳐 형조와 공조의 판서를 역임한 후 함릉부원군(咸陵府院君)에 진봉(進封)되었다.

. . .

兩殿溫沐 體候安寧 臣民之喜抃如何 양전온목 체후안녕 신민지희변여하
貴邑蜿通溫陽 想酬應之際 必勞神周 귀읍완통온양 상수응지제 필노신주
爲之仰慮 위지앙려

故王子寧城君 願堂月照寺 고왕자영성군 원당월조사
僧人德會 平生親愛之人 而時時往月照 승인덕회 평생친애지인 이시시왕월조
生之女壻 檜川守 卽寧城之子 생지여서 회천수 즉영성지자
則月照之主 是檜川也 즉월조지주 시회천야
頃者 檜川下去時 懇要於左右 則減除雜役 경자 회천하거시 간요어좌우 즉감제잡역
特垂撫恤 其感激如何如何 특수무휼 기감격여하여하

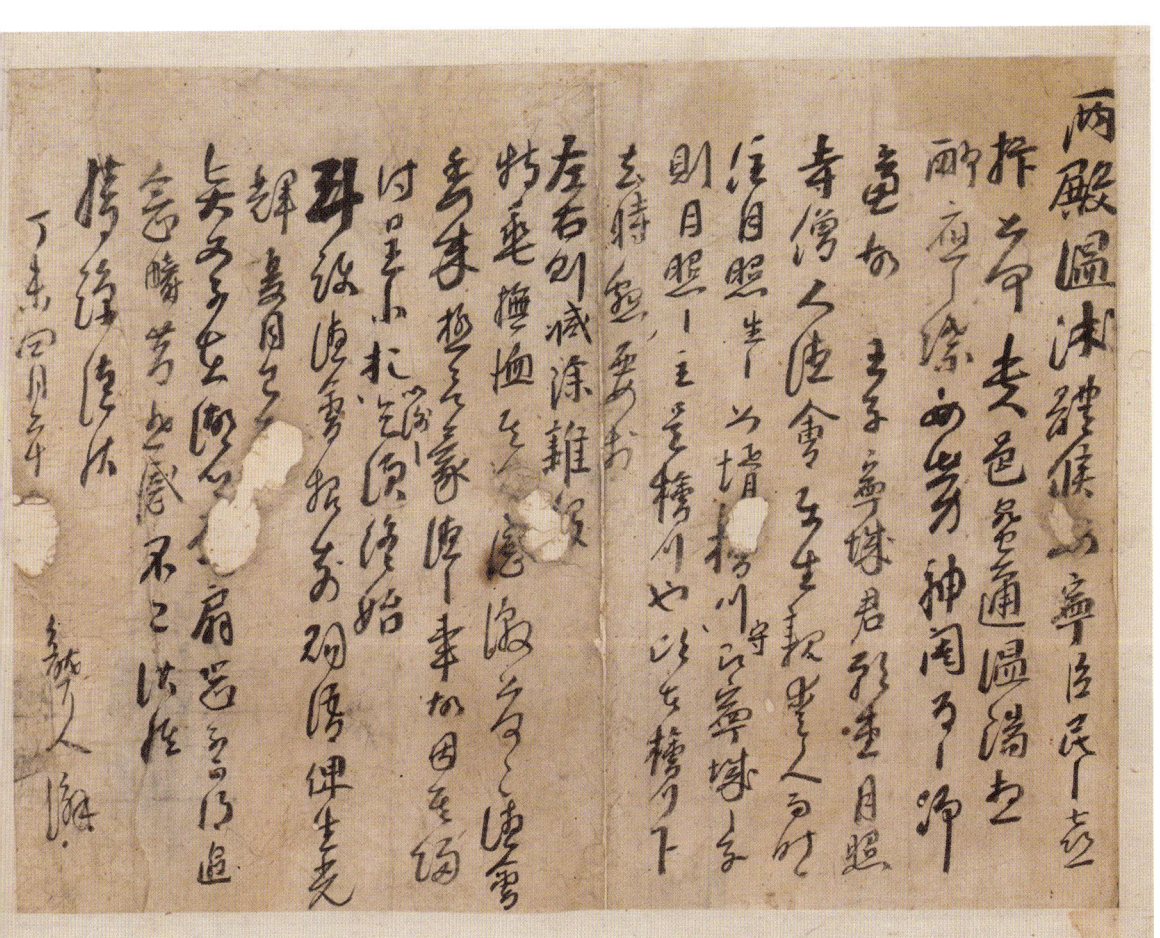

德會委來 極欲蒙德之事 덕회위래 극욕몽덕지사

故因其歸 付呈小札以謝之 고인기귀 부정소찰이사지

乞須終始 斗護德會 招前賜語 俾生光輝 걸수종시 두호덕회 초전사어 비생광휘

夏月已□ 賢又不在湖鄉 節扇恐不可得 하월이□ 현우부재호향 절선공불가득

追念疇昔 悲感不已 추념주석 비감불이

伏惟情諒 謹狀 복유정량 근장

丁未 四月 二十 정미 사월 이십　聾人 澥 농인 해

대왕대비와 왕대비께서 온천을 다녀오신 후로 건강이 좋아지셨다고 하니 온 백성의 기쁨을 말로 다 할 수 없습니다.
그대께서 다스리시는 고을이 온양과 길이 이어져 있는 탓에, 맞이하기 위한 일로 필시 매우 힘들여 신경을 쓰셨을 것이니 우려스럽습니다.

돌아가신 왕자 영성군(寧城君)[1] 원당(願堂)[2]인 월조사(月照寺)의 승려 덕회(德會)는 평생 동안 살갑게 지내는 사람이어서 때때로 월조사에 가곤 합니다.
저의 사위인 회천(檜川) 수령이 영성군의 아들이며, 월조사의 주인이 바로 이 회천 수령입니다.
지난번 회천 수령이 내려가면서 그대께 잡역(雜役)[3]을 감면하여 줄 것을 간절히 부탁하여, 특별한 은혜를 입게 되어 참으로 감격스러웠습니다.

덕회가 일부러 찾아와, 무척 은덕을 입고 싶어 하였습니다. 이에 그가 가는 편에 쪽 편지를 보내 인사를 여쭙고자 하니 꼭 시종일관 덕회를 보살펴 주시고, 불러서 말씀을 내려 주셔서 제 체면이 서게 해 주시길 간청합니다.

여름철이 다가오는데, 그대께서 호남 땅에 계시지 않아 부채도 구하지 못할 것 같아 걱정입니다.
지난날을 돌이켜 생각하니 슬픈 감회가 끝이 없습니다.

오로지 정으로 살펴 주시기 바라며 삼가 글을 올립니다.

1667년 4월 20일   농인(聾人) 해

---

1   영성군(寧城君) : 1606(선조 39) ~1649(인조 27). 조선 제14대 왕 선조의 14남이자 막내 아들로 온빈(溫嬪) 청주한씨(淸州韓氏) 소생이다.
2   원당(願堂) : 죽은 사람의 초상화나 위패(位牌)를 모셔 놓고 명복을 비는 법당을 이르던 말이다.
3   잡역(雜役) : 특정 신분층이 부담하던 신역(身役)과 국가가 제도적으로 규정한 소정의 역을 제외한 모든 잡다한 역의 총칭이다.

김세렴(金世濂)

1593(선조 26)~1646(인조 24)

본관은 선산(善山). 자는 도원(道源), 호는 동명(東溟)이다.

1616년(광해군 8) 증광문과에서 장원급제해 예조좌랑이 되어 시강원사서(侍講院司書)를 겸임하였다. 이어 홍문관수찬(弘文館修撰), 전적(典籍)을 거쳐, 1617년에는 정언(正言)이 되었으나, 이해 폐모론(廢母論)에 반대하여 평안도 곽산(郭山)으로 유배되면서 벼슬에서 물러났다.

1623년 인조반정으로 다시 기용되어, 지평(持平), 교리(校理), 부응교(副應敎)를 역임하고, 1636년 통신사의 부사로 일본을 다녀온 뒤, 사간(司諫)을 거쳐 황해도관찰사로 부임하였다. 이후 동부승지, 병조·형조·이조 참의, 부제학을 역임하고 평안도관찰사, 도승지를 거쳐 호조판서에 올랐다.

문장이 아름다웠고, 특히 시문에 능하였다. 저서로『동명집(東溟集)』·『해사록(海槎錄)』등을 남겼다.

· · ·

旬月不得接令手滋 良用戀鬱 순월부득접영수자 양용연울
卽此極寒 伏惟令起居如何 懸慕萬萬 즉차극한 복유영기거여하 현모만만

弟董支夙狀 無足爲知己道者 제근지숙상 무족위지기도자
千萬阻懷 臨紙黯然 천만조회 임지암연
只祝 令迎新萬福 지축 영영신만복

希令下照 上狀 희영하조 상장

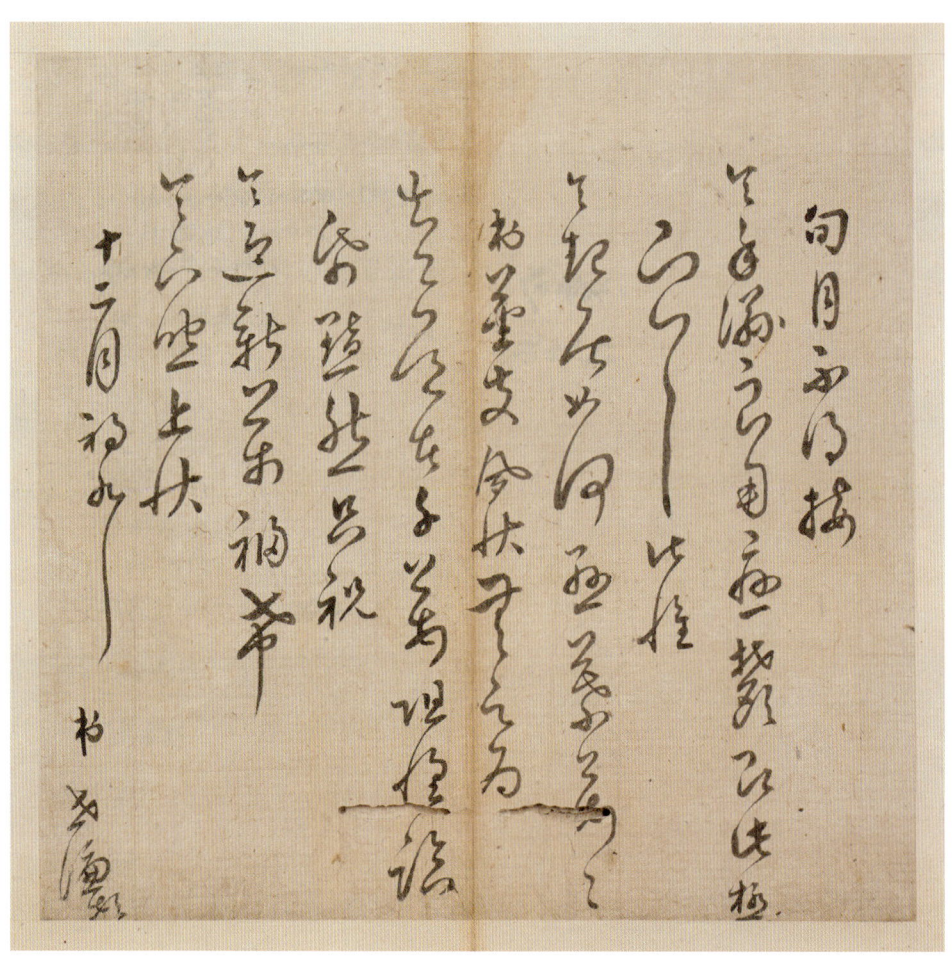

十二月 初九日 십이월 초구일   **弟 世濂 頓** 제 세렴 돈

한 달 새 그대의 편지를 받지 못하여 그립고도 울적하였습니다.
지금 이렇게 혹독한 추위 속에 그대께서는 어떻게 지내고 계시는지 무척 궁금하며 우러러 그리워합니다.

저는 간신히 예전 모습을 지탱하고 있으므로, 지기(知己)에게 더 드릴 말씀도 없습니다.
오랫동안 쌓인 회포를 품고 종이를 마주하니 무슨 말을 써야 할지 암담하기만 합니다.

다만 그대께서 새해를 맞이하여 만복을 누리시기만 빌 뿐입니다.

살펴 주시기 바라며 편지를 올립니다.

　12월 9일　세렴 올림

이시방(李時昉)　　1594(선조 27)~1660(현종 1)

본관은 연안(延安). 자는 계명(季明), 호는 서봉(西峯)이다. 연평부원군(延平府院君) 이귀(李貴)의 아들이며 시백(時白)의 아우이다.

1623년 유생으로 인조반정에 공을 세워 정사공신(靖社功臣) 2등으로 연양군(延陽君)에 봉해졌다. 이듬해 이괄(李适)의 난이 일어나자 군사를 모아 반란군을 토벌하여 서산군수, 공조참판에 올랐다. 정묘호란 때 인조가 강화로 피란할 당시 공을 세우고, 이듬해 광주목사(廣州牧使)를 거쳐 한성부의 좌윤·우윤, 나주목사, 전라도관찰사로 승진했다.

그러나 1636년(인조 14) 12월 병자호란이 일어나자, 즉시 군사를 동원해 남한산성의 위급을 구원하지 않았다는 죄로 정산(定山)에 유배되었다. 1640년에 사면과 동시에 제주목사로 나아가 그곳에 안치되어 있던 광해군이 사망하자 손수 염습하였다.

이후 호조참판, 병조참판, 공조판서, 형조판서, 한성부판윤, 호조판서를 연이어 역임하면서 폐정 개혁에 힘쓰는 한편, 대동법(大同法)을 실시할 것을 역설하였다. 저서로 『서봉일기(西峯日記)』가 있다.

· · ·

隔阻之餘 得承情問 격조지여 득승정문
仍悉炎熱起處萬重 深慰遠儀之懷 잉실염열기처만중 심위원소지회
況此惠遺圓箑 尤感戀戀之義 珍謝不已 황차혜유원삽 우감연연지의 진사불이

弟 奔走之中 衰病日深 自憐奈何 제 분주지중 쇠병일심 자련내하

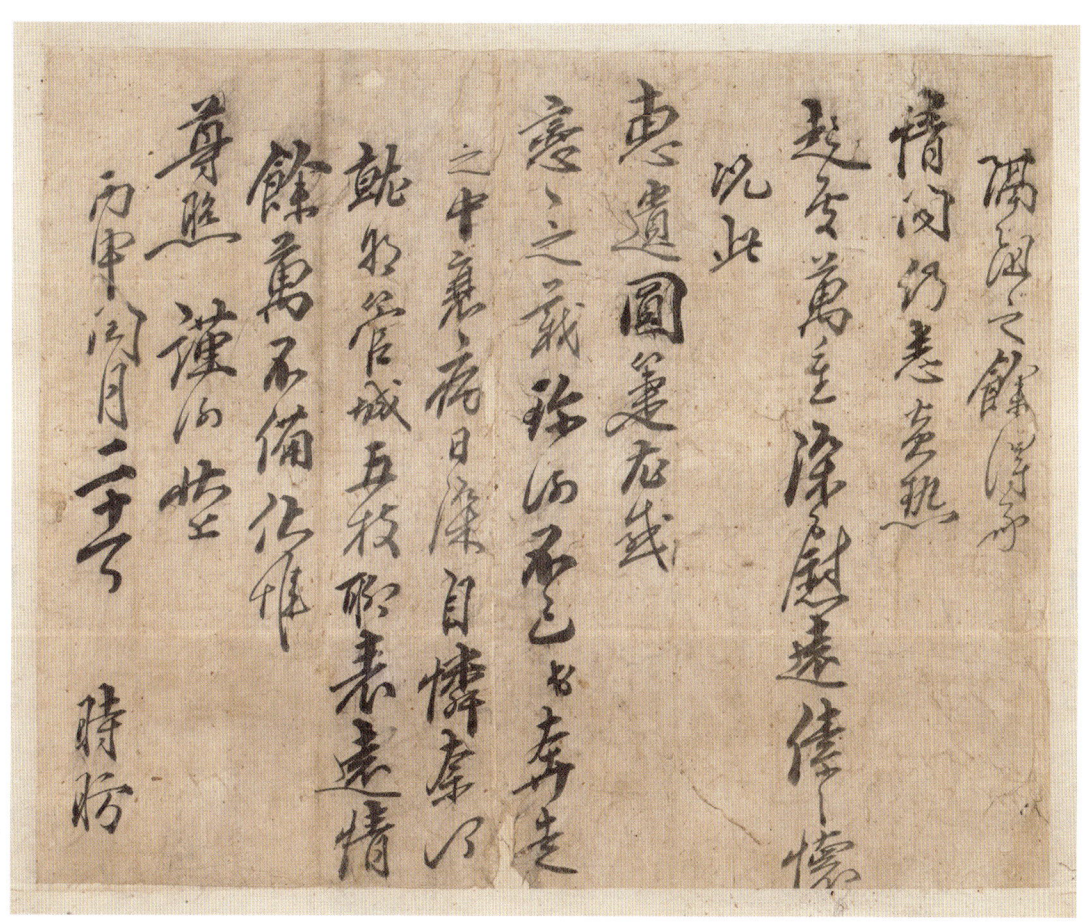

就將管城五枝 聊表遠情_{취장관성오지 요표원정}

餘萬不備_{여만불비}
伏惟尊照 謹謝狀上_{복유존조 근사장상}

丙申 閏月 二十一日_{병신 윤월 이십일일}　時昉_{시방}

격조하던 차에 정겨운 편지를 받아 이 무더위에 편히 계시다는 것을 알게 되니 멀리서 걱정하던 마음에 크게 위로가 되었습니다.
게다가 둥근 부채까지 보내 주시니 서로 아끼고 보살피는 의리에 더욱 고마웠습니다.

저는 바쁜 가운데 늙고 병이 깊어 스스로도 가련하기만 하지만 어쩔 도리가 없습니다.
붓[1] 다섯 자루는 애오라지 멀리서 그리워하는 정으로 보내 드립니다.

이만 줄입니다.
그대께서 살펴 주시기 바라며 삼가 답장을 올립니다.

　1656년 윤달 21일　시방

---

1 붓 : 원문의 '관성(管城)'은 붓을 의미한다. 한유(韓愈)가 「모영전(毛穎傳)」을 지으면서, 붓과 먹과 벼루와 종이 등 이른바 문방사우(文房四友)에 대해서, 각각 '관성자(管城子)', '진현(陳玄)', '도홍(陶泓)', '저선생(楮先生)' 등으로 의인화(擬人化)하였다.

이원진(李元鎭)

1594(선조 27)~1665(현종 6)

본관은 여주(驪州). 자는 승경(昇卿), 호는 태호(太湖)이다. 판서를 지낸 이지완(李志完)의 아들로 1615년(광해군 7) 생원으로서 인목대비(仁穆大妃)의 폐모에 반대하여 영의정 이원익(李元翼) 등과 함께 귀양을 갔으며 인조반정 후에 풀려났다.

1630년(인조 8) 별시문과에 급제한 후 장령, 집의(執義), 우승지 등을 역임하고, 동래부사, 제주목사, 강원도관찰사, 병조참의 등을 지냈는데, 제주목사 재임 시, 남만인(南蠻人) 30여 명이 제주에 표류해 오자 이들을 서울로 압송하기도 하였다.

저서로 『탐라지(耽羅志)』가 있다

...

李進士 侍史 拜問狀 이진사 시사 배문장

去歲吾家 重疊之喪禍 尙忍言哉 摧痛難堪 거세오가 중첩지상화 상인언재 최통난감
頃因申家之便 得接手滋 仍審雅履珍勝 경인신가지편 득접수자 잉심아리진승
慰豁何量 위활하량

生 宿病與土疾兼劇 伏枕送日 自憐奈何 생 숙병여토질겸극 복침송일 자련내하
示藥料封去 시약료봉거
餘在後錄 惟照之 여재후록 유조지

不備謹狀 불비근장

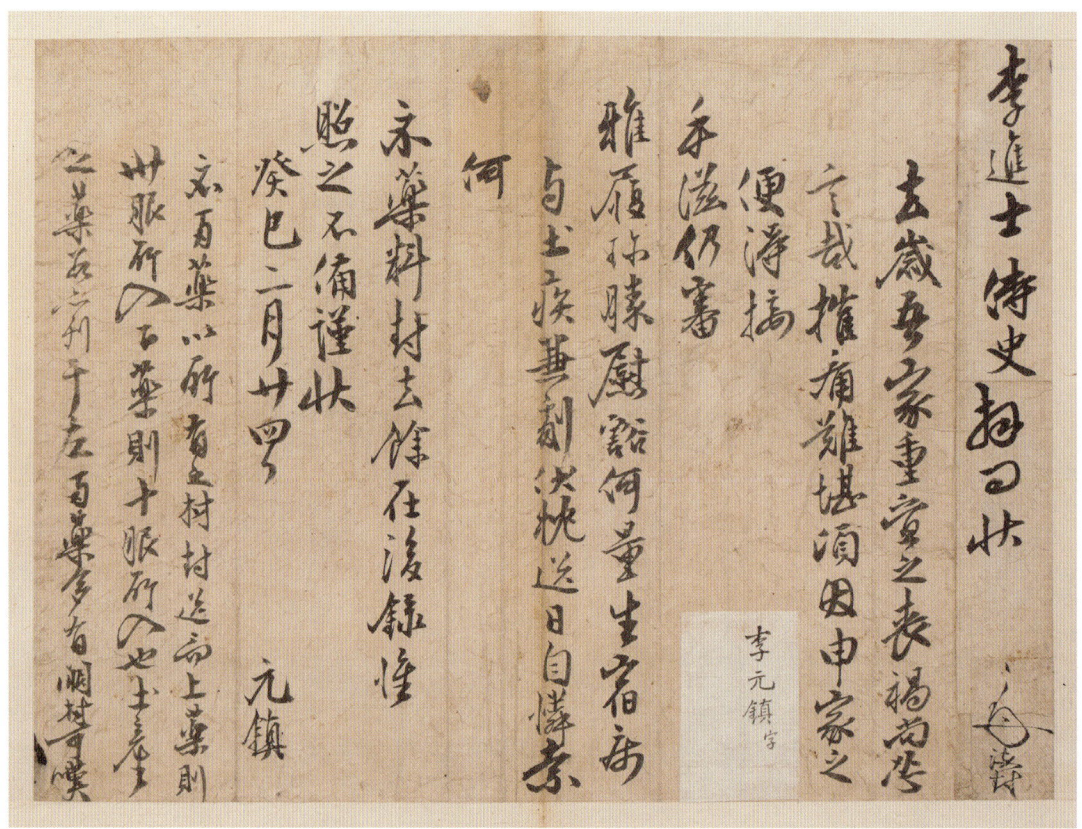

癸巳 二月 卄四日 계사 이월 입사일　元鎭 원진

示兩藥 以所有之材封送 시양약 이소유지재봉송
而上藥 則卅服所入 下藥 則十服所入也 이상약 즉삽복소입 하약 즉십복소입야
土産之藥數 亦刊于左 토산지약수 역간우좌
兩藥多有闕材 可嘆 양약다유궐재 가탄

이 진사 시사(侍史)[1]에 올리는 문안 편지

1　시사(侍史) : 윗사람의 곁에서 문서를 맡아보는 사람을 말하는데, 편지 봉투에 상대방을 높이는 표현으로 쓰는 관용적 문구이다.

지난해 저희 집안에 거듭된 상화(喪禍)는 어찌 차마 말로 다 할 수 있겠습니까. 찢어지는 아픔으로 몸을 가누기 어려웠습니다.
지난번 신 씨 집안 편으로 편지를 받아 편히 잘 계심을 알게 되니 위로와 기쁜 마음 이를 데 없었습니다.

저는 오랫동안 앓고 있는 병에다 토질(土疾)[2]까지 심하게 겹쳐 여러 날을 병석에서 보내고 있답니다. 스스로 가련하기만 하지만 어쩌겠습니까.
말씀하신 약료(藥料)를 동봉합니다.
나머지는 뒷부분에 썼으니 살펴보시기 바랍니다.

격식을 갖추지 못하고 삼가 올립니다.

 1653년 2월 24일 원진

말씀하신 두 가지 약은 가지고 있는 것으로 싸서 올립니다.
위의 약은 서른 첩을 넣었으며, 아래의 약은 열 첩을 넣었습니다.
토산(土産)인 약료(藥料)의 개수도 왼쪽에 썼습니다.
두 가지 약에는 빠진 약재가 많아 한탄스럽습니다.

---

2 토질(土疾) : 수토(水土)가 좋지 않아서 생기는 병을 이르는 말이다.

이명한(李明漢)

1595(선조 28)~1645(인조 23)

본관은 연안(延安). 자는 천장(天章), 호는 백주(白洲)이다.

월사(月沙) 이정구(李廷龜)의 아들로, 1610년(광해군 2) 사마시에 합격하고, 1616년 증광문과에 급제한 뒤, 승문원권지정자(承文院權知正字), 공조좌랑 등을 지냈으나, 인목대비(仁穆大妃) 폐모론이 일어났을 때 정청(庭請)에 참여하지 않았다 하여 파직되었다.

인조반정 후 이조좌랑으로 어사가 되어 관동(關東)에 나가 관리의 폐해를 살폈으며, 그 뒤 남양부사, 대사간, 대사성, 부제학 등을 역임하고, 한성부우윤, 대사헌을 거쳐, 도승지, 홍문관·예문관의 대제학, 이조판서 등을 역임했다.

1643년(인조 21)에는 이경여(李敬輿)·신익성(申翊聖) 등과 함께 척화파(斥和派)로 지목되어 청나라 심양(瀋陽)에 잡혀가 억류되었다가, 이듬해 세자이사(世子貳師)가 되어 심양에 볼모로 잡혀간 소현세자(昭顯世子)를 모시고 왔으며, 1645년에 명나라와 밀통하였다는 죄목으로 다시 청나라에 잡혀갔다가 풀려나와 예조판서가 되었다.

아버지 이정구, 아들 일상(一相)과 더불어 3대가 대제학을 지낸 것으로 유명하다. 병자호란 때 심양까지 잡혀갔던 의분을 노래한 시조 6수가 전하며, 저서로 『백주집(白洲集)』 20권이 있다.

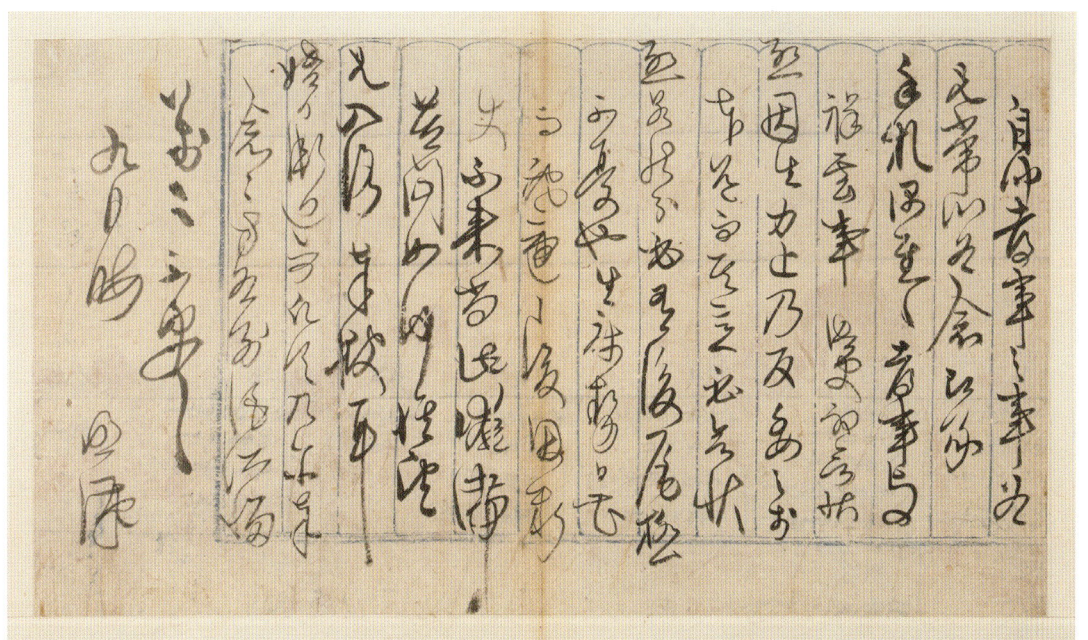

自聞都事之事 爲兄常以爲念 자문도사지사 위형상이위념
卽承手札 深慰之 즉승수찰 심위지

都事與祥雲事 侍史初欲狀啓 도사여상운사 시사초욕장계
因生力止 乃反委之於本道 而其意必欲狀啓 인생역지 내반위지어본도 이기의필욕장계
若然則 必有後尾極可憂也 약연즉 필유후미극가우야

生 病勢日甚 而旣遞之後 생 병세일심 이기체지후
因新使不來 尙此淹滯 苦悶如何 인신사불래 상차엄체 고민여하
惟望兄入洛奉披耳 유망형입락봉피이

婚日漸近 而凡具乃爾 奉念奉念 혼일점근 이범구내이 봉념봉념
方爲別酒所惱 방위별주소뇌
萬萬不盡 만만부진

九月 晦구월 회 明漢명한

도사(都事)의 일을 듣고 나서는 항상 그대에 대한 걱정을 떨쳐 버릴 수 없었는데, 편지를 받게 되이 무척 위안이 되었습니다.

도사와 상운찰방(祥雲察訪)¹의 일은 시사(侍史)²가 애초에 장계(狀啓)를 올리려고 하였으나, 제가 힘껏 말린 까닭으로 오히려 본도(本道)에 미루게 되었지만, 그는 꼭 장계(狀啓)를 올릴 생각이었습니다.
만약에 그가 원하는 대로 하였다면, 반드시 그 뒷일이 무척 복잡해졌을 것입니다.

저는 병세가 날이 갈수록 심하고 이미 체직(遞職)이 되었으나, 새로 부임하는 관찰사가 오지 않아 여태 머물러 있으니 고민스럽지만 어쩌겠습니까.
오직 그대께서 서울로 오셔서 회포를 풀게 되는 날만 기대할 뿐입니다.

혼삿날이 점점 가까워지고 있으나 갖추어야 할 모든 일은 그대로이니 염려스럽기만 합니다.
마침 지금 이별주를 마시고 머리가 아파 다 쓰지 못합니다.

 9월 그믐날 명한

---

1 상운찰방(祥雲察訪) : 원문의 '상운(祥雲)'은 당시를 기록한 『조선왕조실록』과 『승정원일기』에 '상운찰방(祥雲察訪)'에 대한 문제가 자주 거론되어 있어서, 이와 같이 번역하였다.
2 시사(侍史) : 좌우에서 모시면서 문서를 관리하는 사람을 말한다.

조속(趙涑)   1595(선조 28)~1668(현종 9)

본관은 풍양(豐壤). 자는 희온(希溫)·경온(景溫), 호는 창강(滄江)·창추(滄醜)·취추(醉醜)·취옹(醉翁)·취병(醉病)이다. 문인화가 지운(之耘)의 아버지로, 이조판서를 지낸 박태상(朴泰尙)의 장인이기도 하다.

광해군 대에 부친이 억울하게 죽임을 당한 후, 1623년 인조반정에 가담하여 공을 세웠다. 덕산현감, 장령(掌令), 진선(進善)을 거쳐 상의원정(尙衣院正)을 지냈으나, 평생을 청빈하게 살며 고금의 명화와 명필을 수집, 완상하는 것을 즐거움으로 삼았다.

시서화삼절(詩書畵三絶)로서 그림은 매(梅)·죽(竹)·산수와 더불어 수묵화조(水墨花鳥)를 잘 그렸으며, 특히 까치나 수금(水禽) 등을 소재로 한 수묵화조화에서 대표적 화가로 꼽힌다. 이러한 화풍은 그의 아들인 조지운을 비롯하여 전충효(全忠孝)·이함(李涵)·이하영(李夏英) 등에게로 이어졌다.

그는 그림뿐 아니라 역대 명필들의 글씨에도 관심을 보여 그 진적(眞蹟)과 금석문(金石文)의 수집을 시작한 이 방면의 선구자로도 꼽힌다. 그가 만든 서첩『금석청완(金石淸玩)』은 신라의 비석에서 안평대군(安平大君)·한호(韓濩)·백광훈(白光勳) 등 조선의 명필에 이르기까지 87인의 글씨를 모아 4개의 첩으로 만든 것이다.

대표작으로 국립중앙박물관 소장〈노수서작도(老樹棲鵲圖)〉, 간송미술관 소장〈매작도(梅鵲圖)〉등이 있으며, 저서로『창강일기(滄江日記)』가 전한다.

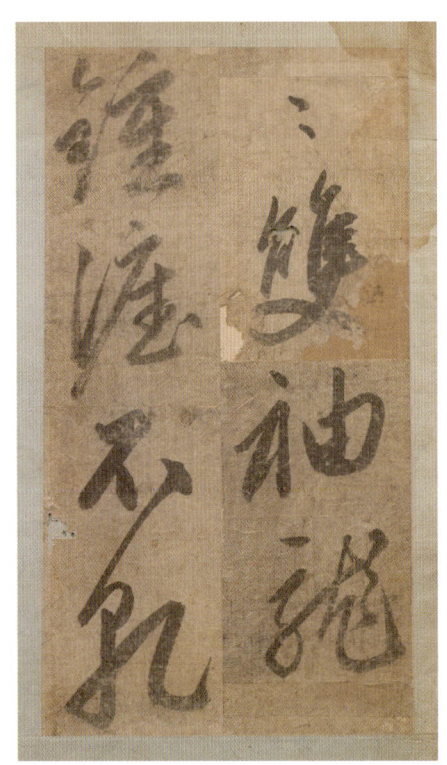

· · ·

故園東望路漫漫 고원동망노만만
雙袖龍鍾淚不乾 쌍수용종누불건

동쪽을 바라보니 고향 동산은 멀고도 아득한데
슬픈 눈물¹로 두 소매 마를 날 없어라.

1 슬픈 눈물 : 원문의 '용종(龍鍾)'은 축축하게 젖은 모양, 또는 눈물을 많이 흘리는 모양을 뜻한다.

이경석(李景奭)   1595(선조 28)~1671(현종 12)

본관은 전주(全州). 자는 상보(尙輔), 호는 백헌(白軒)이다. 종실 덕천군(德泉君) 후생(厚生)의 6세손이며, 함풍수(咸豊守) 계수(繼壽)의 증손으로, 할아버지는 수광(秀光)이고, 아버지는 동지중추부사 유간(惟侃)이다.

김장생(金長生)의 문인으로, 1613년(광해군 5) 진사가 되고 1617년 증광 별시에 급제했으나, 인목대비(仁穆大妃)의 폐비 상소에 가담하지 않아 삭적(削籍)되었다.

1623년 인조반정(仁祖反正) 이후 알성문과에 병과 급제로 벼슬길에 올라, 승문원부정자를 시작으로 예조·이조 좌랑, 이조정랑 등을 거치며 인사 실무를 익혔다.

1627년(인조 5) 정묘호란 후 다시 이조정랑 등을 거쳐 승지를 역임하며 인조를 측근에서 보필하였으며, 1636년 병자호란 때 대사헌·부제학을 연이어 지내면서 인조를 호종해 남한산성에 들어갔다가, 이듬해 「삼전도비문(三田渡碑文)」을 지었다. 이듬해에는 문관으로서는 최대의 영예인 홍문관·예문관 양관의 대제학을 거쳐, 이조참판, 이조판서에 발탁되어 조정 인사를 주관하였고, 우의정·좌의정을 역임한 뒤 영의정에 올라 국정을 총괄하였다.

평생 『소학』과 『논어』를 읽었고, 문장과 글씨에 특히 뛰어났다. 저서로 『백헌집(白軒集)』 등 유집 50여 권이 간행되었고, 〈좌상이정구비문(左相李廷龜碑文)〉 등 많은 글씨를 남겼다. 조경(趙絅)·조익(趙翼) 등과 함께 『장릉지장(長陵誌狀)』을 편찬하였다.

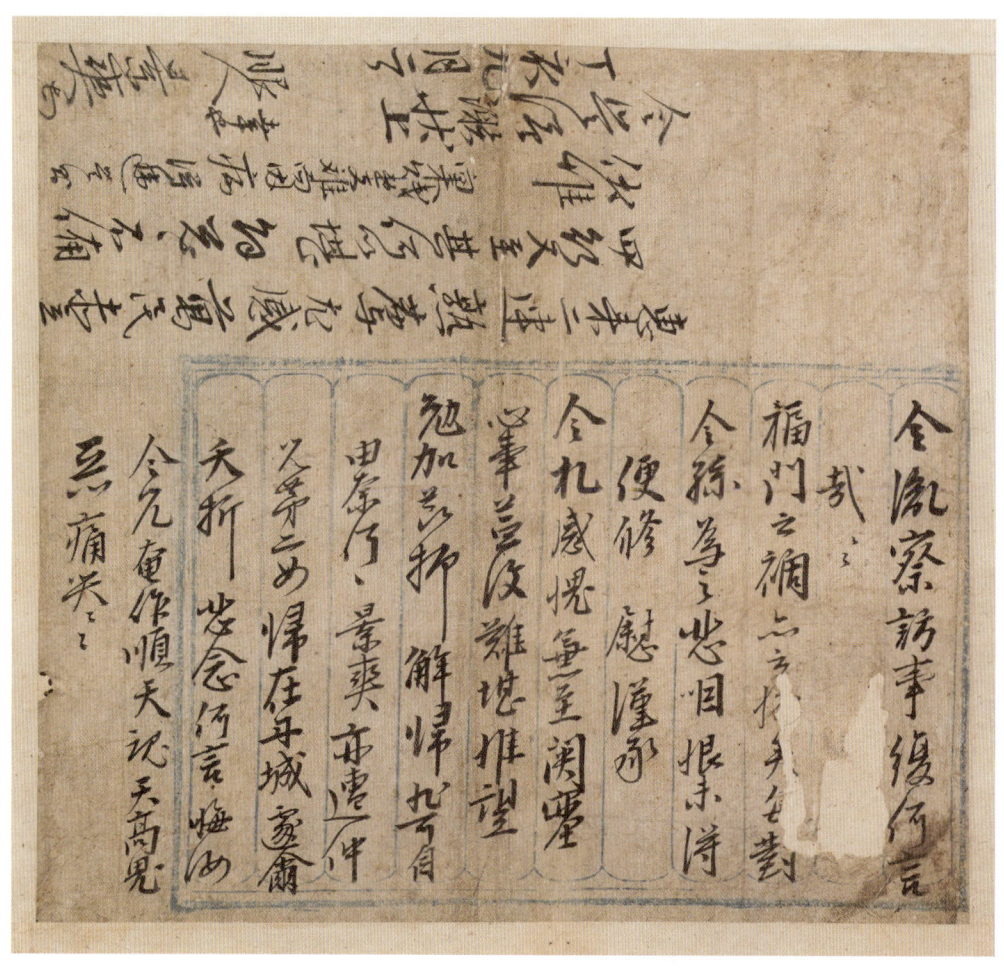

令胤 察訪事 復何言哉 復何言哉 영윤 찰방사 부하언재 부하언재

福門之禍 亦方慘矣 每對令孫 爲之悲咽 복문지화 역방참의 매대영손 위지비열

恨未得便修慰 謹承令札 感愧兼至 한미득편수위 근승영찰 감괴겸지

關塞心事 益復難堪 惟望勉加節抑 관색심사 익부난감 유망면가절억

解歸非可自由 奈何奈何 해귀비가자유 내하내하

景奭亦遭 仲兄第二女 歸在丹城 遽爾夭折 경석역조 중형제이녀 기재단성 거이요절

悲念何言 비념하언

晦汝令兄 奄作順天魂 天高鬼惡 痛哭痛哭 회여영형 엄작순천혼 천고귀악 통곡통곡
惠來二連熟薦 尤感 혜래이연숙천 우감
萬民赤立 四行又至 其何以堪解 만민적립 사행우지 기하이감해
忩忩不備 伏惟令監 溢謝狀上 총총불비 복유영감 일사장상

丁亥 九月 二日 정해 구월 이일　服人 景奭 頓 복인 경석 돈

向來賤患支離 而因病得遞 是則幸也 향래 천환지리 이인병득체 시즉행야

훌륭한 찰방(察訪) 아드님의 일은 뭐라고 더 드릴 말씀도 없습니다.
복을 누리고 있는 가문에서도 재앙은 이렇게 참담하니 매번 귀한 손자를 대할 때마다 슬프기 그지없습니다.
인편을 구하지 못하여 위로의 글을 보내지 못해 안타까웠는데, 삼가 편지를 받고 보니 감사와 부끄러움을 함께 느껴 멀리 변방에 떨어져 있는 마음은 더욱 난감하기만 합니다.
다만 애써 슬픔을 억누르시기만 바랄 뿐입니다.
돌아가는 일은 제 마음대로 할 수 없으니 어찌하겠습니까.

저도 역시 둘째 형의 둘째 딸이 단성(丹城)[1]에 돌아와 있다가 별안간 요절하였으니 그 슬픔은 말로 다 할 수 없습니다.
회여(晦汝)[2] 영형(令兄)이 갑자기 순천(順天)에서 돌아가시니, 하늘은 높고 귀신은 모질기만 합니다.[3] 통곡하고 통곡합니다.

1　단성(丹城) : 경상남도 산청 지역의 옛 지명이다.
2　회여(晦汝) : 김광현(金光炫, 1584~1647)의 자이다. 본관은 안동(安東), 호는 수북(水北)이다. 극효(克孝)의 손자로 우의정 상용(尙容)의 아들이다. 1636년(인조 14) 병자호란 당시 아버지 상용이 강화로 피란했다가 강화가 함락당해 그곳에서 자살하자, 그도 홍주의 오촌동(鰲村洞)에 은거하였다. 조정에서는 호종(扈從)의 공을 수록하고 대사간을 제수하였으나 나아가지 않았다. 다시 청주목사에 제수되었으나, 모든 문서에 청나라 연호 쓰기를 거부하고 단지 간지만 씀으로써 파직당하였다. 그 뒤 이조참판을 배수했으나 사직하였다. 1646년 소현세자빈 강씨(姜氏)의 옥(獄)이 일어나 강씨가 사사(賜死)되자, 강빈의 오빠 문명(文明)이 사위였던 까닭에 강씨의 친가(親家)가 있는 순천(順天)의 부사(府使)로 좌천되었다가 이듬해 1647년 그곳에서 울분 끝에 사망하였다.
3　하늘은 높고 귀신은 모질기만 합니다 : 하늘의 옥황상제가 높이 있어 인간의 일을 살피지 못해서 선인(善人)이 복을 누리지 못하였고, 귀신이 모질어 일찍 죽게 하였다고 말한 것이다.

두 장으로 이은 근사한 돗자리[4]를 보내 주셔서 매우 고맙습니다.
모든 사람이 몹시 가난하고 사행(四行)[5] 또한 지독하니, 이것을 어떻게 해결해 나갈 수 있겠습니까.
바빠서 이만 줄이며, 영감께 삼가[6] 답장을 올립니다.

  1647년 9월 2일 상중(喪中)에 있는 경석 올림

그동안 오래 병을 앓고 있었지만 병으로 인하여 체직(遞職)하게 되었으니, 이는 다행스러운 일입니다.

• • •

洊承書存 遙慰亡已 천승서존 요위무이

生 僅保舊殼子耳 생 근보구각자이
惠來柬楮 如何得銘濟 深謝盛意 혜래간저 여하득명제 심사성의

餘希新凉 爲政益佳 여희신량 위정익가
不宣 불선

  壬辰 八月 初四日 임진 팔월 초사일 服人 景奭 복인 경석

거듭해서 편지를 받게 되니 멀리서 위로가 한량없습니다.

저는 간신히 예전의 몰골로 살고 있습니다.

---

4 근사한 돗자리 : 원문의 '熟'(익을 숙)은 면밀(綿密)하고 꼼꼼하게 잘 만들어졌다는 뜻이며, '薦'(천거할 천)은 자리·깔개·거적의 뜻이다.
5 사행(四行) : 사람이 지켜야 할 네 가지 중요한 길. 곧 효(孝)·제(悌)·충(忠)·신(信)을 말하기도 하지만, 임금이 임금답지 못하며, 신하가 신하답지 못하며, 아버지가 아버지답지 못하며, 자식이 자식답지 못한 네 가지 악행을 말하기도 한다. 여기서는 후자로 보아야 한다.
6 삼가 : 원문의 '일(溢)'은 '넘치다'라는 뜻인데, 여기서는 '삼가다'는 뜻인 '근(謹)'의 의미로 쓰였다.

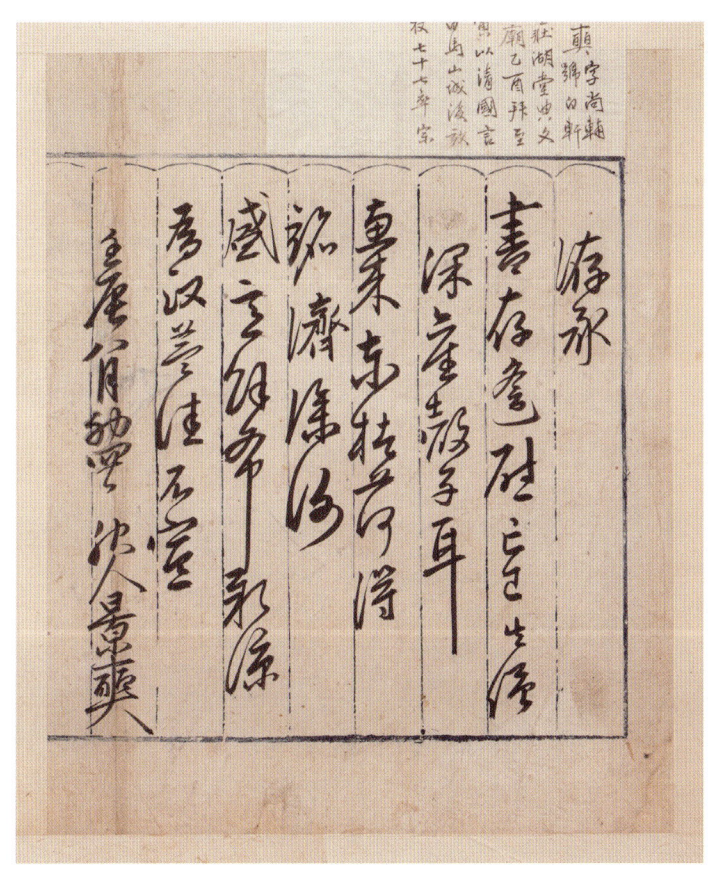

보내 주신 편지지를 받으니, 어떻게 잊지 않으시고 이렇게 챙겨 주시는지 그 융성한 은혜에 깊이 감사드립니다.

찬바람이 불어오기 시작하는 이때에 정무를 돌보시며 잘 지내시길 기원하며 이만 줄입니다.

　1652년 8월 4일　상중(喪中)의 경석

허목(許穆) 1595(선조 28)~1682(숙종 8)

본관은 양천(陽川). 자는 문보(文甫)·화보(和甫), 호는 미수(眉叟)이다. 현감을 지낸 허교(許喬)의 아들로, 어머니는 정랑 임제(林悌)의 딸이며, 부인은 영의정 이원익(李元翼)의 손녀이다.

정언눌(鄭彦訥)에게 글을 배우고, 문위(文緯)를 사사하였으며, 정구(鄭逑)를 스승으로 섬겼다.

1626년(인조 4) 인조 생모의 복상(服喪) 문제로 인조에 의해 정거(停擧 : 일정 기간 동안 과거를 못 보게 하던 벌)를 당하여 과거를 보지 않고 자봉산에 은거해 학문에만 전념하였으며, 현종이 즉위한 이후 관직에 나아가 효종에 대한 조대비(趙大妃)의 복상 문제로 송시열(宋時烈) 등 서인(西人)과 대립하였다. 이로 인하여 삼척부사로 부임하게 되면서, 그는 향약(鄕約)을 만들어 백성의 교화에 힘썼으며, 『척주지(陟州誌)』를 편찬하는 한편, 그 유명한 〈척주동해비(陟州東海碑)〉를 썼다.

서인이 실각하고 남인이 집권한 후 대사헌, 이조참판, 자헌대부(資憲大夫), 의정부우참찬 겸 성균관제조를 거쳐 이조판서, 우의정에 오르는 등 과거를 보지 않고 유일(遺逸)로서 삼공(三公)에 올랐으며, 남인이 송시열의 처벌에 온건론을 주장하던 탁남(濁南)과 강경론을 주장하던 청남(淸南)으로 갈라졌을 때 그는 송시열의 극형을 주장하며 청남의 영수가 되었다.

이후, 1680년(숙종 6) 경신대출척(庚申大黜陟)으로 남인이 실각하고 서인이 집권하자 관작을 삭탈당하고 고향에서 저술과 후진 양성에 전심하였다.

그림·글씨·문장에 모두 능했으며, 글씨는 특히 전서(篆書)에 뛰어나 동방

제1인자라는 찬사를 받았다. 글씨로 삼척의 〈척주동해비〉 외에, 시흥의 〈영상이원익비(領相李元翼碑)〉, 파주의 〈이성중표문(李誠中表文)〉 등이 전하며, 그림으로 〈묵죽도(墨竹圖)〉가 전한다. 저서로는 『동사(東事)』·『방국왕조례(邦國王朝禮)』·『경설(經說)』·『경례유찬(經禮類纂)』·『미수기언(眉叟記言)』이 있다.

· · · ·

鞍具 來价卽呈_{안구 내개즉정}
大學 方在隣兒之學 未得奉副_{대학 방재인아지학 미득봉부}
荊玉氏宅所存 借備如何如何_{형옥씨댁소존 차비여하여하}
餘不宣式_{여불선식}

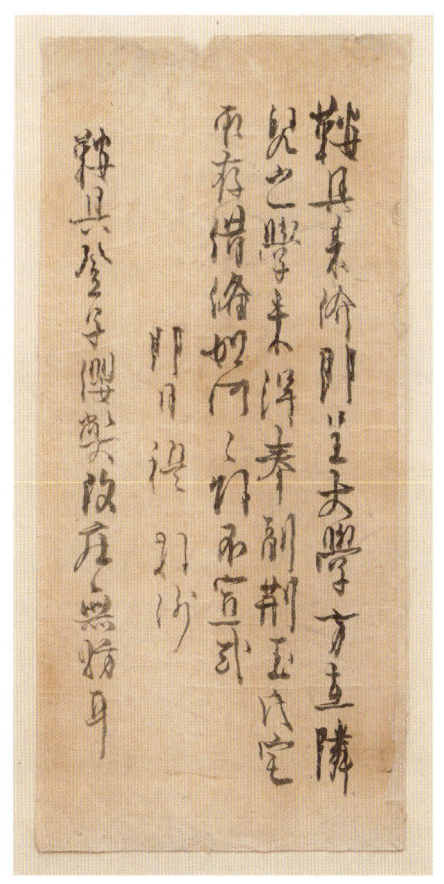

卽日즉일 穆 拜謝목 배사

鞍具登子 纓弊改庄 無妨耳 안구등자 영폐개장 무방이

안구(鞍具)[1]는 심부름하는 사람을 보내서 바로 드렸고, 『대학(大學)』은 지금 이웃 아이가 공부하고 있으므로 부탁을 들어줄 수 없으니 다른 집[2]에서 가지고 있는 것을 빌려 오는 것이 어떻겠습니까.
이만 줄입니다.

　즉일에　목 올림

안구(鞍具) 발걸이에 가슴걸이[3] 부분이 해어졌는데 고쳐서 매면 괜찮을 것입니다.

• • •

眷惠手札 又有碑錄 此外餽送 권혜수찰 우유비록 차외궤송
非憎俗所不見之 비증속소불견지
事體未安 而禮意甚盛 不敢辭 사체미안 이예의심성 불감사
還增愧謝 頓首頓首 환증괴사 돈수돈수
不宣 奉謝答 불선 봉사답

　二月 二十八日 이월 이십팔일　穆 목

보살피시는 마음으로 편지와 비록(碑錄)[4]을 보내 주시고 이 밖에도 물품을 내려 주시니, 세속을 싫어하는 사람이 아니라면 할 수 없는 일입니다.

1　안구(鞍具) : 말안장에 딸린 여러 가지 기구(器具)를 말한다.
2　다른 집 : 본문의 '형옥(荊玉)'은 '화씨벽(和氏璧)'을 말하는데, 귀하게 보관하고 있다는 것을 은유한 것이다.
3　가슴걸이 : 말 가슴에 걸어 안장에 매는 가죽 끈을 말한다.
4　비록(碑錄) : 비석에 남긴 기록이나 금석문(金石文)을 말한다.

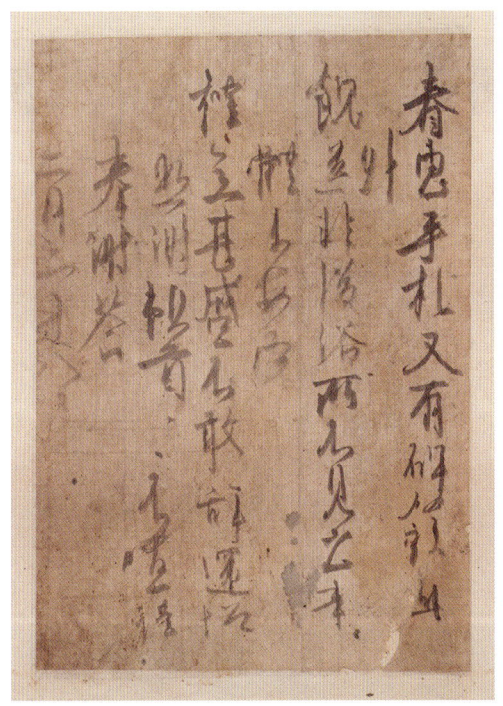

사체(事體)5에 맞지 않으나 예우가 너무 융숭하여 감히 사양하지 못하였습니다. 더욱더 부끄럽고 고마워 머리 조아려 감사를 표합니다.

이만 줄이며, 답장을 올립니다.

2월 28일 목

---

5   사체(事體) : 사리와 체면을 아울러 이르는 말이다.

박정(朴炡)

1596(선조 29)~1632(인조 10)

본관은 반남(潘南). 자는 대관(大觀), 호는 하곡(霞谷)이다. 박동선(朴東善)의 아들로 1619년(광해군 11) 정시문과에 을과로 급제하여 승문원부정자(承文院副正字)가 되었다가 아버지 박동선이 폐모론(廢母論)에 참여하지 않았다는 이유로 유배되자, 사직하고 시골에 내려와 은거하였다.

1623년 인조반정에 참여해 정사(靖社) 3등 공신에 책록되고 사헌부의 장령(掌令)·집의(執義) 등을 역임하고, 대사헌 남이공(南以恭)이 광해군 때 당파를 만들고 권력을 휘둘렀다는 이유로 탄핵했다가 오히려 함평현감으로 좌천되었다.

1626년(인조 4) 문과중시에 급제해 동부승지, 대사간, 병조참의, 이조참판을 거쳐 홍문관부제학을 역임하였는데, 인조반정 이후 소서파(少西派)의 핵심 인물로 활약하면서 자기주장이 강하다는 평가를 받았다.

∴

伏問此時氣體何如 前上慰札 想已下鑑耶 복문차시기체하여 전상위찰 상이하감야
玆又伏奉下札 仰慰仰慰 자우복봉하찰 앙위앙위

母親患痢 二十餘日 尙未快蘇 伏悶伏悶 모친환리 이십여일 상미쾌소 복민복민

今因李葉之行 忙此 금인이엽지행 망차
伏惟下鑑 上書 복유하감 상서

七月 十八日 칠월 십팔일 甥 炡 생 정

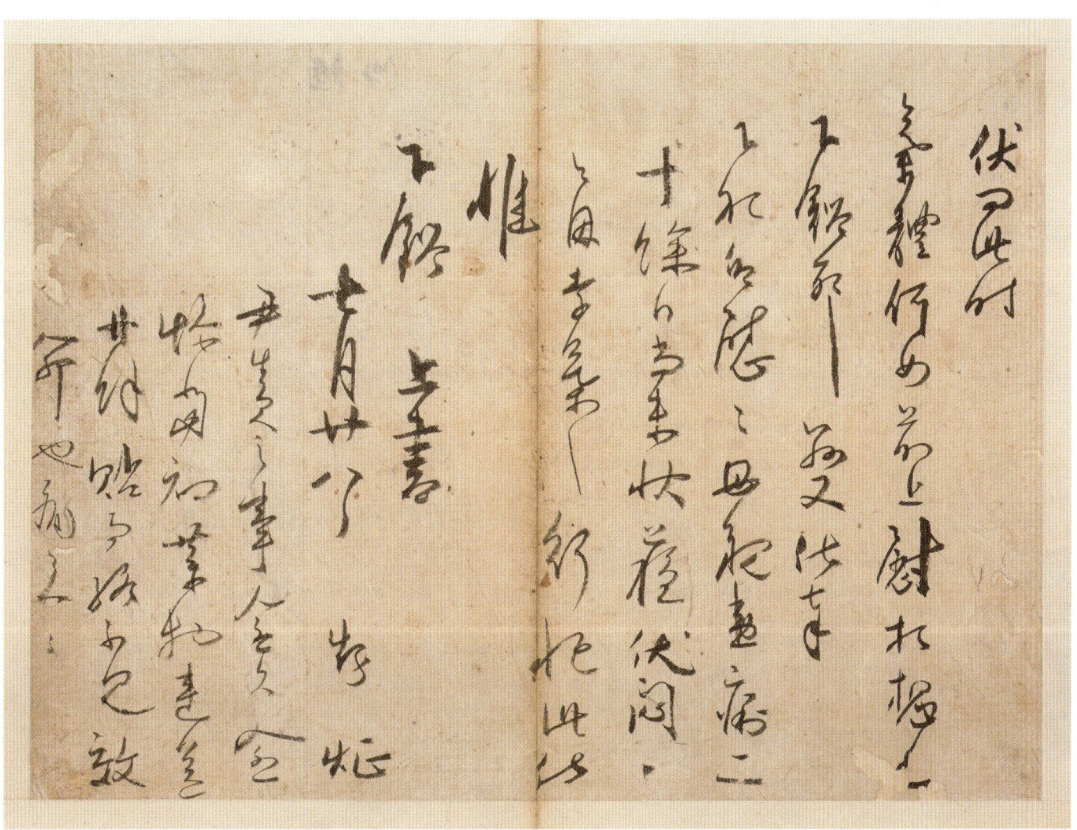

尹生員之事 愈久愈慘 윤생원지사 유구유참
當初藥物 連送卄餘貼 而終不見效 당초약물 연송입여첩 이종불견효
命也 痛矣痛矣 명야 통의통의

요즈음 건강은 어떠신지요.
이전에 올린 문안 편지는 벌써 보셨으리라 생각됩니다.
이제 또 보내 주신 편지를 받아 보니 무척 위로가 됩니다.

어머니께서는 이질(痢疾)을 앓으신 지 이십여 일이 지났는데도 아직까지 완쾌되지 않아서 매우 걱정스럽기만 합니다.

지금 이엽(李葉)이 가는 편에 급히 몇 자 적었습니다.

살펴 주시기 바라며 편지를 올립니다.

　7월 28일　조카[1] 정

윤 생원의 일은 시간이 지나면 지날수록 참담하기만 합니다.
애초에 약 이십여 첩을 연이어 보냈지만 끝내 별 효험을 보지 못하였으니, 이는 타고난 운명이랄 수밖에 없습니다.
가슴이 찢어지는 것만 같습니다.

1　조카 : 원문의 '생(甥)'은 생질(자매의 아들)이나 사위, 또는 외손자 등을 이르는 말이나, 여기서는 편지의 내용을 볼 때 생질로 보는 것이 맞다.

김남중(金南重)   1596(선조 29)~1663(현종 4)

본관은 경주(慶州). 자는 자진(自珍), 호는 야당(野塘)이다.

1618년(광해군 10) 증광문과에 급제하였으며, 1636년(인조 14) 병자호란이 일어나자 예조참의로서 남한산성으로 인조를 호종하였고, 강화도 함락에 대한 수장(守將)의 책임을 물어 처형할 것과, 척화신(斥和臣)을 문책하지 말 것을 주장하였다.

대사간, 도승지, 경기도관찰사, 대사헌 등을 거쳐, 1650년(효종 1) 이조참판이 되고 경천군(慶川君)에 봉해졌다.

1656년 사은부사(謝恩副使)로 청나라에 다녀온 후, 공조참판, 예조참판, 도승지를 역임하고, 1658년 공조판서에 오른 뒤 형조판서, 예조판서, 개성유수를 지냈다.

저서로 『역대인감(歷代人鑑)』이 있다.

· · ·

卽今未委起居如何 즉금미위기거여하
客行已逈 站事必多 奉拜无便 悵想不已 객행이형 참사필다 봉배무편 창상불이

仍恐別紙 卽妻娚寡家所懇 잉공별지 즉처남과가소간
聞兄以刷馬差矣 方爲分定云 문형이쇄마차의 방위분정운
須另作特帖 俾得爲先入把 千萬生光 수영작특첩 비득위선입파 천만생광

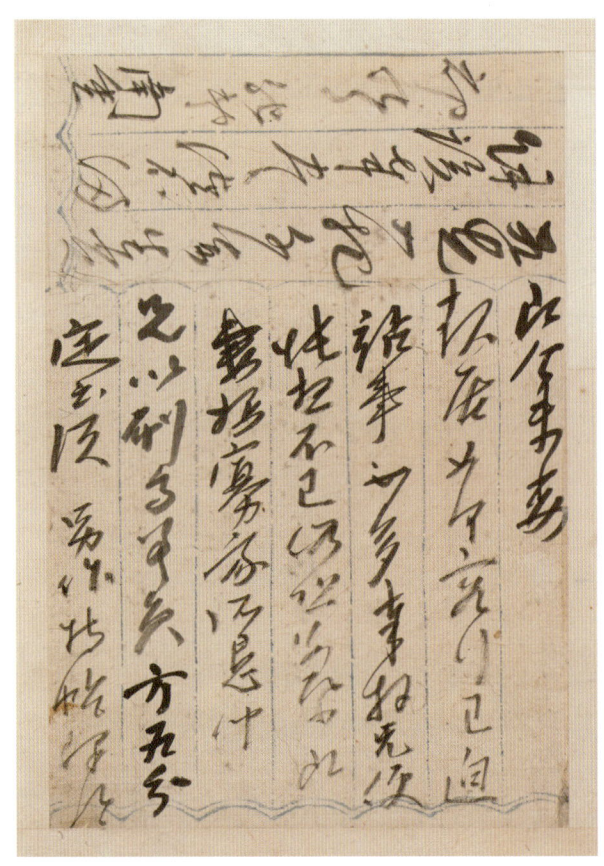

餘竢奉盡 謹不備 여사봉진 근불비

初九日 초구일　**服弟 南重** 복제 남중

지금 어떻게 지내고 계시는지 궁금합니다.
객행(客行)[1]이 멀리 떠났으니 역참의 일도 틀림없이 많을 것인데 인사를 여쭐 인편도 없으니 서글프기 그지없습니다.

별지에 쓴 부탁의 말씀은 제 손위 처남의 미망인 댁의 간청입니다.

1　객행(客行) : '나그네 길'이라는 뜻이나 여기서는 '사신의 행차'로 여겨진다.

그대께서 쇄마(刷馬)[2]를 맡게 되셨고, 지금 배정을 한다고 들었는데, 특별히 체자(帖字)[3]를 써 주셔서 먼저 입파(入把)[4]하게 해 주시면 크게 빛이 날 것입니다. 나머지는 만나서 말씀드리기로 하고, 삼가 이만 줄입니다.

9일 상중(喪中)의 남중

· · ·

上謝狀 상사장
丹陽 宅 단양 댁　　　(手決)

委訪追感 卽又承問 仰謝无任 위방추감 즉우승문 앙사무임
冊子依受 從當趨敍 책자의수 종당추서
姑此不備 고차불비

伏惟尊照 謹謝狀 복유존조 근사장

卽日 즉일　世記 南重 頓 세기 남중 돈

답장
단양 댁　　　(수결)

들러 주신 일은 지금까지도 고맙게 생각합니다.
지금 또 이렇게 안부 편지까지 받게 되니 어떻게 감사드려야 할지 모르겠습니다.
보내 주신 책자는 잘 받았습니다.
꼭 찾아뵙도록 하고, 이만 줄입니다.

2　쇄마(刷馬) : 조선시대 지방에 배치한 관용의 말 또는 이러한 말의 이용을 담당하는 일을 말한다.
3　체자(帖字) : '帖' 자를 새긴 관인을 찍은 공문을 말한다.
4　입파(入把) : 파발(把撥)에 말을 징용하는 것을 의미한다.

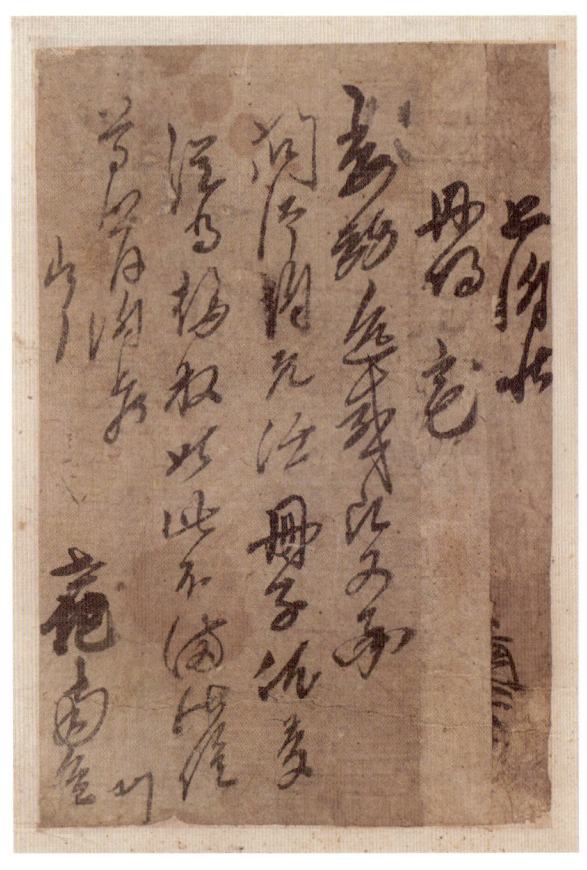

살펴 주시기 바라며 삼가 답장에 대합니다.

편지를 받은 날에   세기(世記)[5] 남중 올림

---

5 세기(世記) : 집안 사이에 대대로 알고 지내는 사람에게 자신을 이르는 말이다.

이소한(李昭漢)

1598(선조 31)~1645(인조 23)

본관은 연안(延安). 자는 도장(道章), 호는 현주(玄洲)이다. 월사(月沙) 이정구(李廷龜)의 아들이다.

1612년(광해군 4) 진사시에 합격하고, 1621년 정시문과에 급제하여 벼슬길에 올랐다. 1626년(인조 4) 수찬(修撰)으로서 중시문과에 급제하였고, 요직을 두루 역임하면서 상소나 직언으로 파직을 당하기도 하는 등 강직한 성품으로 어려움을 겪기도 하였다.

충원현감(忠原縣監), 진주목사, 예조참의 등의 내외 관직을 거쳐, 1643년 왕세자가 청나라 심양(瀋陽)에 볼모로 갈 때 세자우부빈객 동지중추부사로 호종해 보좌했으며, 이듬해 귀국해 형조참판으로 비변사당상을 겸임하였다.

아버지 이정구, 형 명한(明漢)과 함께 '삼소(三蘇)'라 일컬어졌으며, 사후에 좌의정에 추증되었다. 시문에 능하고 글씨에 조예가 깊었으며, 시문집으로 『현주집(玄洲集)』 7권을 남겼다.

· · ·

歲時之問 深荷 세시지문 심하
但無一字手筆 何足以慰此阻懷 단무일자수필 하족이위차조회

生家戹會 何可言何可言 생가액회 하가언하가언
舍兄已被驅去 사형이피구거
生之賓客之行 旣停還促 將於今月十七日發程 생지빈객지행 기정환촉 장어금월입칠일 발정
而行具凡百 專未措辦 公私可悶 이행구범백 전미조반 공사가민

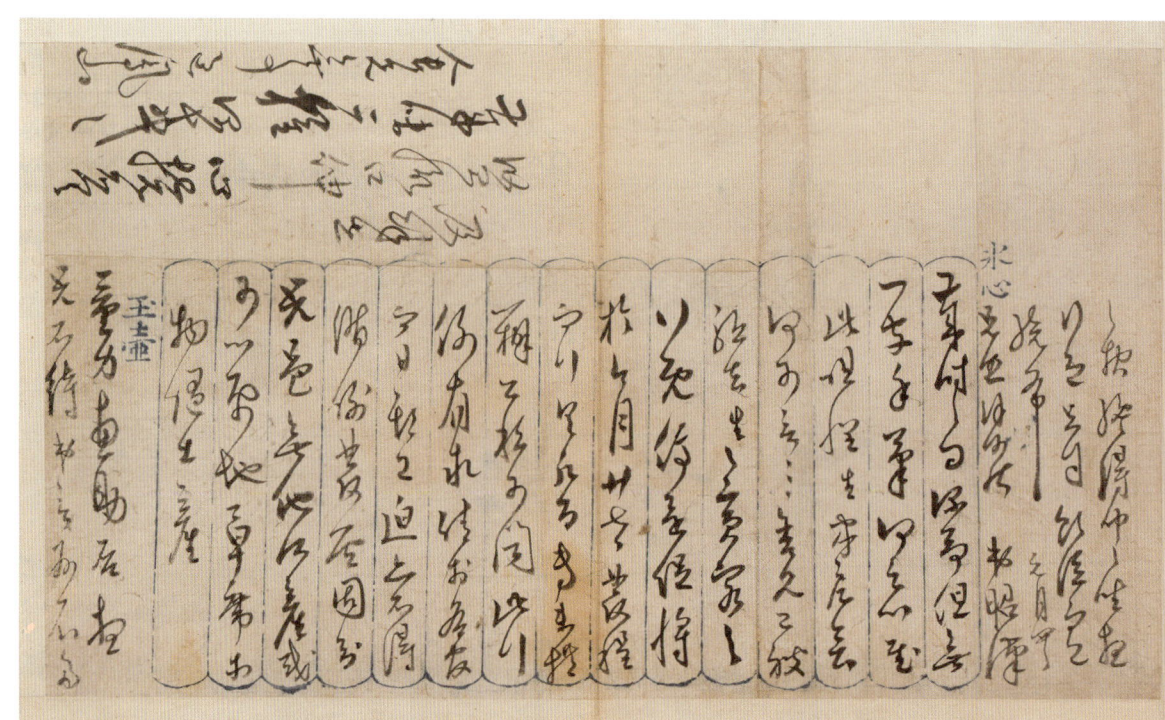

此行 例有求請於有官 차행 예유구청어유관

而日期已迫 亦不得循例發簡 이일기이박 역부득순례발간

固知兄邑 無他所産 고지형읍 무타소산

或可以紙地草席等物 隨出産量力惠助否 혹가이지지초석등물 수출산양력혜조부

想兄不待弟之言 玆不多及 餘在賢胤口伸 상형부대제지언 자불다급 여재현윤구신

心撓不具 歲味二種 深感深感 심요불구 세미이종 심감심감

舍兄無事過鳳山之報 纔得聞之 사형무사과봉산지보 재득문지

坐夜行色 只自飮泣而已 좌야행색 지자음주이이

統希兄照 謹謝狀 통희형조 근사장

元月 四日 원월 사일 昭漢 소한

새해 안부를 전해 주셔서 무척 고마웠습니다.
다만 직접 손으로 쓰신 글이 없으니, 어찌 이 답답한 마음을 달랠 수 있겠습니까.

제 집안이 당한 액운은 말로는 이루 다 할 수 없습니다.
제 형은 이미 끌려갔으며, 저의 빈객(賓客) 길[1]도 이미 멈추었다가 다시 길을 재촉하여 이달 27일에 떠나려고 하지만, 행차에 필요한 모든 것이 전혀 마련되지 않고 있어서 공적으로나 사적으로 고민스럽기 그지없습니다.

이런 행차에는 으레 벼슬아치들에게 구해 줄 것을 요청하게 되어 있으나, 기일이 임박하므로 의례적으로 편지를 보내지도 못합니다.
그대의 고을에는 달리 생산되는 것이 없다는 것을 알고 있습니다만, 혹시라도 종이나 초석(草席)[2] 등의 물품이 가능하다면, 나오는 대로 힘써 보내 주실 수 있으시겠습니까.
그대께서는 제가 말씀을 드리지 않아도 알아서 보내 주실 분이므로 더 이상 적지 않겠습니다. 나머지는 아드님이 말로 전할 것입니다.

마음이 혼란스러워 이만 줄입니다.
새해 선물로 보내 주신 두 가지 음식은 참으로 고맙게 받았습니다.

제 형이 무사히 봉산(鳳山)을 지났다는 기별을 지금 막 받았습니다.
밤이 깊도록 앉아서 그저 혼자 눈물만 흘리고 있을 따름입니다.

그대께서 헤아려 주시기 바라며, 삼가 답장을 올립니다.

  1월 4일   소한

* 이 편지는 1643년 이소한이 세자우부빈객 동지중추부사로 청나라에 소현세자를 호종할 때 쓴 것이다.

1 빈객(賓客) 길 : 이소한은 1643년 왕세자가 청나라 심양(瀋陽)에 볼모로 갈 때 세자우부빈객 동지중추부사로 호종하였고, 그의 형인 이명한도 이때 이경여(李敬輿)·신익성(申翊聖) 등과 함께 척화파로 지목되어 심양에 잡혀가 억류되었다. 여기서는 이 일을 쓴 것이다.
2 초석(草席) : 왕골·부들 따위로 쳐서 만든 자리를 말한다.

채유후(蔡裕後)   1599(선조 32)~1660(현종 1)

본관은 평강(平康). 자는 백창(伯昌), 호는 호주(湖洲)이다.

어릴 때부터 문재에 뛰어나 17세에 생원이 되고, 1623년(인조 1) 개시문과(改試文科)에 장원으로 급제하여 교리(校理), 지평(持平), 이조좌랑, 사간(司諫)을 지냈다.

1636년(인조 14) 병자호란 때에는 김류(金瑬) 등의 강화 천도 주장을 반대하고 주화론(主和論)에 동조했다가 구금되기도 하였다.

1646년에는 이조참의로서 모두가 꺼리는 강빈폐출사사교문(姜嬪廢黜賜死敎文)을 지었으나 그 자신도 강빈 사건에 반대 견해를 가지고 있었으므로 집에 돌아와 소장하고 있던 교문을 짓는 데 필요한 '사륙전서(四六全書)'를 모두 불태워 버릴 만큼 후회하였다.

대사간, 이조참판을 역임하고, 여러 차례 대사헌을 거친 뒤 예조판서, 형조판서 등을 지냈으나, 중년 이후 술을 너무 좋아하여 술 때문에 여러 차례 탄핵을 받아 파직되기도 하였다.

작품으로 시조 2수가 전하며, 저서로 『호주집(湖洲集)』이 있다.

･ ･ ･

謹承情問 兼受鞍赤簡帖之惠 근승정문 겸수안적간첩지혜
深佩厚眷 無以爲謝 심패후권 무이위사

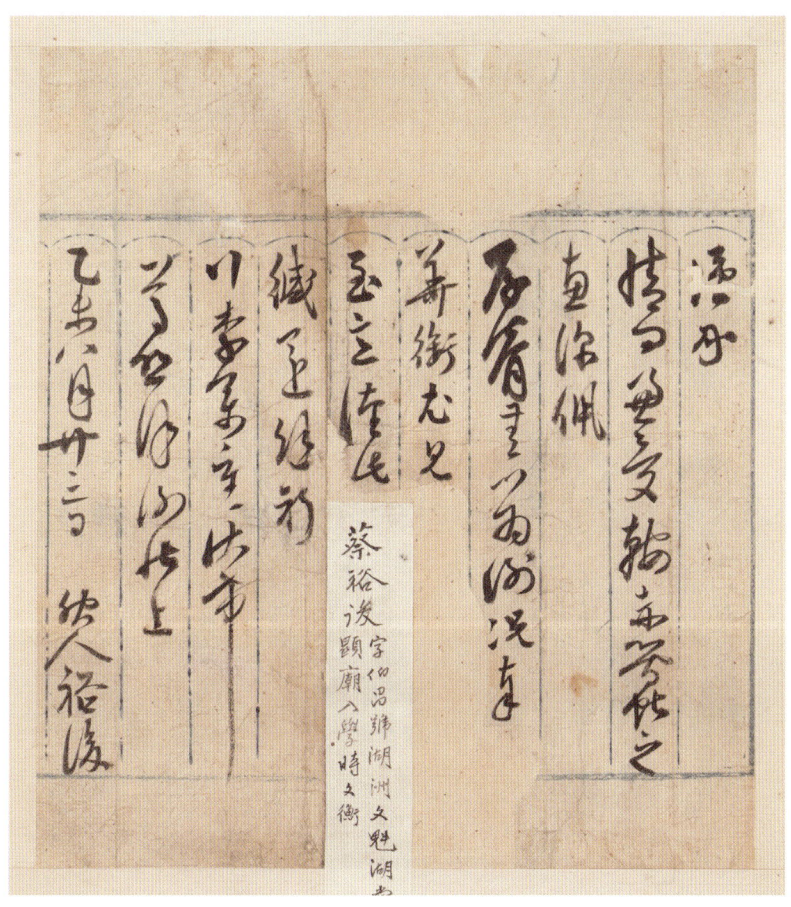

況奉華銜 尤見至意황봉화함 우견지의

謹此緘還근차함환

餘祈行李萬重여기행리만중

伏希尊照 謹謝狀上복희존조 근사장상

乙未 八月 十三日을미 팔월 입삼일　服人 裕後복인 유후

정겨운 편지를 삼가 받고, 아울러 안장(鞍裝)과 서간첩을 받으니 두터운 보살핌에 어떻게 감사를 드려야 할지 모르겠습니다.

하물며 고귀한 직함까지 받들게 되어, 지극한 마음을 읽을 수 있었습니다. 이에 삼가 편지를 돌려보내며, 부디 여행길에 건강하시길 빌 뿐입니다.

헤아려 주시기를 바라며 삼가 답장을 올립니다.

1655년 8월 23일　상중(喪中)의 유후

제3부

박의~김우항

1600년대 전반 출생 인물들의 간찰

박의(朴漪)

1600(선조 33)~1645(인조 23)

본관은 반남(潘南). 자는 중련(仲漣), 호는 중봉(仲峰)이다. 할아버지는 대사헌 박응복(朴應福)이고, 아버지는 좌참찬 박동량(朴東亮)이며 어머니는 승지 민선(閔善)의 딸이다.

1628년(인조 6) 별시문과에 급제하여 전적(典籍), 병조좌랑 등을 거쳐 사헌부 장령(司憲府掌令)을 지냈다.

저서로 『중봉집(仲峰集)』이 있다.

• • •

永郞湖月船之游 雖預聞之 無因致病身奈何 영랑호월선지유 수예문지 무인치병신내하
前者 兄旣有宿約 又飽弊地風景 전자 형기유숙약 우포폐지풍경
不見主人而去 無乃不可乎 불견주인이거 무내불가호

厥後已多日 日日延佇 跫音寂然 궐후이다일 일일연저 공음적연
本來二口之病 言之奈何 본래이구지병 언지내하
然 犁舌地獄 甚可畏也 戒之戒之 연 이설지옥 심가외야 계지계지

生 重九獨登城隅 過飮添傷 생 중구독등성우 과음첨상
又作一番呻吟 可笑 우작일번신음 가소
近來風日溫煖 湖山佳處 獨游無興 근래풍일온난 호산가처 독유무흥
只對尊淥 望兄不來 沖悵奈何 지대존록 망형불래 충창내하
有約而背之 請之而不來 其奈化外人 유약이배지 청지이불래 기내화외인
何如見乎 하여견호

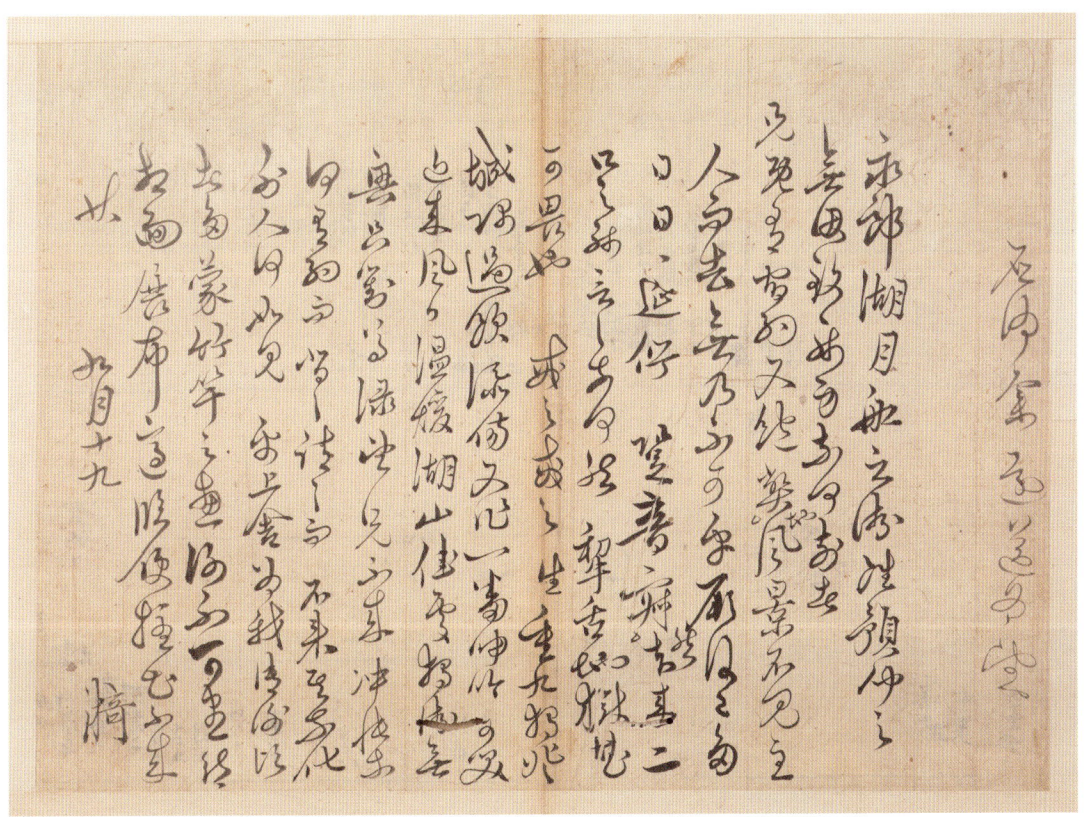

上舍爲我傳謝 상사위아전사

頃者多蒙竹竿之惠 謝不可盡 경자다몽죽간지혜 사불가진

待相面展布 대상면전포

適臨便 擾甚不成狀 적임편 요심불성장

九月 十九 구월 십구 漪 의

石洲集 還送爲望 석주집 환송위망

영랑호(永郞湖)에서 달빛 아래 뱃놀이를 할 것이라고 비록 미리 듣기는 했으나 병든 몸으로 할 수 있는 일이 아니니 어쩌겠습니까.
지난번 그대가 이미 약속을 해 놓고는 이곳의 풍경을 실컷 보고 나서 주인을 보지도 않고 가 버렸으니, 어떻게 그럴 수가 있습니까.

날마다 목을 길게 빼고서 기다려 봐도 사람의 발자국 소리[1]도 들리지 않습니다. 본래 한 입으로 두말하는 병이 들었으니, 말해 본들 무엇 하겠습니까.
그러나 이설지옥(犁舌地獄)[2]은 가장 두려운 곳이니, 조심하고 조심해야 합니다.

저는 중구일(重九日)[3]에 홀로 성 모퉁이에 올라 술을 많이 마시고 몸을 상하여 한번 끙끙 앓고 말았으니 우습기만 합니다.
요즈음 날씨가 따뜻하여 호남의 아름다운 경치를 홀로 유람하고자 하나 흥이 나지 않고, 다만 한 동이 술을 놓고 그대만 기다리지만 오지 않으니, 이 서운한 마음을 어찌하면 좋겠습니까.
약속을 해 놓고도 지키지 않고 불러도 오지 않으니, 이렇게 제멋대로인 사람[4]을 어찌해야 보겠습니까.
상사(上舍)[5]가 나를 위하여 답장을 전해 주었으며, 지난번에는 대나무 낚싯대를 많이 보내 주셔서 참으로 고마웠습니다.
서로 얼굴을 마주하여 회포를 풀 수 있을 때가 기다려집니다.

마침 인편이 왔으나 어지러움이 심하여 제대로 쓰지 못합니다.

9월 19일   의

『석주집(石洲集)』[6]은 돌려보내 주시기 바랍니다.

---

1   사람의 발자국 소리 : 원문의 '공음(跫音)'은 빈 골짜기에 들리는 사람의 발소리, 즉 지극히 반갑고 기쁜 것을 의미하는 공곡공음(空谷跫音)에서 온 말이다. 『장자(莊子)』 「서무귀(徐無鬼)」에 "혼자 빈 골짜기에 도망쳐 살 때에 인기척만 들려도 반가울 텐데, 더구나 형제와 친척의 기침 소리가 옆에서 들려온다면 어떻겠는가(夫逃虛空者 聞人足音跫然而喜 又況乎昆弟親戚之謦欬其側者乎)."라 하였다.
2   이설지옥(犁舌地獄) : 불교 용어로, 입을 함부로 놀리는 사람이 가게 되는 지옥을 이르는 말이다.
3   중구일(重九日) : 음력 9월 9일을 말한다. 다른 말로 중양절(重陽節)이라고도 한다.
4   제멋대로인 사람 : 원문의 '화외인(化外人)'은 왕의 교화가 미치지 못하는 사람이나, 다스리기 힘든 사람을 말한다.
5   상사(上舍) : 과거의 예비 시험인 소과(小科)의 복시에 합격한 진사, 생원을 일컫는 용어이다.
6   석주집(石洲集) : 조선 중기의 문인 권필(權韠, 1545~1612)의 시문집을 지칭하는 것으로 보인다.

임유후(任有後)

1601(선조 34) ~ 1673(현종 14)

본관은 풍천(豊川). 자는 효백(孝伯), 호는 만휴(萬休)이다.

1626년(인조 4) 정시문과에 급제하여 벼슬길에 올랐으며, 1627년 정묘호란 때는 척화(斥和)를 주장하였다. 이듬해 반란을 모의한 아우 지후(之後)와 숙부 취정(就正) 등이 죽임을 당하자 벼슬을 그만두고 낙향하여 학문을 연구하였다.

이후 문장과 덕행으로 특채되어 다시 관직에 나아가 장령, 종성부사, 담양부사와 승지, 예조참의를 거쳐 병조참판, 경기감사, 이조참판을 역임하였다.

청백리에 녹선되었으며, 문장이 뛰어났다.

· · ·

吏還伏奉手札 因悉近間起居之詳 感慰俱至 이환복봉수찰 인실근간기거지상 감위구지

下示朴頎 果在此地 卽招問之 하시박기 과재차지 즉초문지
則眼病不可全治 藥餌必須 下針可得顯效云 즉안병불가전치 약이필수 하침가득현효운
此人以針術著 若命藥則非其長 차인이침술저 약명약즉비기장

且有朴有吉稱名者 頗知藥病理 往往妙治人 차유박유길칭명자 파지약병리 왕왕묘치인
試以症錄書送 則卽當議藥呈上 시이증록서송 즉즉당의약정상
問于洛下名醫 用捨何如 문우낙하명의 용사하여

崔吏告辭已久 今始來至奉答 稽遲 極以恨仄 최리고사이구 금시래지봉답 계지 극이한측

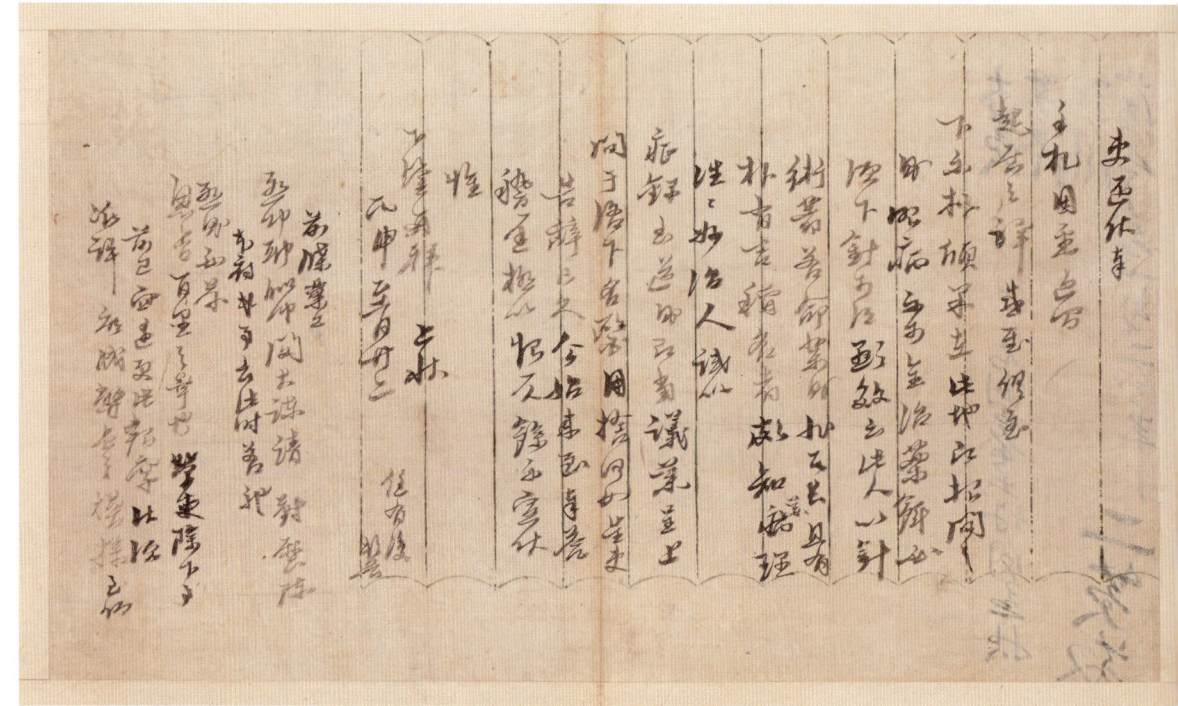

餘不宣 伏惟下鑒 再拜上狀 여불선 복유하감 재배상장

丙申 至月 卄六 병신 지월 입육　任有後 頓首 임유후 돈수

前牒業已啓聞耶 전첩업이계문야
似聞閔大諫 請對歷陳 本府民事云 사문민대간 청대역진 본부민사운
此時若馳啓則 必等恩旨 百里之幸也 차시약치계즉 필등은지 백리지행야

營吏除下事 前已面達 영리제하사 전이면달
更此報稟 伏須准許 庶成弊邑之模樣 至仰 갱차보품 복수준허 서성폐읍지모양 지앙

아전이 돌아오는 길에 가져온 편지를 받아, 근래 안부에 대해 자세히 잘 알게 되어 기쁘고 위안이 됩니다.

말씀하신 대로, 박기(朴頎)가 과연 이곳에 있어서 불러서 물어보니, 눈병은 완치될 수는 없다고 하면서, 꼭 약을 먹어야 하며 침을 써도 좋은 효과를 볼 수 있다고 합니다.
이 사람은 침술로 이름이 난 사람이지만 약을 쓰는 데는 뛰어나지는 않는 것 같습니다.

또 박유길(朴有吉)이라고 하는 사람이 있는데, 약과 병리학에 대해 꽤 잘 알고 있으며, 종종 사람의 병을 신기하게 낫게 하기도 합니다.
일단 증록(症錄)[1]을 써서 보내 주면 바로 의약(議藥)[2]해서 약을 지어 올릴 텐데, 서울에 있는 용한 의사에게 물어보고 나서 취사선택하셨으면 좋겠습니다.

최리(崔吏, 성이 최 씨인 아전)는 관직을 고사(告辭)한 지 이미 오래되었는데, 지금에서야 비로소 답을 받게 되니 너무나 지체되어 안타깝습니다.

이만 줄입니다. 살펴 주시기 바라며 두 번 절하고 글을 올립니다.

  1656년 11월 26일   임유후 올림

지난번 편지는 이미 계문(啓聞)[3]하셨습니까.
듣자니 민 대간(大諫)이 청대(請對)[4]하여 본부의 농사일에 대하여 상세히 진술하였다고 합니다.
요즈음 치계(馳啓 : 급히 가서 아룀)하려면 반드시 임금님의 성은을 기다려야 하는데, 나라[5]를 위해 다행한 일입니다.

---

1   증록(症錄) : 원래의 뜻은 병세를 자세히 기록하여 한의사에게 처방을 받은 사문서를 말하는데, 여기서는 그냥 병증을 기록한 글을 의미한다.
2   의약(議藥) : 병환에 대해 서로 의견을 교환하고 진찰 및 투약 등의 일을 의논하는 것을 말한다.
3   계문(啓聞) : 관찰사나 절제사(節制使) 등이 글을 써서 임금에게 아뢰는 일을 뜻한다.
4   청대(請對) : 신하가 급한 일이 있어 임금에게 만나 뵙기를 청하는 일을 이르던 말이다.
5   나라 : 원문의 '백리(百里)'는 나라를 뜻한다. 『논어(論語)』 「태백편(泰伯篇)」에 "6척의 어린 임금을 부탁할 만하고, 100리의 국명(國命)을 맡길 만하며, 죽음이 앞에 닥쳐도 그 절개를 빼앗을 수 없다면 군자다운 사람인가. 군자다운 사람이다(可以託六尺之孤 可以寄百里之命 臨大節而不可奪也 君子人與 君子人也)." 하였다.

영리(營吏)⁶를 제하(除下)⁷하는 일은 이전에 이미 뵙고 말씀드렸으나, 다시 이렇게 보품(報稟 : 보고하여 아룀)하니 반드시 준허(準許 : 청원에 대해 허가함)하여 주셔서, 저희 고을이 모양을 갖추어 나갈 수 있도록 해 주시길 간절히 바랍니다.

---

6 영리(營吏) : 감영·군영·수영에 속하여 있던 서리를 말한다.
7 제하(除下) : 해제 또는 면제시킴.

이시술(李時術)

1606(선조 39)~1672(현종 13)

본관은 경주(慶州). 자는 사강(士强)이다. 조선 전기 대사헌, 형조판서, 의정부 우참찬 등을 역임한 이몽량(李夢亮)의 증손이며, 이항복(李恒福)의 손자이다. 아버지는 부사를 지낸 이정남(李井男)이다.

1630년(인조 8) 진사시에 합격하여 천거로 세자익위사세마(世子翊衛司洗馬) 등을 지냈으며, 1652년(효종 3) 정랑으로 증광문과에 병과로 급제하여 병조·이조 참판을 지냈다.

. . .

臣民無祿 奄遭天崩之痛 罔極之外 夫復何言 신민무록 엄조천붕지통 망극지외 부부하언
卽承委札 因審老炎 政履平勝 傾慰倍常 즉승위찰 인심노염 정리평승 경위배상

生 盛眷中 菫保昔狀 他無可言 생 성권중 근보석상 타무가언

所惠節扇 品甚精玅 如見故人淸儀 深謝深謝 소혜절선 품심정묘 여견고인청의 심사심사

就中 취중
禮記新件全帙 適有所儲 예기신건전질 적유소저
初二卷見失 極可歎惜 초이권견실 극가탄석
幸以精厚白紙印字來便 如何如何 행이정후백지인자래편 여하여하
粧黃 則當自此爲之耳 장황 즉당자차위지이
餘不宣 여불선
伏惟情照 謹謝狀上 복유정조 근사장상

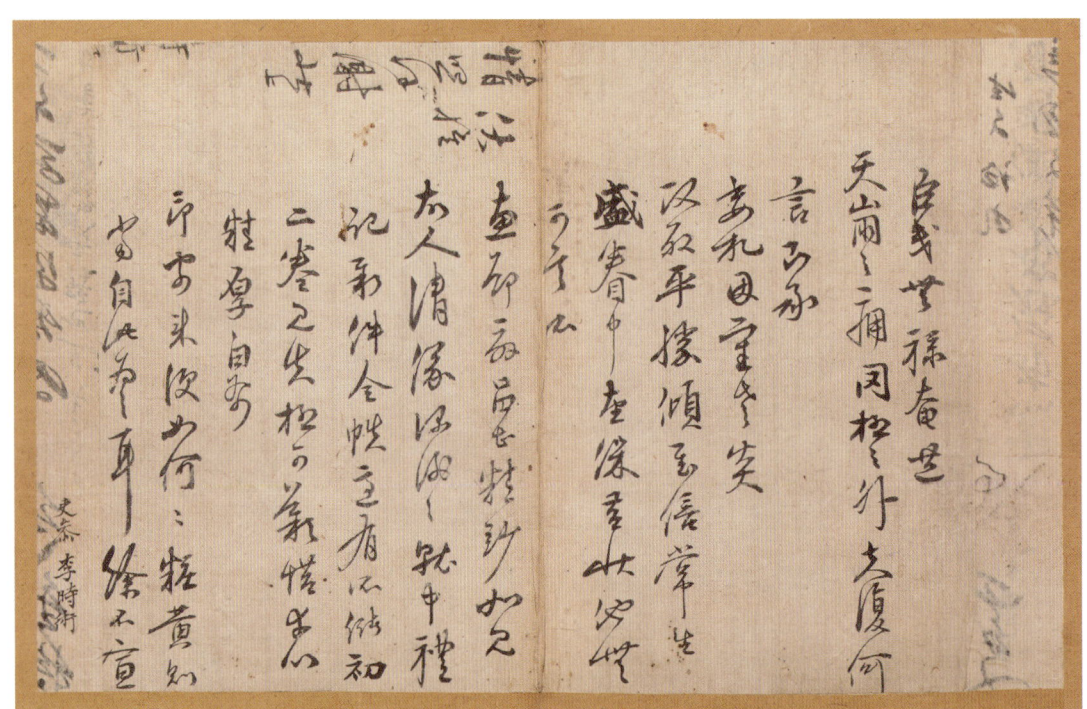

時術 시술

신하와 백성이 복이 없어 하늘이 무너지는 아픔[1]을 당하였으니 망극한 마음을 어찌 말로 다 할 수 있겠습니까.

보내 주신 편지를 받고, 늦더위에 정무를 돌보시며 평강을 누리고 계심을 알게 되어 더욱더 위안이 되었습니다.

저는 지극한 보살핌 속에 그런대로 예전처럼 살아가고 있으니, 더 드릴 말씀도 없습니다.

은혜롭게 내려 주신 부채는 정성을 다하여 만든 아름다운 것이어서, 마치 옛

---

1 하늘이 무너지는 아픔 : 본문의 '천붕(天崩)'은 부친상(父親喪)이나 왕과 왕비의 상을 당했을 때 쓰는 표현이다. 전체적인 내용을 보면 왕이나 왕비의 상을 당했을 때 이 편지를 쓴 것 같은데, 편지를 쓴 날짜가 나와 있지 않아 정확한 사건을 알 수는 없다.

사람의 맑은 모습을 떠올리게 합니다. 고맙고 고맙습니다.

부탁드릴 말씀은, 마침 새로 펴낸 『예기(禮記)』 전질(全帙)을 가지고 있었는데,
앞 두 권을 분실하여 더없이 한탄스럽고 아쉽습니다.
곱고 두꺼운 백지에 인쇄하여 인편에 보내 주실 수 있으신지요.
책으로 묶어 내는 것은 당연히 여기서 하겠습니다.
이만 줄입니다.
정으로 살펴 주시기 바라면서 삼가 답장을 올립니다.

    시술[2]

---

2   시술 : 이 편지의 왼쪽 윗부분에 발신인의 이름이 뒤집힌 채로 첩장(帖裝)되어 있다. 그러나 남아 있는 글씨만 가지고도 이 편지를 이시술(李時術)의 친필로 보는 데는 무리가 없다.

송시열(宋時烈)

1607(선조 40)~1689(숙종 15)

본관은 은진(恩津). 자는 영보(英甫), 호는 우암(尤菴)·우재(尤齋)이다. 사옹원 봉사(司饔院奉事) 송갑조(宋甲祚)의 아들이다.

27세 때 생원시(生員試)에서 '일음일양지위도(一陰一陽之謂道)'를 논술하여 장원으로 합격하면서 그의 학문적 명성이 널리 알려졌으나, 병자호란으로 왕이 치욕을 당하고 소현세자(昭顯世子)와 봉림대군(鳳林大君)이 인질로 잡혀가자 낙향하여 10여 년간 일체의 벼슬을 사양하고 초야에 묻혀 학문에만 몰두하였다 1649년 효종이 즉위한 이후 비로소 벼슬에 올랐다.

1659년(효종 10) 5월 효종의 급서 후, 조대비(趙大妃)의 복제 문제로 '예송(禮訟) 논쟁'이 일어나자 국구(國舅) 김우명(金佑明) 일가와의 알력과 현종에 대한 실망으로 벼슬을 버리고 낙향하였다. 우의정, 좌의정에 임명되어 잠시 조정에 나아갔을 때를 제외하고는 15년간 계속 재야에 은거하여 있었으나 사림의 중망을 얻어 막대한 정치적 영향력을 행사하였다.

1674년(현종 15) 효종비의 상으로 인한 제2차 '예송 논쟁'에서 그의 예론(禮論)을 추종한 서인들이 패배하자 삭출되었고, 1680년(숙종 6) 경신환국(庚申換局)으로 서인들이 다시 정권을 잡자 유배에서 풀려나 중앙 정계에 복귀하였다. 이후 제자 윤증(尹拯)과의 불화로 노소(老少) 분당을 일으켰다.

1689년 2월 희빈장씨(禧嬪張氏)가 낳은 아들(후일의 경종)의 '원자(元子)' 호칭 문제로 야기된 기사환국(己巳換局)으로 서인이 축출되고 남인이 재집권했을 때 세자 책봉에 반대하는 소를 올렸다. 이 일로 제주도로 유배되었고, 그해 6월 서울로 압송되어 오던 중 정읍에서 사약을 받고 사망하였다.

노론의 영수, 주자학의 대가로서 주자의 학설을 종교적 신념으로 계승한 그의 학문은 조광조, 이이, 김장생으로 이어진 조선 기호학파의 학통을 발전시킨 것으로 평가받고 있다. 저서로 『주자대전차의(朱子大全箚疑)』·『주자어류소분(朱子語類小分)』·『이정서분류(二程書分類)』·『논맹문의통고(論孟問義通攷)』·『주문초선(朱文抄選)』 등이 있다. 그의 방대한 저서들은 215권 102책의 『송자대전(宋子大全)』으로 정리되어 전하고 있다.

· · ·

歊艶遠拜崙問 感荷無已 효혁원배전문 감하무이
仍審政況佳安 又以爲喜 잉심정황가안 우이위희

此再得不韙之名 尙保腰領 聖恩罔極 차재득불위지명 상보요령 성은망극
疾病沈綿 未赴召命 方此震越也 질병침면 미부소명 방차진월야

賤梳曁薨 承惠珍謝 전소기고 승혜진사
家豚自京 朝夕當急急 則自當有謝書耳 가돈자경 조석당급급 즉자당유사서이
餘不宣 여불선

庚子 六月 二十日 경자 유월 이십일   時烈 시열

찌는 듯한 더위에 멀리서 심부름꾼을 시켜 보내신 안부 편지를 받아서 너무나 고마웠습니다. 또한 정무를 돌보시며 평안하신 것을 알게 되어 더욱더 기뻤습니다.

저는 또다시 터무니없는 누명[1]을 쓰고도 여태 목숨을 보전하고 있으니, 임금님의 은혜가 끝이 없습니다.

1   터무니없는 누명 : 송시열은 이 편지를 쓰던 당시 우찬성으로서, 앞서 효종의 장지(葬地)를 잘못 옮겼다는 탄핵을 받고 낙향한 상태였다. 이에 임금은 승지 조형(趙珩) 등으로 하여금 송시열에게 "봄날이 점점 따뜻해지면 묵은 병도 나을 것이니, 되도록 속히 조정으로 돌아와서 간악한 말들이 발을 붙이지 못하게 하라." 는 내용의 유지를 작성하여 보냈다.

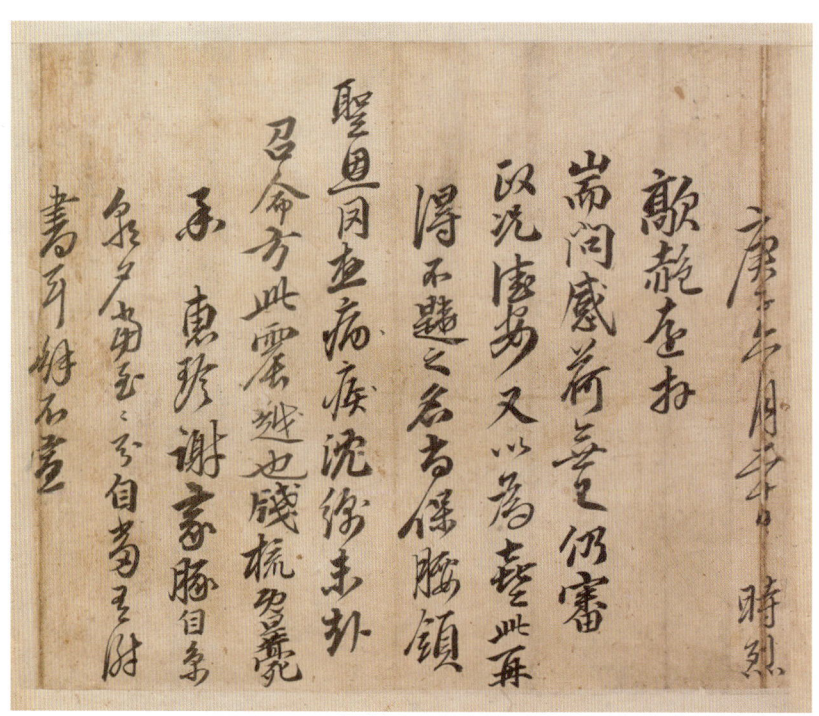

병이 들어 임금께서 부르는 명에 응하지 못하니 송구하기만 합니다.

종이와 빗, 그리고 말린 생선은 감사히 잘 받았습니다.
제 아이가 서울에서 돌아와 아침저녁으로 매우 바빠서 제가 직접 답장을 쓰게 되었습니다.
이만 줄입니다.

 1660년 6월 20일　시열

• • •

疇孫書 주손서

元日裁書 以待的便矣 원일재서 이대적편의
聞明日城主行將發 故欲付去矣 문명일성주행장발 고욕부거의

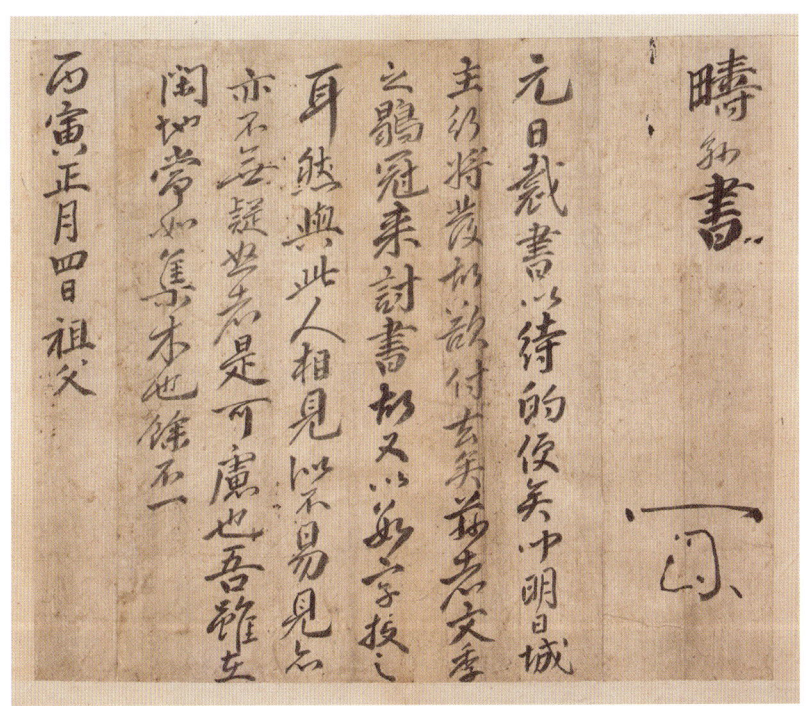

茲者 文季之鶡冠來討書 자자 문계지갈관래토서
故又以數字投之耳 고우이수자투지이
然與此人相見 似不易見 亦亦不無疑怒者 연여차인상견 사불이견 역역불무의노자
是可慮也 시가려야

吾雖在閒地 常如集木也 오수재한지 상여집목야
餘不一 여불일

丙寅 正月 四日 병인 정월 사일 祖父 조부

손자 주(疇)[2]에게 쓰는 글

2 주(疇) : 송시열(宋時烈)의 손자 송주석(宋疇錫)이다. 자는 서구(敍九), 호는 봉곡(鳳谷)으로 기태(基泰)의 아들이다. 1683년(숙종 9) 증광문과에 을과로 급제하여 예문관검열(藝文館檢閱)·홍문관수찬(弘文館修撰)을 역임하였으며, 송시열이 박세채(朴世采)·이단하(李端夏) 등과 문답한 시사(時事)를 정리하여 『향동문답(香洞問答)』을 완성하였다. 송시열의 유소(遺疏 : 대신이 죽

정월 초하루에 글을 써서 적당한 인편이 있을 때를 기다렸는데, 내일 성주(城主)가 떠난다고 하여 부쳐 보내려고 한다.

지금은 문계(文季)³의 갈관(鶡冠)⁴이 와서 글을 찾으므로 또 몇 자 보낸다. 그러나 이 사람을 만나는 일조차도 쉽지 않은 것 같아 또한⁵ 의아하고 화가 나는 것이니, 걱정스럽기만 하다.

나는 비록 한가한 자리에 있지만 항상 나무 위에 매달려 있는 것처럼⁶ 지내고 있단다.
일일이 다 쓰지 못하다.

   1686년 정월⁷ 4일 할아비가

음에 임해서 왕에게 올리는 소)를 직접 받았고, 그 뒤 당쟁과 관련된 가정사를 쓴 『구화사실(構禍事實)』을 남겼다.
3 문계(文季) : 김장생의 서손(庶孫)인 김익견(金益堅)이다. 송시열의 문인으로 생몰년과 행적은 미상이다. 송시열이 1685년(숙종 11) 10월 17일에 쓴 편지 「김규(金槼)에게 답함」에서 그를 두둔한 내용이 있다. 『송자대전(宋子大全)』에 보인다.
4 갈관(鶡冠) : 산박쥐 깃으로 만든 관인데, 천인(賤人)들이 썼으므로 곧 천인을 가리키기도 하고, 무인(武人)의 관을 지칭하므로 무인을 표현하는 말로 쓰기도 한다. 그러나 드물게는 은둔한 현인을 은유하기도 하는 명칭이다.
5 또한 : 원문의 '亦亦(역역)'에서 문맥에 근거하여 뒤의 '亦'을 빼고 번역하였다.
6 나무 위에 매달려 있는 것처럼 : 나무에서 혹시라도 떨어질까 조심하는 것처럼 매사에 조심하며 실수가 없도록 해야겠다는 마음을 표현한 말이다. 『시경』「소완(小宛)」에 "우리는 온유하고 공손해야 한다, 나무 위에 아슬아슬 앉아 있는 것처럼. 우리는 무서워하며 조심해야 한다, 깊은 골짜기를 굽어보고 있는 것처럼. 우리는 전전긍긍해야 한다, 얇은 얼음을 밟고 있는 것처럼(溫溫恭人 如集于木 惴惴小心 如臨于谷 戰戰兢兢 如履薄冰)."이라는 말에서 나왔다.
7 1686년 정월 : 이 편지를 쓴 1686년 정월에 80세의 송시열은 대전 근교의 남간정사(南澗精舍)에 우거(寓居)하고 있었다.

허격(許格)

1607(선조 40)~1691(숙종 17)

본관은 양천(陽川). 자는 춘장(春長), 호는 창해(滄海)·아호(鵝湖)·숭정거사(崇禎居士)이다. 연산군 때 우의정을 지낸 문정공(文正公) 허침(許琛)의 5세손으로 동악(東岳) 이안눌(李安訥)의 문인이다.

1627년(인조 5) 정묘호란 때 후금(後金)과 강화를 맺은 일에 비분강개하며 산중에 은거하였으며, 한때 과거에 응시하여 급제하였으나 관직에 오르지는 못하였다.

1636년 병자호란이 일어나자 의병을 모집하여 항전하려 하였으나 이미 청나라에 항복을 한 뒤여서 뜻을 이루지 못하였다. 이후 스스로 창해처사(滄海處士)라고 칭하며 단양(丹陽) 둔산(遯山)에 은거하였다.

사후 박세채(朴世采)가 명정(銘旌)에 '大明處士(대명처사)'라고 썼으며, 유생들이 주청하여 이조참의에 추증되었다.

· · ·

令鑒 拜謝狀 영감 배사장
龍灣 大尹 記室 용만 대윤 기실

定川珍投 迨今感篆 卽者寵貺 정천진투 태금감전 즉자총황
視定川稠疊泬加 시정천조첩천가
豈非先德攸及 尤用感拜萬萬 기비선덕유급 우용감배만만

從審關外沍寒 政體對時有相 종심관외호한 정체대시유상

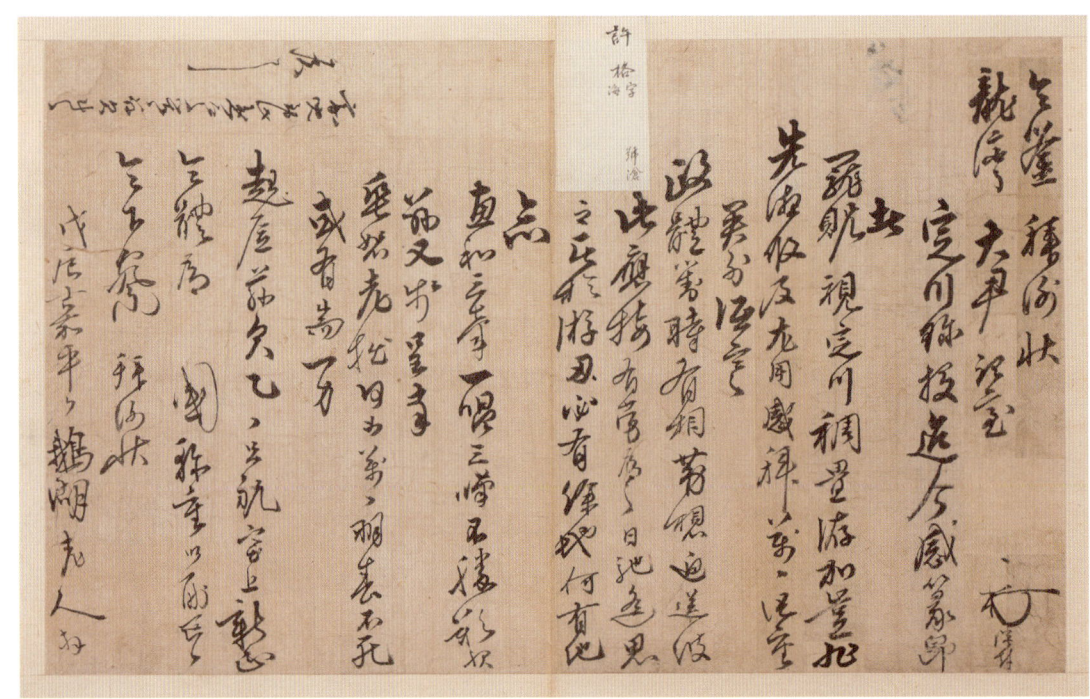

第想迎送 彼此應接 有勞爲之 日馳遙思 제상영송 피차응접 유로위지 일치요사
而其於游刃 必有餘地 何有他念 이기어유인 필유여지 하유타념

惠和三章 一唱三嘆 不勝歎服 玆又步呈 혜화삼장 일창삼탄 불승탄복 자우보정
幸垂恕老拙 何如 행수서노졸 하여

萬一明春不死 或有耑一力起居 만일명춘불사 혹유전일력기거
玆欠乙乙 자흠을을
只祝塞上新正 令體爲國珍重 以副區區 지축새상신정 영체위국진중 이부구구

令下察 拜謝狀 영하찰 배사장

戊辰 嘉平日 무진 가평일 鵝湖老人 頓 아호노인 돈

家兒到此 患寒苦日 玆欠艸艸候耳 가아도차 환한고일 자흠초초후이

영감께 올리는 답장
용만(龍灣)¹ 대윤(大尹)² 기실(記室)에

정천(定川)³에 내리신 선물은 지금까지도 고마운 마음으로 남아 있는데, 지금 특별히 위하는 마음으로 보내 주신 선물을 보니, 정천의 은혜를 연거푸 겹쳐서 받게 된 셈입니다.
이 어찌 선인의 덕이 미친 바가 아니겠습니까.
더욱더 감사하는 마음을 주체할 수 없습니다.

또한 변방의 혹독한 추위 속에서도 정무를 돌보시며 철 따라 잘 계심을 알게 되었습니다.
다만 맞이하고 보내는 사람을 이리저리 응대하는 일이 고달프시리라 생각됩니다. 멀리서 날마다 생각하지 않는 날이 없지만 그런대로 여유가 없지는 않을 것이니,⁴ 어찌 별다른 걱정이 있겠습니까.

보내 주신 세 장의 화답 시는 한 번 읽을 때마다 세 번을 감탄하게 되니, 어떻게 탄복하지 않을 수 있겠습니까. 이에 또 그 운을 따라 시를 지어 올려 드리니 늙은이의 보잘것없는 재주를 용서하시기 바랍니다.

만일 내년 봄에도 죽지 않고 살아 있으면, 마음을 담아 문안 편지를 보낼 수 있을 것입니다.⁵
다 쓰지 못하고 이만 줄입니다.⁶

---

1 용만(龍灣) : 의주(義州)의 별칭이다.
2 대윤(大尹) : 부(府)의 우두머리인 종2품의 벼슬명, 부윤(府尹)이라고도 한다.
3 정천(定川) : 평안도 정주(定州)의 옛 이름이다.
4 그런대로 여유가 없지는 않을 것이니 : 원문의 '기어유인 필유여지(其於游刃 必有餘地)'는 『장자(莊子)』 「양생주(養生主)」에 나오는 '포정해우(庖丁解牛)'의 우화에서 인용하였다. "지금 신이 칼을 잡은 지 19년이나 되고, 잡은 소도 수천 마리를 헤아리는데, 칼날이 지금 숫돌에서 금방 꺼낸 것처럼 시퍼렇습니다. 마디와 마디 사이에는 틈이 있는 공간이 있고 나의 칼날에는 두께가 없으니, 두께가 없는 것을 그 틈 사이에 밀어 넣으면 그 공간이 널찍하여 칼을 놀릴 적에 반드시 여유가 있게 마련입니다(今臣之刀十九年矣 所解數千牛矣 而刀刃若新發於硎 彼節者有間 而刀刃者無厚 以無厚入有間 恢恢乎其於遊刃 必有餘地矣)."
5 마음을 담아 문안 편지를 보낼 수 있을 것입니다 : 원문의 '전일력기거(耑一力起居)'는 '전일력봉후기거(專一力奉候起居)'와 같은 표현이다.

변방에서 새해를 맞이하여 건강에 유념하셔서, 나라를 위하고 또 제 소망에 부응하시기만 빌 뿐입니다.

그대께서 살펴 주시기 바라며 답장을 올립니다.

 1688년 가평일(嘉平日)[7]에 아호노인(鵝湖老人) 올림

아이가 이곳에 도착하여 환한(患寒)[8]으로 앓고 있으므로 대충 안부 편지를 씁니다.

---

6 다 쓰지 못하고 이만 줄입니다 : 원문의 '자흠을을(姕欠乙乙)'은 관용적으로 쓰이는 '여불일일(餘不一一)'과 같은 뜻이다.
7 가평일(嘉平日) : 동지가 지난 후 세 번째 미일(未日)이다.
8 환한(患寒) : 추위로 인한 감기 따위를 총칭하여 일컫는 병명이다.

황호(黃㦿)

1608(선조 41)~1658(효종 9)

본관은 창원(昌原). 자는 자유(子由), 호는 만랑(漫浪)이다.

약관에 대과(大科)에 급제하여 벼슬길에 올랐으나 여러 차례 직언으로 파직되는 등 관운이 순탄하지 않았다.

1637년(인조 17) 통신사의 종사관으로 일본에 다녀와 장령, 부수찬, 교리, 영남어사, 대사성, 대사간 등의 관직을 지냈으며, 1649년(효종 즉위년) 김자점(金自點)과 연루되었다는 참소로 퇴출되었다가 다시 복귀하여 대사성이 되고, 사은사(謝恩使) 이시백(李時白)의 부사로 중국 연경(燕京)에 다녀왔다.

『연려실기술(燃藜室記述)』에는 그가 서인 계열이었으며, 문재(文才)가 뛰어나 문명(文名)을 크게 떨쳤다고 전한다. 저서로『만랑집(漫浪集)』이 있다.

· · ·

與公同作扶桑夢 여공동작부상몽
萬里波濤覺後驚 만리파도각후경
玉署銀臺疇昔夜 옥서은대주석야
西關北塞去留情 서관북새거류정

從違有數何嘗定 종위유수하상정
倚伏無端可自營 의복무단가자영
木雁之間吾已老 목안지간오이로
佇聞夷夏聳聲名 저문이하용성명

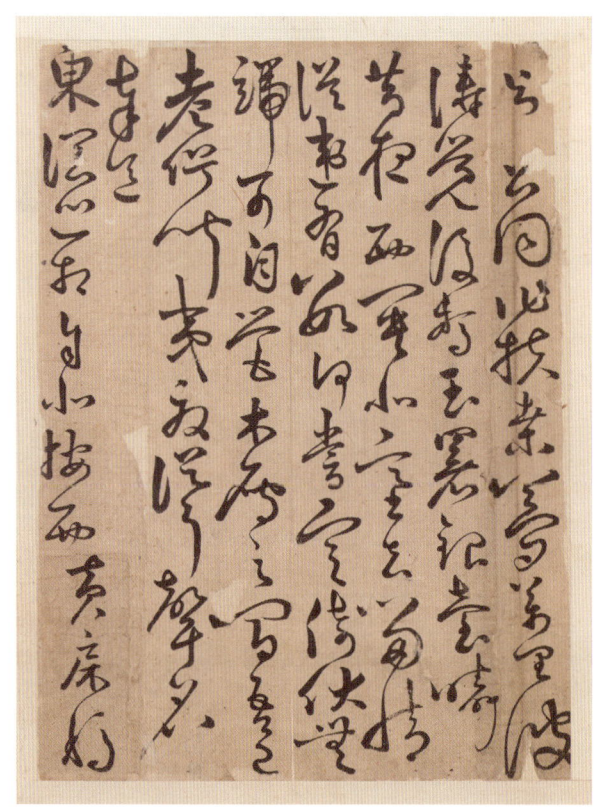

奉送東溟巡相自北按西봉송동명순상자북안서

黃㦲 稿황호고

그대와 함께 부상(扶桑)[1]의 꿈을 꾸다가
만리 파도 소리에 놀라 깨었네.
옥서(玉署)와 은대(銀臺)[2]에서 보낸 지난밤은
서관(西關)[3] 북쪽 변방의 가고 머무는 정으로 남겠네.

1 부상(扶桑): 동해(東海) 속의 신목(神木)으로, 해가 뜰 때 이 나뭇가지를 떨치고서 솟구쳐 올라온다고 한다.
2 옥서(玉署)와 은대(銀臺): '옥서'는 아름다운 관서란 의미인데 홍문관의 별칭으로 사용되었고, '은대'는 승정원(承政院)의 별칭이다.
3 서관(西關): 평안도의 옛 이름이다.

따름과 어김도 운수가 있지만, 어찌 정해져 있을 텐가.
화복(禍福)4이 무상해도 스스로 경영할 수 있으리라.
목안(木雁)의 가운데5서 나는 이미 늙었으나
이 땅과 저 땅6에서 그대 명성은 더 높다 하네.

관찰사 동명(東溟)7을 북쪽 안서(按西)8에서 전송하며.

황호 씀

---

4 화복(禍福): 원문의 '의복(倚伏)'은 "화가 변해 복이 되고 복이 변해 화가 되는 것"을 뜻한다. 『노자(老子)』에 "화는 복이 기대는 바이고, 복은 화가 엎드려 있는 바이다(禍兮福之所倚 福兮禍之所伏)."라고 하였다.
5 목안(木雁)의 가운데: 장자(莊子)가, 가지와 잎이 무성한 큰 나무는 쓸모가 없어 베지 않은 것을 보았고, 또 친구 집의 기러기는 잘 울지 못한다고 하여 죽이는 것을 보았다. 그러자 그의 제자가 "산중의 나무는 재목이 못 된 이유로 살 수 있었고, 오늘 이 집의 기러기는 재능이 없기 때문에 죽었으니, 선생은 어느 쪽에 처하시겠습니까?" 하니, 장자는 "나는 재목이 된 것과 재목이 되지 못한 것의 중간에 처하겠다."고 하였다. 즉 화(禍)를 면하기 위해서는 유용(有用)과 무용(無用)의 중간에 있어야 함을 뜻한 말이다. 『장자(莊子)』「산목편(山木篇)」에 나온다.
6 이 땅과 저 땅: 원문의 '이하(夷夏)'는 한족(漢族)과 그 밖의 오랑캐를 아울러 지칭하는 말이다.
7 동명(東溟): 김세렴(金世濂, 1593~1646)의 호이다. 김세렴에 대해서는 이 책의 143쪽 참조.
8 안서(按西): 황해도를 지칭한다. 김세렴은 1641년 황해도관찰사를 마치고, 1644년 평안도관찰사로 부임하였다.

유도삼(柳道三)

1609(광해군 1)~?

본관은 진주(晉州). 자는 여일(汝一), 호는 산암(散庵)이다.

1632년(인조 10)에 알성문과에 을과로 급제하여, 이듬해 지제교(知製敎)로서 왕의 교서(敎書) 등을 기초하는 일을 담당하였으며 정언, 장령, 헌납을 역임하였고, 1655년(효종 6) 동부승지를 거쳐 우승지에 이르렀다.

시를 잘 썼다.

・・・

伏惟日間體候萬安 仰慰無任 복유일간체후만안 앙위무임

除煩敢達 再明有昏事 제번감달 재명유혼사
曾稟沙器行下 而聞元數不多 且又散失 증품사기행하 이문원수불다 차우산실
臨時不得取用 狼狽極矣 임시부득취용 낭패극의

曾知玉樹爲奉事 洞中未有一日雅 증지옥수위봉사 동중미유일일아
此則不敬之罪也 차즉불경지죄야

伏乞下敎 俾免不能成禮之資 如何 복걸하교 비면불능성례지자 여하
惶悚敢達 擾甚欠恭 황송감달 요심흠공

伏惟下鑑 謹再拜上狀 복유하감 근재배상장

乙未 五月 初一日 을미 오월 초일일   柳道三 頓首 유도삼 돈수

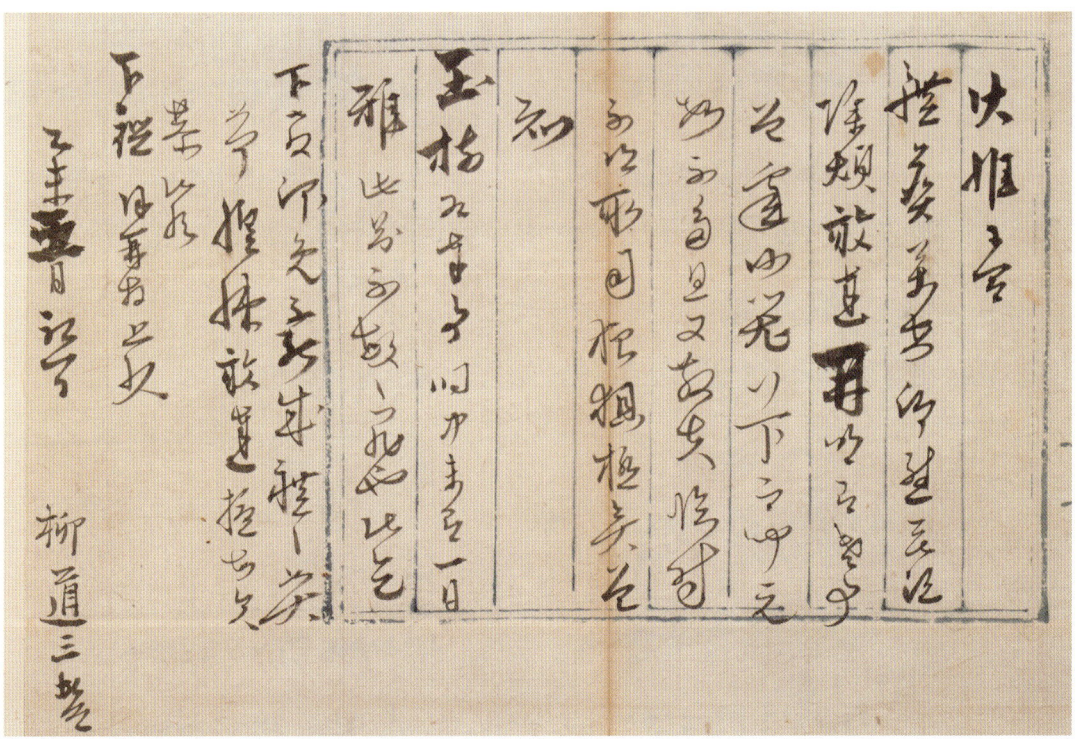

그동안 건강하게 잘 지내고 계시다고 생각하니, 우러러 위로가 됩니다.

감히 드릴 말씀[1]은, 모레 혼사가 있어 그릇을 챙기라고 지시[2]하였더니, 원래 수량이 많지 않고 그나마 흩어져 없어졌다고 합니다.
써야 할 때에 사용할 수가 없으니 이보다 더한 낭패가 어디 있겠습니까.

일찍이 그대[3]께서 봉사(奉事)로 계신 것을 알고 있으면서, 동내(洞內)에서 하

---

1 드릴 말씀 : 원문의 '제번(除煩)'은 번거로운 인사말을 덜어 버리고 할 말만 적는다는 뜻으로, 간단한 편지의 첫머리에 상투적으로 쓰는 말이다.
2 지시 : 원문의 '행하(行下)'는 분부나 명령을 내림. 또는 그 명령을 말한다.
3 그대 : 원문의 '옥수(玉樹)'는 아름다운 나무라는 뜻으로, 사람의 몸가짐이나 뛰어난 재능을 비유한 표현이다. 위(魏)나라 명제(明帝)가 황후의 동생인 모증(毛曾)과 황문시랑(黃門侍郞) 하후현(夏侯玄)을 같은 자리에 앉게 하자, 하후현이 자신의 초라함을 매우 부끄러워하였는데, 당시 사람들이 이를 두고서 "갈대가 옥나무에 기대었다(蒹葭倚玉樹)."라고 한 고사가 『세설신어(世說新語)』에 전한다.

루의 사귐도 없었으니 이는 불경(不敬)의 죄를 범한 것입니다.

엎드려 부탁하니, 분부를 내리셔서 예(禮)를 치르지 못하는 일이 없도록 해 주시기 바랍니다.
황송한 마음으로 말씀드리며, 어지러움이 심하여 예의를 갖추지 못합니다.

살펴 주십시오.
삼가 두 번 절하고 글을 올립니다.

　　　1655년 5월 1일　유도삼 올림

윤선거(尹宣擧)

1610(광해군 2)~1669(현종 10)

본관은 파평(坡平). 자는 길보(吉甫), 호는 미촌(美村)·노서(魯西)·산천재(山泉齋)이다. 아버지는 대사간 윤황(尹煌)이며, 어머니는 창녕성씨(昌寧成氏)로 성혼(成渾)의 딸이다. 증(拯)의 아버지이다.

김집(金集)의 문인으로, 1633년(인조 11) 식년문과에 형 문거(文擧)와 함께 급제하였다.

1636년 병자호란이 일어나자 가족과 함께 강화도로 피신하였으나, 강화도가 함락되자 처 이 씨는 자결하고 그는 평민의 복장으로 탈출하였다. 1651년(효종 2) 이래 사헌부 지평·장령 등이 제수되었으나, 강화도에서 대의를 지켜 죽지 못한 것을 자책하고 끝내 취임하지 않았다.

송시열(宋時烈)과 윤휴(尹鑴)가 대립할 때, 평소 윤휴와 친교가 깊었고 그의 재질을 아끼는 마음에서 윤휴를 변호하다가 송시열로부터 배척을 당하게 되었다. 이것이 뒤에 아들 증과 송시열의 불화로 이어져 노소(老少) 분파의 계기가 되었다.

저서로『노서유고(魯西遺稿)』26권이 있으며, 유계(兪棨)와 함께 저술한『가례원류(家禮源流)』등 많은 저술을 남겼다.

• • •

春間伏蒙 委存之辱 秖今感佩于心 춘간복몽 위존지욕 지금감패우심
卽因李姪 細審秋淸 侍下百福 慰慶則深 즉인이질 세심추청 시하백복 위경즉심
而第聞體履愆和 久未有喜 不勝驚慮之至 이제문체리건화 구미유희 불승경려지지

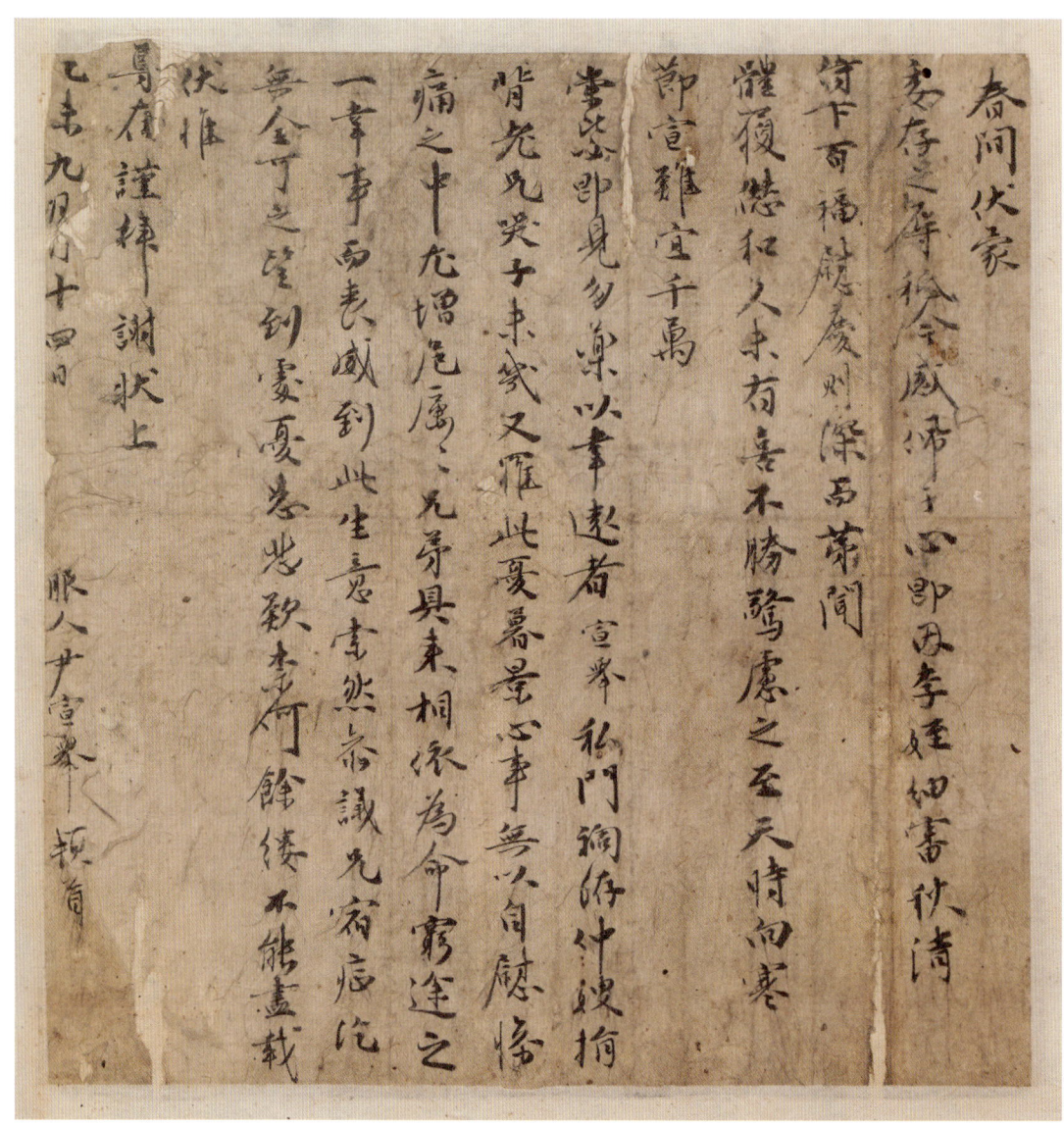

天時向寒 節宣難宜 천시향한 절선난의

千萬崇毖 卽見勿藥 以幸遠者 천만숭비 즉견물약 이행원자

宣擧私門禍洊 선거사문화천

仲嫂捐背 老兄哭子未幾 尤罹此憂 중수언배 노형곡자미기 우리차우

暮景心事 無以自慰 慘痛之中 尤增危厲危厲 모경심사 무이자위 참통지중 우증위려위려

兄弟具來 相依爲命 窮途之一幸事 형제구래 상의위명 궁도지일행사

而喪威到此 生意索然 이상위도차 생의삭연

參議兄宿症 汔無全可之望 참의형숙증 흘무전가지망

到處憂患 悲歎奈何 도처우환 비탄내하

餘縷不能盡載 여루불능진재

伏惟尊在 謹拜謝狀上 복유존재 근배사장상

乙未 九月 十四日 을미 구월 십사일 服人 尹宣擧 頓首 복인 윤선거 돈수

봄철에 찾아오셔서 위문해 주신 일은 지금까지도 마음속에 고마움으로 남아 있습니다.
지금 조카 이(李) 군을 통해 이 맑은 가을날 부모님 모시고 복되게 살고 계신다는 것을 자세히 알게 되어 위안과 기쁨이 깊습니다.
다만 건강이 좋지 않아 오랫동안 즐거운 일이 없으셨다고 하니, 무척 놀랍고 걱정스럽습니다.
날씨가 점점 추워지고 있습니다. 건강을 지키는 일[1]이 쉽지 않으실 텐데 더욱 몸조심하셔서 곧 쾌차하시길 바라 마지않습니다.

저는 집안에 화(禍)가 닥쳐 둘째 형수께서 세상을 등지셨습니다.
늙으신 형은 아들을 잃은 지 얼마 되지도 않아 또 이렇게 슬픈 일을 당하셔서 늘그막에 스스로 마음을 추스르지 못하고 계십니다.
비참하고 애통한 중에 더욱더 위태롭고 불길하기만 합니다.

형제가 모두 모여 서로 의지하여 지내게 된 것이 곤궁한 처지에 한 가지 다행스러운 일이긴 하지만, 상사(喪事)가 이토록 참혹하여 살고 싶은 마음도 없습니다.
게다가 참의(參議) 형의 고질병도 끝내 나을 기미가 보이지 않습니다.
여기저기 우환이 겹쳐 슬퍼 탄식해 보지만 어쩔 도리가 없습니다.
나머지 얘기는 구구하게 다 쓸 수 없어 이만 줄입니다.

---

1 건강을 지키는 일 : 원문의 '절선(節宣)'은 철 따라 몸을 보살피고 다스리는 것을 말한다.

살펴 주시기 바라며 삼가 답장을 올립니다.

1655년 9월 14일   상중(喪中)에 있는 윤선거 올림

박장원(朴長遠)

1612(광해군 4)~1671(현종 12)

본관은 고령(高靈). 자는 중구(仲久), 호는 구당(久堂)·습천(隰川)이다.

1636년(인조 14) 별시문과에 급제하였으나 병자호란으로 강화도에 피란하였다가 전란이 끝난 후 검열(檢閱)로 벼슬길에 올랐다.

이후 상주목사, 강원도관찰사를 지내고, 이조판서, 공조판서, 대사헌, 예조판서, 한성부판윤 등을 역임하였다. 그 후 자청하여 개성부유수에 부임하였으며, 재직 중에 세상을 떠났다. 저서로 『구당집(久堂集)』이 전한다.

...

西行匆遽 闕音數字候 尙思之悵切 서행총거 궐음수자후 상사지창절
千里歸來 得見賢胤 乃審令巡履安重 천리귀래 득견현윤 내심영순리안중
慰喜極至 위희극지

弟 舁病馳驅 僅免他恙 而湯撓如前 外此何喩 제 여병치구 근면타양 이탕요여전 외차하유

舊吏以領軍告歸 呵凍略候 구리이영군고귀 가동략후
更祝令加愛 갱축영가애
伏惟令下照 謹拜上狀 복유영하조 근배상장

乙 至 卄七日 을 지 입칠일 弟 長遠 拜 제 장원 배

바쁘게 서쪽으로 떠나오느라 몇 자 안부도 여쭙지 못하였습니다. 지금도 그대를 생각하면서 서글픈 생각에 잠겨 있습니다.

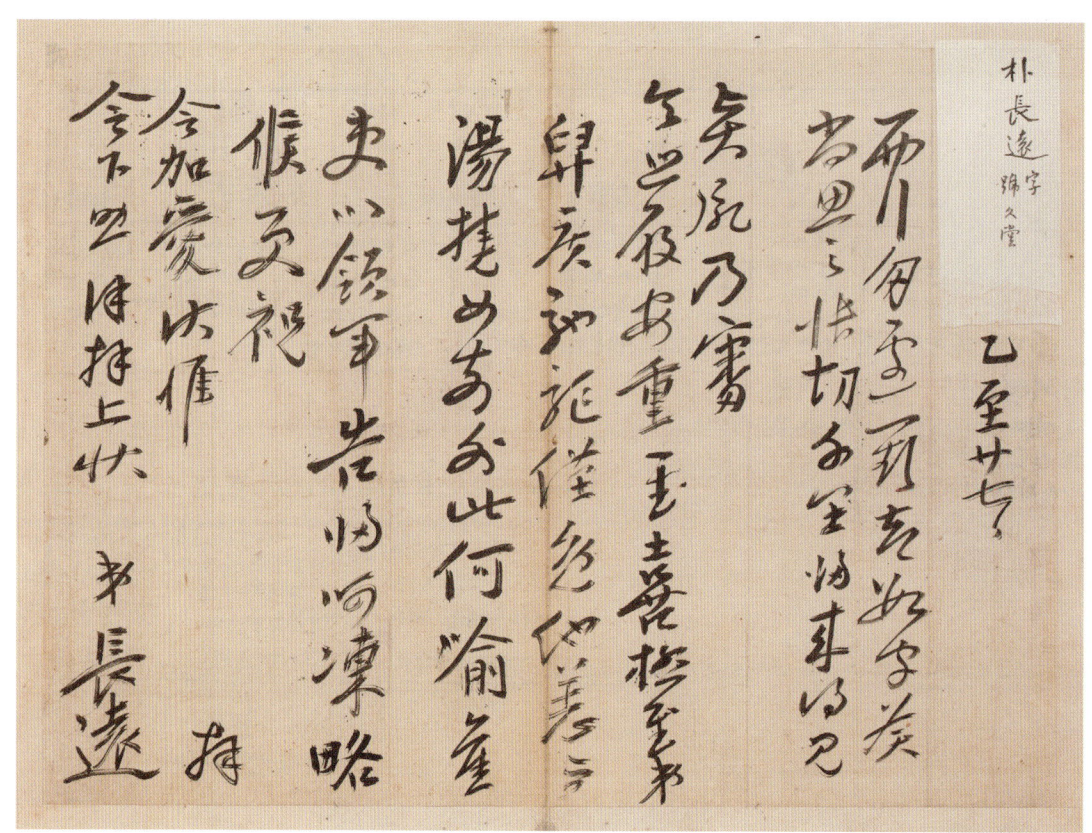

천 리 길을 돌아와 그대의 아드님을 만나 그대께서 관찰사 업무를 수행하시며 평안하시다는 소식을 접하게 되어 위안과 기쁨이 지극하였습니다.

저는 아픈 몸을 이끌고 달려왔으며 간신히 다른 병에는 걸리지 않았지만, 병치레는 여전하니 그 밖에 무슨 말씀을 드릴 수 있겠습니까.

옛 아전이 군사를 이끌고 돌아간다고 하여 입김으로 언 붓을 녹여 가며 몇 자 안부를 전합니다.
거듭 그대께서 몸조심하시길 축원하며 삼가 글을 올립니다.

을(乙)년 11월 27일 장원 올림

이정기(李廷夔)

1612(광해군 4)~1671(현종 12)

본관은 한산(韓山). 자는 일경(一卿), 호는 귀천(歸川)이다.

1648년(인조 26) 정시문과에 장원으로 급제하였다. 승지, 예조참의, 성균관 대사성을 거쳐 1664년(현종 5) 경기도관찰사가 되었으나 모함을 받게 되자 사직하였으며, 이후 1666년 한성부좌윤 겸 우부빈객, 1669년 이조참판을 지냈다.

1671년 대기근 때에는 한성부좌윤으로 굶주린 백성의 구제에 힘썼다.

저서로 『월파만록(月坡漫錄)』・『순외편(順外編)』이 전한다.

. . .

日前左顧 慰荷迨深 일전좌고 위하태심
卽惟佳雨餘 台仕候珍相 馳傃不已 즉유가우여 태사후진상 치소불이

弟 一味惶悶之中 女息産後之病 日益深重 제 일미황민지중 여식산후지병 일익심중
此間煎憂 尤難云喩 차간전우 우난운유
覓藥處 不欲煩兄 멱약처 불욕번형
而今又不得不爾 可想此間情事也 이금우부득불이 가상차간정사야

望須惠帖以送如何 망수혜첩이송여하
餘心亂 姑此 여심란 고차
伏惟台照 拜狀上 복유태조 배장상

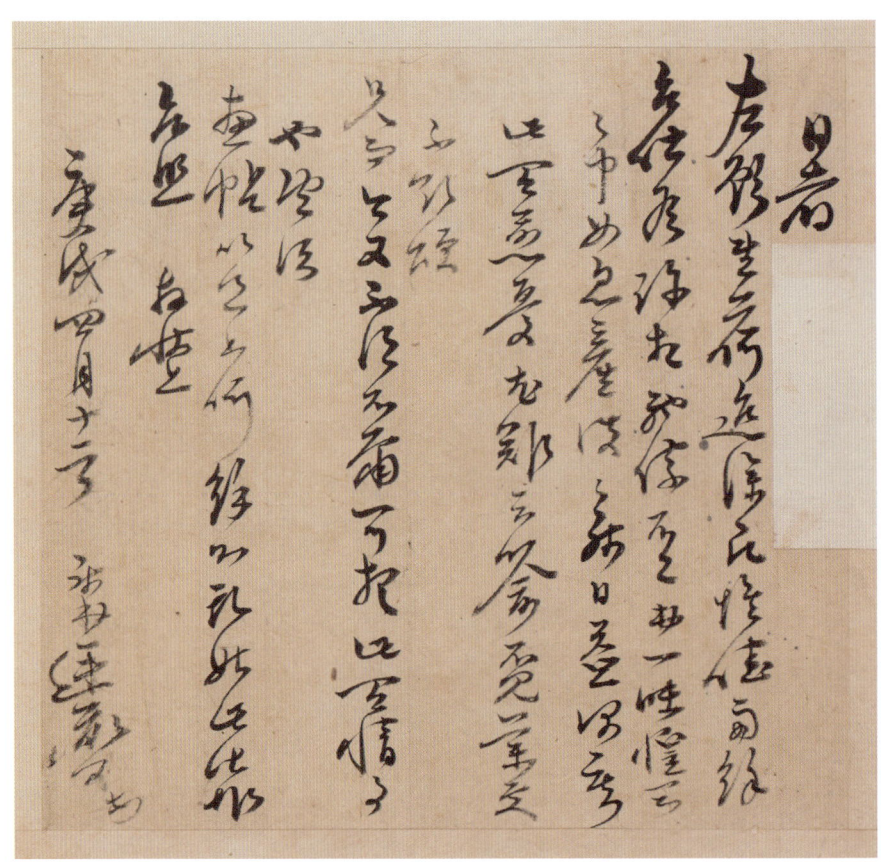

庚戌 四月 十二日 경술 사월 십이일　病弟 廷夔 頓 병제 정기 돈

지난날 찾아 주신 일[1]은 지금까지도 위로와 감사로 남아 있습니다.
단비가 내린 요즈음 벼슬살이가 편하시리라 생각하며 그리움이 끝이 없습니다.

저는 늘 황송하고 민망하게 살고 있습니다만, 딸아이의 산후병(産後病)[2]이

1　찾아 주신 일 : 원문의 '좌고(左顧)'는 윗사람이 아랫사람을 사랑하거나 돌아본다는 뜻으로 친구의 방문에 대하여 감사를 표하는 말로 쓰인다. 『한서(漢書)』 「회양헌왕전(淮陽憲王傳)」에 나온다.
2　산후병(産後病) : 아이를 낳은 뒤에 조리를 제대로 하지 못하여 생기는 여러 가지 병(病)을 말하며, '산후더침'이라고도 한다.

날이 갈수록 심해지고 있어서 저의 애타는 마음을 차마 말로 표현할 수 없습니다.

약을 구하는 일로 그대를 번거롭게 하고 싶지는 않지만, 지금 또 이렇게 하지 않을 수도 없으니 제 사정이 짐작되고도 남을 것입니다.

약첩(藥帖)을 꼭 보내 주시기 바랍니다.

마음이 어수선하여 이만 줄입니다.

대감께서 살펴 주시기 바라며, 이렇게 글을 올립니다.

　1670년 4월 12일　병석에서 정기 올림

이상진(李尙眞)

1614(광해군 6)~1690(숙종 16)

본관은 전의(全義). 자는 천득(天得), 호는 만암(晩庵)이다.

1645년(인조 23) 별시문과에 급제하여 이조참판, 대사간, 경상도관찰사를 지내고, 1678년(숙종 4) 이조판서, 우의정을 역임하는 등 순탄한 벼슬길을 걸었다.

1689년 인현왕후(仁顯王后)의 폐위 문제가 거론되었을 때는 대역죄를 무릅쓰고 폐위의 부당함을 간하다가 숙종의 진노를 사게 되어 종성·북청·철원 등지에서 귀양 생활을 했다.

이후 귀양지에서 풀려나와 부여의 옛집에서 은거하다가 세상을 떠났다. 인현왕후가 복위된 뒤 청백리에 녹선되었다.

· · · ·

昨蒙枉顧 幸叶素願 작몽왕고 행협소원
而猶未盡討 餘懷耿耿 이유미진토 여회경경
不審風寒 何以還旆 胥回履用亦何如 불심풍한 하이환패 소회리용역하여
還復瞻儤妮妮 환부첨소미미

此間賤患 見今添劇 闔眼苦苦 一味憐悶 차간천환 견금첨극 합안고고 일미연민
却念此病 無他良藥 각념차병 무타양약
若得復與左右對晤 可以暢舒幽鬱 약득부여좌우대오 가이창서유울
而一旣辱矣 難復望也 이일기욕의 난부망야
悠悠此意 只付嘿會 유유차의 지부묵회

昨蒙
枉顧幸叶素願而猶末盡討餘懷
不審風寒何以
還旆宵間
復用亦何如還復瞻溸娓娓此間賤
患見今添劇闔眼苦之一味憒悶卻
念此病無他良藥若得復與
左右對晤可以暢舒此贊而一疏
厚矣難復望也㢤此意只付
黑會隔紗倩手他不盡宣伏推
崇照謹附狀上
丁卯十月五日　服人　尚眞

隔紗倩手 他不盡宣 격사청수 타불진선
伏惟崇照 謹謝狀上 복유숭조 근사장상

丁卯 十月 五日 정묘 시월 오일　服人 尙眞 복인 상진

어제 찾아 주신 일은 제가 평소에 늘 바라던 것이었습니다만 속에 있는 말을 차마 다 하지 못하고 헤어져 아쉬움만 남았습니다.
바람 몰아치는 추위에 어떻게 돌아가셨으며, 이 밤에 평안하신지요.
또다시 그리운 마음만 한없이 이어집니다.

저는 지금 병이 너무 심해져서 눈을 감은 채 앓고만 있으니 가련할 뿐입니다.

생각해 봐도 이 병에는 다른 좋은 약은 없습니다.
만약 다시금 그대를 만나 정겨운 얘기나 나누게 된다면 답답한 마음을 풀어 버릴 수도 있겠지만, 이미 한번 오셨으니 다시 기대하기도 어려운 노릇입니다.
아련한 제 마음은 말씀드리지 않아도 잘 아실 테지요.

휘장을 사이에 두고 대신 쓰게 하느라 일일이 다 쓰지는 못합니다.
살펴 주시기 바라며 삼가 답장을 올립니다.

   1687년 10월 5일   상중(喪中)에 있는 상진

이태연(李泰淵)   1615(광해군 7)~1669(현종 10)

본관은 한산(韓山), 자는 정숙(靜叔), 호는 눌재(訥齋)이다.

1642년(인조 20) 진사로 정시문과에 급제하여 정언, 지평, 공산현감, 수찬 등을 지냈으나, 김자점(金自點) 일파로 탄핵을 받아 파직당하였다.

1652년(효종 3) 당진현감에 다시 등용되어 수원부사, 충청도관찰사, 경주부윤, 전라도관찰사 등 외직을 거쳐 승지, 병조참의를 지냈으며, 1666년(현종 7) 경상도관찰사를 역임한 후 대사간, 이조참의, 평안도관찰사를 지냈다.

· · ·

意外伏奉情札 의외복봉정찰
欣審寒沍 尊政況珍勝 仰感且慰 흔심한호 존정황진승 앙감차위
況此下惠各種 及於客廚冷薄之中 황차하혜각종 급어객주냉박지중
珍謝之忱 不但爲其物而已 진사지침 부단위기물이이

弟 頃以曳石軍 往來永沃之間 浹旬力返 제 경이예석군 왕래영옥지간 협순역반
而其石迄不來到 難待難待 이기석흘불래도 난대난대
具棘人家 擔軍曲蒙 施副積善大矣 感謝千萬 구극인가 담군곡몽 시부적선대의 감사천만

弟 行將以初二三間發還 제 행장이초이삼간발환
初四五日間當宿 貴邑底 초사오일간당숙 귀읍저
其時可得作穩 是企是企 기시가득작온 시기시기
餘萬紛忙 不宣 여만분망 불선

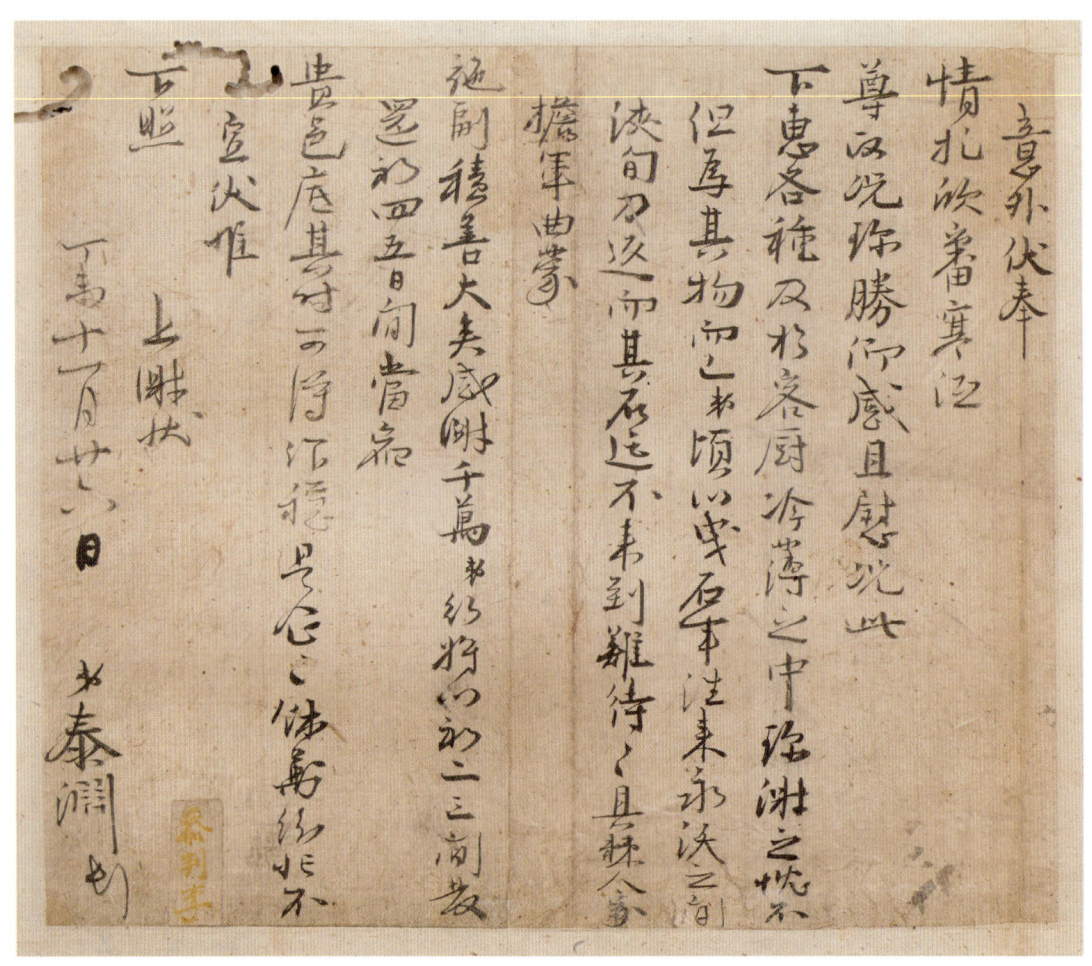

伏惟下照 上謝狀 복유하조 상사장

丁未 十月 卄六日 정미 시월 입육일　弟 泰淵 頓 제 태연 돈

뜻밖에 정겨운 편지를 받아 겨울 추위 속에서 정무를 돌보시며 평안하심을 알게 되어 우러러 고맙고 위로가 되었습니다.
게다가 여러 가지 물품을 찬바람 횅한 객지의 초라한 부엌에 보내 주셨으니, 고마운 마음이 넘치는 것은 비단 물건 때문만은 아닙니다.

저는 접때 예석군(曳石軍)[1]으로 영옥(永沃)[2] 사이를 왕래하였습니다.
열흘 안에 돌아가려고 하였으나, 그 돌이 지금껏 도착되지 않아 애써 기다리고 있을 뿐입니다.
상(喪)을 당한[3] 구씨(具氏) 집안에 크게 적선(積善)을 베푸셔서 담군(擔軍)[4]을 보내 주시니 참으로 고맙습니다.

저는 이삼일 사이에 돌아가려고 하고, 사오일쯤 그대가 다스리는 읍내에서 묵게 될 것입니다. 이때 만나서 회포를 풀 수 있었으면 참 좋겠습니다.
나머지는 어수선하고 바빠서 다 쓰지 못합니다.

살펴 주시기 바라며 답장을 올립니다.

　1667년 10월 26일　태연 올림

1　예석군(曳石軍) : 일반적으로 토목 공사에 큰 돌을 장거리로 운반하던 군인을 말하는데, 여기서는 그 일을 관리하는 직책으로 보아야 한다.
2　영옥(永沃) : 충청북도 영동(永同)과 옥천(沃川)으로 여겨진다.
3　상을 당한 : 원문의 '극인(棘人)'은 몹시 큰 슬픔에 빠져 있는 사람으로, 흔히 부모의 상을 당한 사람을 가리키는 말로 쓰인다.
4　담군(擔軍) : 상여(喪輿)를 메는 인부를 말한다.

이정영(李正英) 1616(광해군 8)~1686(숙종 12)

본관은 전주(全州). 자는 자수(子修), 호는 서곡(西谷)이다. 실학자 지봉(芝峰) 이수광(李睟光)의 증손으로, 호조판서를 지낸 이경직(李景稷)의 아들이다. 동국진체(東國眞體)의 효시로 일컫는 명필 원교(圓嶠) 이광사(李匡師)가 그의 증손이다.

1636년(인조 14) 별시문과에 급제하고, 병자호란 후 소현세자(昭顯世子)가 중국 청나라 심양(瀋陽)으로 끌려갈 때 사서(司書)로 시종하였다.

병조참의, 좌승지, 병조참판, 대사간, 평안도관찰사, 예조참판, 도승지를 거쳐, 1671년(현종 12) 개성유수를 지냈다. 이듬해 한성부판윤으로 다시 동지부사가 되어 청나라에 다녀온 후, 이조판서, 형조판서, 판돈령부사, 판의금을 역임하고 기로소(耆老所)에 들어갔다.

조선의 대표적인 명필로 전서(篆書)와 주서(籒書)에 뛰어났으며, 〈민기신도비(閔箕神道碑)〉·〈이순신명량대첩비(李舜臣鳴梁大捷碑)〉·〈형참이소한비(刑參李昭漢碑)〉·〈정여창비(鄭汝昌碑)〉 등 전국에 걸쳐 많은 글씨를 남겼다.

• • •

卽承遠問札 憑審此時 政履有相 深慰深慰 즉승원문찰 빙심차시 정리유상 심위심위
惠來節扇 依受深感 혜래절선 의수심감

餘不備 여불비
謹謝狀上 근사장상

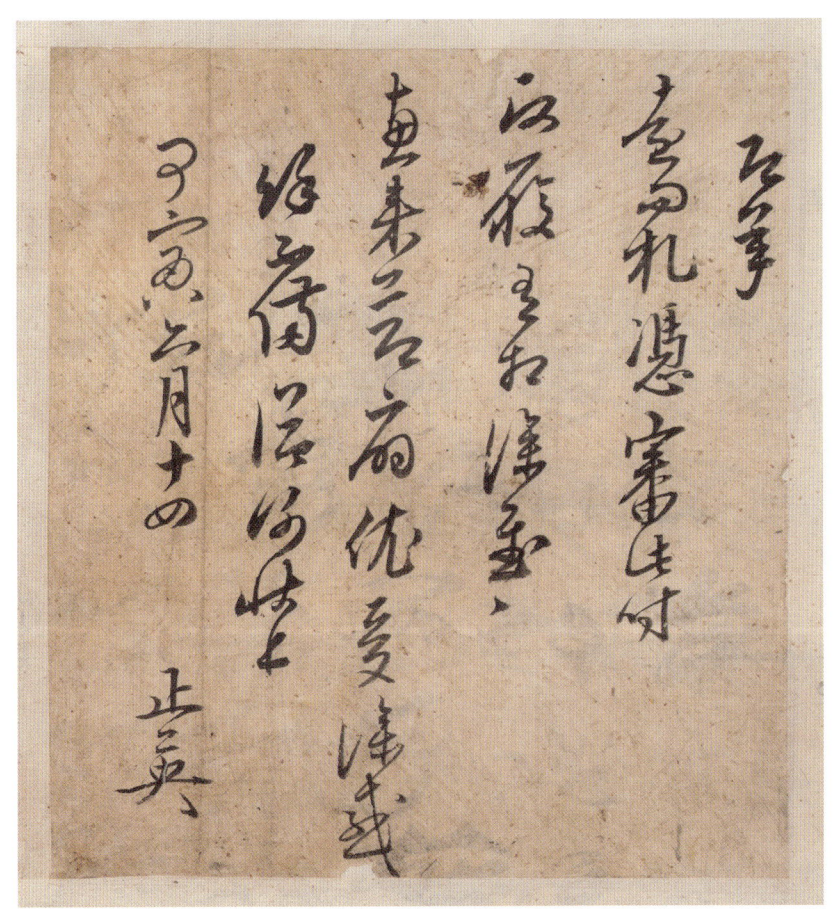

甲寅 六月 十四갑인 유월 십사   正英정영

지금 막 멀리서 보내 주신 안부 편지를 받아 요즈음 정무를 돌보시며 평안하시다는 것을 알게 되어 무척 위안이 됩니다.
보내 주신 부채는 잘 받았습니다. 참으로 고맙습니다.

격식을 제대로 갖추지 못하고, 삼가 답장을 올립니다.

  1674년 6월 14일   정영

이은상(李殷相)

1617(광해군 9)~1678(숙종 4)

본관은 연안(延安). 자는 열경(說卿), 호는 동리(東里)이다. 조선 중기 한문사대가의 한 사람인 월사(月沙) 이정구(李廷龜)의 손자이며, 이소한(李昭漢)의 아들이다. 할아버지 이정구와 큰아버지 이명한(李明漢)이 모두 제학·대제학을 역임하였으며, 아버지와 사촌 형제들이 모두 문장에 뛰어나 집안이 사림(士林)을 이루었다. 서포(西浦) 김만중(金萬重)의 장인이다.

1651년(효종 2) 별시문과에 급제하였으며, 설서(說書)로 있으면서 문과중시에 장원으로 급제하였고, 1656년 문과중시에 병과로 급제하였다.

이후 교리(校里)로서 통정대부의 품계에 올라 승지, 대사간, 도승지를 거쳐 형조판서를 지냈으나, 송시열(宋時烈)이 복상 문제로 유배당하자 더 이상 벼슬에 나아가지 않고 관동 지방을 유람하면서 여생을 보냈다.

저서로 『동리집(東里集)』이 전한다.

· · ·

辭朝之日 未克奉敍 常切悵缺 사조지일 미극봉서 상절창결
卽承遠札 憑審字履安勝 慰慰 즉승원찰 빙심자리안승 위위
卽想迓新益勝 遙賀遙賀 즉상아신익승 요하요하

生 自歲前 重患寒疾 苦痛十五日 尙未快復 생 자세전 중환한질 고통십오일 상미쾌복
私悶私悶 사민사민
惠來蟹醢 依受深謝 혜래해해 의수심사
不宣 불선

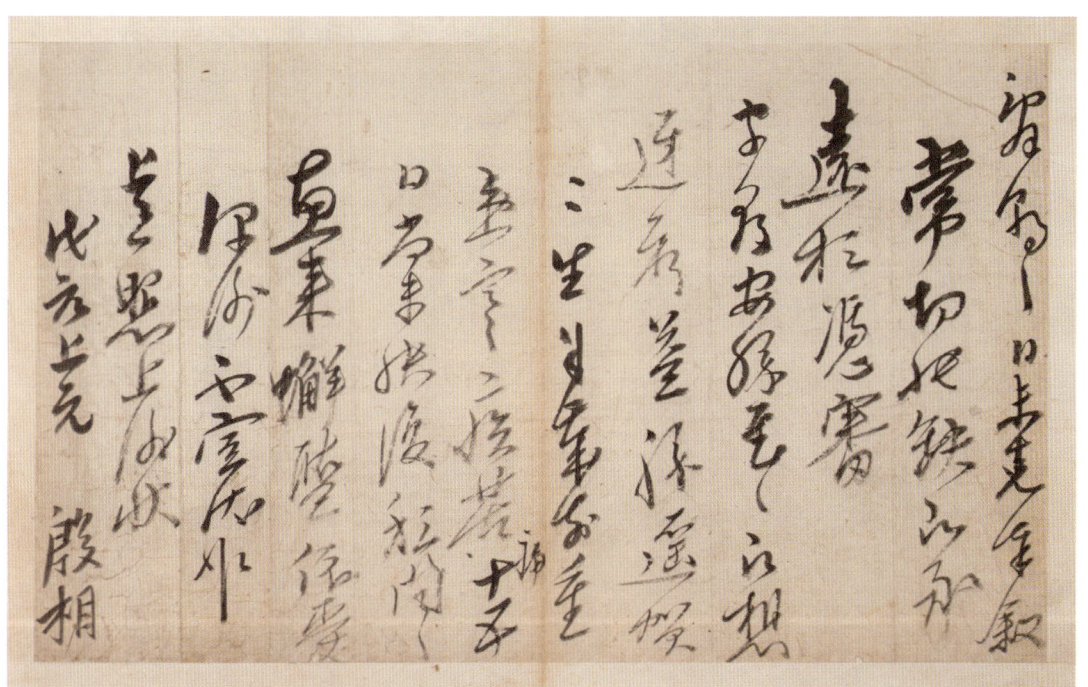

伏惟睿照 上謝狀 복유예조 상사장

戊□ 上元 무□ 상원　殷相 은상

사조(辭朝)[1] 하는 날, 만나 뵙지 못하여 늘 마음이 허전하였습니다.
지금 멀리서 보내온 편지를 받아 공직[2]을 수행하시며 평안하시다는 것을 알게 되어 무척 위안이 됩니다.
이제 새해를 맞아 더욱더 복을 누리고 계시리라 생각하면서 멀리서 축하를 보냅니다.

저는 설 쇠기 전에 감기가 심하게 들어 보름 동안 심하게 앓았습니다. 지금까

1　사조(辭朝) : 부임하는 지방 수령이 서울을 떠나면서 임금에게 하직하는 것을 의미한다.
2　공직 : 원문의 '자리(字履)'는 지방 수령의 안부를 말할 때 쓰는 말이다. 여기서 '자(字)'는 '다스리다'라는 뜻이다.

지도 완전히 낫지 않아 걱정이 이만저만이 아닙니다.
보내 주신 게젓〔蟹醢〕은 무척 고맙게 잘 받았습니다.
이만 줄입니다.
너그러이 살펴 주시기 바라며 답장을 올립니다.

무□(戊□)년³ 정월 보름날 은상

---

3 무□(戊□)년 : '무(戊)' 다음 글자가 '해(亥)'로 보이는데, 이는 아마도 실수로 잘못 쓴 듯하다.

홍위(洪葳)

1620(광해군 12)~1660(현종 1)

본관은 남양(南陽). 자는 군실(君實), 호는 청계(淸溪)·창람(蒼嵐)이다.

조석윤(趙錫胤)의 문인으로 1650년(효종 1) 증광문과에 장원으로 급제하고, 설서(說書)·정언(正言)·지평(持平)을 거쳐, 1654년 부수찬, 이조좌랑, 동래부사를 역임하였다.

1658년에는 경상도관찰사가 되어 선정을 펼쳤으며, 이듬해 동부승지가 되었다.

사후에 판서에 추증되었다. 저서로 『청계집(淸溪集)』 8권이 있다.

• • •

朝因倉洞所傳 得聞衙中有癘患 荊妻不免染痛 조인창동소전 득문아중유여환 형처불면염통
驚慮之心 曷有其涯 경려지심 갈유기애
方作一書 欲送于邸吏處 以爲早晚 傳達之計 방작일서 욕송우저리처 이위조만 전달지계

寂寞柴門 晚有剝啄 적막시문 만유박탁
出而視之 乃千里外 傳書之使 출이시지 내천리외 전서지사
忙手開緘 奉讀再三 感慰交極 心不自定 망수개함 봉독재삼 감위교극 심불자정
天涯一封 足抵萬金 천애일봉 족저만금
況審病患曲折 稍用慰解 황심병환곡절 초용위해

發書之日 屈指已一旬餘 발서지일 굴지이일순여
遠想卽今寓中 侍奉體候 能得萬安 원상즉금우중 시봉체후 능득만안

而病人安否 又未知如何 이병인안부 우미지여하

此人元來虛弱 上年纔經大病 今又如此安危 차인원래허약 상년재경대병 금우여차안위
亦可慮 不堪煎憂也 역가려 불감전우야

兒子終得無事否 小兒離母 獨在眠食 可慮 아자종득무사부 소아이모 독재면식 가려
況蓮堂與衙舍 迫近寓所 若不可同置 황연당여아사 박근우소 약불가동치
則須令遠避他處 幸甚 즉수영원피타처 행심

旅寓艱楚 又多疾恙 心緒悄悄 無以自遣 여우간초 우다질양 심서초초 무이자견

今聞此奇 方寸益亂 自己情事 亦不足言 금문차기 방촌익란 자이정사 역부족언

老親憂慮過常 以此尤用渴悶 노친우려과상 이차우용갈민
欲待乾淨 卽爲往見 而此身趍繫 又乏人馬 욕대건정 즉위왕견 이차신포계 우핍인마
百慮關心 食息靡寧 此生日受 如何可言 백려관심 식식미령 차생일수 여하가언
悠悠萬事 只付蒼蒼耳 유유만사 지부창창이

迷奴未聞 此奇之前 미노미문 차기지전
爲率婢子 纔已下去 雖悔曷追 위솔비자 재이하거 수회갈추
甁罌方倒 引粮無路 天旱比極 作農無策 병앵방도 인량무로 천한비극 작농무책
溝壑之塡 勢將不免奈何 구학지전 세장불면내하

多少煩瑣 備陳於前書 矜察是望 다소번쇄 비진어전서 긍찰시망
此後信息 無由續聞 차후신식 무유속문
幸於京便 數寄德音 以慰遠慮 행어경편 수기덕음 이위원려

紙到方乏 魚□□□ 盛惠 難以爲謝 지도방핍 어□□□ 성혜 난이위사
萬萬 情抱心撓 手忙只此 만만 정포심요 수망지차
不備伏祈 珍悲益福 불비복기 진비익복

甲申 四月 念一日 갑신 사월 염일일   外甥 洪葳 再拜 외생 홍위 재배

아침에 창동(倉洞)으로부터 관아에 염병[1]이 돌아 제 아내가 염병으로 앓고 있다는 이야기를 전해 듣고, 놀랍고 걱정되는 마음이 끝이 없었습니다. 지금 편지를 써서 저리(邸吏) 쪽으로 보내어 조만간 전달하려고 합니다.

적막한 사립문에 해는 저무는데 문을 두드리는 소리가 들려서 나가 보았더

---

1 염병 : 원문의 '여환(癘患)'은 피부에 나는 질병을 통틀어 이르는 말인 '창병(瘡病)'이나 장티푸스를 속되게 이르는 말인 '염병(染病)'을 말하는데, 본문의 내용을 볼 때 여기서는 장티푸스인 것으로 보인다.

니, 천 리 밖에서 편지를 전해 주는 이가 있었습니다.
급한 마음으로 편지를 뜯어 여러 차례 읽어 보고는 감사와 위로가 더할 데 없어 마음을 제대로 가눌 수 없었습니다.
하늘 서 멀리에서 보내온 편지는 천금보다도 귀한데, 하물며 병환의 이모저모를 알게 되니 조금은 위안이 되었습니다.

편지를 보낸 날을 손꼽아 보니 십여 일이 지났는데, 지금쯤은 댁에서 부모님 모시고 편안히 잘 계시리라 멀리서 생각합니다만, 병든 사람의 안부는 또 어떨지 알 수 없습니다.
저는 원래 허약한 체질이며, 작년에 간신히 큰 병치레를 하고도 지금 또 이렇게 안위(安危)를 걱정해야 하므로 속을 끓이지 않을 수 없습니다.

아이는 마침내 무사합니까.
어린아이가 어머니를 떠나 혼자서 먹고 자고 해야 한다니 그것만으로도 걱정이 되는데, 하물며 연당(蓮堂)²과 아사(衙舍)³가 거처와 가까이 있으니, 만일에 함께 두지 못한다면 반드시 멀리 다른 곳으로 피신시켜 주시길 간절히 바랍니다.

나그네 생활이 힘들고 고달픈 데다 또 병도 많아 을씨년스러운 마음을 견디기 힘든데, 지금 이러한 소식을 들으면서 마음이 더욱 심란해져 차마 말로 다 할 수 없습니다.

늙으신 부모님께서도 심하게 걱정하시니 더욱더 애타고 걱정스럽습니다.
역병이 물러나기를 기다려 바로 가 보고 싶지만, 제가 매인 몸에다 사람과 말도 부족하고 갖가지 생각으로 사는 일이 잠시도 편치 않습니다.
제가 매일같이 마주하는 일들을 어떻게 말로 다 할 수 있겠습니까.
하염없는 세상만사를 다만 하늘의 뜻에 맡길 뿐입니다.

---

2 연당(蓮堂) : 관아의 부속 건물이나 정자를 말한다.
3 아사(衙舍) : 관아의 건물이나 관아에 딸린 관사를 말한다.

저희 종이 이 소식을 듣기 전에 여종과 자식들을 데려오기 위해 막 내려갔습니다.
비록 후회한들 무슨 소용이 있겠습니까.
쌀독은 지금 텅 비어 있고 양식을 얻을 길도 없으며, 가뭄이 이렇게 지독하여 농사를 지을 방법도 없습니다.
이러다가는 나중에는 모두 굶주려 골짜기에 구르는 시체가 될 판국이니, 어찌하면 좋겠습니까.

몇 가지 불편한 부탁은 지난번 편지에 다 썼습니다.
불쌍히 헤아려 주시기만 바랍니다.
이 이후로는 소식을 이을 길 없으므로 행여 서울로 오는 편이 있을 때 몇 자 은혜로운 글을 보내 주셔서 머나먼 곳에서 걱정하고 있는 저를 위로하여 주시기 바랍니다.

종이는 마침 떨어졌을 때 보내 주셨고, 생선을 비롯한 □□□도 넉넉히 보내 주셔서 어떻게 고마운 마음을 표현해야 할지 모르겠습니다.
할 말은 많지만 여러 생각으로 마음은 심란하고 몸은 바빠서 이만 씁니다.
오로지 더욱더 귀한 복을 누리시기를 빕니다.

   1644년 4월 21일　외생(外甥)[4] 홍위 올림

4　외생(外甥) : 편지글에서, 사위가 장인이나 장모에게 자기를 이르는 말로 쓰기도 하고, 생질이나 외손자의 뜻으로도 쓰인다. 여기서는 전체적인 내용을 볼 때 '사위'의 뜻이다.

여성제(呂聖齊)

067

1625(인조 3)~1691(숙종 17)

본관은 함양(咸陽). 자는 희천(希天), 호는 운포(雲浦)이다. 할아버지는 관찰사 여우길(呂祐吉)이며, 여이량(呂爾亮)의 아들로 태어나 참판 여이징(呂爾徵)의 양자가 되었다. 어머니는 한효순(韓孝純)의 딸이다. 인조비 인열왕후(仁烈王后)의 아버지 한준겸(韓浚謙)의 외손자로, 왕실의 외척(外戚)이 된다.

1650년(효종 1) 생원시에 장원급제하고, 같은 해 가을에 정시문과에 갑과로 급제해 북평사(北評使), 집의(執義), 동부승지 등을 지내고, 강릉부사에서 예조판서로 특진, 발탁되었다. 이후 판의금부사, 좌찬성을 역임한 뒤 병조·이조 판서를 거쳐 우의정, 좌의정, 영의정에 올랐다.

소론인 그는 당시 집권층인 남인과 대립하면서 귀양을 가기도 하였다.

오두인(吳斗寅)·박태보(朴泰輔) 등이 인현왕후(仁顯王后)의 폐출을 반대하는 상소문을 올린 일로 국문을 받아 죽고 난 후에도 이상진(李尙眞)과 더불어 끝까지 반대 상소를 올렸으며, 결국 인현왕후가 폐출되자 낙향하여 화병으로 죽었다. 저서로『운포집(雲浦集)』이 전한다.

• • •

戀遡中 承拜尊札 就審 尊政履萬勝 仰慰區區 연소중 승배존찰 취심 존정리만승 앙위구구

弟 意外蒙被異數 頃纔還朝 제 의외몽피이수 경재환조
董支病狀 此外何道 근지병상 차외하도

惠送節扇 簡幅 依受深感 無以爲謝 혜송절선 간폭 의수심감 무이위사

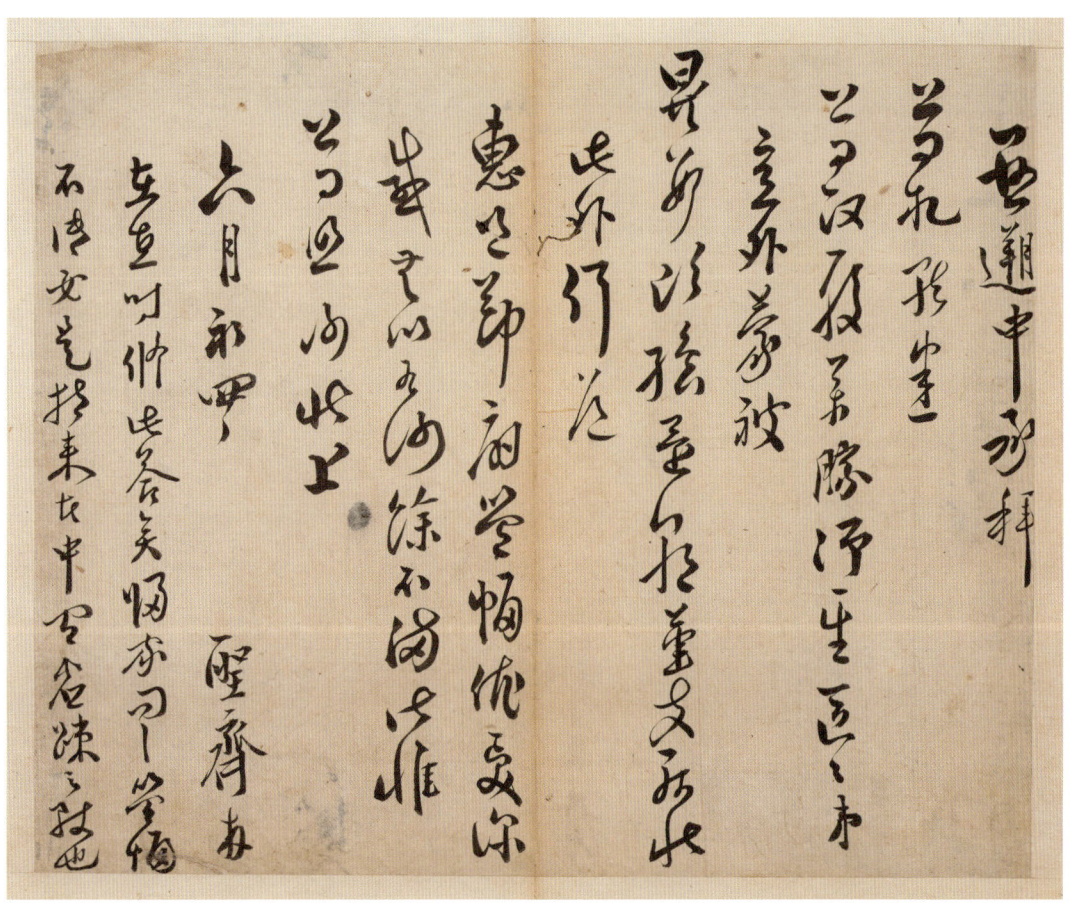

餘不備 여불비

伏惟尊照 謝狀上 복유존조 사장상

　六月 初四日 유월 초사일　聖齊 拜 성제 배

在直時 修此答矣 歸家問之 簡幅不傳 재직시 수차답의 귀가문지 간폭부전
必是持來者 中間虛疎之致也 필시지래자 중간허소지치야

그리워하던 중에 그대의 편지를 받아, 그대께서 정무를 돌보시며 만복을 누리고 계심을 알게 되니 우러러 위로가 됩니다.

저는 뜻밖에 남다른 예우(禮遇)를 받고 지난번 겨우 조정에 돌아와 병든 몸을 간신히 지탱하고 있으니, 더 드릴 말씀도 없습니다.

보내 주신 부채와 편지지는 아주 고맙게 잘 빋아 어떻게 감사의 말씀을 드려야 할지 모르겠습니다.

이만 줄입니다.
그대께서 살펴 주시기 바라며 답장을 올립니다.

  6월 4일 성제 올림

입직(入直)을 하고 있을 때 이 답장을 썼습니다만, 집에 돌아가서 물어보니 편지가 전해지지 않았다고 하였습니다.
이는 필시 가지고 가던 사람이 중간에 허술하였기 때문에 생긴 일입니다.

김수흥(金壽興)

1626(인조 4)~1690(숙종 16)

본관은 안동(安東). 자는 기지(起之), 호는 퇴우당(退憂堂)·동곽산인(東郭散人)이다. 동지중추부사(同知中樞府事) 김광찬(金光燦)의 아들로 태어나, 동부승지(同副承旨) 김광혁(金光爀)에게 입양되었다. 영의정 김수항(金壽恒)의 형이다.

1648년(인조 26) 사마시(司馬試)를 거쳐 1655년(효종 6) 춘당대문과(春塘臺文科)에 급제하고, 이듬해 문과중시에 급제한 뒤 대사간, 도승지, 호조판서, 판의금부사(判義禁府事) 등을 역임하고 영의정에 올랐다.

그러나 자의대비(慈懿大妃)의 복제문제(服制問題)로 춘천에 유배되었다가, 경신대출척(庚申大黜陟)으로 복귀하여 영중추부사(領中樞府事)를 거쳐 다시 영의정에 올랐으며, 1689년(숙종 15) 기사환국(己巳換局)으로 남인이 다시 집권하자 경상도 장기(長鬐)에 유배되어 이듬해 배소에서 사망하였다.

평생 송시열(宋時烈)을 마음의 스승으로 존경하여 그의 뜻에 따랐고, 『주자대전(朱子大全)』 등을 탐독하였다. 저서로 『퇴우당집(退憂堂集)』 5책이 전해지고 있다.

• • •

往年異域 竟未及於因山之前 號慕倍切 왕년이역 경미급어인산지전 호모배절
而私家不幸 姪女之喪 이사가불행 질녀지상
又出夢寐之外 慟悼慘裂 何可言 우출몽매지외 통도참렬 하가언

在道得接政目 始知出管分餼 재도득접정목 시지출관분식
卽玆僅承 令崙札之問 즉자근승 영전찰지문

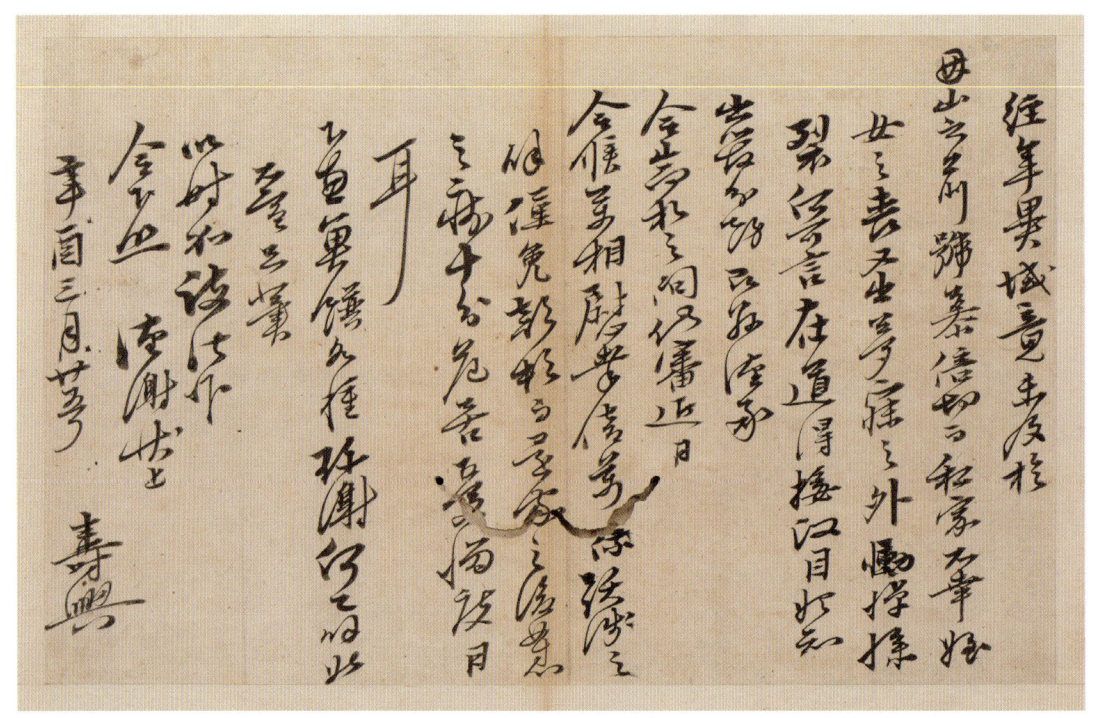

仍審近日 令候萬相 慰幸倍萬 잉심근일 영후만상 위행배만

僕 跋涉之餘 僅免顚頓 복 발섭지여 근면전돈
而還家之後 女息之病 十分危苦 憂惱度日耳 이환가지후 여식지병 십분위고 우뇌도일이

下惠魚饌各種 珍謝何已 하혜어찬각종 진사하이

餘姑不宣 只冀以時加護 여고불선 지기이시가호
伏惟令下照 謹謝狀上 복유영하조 근사장상

辛酉 三月 十五日 신유 삼월 입오일 壽興 수흥

지난해[1] 머나먼 타국 땅에 있으면서 결국 인산(因山)[2] 날 이전까지 도착하지 못해 울부짖으며 사모하는 마음은 더욱 간절하기만 하였습니다.
게다가 집안에 불행이 닥쳐 꿈에도 생각지 못한 조카딸의 상(喪)을 당하게 되니, 그 슬픔에 가슴이 찢어지는 것 같아 무슨 말씀을 드려야 할지 모르겠습니다.

오는 길에 정목(政目)[3]을 보고, 칙명(飭命)[4]을 받들어 나가신 것을 비로소 알게 되었는데, 지금 이렇게 심부름꾼을 시켜 보내 주신 안부 편지를 보며 요즈음 그대께서 편히 잘 계심을 알게 되니 무척 다행스럽고 위안이 됩니다.

저는 험한 길을 다녀가느라 간신히 쓰러짐[5]만 면할 정도로 기력이 쇠약해졌습니다.
그런데 집에 돌아온 후 딸아이가 병에 걸려 매우 위독하므로, 근심과 걱정 속에서 나날을 보내고 있습니다.

보내 주신 갖가지 생선 반찬은 고맙기 그지없습니다.

이만 줄이며, 다만 철 따라 건강하시기만 기원합니다.
살펴 주시기 바라며 삼가 답장을 올립니다.

1681년 3월 25일 수흥

---

1 지난해 : 이 편지를 쓰기 1년 전인 1680년(숙종 6) 10월은 김수흥(金壽興)이 사은겸진주정사(謝恩兼陳奏正使)로 청나라 연경(燕京)에 가고 있던 중이었다. 동년 11월 3일 "사은겸진주정사 편에 대행 왕후의 상사를 고하도록 하다."라는 기록이 『조선왕조실록』에 전한다.
2 인산(因山) : 태상황·임금·황태자·황태손과 그 비(妃)들의 장례를 지칭하며, 여기서는 숙종의 비 인경왕후(仁敬王后)의 장례를 말한다. 인경왕후는 본관이 광산(光山)이며 예학의 대가 김장생(金長生)의 4세손인 광성부원군(光城府院君) 김만기(金萬基)의 딸로, 이 편지를 쓰기 1년 전 1680(숙종 6)년 10월에 천연두로 세상을 떠났다.
3 정목(政目) : 관원의 임명과 해임을 기록한 문서이다.
4 칙명(飭命) : 원문의 '출관(出管)'은 "관장(管掌)하려고 나아가다."의 뜻이며, '분칙(分飭)'은 지방 수령으로 명을 받은 것을 일컫는다. 참고로 '분죽(分竹)'은 "지방 수령으로 임명한다."는 뜻으로, 중국 한나라 때 태수(太守)에게 대나무로 만든 '죽사부(竹使符)'를 나누어 준 데서 유래하였다.
5 쓰러짐 : 원문의 '전돈(顚頓)'은 '넘어지고 뒤집혀짐'의 뜻이다.

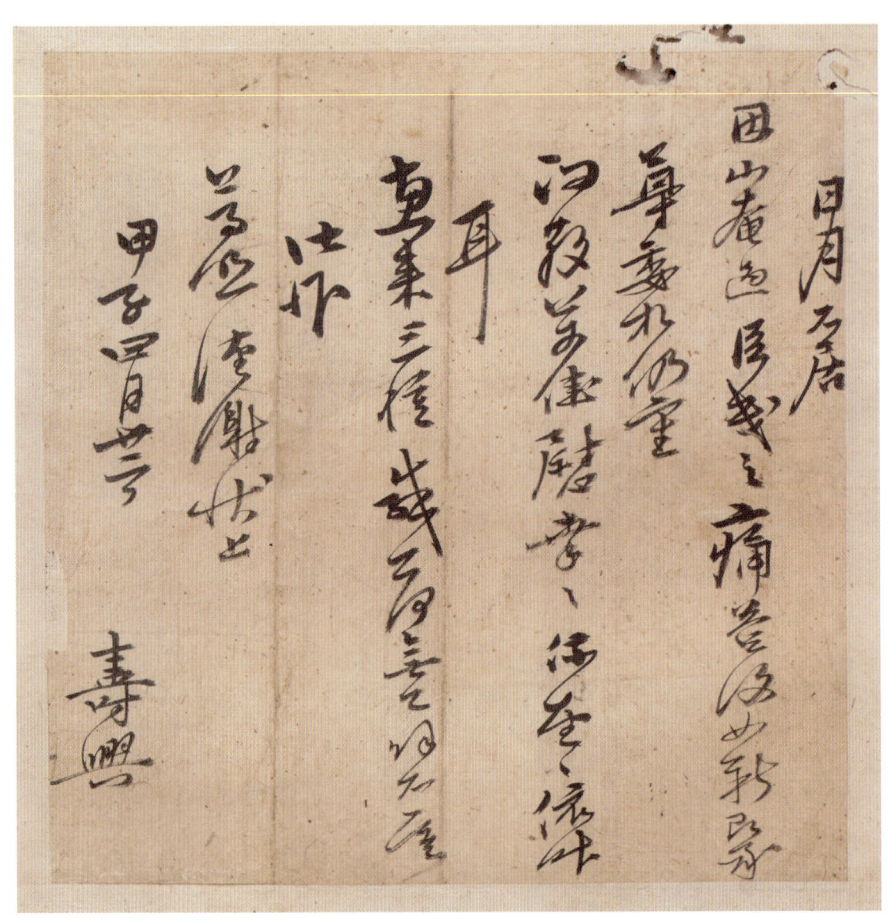

...

日月不居 因山奄過 臣民之痛 益復如新 일월불거 인산엄과 신민지통 익부여신
卽承尊委札 仍審政履萬佳 慰幸慰幸 즉승존위찰 잉심정리만가 위행위행
僕 菫菫依昨耳 복 근근의작이

惠來三種 感荷無已 혜래삼종 감하무이
餘不宣 여불선
伏惟尊照 謹謝狀上 복유존조 근사장상

甲子 四月 十二日 갑자 사월 입이일   壽興 수흥

세월이 흘러 인산(因山)⁶이 어느덧 지나갔으나 온 백성의 슬픔은 오히려 새롭기만 합니다.

지금 그대께서 보내신 편지를 받아 정무를 돌보시며 잘 계심을 알게 되니, 위로가 되고 다행스럽습니다.

저는 간신히 예전 모습을 지탱하고 있습니다.

보내 주신 세 가지 물품은 아주 고맙게 받았습니다.

이만 줄입니다.

그대께서 살펴 주시기 바라며 삼가 답장을 올립니다.

  1684년 4월 22일 수흥

---

6 인산(因山) : 이 책 235쪽의 주 2 참조. 이 편지를 쓰던 당시, 대비 명성왕후(明聖王后) 김씨(金氏)의 국상이 있었다. 명성왕후(1642~1683)는 김우명(金佑明)의 딸로 조선 제18대 왕 현종의 비이자 숙종의 어머니이다. 지능이 비상하고 성격이 과격해 조정의 일에 개입하여 여러 불미스러운 일을 저질렀다. 1683년 음력 12월에 42세의 나이로 갑자기 사망하였다.

이단상(李端相) 1628(인조 6)~1669(현종 10)

본관은 연안(延安). 자는 유능(幼能), 호는 정관재(靜觀齋)·서호(西湖)이다. 조선 중기 한문사대가의 한 사람으로, 대제학을 지낸 월사(月沙) 이정구(李廷龜)의 손자이며 대제학을 지낸 이명한(李明漢)의 아들이다. 어머니는 금계군(錦溪君) 박동량(朴東亮)의 딸이다.

1649년(인조 27) 진사시에 장원하고, 이듬해 정시문과의 급제하였다. 여러 차례 이조·병조 정랑을 지냈고, 효종이 죽자 초야에 묻혀 학문에만 전념하였다.

이후 잠시 청풍부사, 인천부사 등 외직을 지내고, 1664년(현종 5) 집의(執義)로 '입지권학(立志勸學)'에 관한 다섯 조목을 상소한 후 스스로 관직을 떠나 양주 동강(東岡)에 은거하면서 후진을 양성했다. 그의 문하에서 아들인 이희조(李喜朝)와 김창협(金昌協)·김창흡(金昌翕)·임영(林泳) 등 많은 학자가 배출되었다.

저서로 『대학집람(大學集覽)』·『사례비요(四禮備要)』·『성현통기(聖賢通紀)』·『정관재집(靜觀齋集)』등이 있다.

・・・

夢中相逢 夢中別 別後依黯 終宵耿耿 몽중상봉 몽중별 별후의암 종소경경
卽蒙委札 且奉和章 怳若再晤 喜慰如何 즉몽위찰 차봉화장 황약재오 희위여하

夜來國師巖畔小酌 尙昏昏若此□具 야래국사암반소작 상혼혼약차□구
春府尊丈 亦賜委問 倍感倍感 춘부존장 역사위문 배감배감

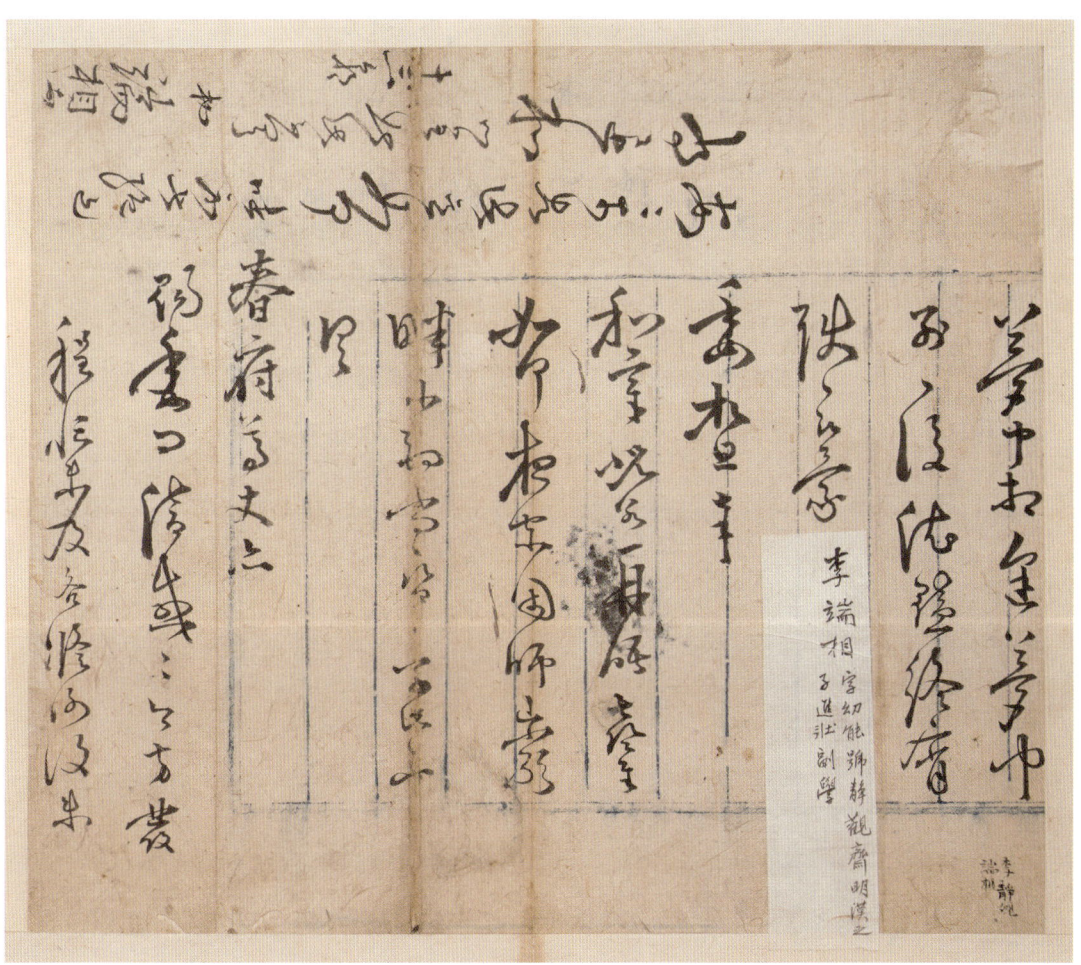

今方發程 忙未及各修謝復 未安未安 금방발정 망미급각수사부 미안미안

可告此意如何 가고차의여하

昨示七絶 近當退和以呈 작시칠절 근당퇴화이정

姑此不具 고차불구

　十三 朝 십삼조 　弟 端相 頓 제 단상 돈

꿈속처럼 만났다가 꿈같이 헤어지니 이별 뒤의 아득함은 밤이 되도록 아쉽기만 한데, 이제 막 편지와 더불어 화답하여 보내신 시를 받아 보니 마치 다시 만난 듯 위로와 기쁨이 넘칩니다.

밤 깊도록 국사암(國師巖) 가에서 있었던 술자리는 아직까지도 모두 아련하기만 합니다.

춘부장께서도 또한 안부 편지를 보내 주셔서 고마운 마음은 한층 더합니다.

지금은 길을 나서느라 너무 바빠서 모두에게 일일이 답장을 쓸 수 없으니 미안할 뿐입니다.

저의 이런 마음을 전해 주시기 바랍니다.

지난번에 보내 주신 칠언절구는 응당 진퇴운(進退韻)[1]으로 화답하여 올립니다. 이만 줄입니다.

  13일 아침에 단상 올림

---

1 진퇴운(進退韻) : 한 번은 나가고 한 번은 후퇴하여 한 구 걸러 운(韻) 자를 사용하는 시를 말한다.

남용익(南龍翼)

1628(인조 6)~1692(숙종 18)

본관은 의령(宜寧). 자는 운경(雲卿), 호는 호곡(壺谷)이다.

1648년(인조 26) 정시문과에 급제한 뒤, 삼사(三司)를 거쳐 병조좌랑, 홍문관 부수찬 등의 요직을 역임하였고, 잠시 경상도사(慶尙都事)로 좌천되었다가 다시 삼사로 돌아왔다.

이어 문신중시에 장원급제하여, 형조·예조 참의와 승지를 역임하고, 양주목사, 대사간, 대사성을 거쳐 공조참판을 제외한 5조의 참판을 지냈다. 잠시 외직 경상·경기 감사로 나아갔다가 형조판서에 오르는 등 순탄한 관직 생활을 했다.

그러나 1689년(숙종 15) 소의장씨(昭儀張氏)가 왕자를 낳고 숙종이 그를 원자로 삼으려 하자, 극언으로 반대하다가 함경도 명천(明川)으로 유배되어 3년 뒤 그곳에서 사망하였다.

효종·현종·숙종 3대에 걸쳐 높고 중요한 요직(要職)을 두루 역임하면서, 문장에 능하고 글씨에도 뛰어나 이름을 날렸다. 저서로 신라시대부터 조선 인조 대까지의 명인 497인의 시를 모아 엮은 『기아(箕雅)』 및 『부상록(扶桑錄)』이 있으며, 자신의 시문집인 『호곡집(壺谷集)』이 전한다.

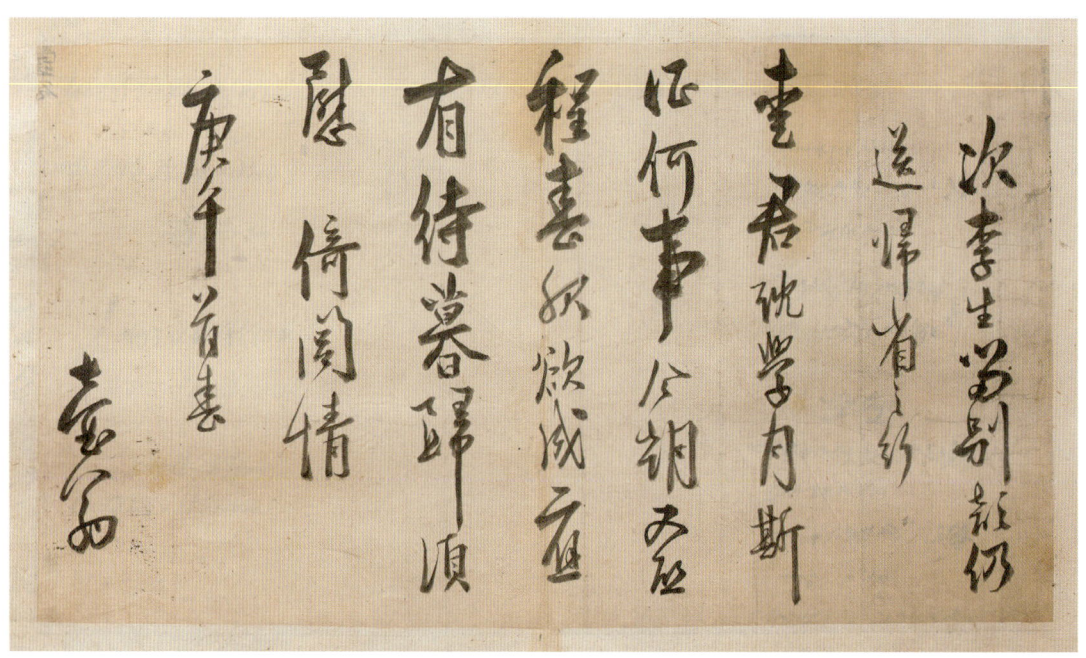

次 李生 留別韻 仍送歸省之行 차 이생 유별운 잉송귀성지행

愛君耽學月斯征 애군탐학월사정
何事今朝又啓程 하사금조우계정
春服欲成應有待 춘복욕성응유대
暮歸須慰倚閭情 모귀수위의려정

庚午 首春 경오 수춘　壺翁 호옹

이생(李生)의 '유별(留別)'운(韻)에 차운(次韻)하여 시를 써서 귀성(歸省) 길에 보낸다.

그대 학문에 탐닉하여 달마다 나아감¹이 예쁜데
무슨 일로 오늘 아침 또 길을 떠나는가.

봄옷을 짓고 나서² 응당 기다리리니
저녁에는 돌아와³ 마을 문에 기대어 있는 이 마음 위로해 주게.

  1690년 1월　호옹(壺翁)

1 달마다 나아감 : 『시경』「소완(小宛)」에 "내 날로 매진하거든, 너도 달로 나아가라. 일찍 일어나고 밤에 잠자며, 네가 세상에 태어난 것을 욕되게 하지 마라(我日斯邁 而月斯征 夙興夜寐 無忝爾所生)."에서 인용하였다.
2 봄옷을 짓고 나서 : 『논어』「선진편(先進篇)」에 공자의 제자 증점(曾點)이 "늦은 봄에 봄옷이 만들어지면 관을 쓴 벗 대여섯 명과 아이들 예닐곱 명을 데리고 기수에 가서 목욕을 하고, 기우제 드리는 무우에서 바람을 쐬고, 노래하며 돌아오겠다(暮春者 春服旣成 冠者五六人 童子六七人 浴乎沂 風乎舞雩 詠而歸)."라고 하자, 공자가 감탄했다는 내용에서 인용하였다.
3 저녁에는 돌아와 : 전국시대 제나라 왕손가(王孫賈)가 나이 15세에 민왕(閔王)을 섬겼는데, 그 모친이 "네가 아침에 나가서 저녁에 돌아올 때면 내가 '집 문에 기대어 너를 기다렸고(倚門而望),' 네가 저녁에 나가서 돌아오지 않을 때면 내가 '마을 문에 기대어 너를 기다렸다(倚閭而望).'"라고 말한 고사에서 인용하였다. 『전국책(戰國策)』에 나온다.

김수항(金壽恒)   1629(인조 7)~1689(숙종 15)

본관은 안동(安東). 자는 구지(久之), 호는 문곡(文谷)이다. 동지중추부사(同知中樞府事) 김광찬(金光燦)의 아들이다. 김광찬은 그의 작은아버지인 좌의정 김상헌(金尙憲)의 양자로 입적되었다.

1645년(인조 23) 반시(泮試)에 수석으로 합격하고, 1646년 진사시와 1651년(효종 2) 알성문과에 장원으로 급제하였다. 경기도사, 지평(持平), 정언(正言) 등을 거쳐, 1653년 동지사(冬至使)의 서장관(書狀官)으로 청나라에 다녀왔다. 이해 정시문과에 5등으로 급제해 효종으로부터 말을 받았다. 사가독서(賜暇讀書)[1]를 하고, 수찬(修撰) 등의 벼슬살이를 하면서 중시(重試)에서도 을과로 급제하였다.

도승지, 예조·이조 참판, 육조의 판서를 두루 역임하고, 1672년(현종 13) 44세의 나이로 우의정에 발탁되고 좌의정으로 승진해 세자부(世子傅)를 겸하였다. 1674년 갑인예송(甲寅禮訟)에서 서인이 패해 영의정이던 형 김수흥(金壽興)이 쫓겨나자, 그 대신 좌의정에 다시 임명되었다. 숙종 즉위 후 남인과 대립하면서 유배를 떠나게 되었으나, 1680년(숙종 6) 경신대출척(庚申大黜陟)으로 남인이 실각하자 다시 관직에 복귀하여 8년 동안 영의정을 지냈다.

그러나 1689년 기사환국(己巳換局)으로 남인이 재집권하자 전라도 진도(珍島)로 유배, 위리안치되었으며, 경신대출척 이후 남인에 대한 옥사(獄事)와 오시수(吳始壽)의 처형 등에 대한 보복으로 예조판서 민암(閔黯)을 비롯한 남

---

1   사가독서(賜暇讀書) : 국가의 유능한 인재를 양성하고 문운(文運)을 진작시키기 위해서 젊은 문신들에게 휴가를 주어 독서에 전념할 수 있도록 한 제도이다.

인의 공격을 받아 유배지에서 사사되었다.

김상헌의 손자로 가학(家學)을 계승했으며 김장생(金長生)의 문인인 송시열(宋時烈)·송준길(宋浚吉)과 교유하였다. 한때 사림의 종주로 추대되었으나, 서인이 노론과 소론으로 분열할 때 노론의 영수로 송시열을 옹호하였으므로 소론에 의해 배척을 받기도 하였다.

시문에 뛰어났고, 변려문(騈儷文)에서는 당대 최고로 손꼽혔다. 또한 가풍을 이은 명필로 전서(篆書)·해서(楷書)·초서(草書)에 모두 능하였다. 저서로『문곡집(文谷集)』28권이 전하고 있다.

• • •

伏惟 卽辰 台候萬福 복유 즉신 대후만복

就中 竊有所稟 聽松先生 迎諡之禮 취중 절유소품 청송선생 영시지례
本家經營 閱歲凡百 艱得措置 본가경영 열세범백 간득조치
南平守 上洛已累月 남평수 상락이누월
而適值天曹無郞官 尙令遽就 이적치천조무랑관 상령거취
若失此機會 則前頭事 故又未可知 약실차기회 즉전두사 고우미가지
而南平守 曠官已久 勢難一向遲待 이남평수 광관이구 세난일향지대
將未免還歸 其爲切迫如何 장미면환귀 기위절박여하

竊想今日 不得不 承許赴政 절상금일 부득불 승허부정
必須差出郞官 俾得趁速傳諡 幸甚幸甚 필수차출낭관 비득진속전시 행심행심
此係國家重典 斯文盛擧 차계국가중전 사문성거
不但爲其子孫之私懇 玆敢冒煩他 부단위기자손지사간 자감모번타

姑不備 고불비
伏惟台下詧 복유대하찰

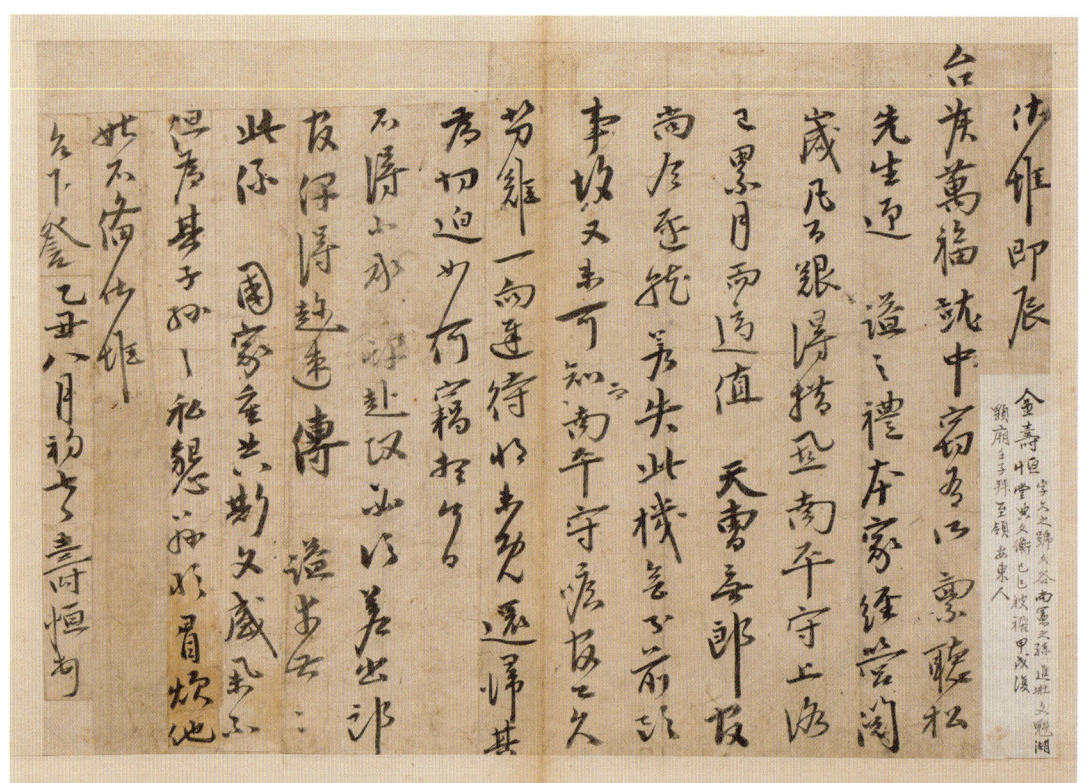

乙丑 八月 初七日 을축 팔월 초칠일　**壽恒 頓** 수항 돈

요사이 대감께서는 평안히 잘 계시겠지요.

청송(聽松)[2] 선생의 시호(諡號)를 맞이하는 예(禮)에 대하여 긴히 드릴 말씀이 있어 글을 씁니다.

본가(本家)의 살림으로는 여러 해 동안 모든 일을 꾸려 나가기는 어렵습니다.

남평현감(南平縣監)이 서울에 올라온 지도 몇 달이 지났습니다. 때마침 천조(天曹)[3]에 낭관(郎官)[4] 자리가 비어 있는 데다 또한 들이려고 하고 있습니다.

2　청송(聽松) : 성수침(成守琛, 1493~1564)이다. 성수침에 대해서는 이 책 27쪽 참조.
3　천조(天曹) : 이조(吏曹)의 이칭이다.
4　낭관(郎官) : 조선시대 육조(六曹)의 5~6품 관인 정랑(正郎)·좌랑(佐郎)의 자리에 있던 사람을 일컫는 말이다.

만약에 이번 기회를 놓치면 앞으로는 또 어떻게 될지 알 수 없는 일입니다.
남평현감도 자리를 비운 지 오래되었으므로 계속 기다리고 있을 수는 없습니다.
장차 돌아가지 않을 수도 없어 절박하기만 합니다. 어쩌면 좋겠습니까.

아무리 생각해도, 오늘은 윤허를 받기 위해 출사하지 않을 수 없습니다.
반드시 낭관을 차출하고, 그가 빠른 시간에 내린 시호를 가지고 가서 전하게 되기를 간절히 바랄 뿐입니다.
이 일은 국가의 중요한 법도이며 사문(斯文)의 거룩한 일이기 때문이지, 단지 개인적인 사정을 위해서 하는 일이 아닙니다.
이에 감히 다른 번거로움을 무릅쓰고 말씀드리는 것입니다.

이만 줄입니다.
대감께서 살펴 주시기 바라며.

　1685년 8월 7일   수항 올림

· · ·

大成 翕 業 答書 대성 흡 업 답서　　　(手決)

朝者下輩入去 才付書矣 조자하배입거 재부서의
卽於軍官來見書 知無事 爲慰 즉어군관래견서 지무사 위위

余 亦依遣 여 역의견

臘劑兩藥依到 납제양약의도
膰肉單子 不書邑名院號 不知自何來 번육단자 불서읍명원호 부지자하래
如有討答之人 後便示之 여유토답지인 후편시지
餘不一 여불일

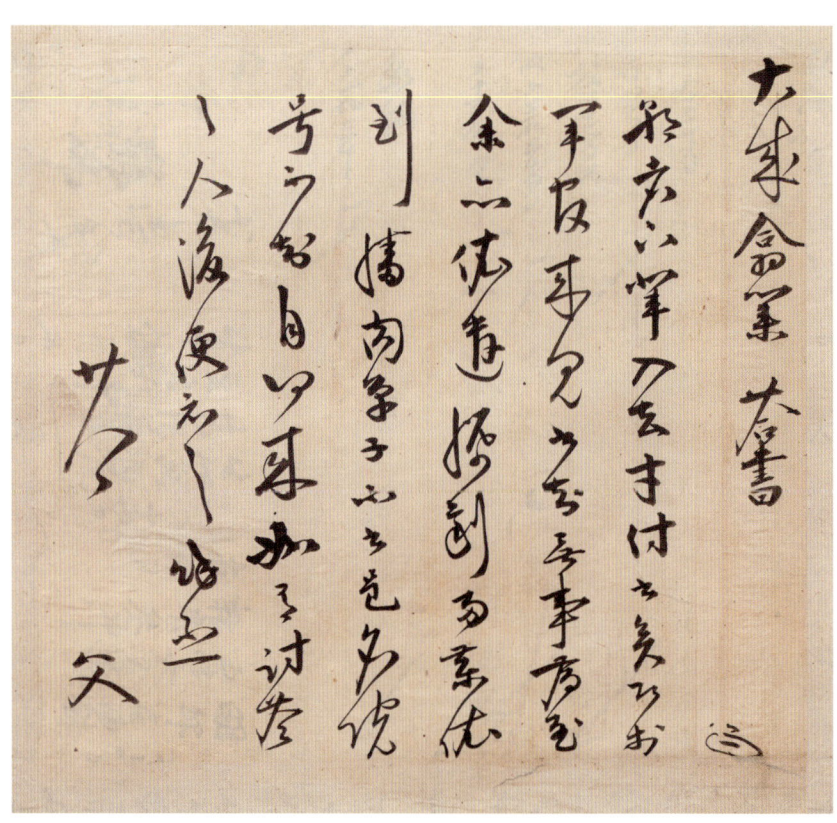

廿八日 입팔일 父 부

대성(大成)5 흡(翕)과 업(業)6에게 보내는 답장   (수결)

아침에 아랫사람이 들어가므로 겨우 글을 부친다.
지금 군관이 와서 가져온 편지를 보고 아무 탈 없이 지내고 있다는 것을 알게 되어 위로가 된다.

5 대성(大成) : 대성전(大成殿), 즉 문묘나 향교(鄕校) 안에 있는 공자의 위패를 모신 곳으로 여겨진다. 성균관 대사성(大司成)의 직책으로 볼 수도 있으나 김창업은 대사성을 지내지 않았다. 미상이다.
6 흡(翕)과 업(業) : 김수항(金壽恒)의 아들 중 셋째 김창흡(金昌翕)과 넷째 김창업(金昌業)을 지칭한다.

나도 그럭저럭 지내고 있다.

납제(臘劑) 두 가지 약이 지금 도착하였다.
번육(膰肉)7을 진상하는 단자(單子)에 읍명(邑名)과 원호(院號)8를 쓰지 않아서,
어디서 보내는 것인지 알 수 없구나.
만일 답장을 보낼 사람이 생기면, 다음 편에 알려 주어라.
이만 줄인다.

  28일 애비가

---

7 번육(膰肉) : 제사에 쓰이고 난 고기를 말하며, 이를 진상(進上)하는 일도 중요한 예식의 하나 였다.
8 원호(院號) : 서원(書院)의 이름을 말한다.

남구만 (南九萬) 1629(인조 7)~1711(숙종 37)

본관은 의령(宜寧). 자는 운로(雲路), 호는 약천(藥泉)·미재(美齋)이다. 남일성(南一星)의 아들로, 예조판서를 지낸 남이성(南二星)이 그의 숙부이다.

송준길(宋浚吉)의 제자로. 1656년(효종 7) 별시문과에 급제하여 벼슬길에 올라, 승지, 대사간, 이조참의, 대사성을 거쳐 전라도관찰사, 영남어사, 함경도관찰사 등 외직을 두루 역임하고, 대사성, 형조판서를 지냈다.

좌윤(左尹)으로 재직할 당시 윤휴(尹鑴)와 허견(許堅)을 탄핵하다 남해(南海)로 유배되었으나, 이듬해 경신대출척(庚申大黜陟)으로 남인이 실각한 후 복관되어 도승지, 부제학, 대사간 등을 역임하고, 두 차례나 대제학에 올랐다. 병조판서가 되어서는 사군(四郡)의 재설치를 주장하는 등 국방에도 힘썼다.

1684년(숙종 10) 우의정, 이듬해 좌의정, 1687년 영의정에 올랐고, 소론(少論)의 영수로 송시열(宋時烈)과 대립하였다. 1689년 기사환국(己巳換局)으로 남인이 득세하자 강릉에 유배되었다가 이듬해 풀려났다. 1694년 갑술옥사(甲戌獄事)로 다시 영의정에 기용되고, 1696년 영중추부사가 되었다.

1701년 희빈장씨(禧嬪張氏)의 중형을 주장한 김춘택(金春澤) 등 노론의 주장에 맞서 경형(輕刑)을 주장하다가 숙종이 희빈장씨의 사사를 결정하자 사직하고 낙향했다. 그 뒤 부처(付處), 파직 등 우여곡절을 겪었으며, 1707년 관직에서 물러나 봉조하(奉朝賀)가 되고 기로소(耆老所)에 들어갔다.

당대 정치 운영의 중심 인물로서 국정 전반에 걸쳐 탁월한 경륜을 발휘하였을 뿐만 아니라, 문장과 시서화(詩書畫)에도 뛰어나 많은 작품들을 남겼다. 유명한 그의 시조 "동창이 밝았느냐"가 『청구영언(靑丘永言)』에 전하며, 저서로 『약천집(藥泉集)』・『주역참동계주(周易參同契註)』가 전하고 있다.

...

南來以後 汩沒度日 尙闕一候 瞻歎日深 남래이후 골몰도일 상궐일후 첨탄일심
歲前曾上京裏 過了數日 세전증상경리 과료수일
卽還歸匆匆 未暇就拜 尤用罪恨 즉환귀총총 미가취배 우용죄한

伏惟新春 僉侍奉起居萬福 區區瞻傃 복유신춘 첨시봉기거만복 구구첨소
察訪叔主 離庭遠出 想惟懷事何堪 찰방숙주 이정원출 상유회사하감
不審何間 赴官消息 能頻來否 불심하간 부관소식 능빈래부

盈滿上京時 屢見之 一感一慰 영만상경시 누견지 일감일위
不能喩之於懷矣 불능유지어회의
似聞台郞叔主 新蒙恩敍除職 極用欣慰欣慰 사문태랑숙주 신몽은서제직 극용흔위흔위

此中奉老董遣 而餓莩相連 차중봉로근견 이아표상련
將無子遺 謂之何哉 장무혈유 위지하재
日日對食 比於中鉤 일일대식 비어중구
早知當此 慘目傷心事 則菽水雖傷 亦足致歡 조지당차 참목상심사 즉숙수수상 역족치환
深嘆 初計之失也 심탄 초계지실야

千萬不能盡 천만불능진
不宣 伏惟僉下照 謹上候狀 불선 복유첨하조 근상후장

　　辛亥 二月 十三日 신해 이월 십삼일　姪 九萬 頓 질 구만 돈

乾柿四貼 脯肉四貼 呈上 건시사첩 포육사첩 정상

남쪽으로 온 이후 바쁘게 지내다 보니 여태 문안을 여쭙지 못하여 날로 탄식만 깊어질 따름입니다.

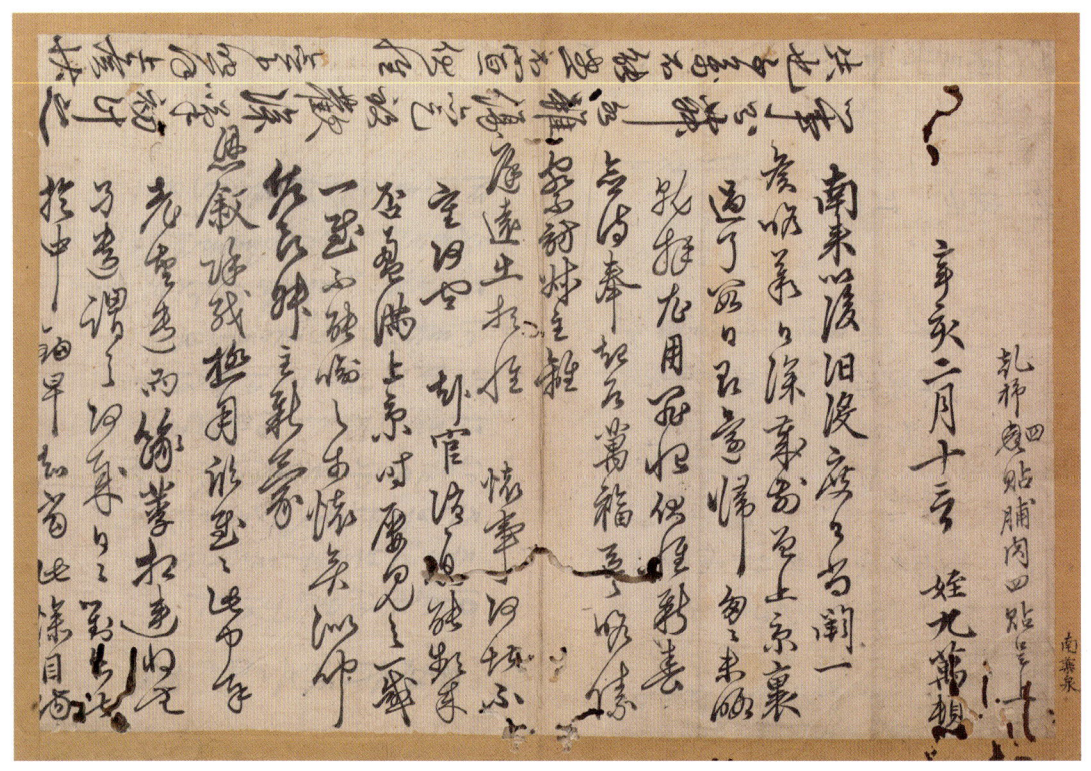

설 쇠기 전에 일찍이 상경했다가, 며칠 지내고 곧바로 급히 돌아오느라 인사를 드릴 겨를도 없었습니다. 무척 죄스럽고 안타깝기만 합니다.

봄날을 맞이하여 여러분 모두 부모님 모시고 만복을 누리고 계시리라 생각하니, 우러러 그립기만 합니다.
찰방 아저씨께서는 집을 떠나 멀리 나가셨다니 아쉬운 마음을 어떻게 추스르고 계신지 궁금하기만 합니다.
언제나 되어야 부임 소식을 자주 들을 수 있겠습니까.

영만(盈滿)이가 서울에 올라왔을 때 그를 몇 차례 만났더니, 한편으로는 고맙고 한편으로는 위로가 되어 그 감회를 이루 말로 다 할 수 없었습니다.[1]

---

1 그 감회를 이루 말로 다 할 수 없었습니다 : 원문의 "불능유지어회(不能喩之於懷)"는 왕희지(王羲之)의 「난정기(蘭亭記)」에 나오는 구절이다.

들으니, 태랑(台郎)² 아저씨께서 새로이 관직에 서용(敍用)되셨다고 하니 너무 기쁘고 위안이 됩니다.

저는 부모님 모시고 근근이 살고 있습니다만, 굶어 죽은 시체가 계속 이어지고 있어 장차 살아남는 사람이 없게 생겼으니, 말씀드려 무엇 하겠습니까.³ 매일같이 밥상을 마주할 때마다, 목에 바늘이 걸린 것만 같습니다.⁴ 이처럼 참담하고 가슴 아픈 일을 당하면서, 가난한 중에 부모님을 봉양하는 것⁵이 비록 마음이 아프기는 하지만 기쁨이 된다는 것을 일찌감치 깨닫게 되었으며, 애초 계획이 어긋나게 된 것이 무척 한탄스럽습니다.

할 말은 많지만 다 쓰지 못합니다.
여러분들께서 살펴 주시기 바라며 삼가 문안 편지를 올립니다.

　1671년 2월 13일　조카 구만 올림

곶감 네 첩, 육포 네 첩을 올립니다.

2　태랑(台郎) : 충청도 진천(鎭川) 지역의 옛 고을 이름으로 여겨진다. 따라서 그곳의 고을 수령을 지낸 분을 지칭하는 듯하다.
3　말씀드려 무엇 하겠습니까 : 원문의 '위지하재(謂之何哉)'는 『시경(詩經)』「북문(北門)」에 "북문으로 나오니, 마음에 근심이 많기도 해라. 종내 궁하고 가난한데도 나의 어려움 알아주지 않는구나. 그만 두자꾸나, 하늘이 실로 이렇게 한 것이니, 말해 무엇 하겠는가(出自北門 憂心殷殷 終窶且貧 莫知我艱 已焉哉 天實爲之 謂之何哉)."라는 말에서 나왔다.
4　목에 바늘이 걸린 것만 같습니다 : 먹는 것이 마음속으로 미안해서 음식이 목으로 넘어가지 않는다는 말이다. 당나라의 문장가 한유(韓愈)의 시에 "길가에 굶어 죽은 시신을 직접 보고는, 우두커니 서서 한동안 목이 메었나니, 집에 와서도 음식이 넘어가지 않아, 낚싯바늘에 걸린 물고기 같았어라(親逢道邊死 佇立久咿嚘 歸舍不能食 有如魚中鉤)."라는 구절이 나온다.
5　가난한 중에 부모님을 봉양하는 것 : 본문의 '숙수(菽水)'는 "콩물을 들이키고 물을 마셨다(啜菽飮水)."라는 뜻으로 가난한 생활 속에서도 어버이를 극진히 봉양하는 자식의 기쁨을 말한다. 『예기(禮記)』「단궁(檀弓)」에 공자의 제자 자로(子路)가 집안이 가난해서 효도를 제대로 못 한다고 탄식하자, 공자가 "콩죽을 끓여 먹고 물을 마시더라도 기쁘게 해 드리는 일을 극진히 행한다면, 그것이 바로 효이다(啜菽飮水盡其歡 斯之謂孝)."라고 위로했던 고사가 전한다.

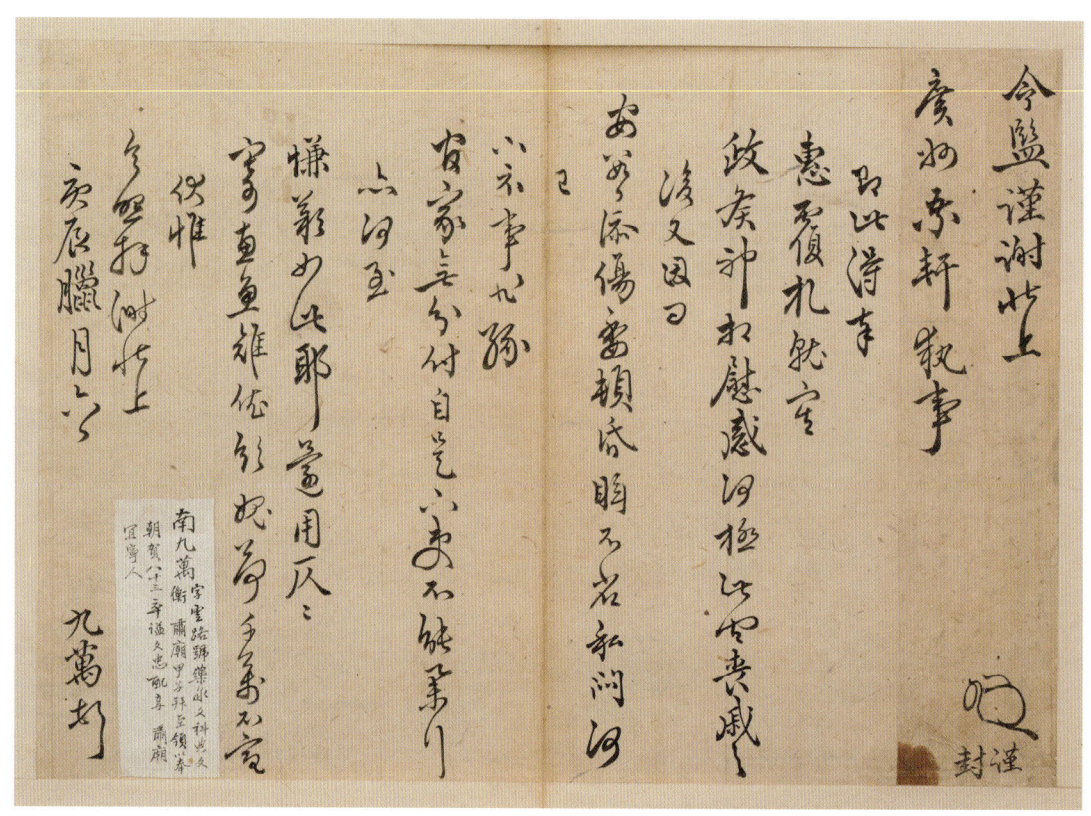

令監 謹謝狀上 영감 근사장상
廣州衙軒 執事 광주아헌 집사　　(手決) 謹封 근봉

卽此得奉 惠覆札 就審政候神相 慰感何極 즉차득봉 혜복찰 취심정후신상 위감하극
此間 喪戚之後 又因問安數日 차간 상척지후 우인문안수일
添傷委頓 昏眩不省 私悶何已 첨상위돈 혼현불성 사민하이

下示事 하시사
非緣官家無分付 自是下吏不能擧行 비연관가무분부 자시하리불능거행
亦何至慊歎如此耶 역하시섬탄여차야
還用仄仄 환용측측

寄惠魚雉 依領媿荷 기혜어치 의령괴하

千萬不宣 伏惟令照 拜謝狀上 천만불선 복유영조 배사장상

庚辰 臘月 六日 경진납월 육일 九萬 頓 구만 돈

영감께 삼가 올리는 답장
광주(廣州) 아헌(衙軒) 집사(執事)   (수결) 근봉(謹封)

지금 막 보내 주신 답장을 받아 정무를 돌보시며 잘 계심을 알고 위로와 감사가 끝이 없습니다.
저는 상(喪)을 당한 슬픔 속에 또 며칠간 문안(問安)[6]을 하느라 몸이 더욱 상하여, 정신이 혼몽하고 인사불성 상태가 되니 고민이 그치지 않습니다.

지시하신 내용은 관가에 분부하지 않은 것이 아니지만, 이 일이 하리(下吏)[7]가 할 수 있는 일도 아니므로, 어찌 이렇게까지 서운하고 한탄스러워하겠습니까.
오히려 안타깝기만 합니다.

보내 주신 생선과 꿩은 잘 받았습니다. 그저 부끄러울 따름입니다.

할 말은 많지만 이만 줄입니다.
영감께서 살펴 주시기 바라며 답장을 올립니다.

 1700년 12월 6일 구만 올림

---

6 문안(問安) : 대신(大臣)으로서 공식 행사인 '문안례(問安禮)'에 참석한 것을 말하는 듯하다.
7 하리(下吏) : 중앙과 지방 관아에 속하여 행정 실무를 맡아보는 하급 관리를 이르던 말이다.

이세화(李世華)

073　　　1630(인조 8)~1701(숙종 27)

본관은 부평(富平). 자는 군실(君實), 호는 쌍백당(雙栢堂)·칠정(七井)이다.

1657년(효종 8) 식년문과에 급제하여 황해도·평안도·전라도·경상도 관찰사를 역임하였다.

인현왕후(仁顯王后)가 폐위될 때 오두인(吳斗寅)·박태보(朴泰輔)와 더불어 이를 반대하는 상소를 올려, 분노한 숙종에 의해 잔인한 친국(親鞫)을 당하였다. 오두인과 박태보는 국문(鞫問)의 후유증으로 귀양 가는 도중에 모두 죽었으나 홀로 살아 돌아왔다.

1694년(숙종 20) 갑술환국(甲戌換局) 후 대사간·호조판서에 제수되었지만 고사하고 나아가지 않다가, 인현왕후복위도감 제조로 차정(差定 : 사무를 맡김)한다는 말을 듣고 상경하여 관직에 복귀하였다. 이후 공조·형조·병조·예조·이조 판서를 두루 역임하였으며, 관직이 지중추부사에 이르렀다.

· · ·

卽惟新元 茂膺蔓福 仰賀區區 즉유신원 무응만복 앙하구구
前日庶弟之來 付以行中酒壺珍味 전일서제지래 부이행중주호진미
兄之眷誼 從可見矣 追今感拜僕僕 형지권의 종가견의 태금감배복복

弟姑保病狀 它無足道 제고보병상 타무족도
適因吳書房之行 暫此寄音 적인오서방지행 잠차기음

忙不宣 망불선

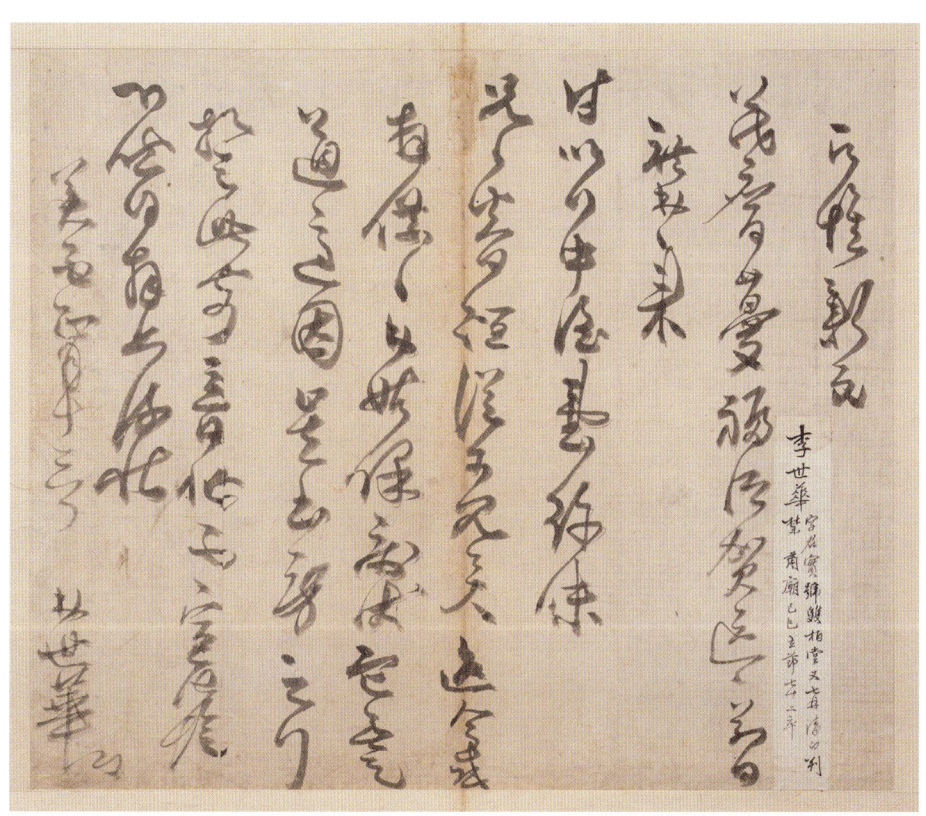

伏惟下照 謹拜上謝狀 복유하조 근배상사장

癸酉 正月 十三日 계유 정월 십삼일　弟 世華 頓 제 세화 돈

새해를 맞이하여 복을 듬뿍 받으시길 우러러 축원합니다.
지난날 서제(庶弟)가 올 때 행장 속에 술과 진귀한 음식을 보내 주셔서 보살펴 주시는 정의(情誼)를 느낄 수 있었습니다.
지금까지도 감사하는 마음이 가시지 않고 있습니다.[1]

1　가시지 않고 있습니다 : 원문의 '복복(僕僕)'은 꾸벅꾸벅 절하는 모양을 뜻한다. '복복기배(僕僕亟拜)'의 준말이다. 『맹자(孟子)』 「만장 하(萬章 下)」에 "자사는 삶은 고기로 자기를 번거롭게 자주 절하게 만드는 것은 군자를 봉양하는 도리가 아니라고 생각했다(子思以爲鼎肉, 使己僕僕爾亟拜也)."란 구절이 있다.

저는 여전히 병든 몸으로 지내고 있으니 달리 더 드릴 말씀은 없습니다.
마침 오 서방이 간다고 하여 잠시 편지를 썼습니다.

경황이 없어 이만 줄입니다.
살펴 주시기 바라며 삼가 답장을 올립니다.

　1693년 정월 13일　세화 올림

정재숭(鄭載嵩)   1632(인조 10)~1692(숙종 18)

본관은 동래(東萊). 자는 자고(子高), 호는 송와(松窩)이다. 영의정 정태화(鄭太和)의 아들이다.

1660년(현종 1) 식년문과에 병과로 급제하여 광주부윤(廣州府尹), 동부승지, 승지 등 여러 관직을 거쳐 개성유수, 한성부판윤을 지냈다.

이후 이조판서, 좌참찬, 대사헌, 우참찬, 병조판서, 호조판서, 공조판서, 판의금부사를 두루 역임하고, 1685년(숙종 11) 우의정으로 승진되었으며, 이듬해 진주사(陳奏使)로 청나라에 다녀와서 노환으로 사직하면서 영중추부사가 되었다.

· · ·

聞問相阻 戀溯方切 문문상조 연소방절
伏承兄情書 仍想老炎 官履萬安 慰仰慰仰 복승형정서 잉상노염 관리만안 위앙위앙

下惠扇子 簡紙 竝依受 하혜선자 간지 병의수
多事之中 何能記憶 而有是貺也 다사지중 하능기억 이유시황야
深荷厚意 不知所謝 심하후의 부지소사

弟 粗保昔狀 豈非遠念攸曁 제 조보석상 기비원념유기

伏惟下照 上謝狀 복유하조 상사장

壬 六 十五日 임 육 십오일   弟 載嵩 拜 제 재숭 배

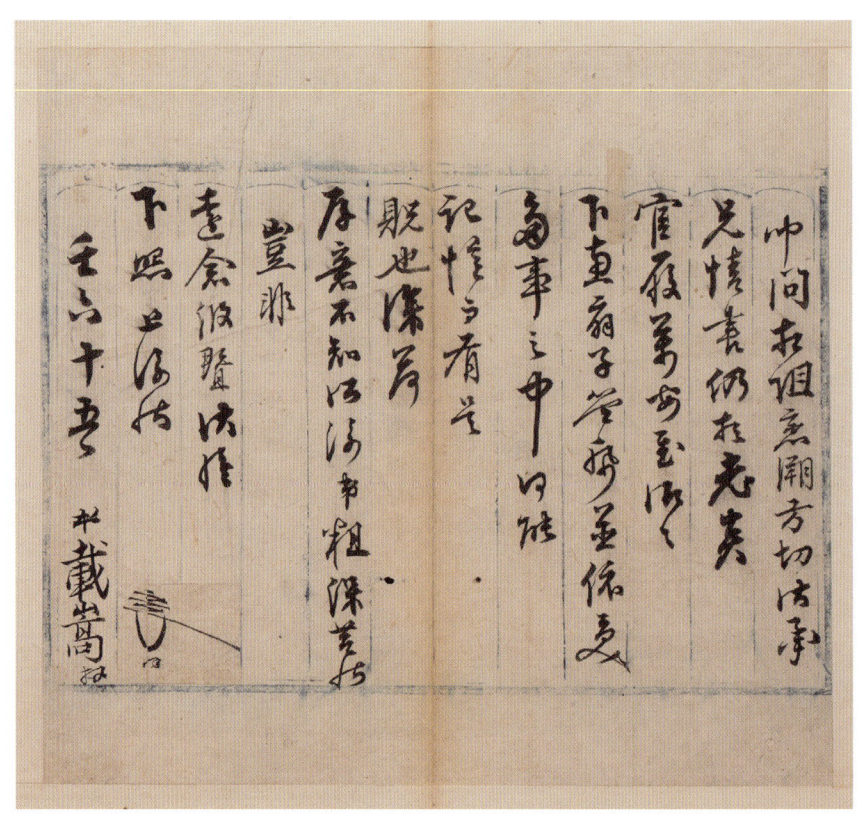

서로 안부를 묻지 못하여 그리운 마음만 간절하던 차에 그대의 정이 담긴 편지를 받고 늦더위에 관직 생활을 하며 잘 계심을 생각하니 우러러 위안이 되었습니다.

보내 주신 부채와 편지지는 아울러 잘 받았습니다.
일도 많으실 텐데 어떻게 기억하시고 이렇게 베풀어 주셨는지요.
그 깊은 마음에 어떻게 감사드려야 할지 모르겠습니다.

저는 예전과 다름없이 그런대로 지내고 있으니, 이 모두가 멀리서 염려해 주시는 덕분이 아니겠습니까.

살펴 주시기 바라며 답장을 올립니다.

임(壬)년 6월 15일   재숭 올림

홍유구(洪有龜)

1632(인조10)~?

본관은 남양(南陽). 자(字)는 성칙(聖則)이다. 전서(箋書)의 대가 동호(東湖) 홍석구(洪錫龜)의 아우이다.

1675년(숙종 1) 증광시(增廣試)에 병과로 급제하여 서천군수(舒川郡守)를 지냈다.

. . .

省式 생식
意外得承哀札 憑審哀兄氣力支持 欣慰之至 의외득승애찰 빙심애형기력지지 흔위지지
弟 冒寒歸任 値此勑客連續出來 제 모한귀임 치차칙객연속출래
蕩殘之極 無策支過 탕잔지극 무책지과
寧欲逃走 不知而不可得也 영욕도주 부지이불가득야

畧將左錄 仰助祭奠之需 若是些甚 還切愧歎 약장좌록 앙조제전지수 약시사심 환절괴탄

忙擾只此 不備 망요지차 불비
伏惟哀察 拜謝疏上 복유애찰 배사소상

   壬戌 二月 十八日 임술 이월 십팔일   弟 洪有龜 頓 제 홍유구 돈

麴子 貳同 국자 이동
民魚 貳尾 민어 이미
石魚 肆束 석어 사속

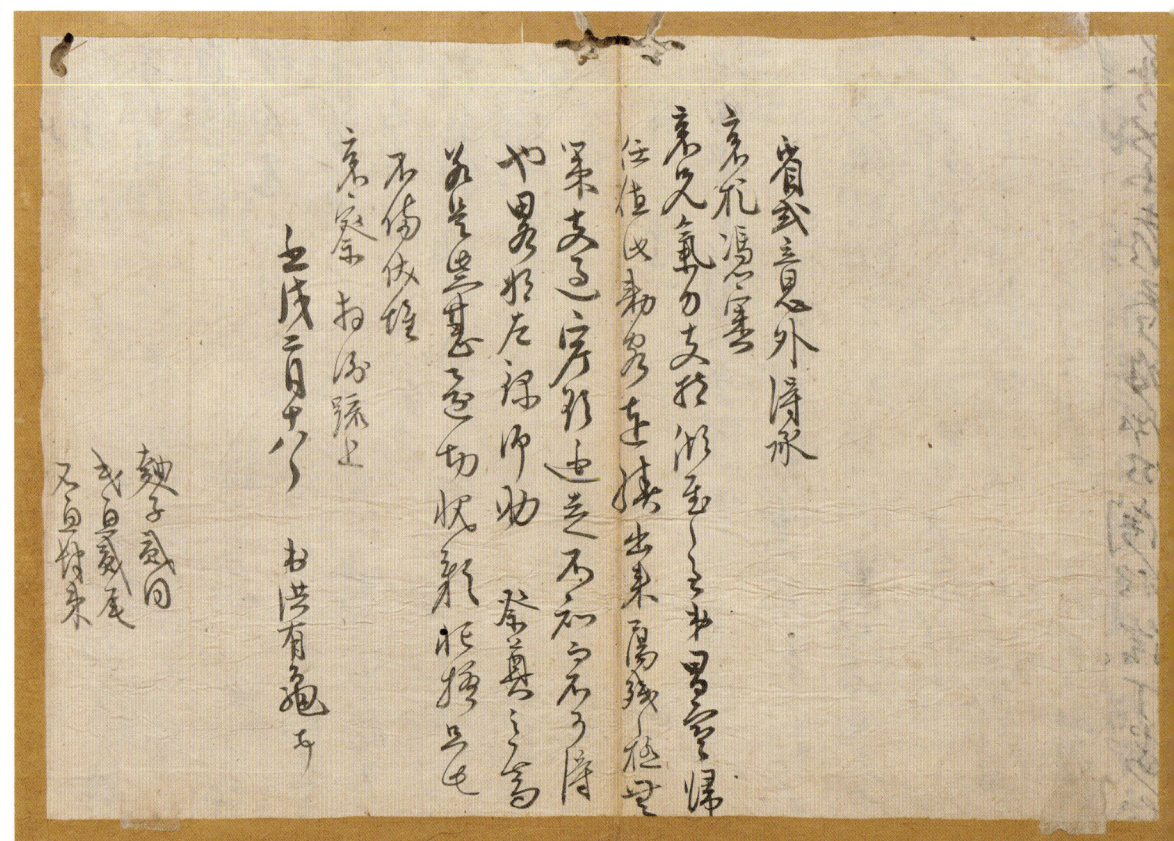

생식(省式).[1]

뜻밖에 편지[2]를 받아 형[3]께서 그런대로 기력을 유지해 나가고 있음을 알게 되니 기쁨과 위로가 지극합니다.

저는 감기를 무릅쓰고 임지로 돌아와 중국 사신들이 이렇게 연이어 오가는 일을 겪고 있습니다. 모든 것이 죄다 탕진되어 견뎌 낼 대책도 없습니다.

차라리 도망이라도 가고 싶지만 어떻게 해야 할지 알 수 없으며, 또 그렇게 할 수도 없습니다.

1 생식(省式) : 상대방이 상중에 있을 때 인사말을 생략하고 대신 쓰는 말이다.
2 편지 : 원문의 '애찰(哀札)'은 발신인이 상주(喪主)일 경우에 쓴다.
3 형 : 원문의 '애형(哀兄)'은 상중(喪中)인 상대방을 높여 부르는 말이다. 여기서 '애(哀)'는 어머니를 여읜 경우에 주로 쓴다.

왼쪽에 약소하게 쓴 것은 제사의 제수에 보태라고 올려 드리는 것이지만, 이렇게 심히 보잘것없으니 도리어 부끄럽고 한심합니다.

바쁘고 정신없어서 이만 줄입니다.
살펴 주시기 바라며[4] 답장을 올립니다.

 1682년 2월 18일　홍유구 올림

누룩 두 덩이[5]
민어 두 마리
조기 네 두름

---

4 살펴 주시기 바라며 : 원문의 '애찰(哀察)'은 줄이는 사연을 헤아려 달라는 말로 수신인이 상주일 경우에 쓴다.
5 덩이 : 원문의 '동(同)'은 한 덩이로 된 물건을 세는 단위이다.

이민서(李敏敍)   1633(인조 11)~1688(숙종 14)

본관은 전주(全州). 자는 이중(彝仲), 호는 서하(西河)이다. 영의정 이경여(李敬輿)의 아들로 태어나 이후여(李厚輿)에게 입양되었으며, 송시열(宋時烈)을 사사하였다.

1652년(효종 3) 증광문과에 을과로 급제한 뒤 검열, 정언, 지평, 교리 등을 거쳐 승지, 대사간, 대제학에 이어 공조·이조·병조·호조 참판을 지내고, 강화부유수와 예조·호조·이조 판서를 차례로 역임한 뒤 지돈령부사(知敦寧府事)에 올랐다.

문장과 글씨에 뛰어나 많은 시문을 남겼으며, 김수항(金壽恒)·이단하(李端夏)·남구만(南九萬) 등과 깊이 교유하였다.

저서로 『서하집(西河集)』 17권이 있고, 편서로 『고시선(古詩選)』·『김장군전(金將軍傳)』이 있다

· · ·

尊兄上謝狀 존형상사장
礪山衙下史 여산아하사   (手決) 謹封 근봉

久阻聞問 瞻遡方切 구조문문 첨소방절
獲承辱札 仍審潦炎 尊政履珍相 感荷迨至 획승욕찰 잉심요염 존정리진상 감하태지

僕 僅保拙狀 而入夏來 長在呻吟中 私悶可言 복 근보졸상 이입하래 장재신음중 사민가언
惠來節扇 尤荷盛眷 혜래절선 우하성권

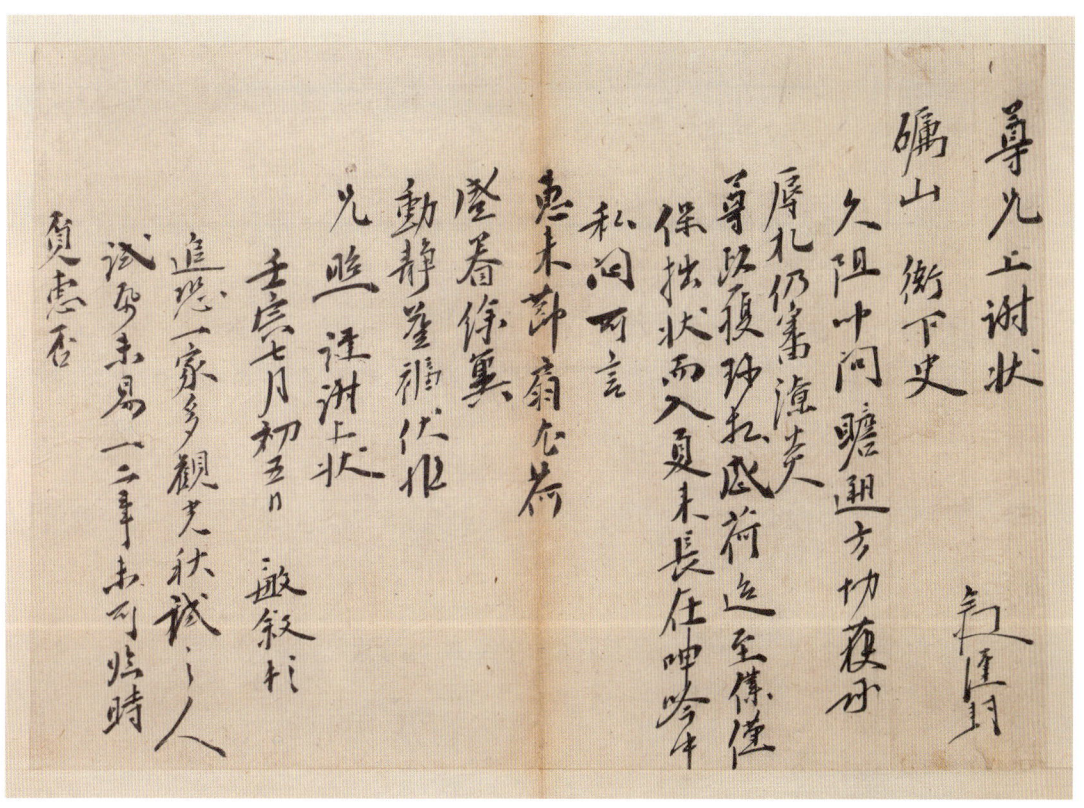

餘冀動靜益福 여기동정익복

伏惟兄照 謹謝上狀 복유형조 근사상장

　壬寅 七月 初五日 임인 칠월 초오일　敏敍 頓 민서 돈

追恐 추공
一家多觀光秋試之人 일가다관광추시지인
試紙未易 一二事 未可臨時覓惠否 시지미이 일이사 미가임시멱혜부

존형(尊兄)께 드리는 답장
여산(礪山) 관아 하사(下史)[1]　　(수결) 근봉(謹封)

오랫동안 소식을 듣지 못하여 궁금하기 그지없던 차에, 보내 주신 편지를 받아 장마 더위에 정무를 돌보시며 잘 계시다는 것을 알게 되어 감사가 절로 우러나옵니다.

저는 간신히 보잘것없는 모습으로 살아가고 있습니다만, 여름이 되면서 병으로 오래 앓고 있으니 그 고민을 말로 다 하지 못합니다.
보내 주신 부채를 받으며, 챙겨 주시는 마음에 더욱 감동하였습니다.
하시는 모든 일에 복이 넘치기만 빌 뿐입니다.

살펴 주시기 바라며 삼가 답장을 올립니다.

 1662년 7월 5일   민서 올림

추신.[2]
한 집안에 추시(秋試)[3]를 보러 가는 사람이 많으나 과거 시험지를 구하기가 어렵습니다.
한두 가지를 때에 맞춰 찾아 보내 주시지 않으시겠습니까.

---

1 하사(下史) : 편지 봉투에 수신자의 이름을 직접 쓰는 것이 실례이므로 그 아래에서 일하는 사람을 지칭하여 상대방을 높이는 표현이다. 집사(執事)라고도 쓴다.
2 추신 : 원문 '추공(追悉)'은 어려운 부탁을 위해 덧붙인다는 뜻이다.
3 추시(秋試) : 문과(文科) 식년시(式年試)의 초시(初試)를 말한다. 식년시 바로 전년 가을에 초시를 시행하였으므로 초시를 추시라고 하였다.

윤심(尹深)

1633(인조 11)~1692(숙종 18)

본관은 파평(坡平). 자는 현통(玄通), 호는 징암(澄庵)이다. 아버지는 참판 윤집(尹鏶)이며, 어머니는 지중추부사 김신국(金藎國)의 딸이다.

1660년(현종 1) 증광문과에 갑과로 급제하여, 부수찬, 이조좌랑 등을 거쳐 제주시재어사(濟州試才御史)가 되어 제주도의 문무사(文武士)를 시험하였으며, 제주의 해변 형세를 자세히 살펴 방비를 철저히 할 것과 먼 곳을 살필 수 있게 누대가 있는 배의 건조를 주장하였다.

1674년(숙종 즉위년) 대사간에 오른 후 경기도관찰사, 도승지, 강화유수, 개성유수를 지내고, 1680년 파직되었다가 기사환국(己巳換局)으로 서인이 추방당하자 다시 기용되어 공조판서와 병조판서를 거쳐 지돈령부사에 이르렀다.

글씨를 잘 썼으며, 특히 예서(隸書)에 뛰어났다. 경기도 장단(長湍)의 〈호조판서이명비(戶曹判書李溟碑)〉 등 많은 필적을 남겼다.

• • •

卽惟 仕況淸勝 즉유 사황청승
士擧別去 雖事歡 自覺懷惡 사거별거 수사환 자각회악

生 比添風疹 渾身浮赤腫大於股 생 비첨풍진 혼신부적종대어고
種種苦況 何可盡說 종종고황 하가진설

就中 曹吏張道也 卽生陪厥直 취중 조리장도야 즉생배궐직

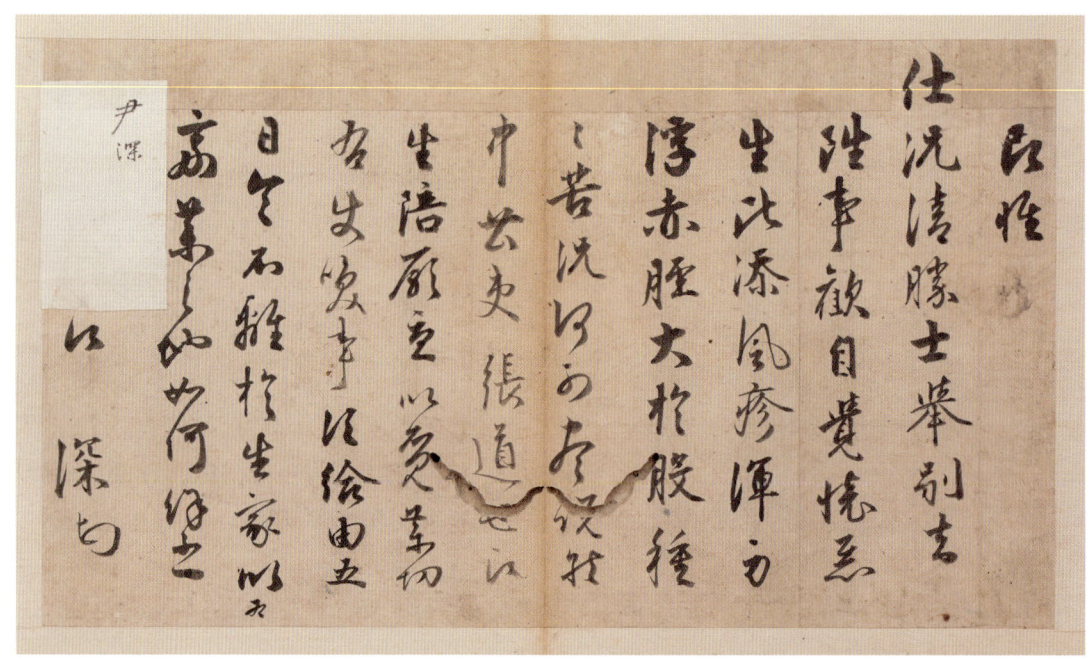

以覓藥 切有使喚事 須給由五日 이멱약 절유사환사 수급유오일
令不離於生家 以爲劑藥之地 如何 영불리어생가 이위제약지지 여하

餘不一 여불일

卽 즉 深頓 심돈

요즈음 정무를 돌보시며 맑게 잘 지내고 계시리라 생각됩니다.
선비가 등용되어 서로 헤어지게 되는 일은 비록 기쁜 일이기는 하지만, 제 마음은 심란하기만 합니다.

저는 요즈음 풍진(風疹)[1]까지 더해져, 온몸에 붉은 발진이 넓적다리보다 더 넓게 펴져 가끔 고통을 겪고 있으니 어떻게 말로 다 할 수 있겠습니까.

1 풍진(風疹) : 풍진바이러스가 일으키는 급성 질환으로, 홍역을 앓을 때와 같은 발진과 열을 동반한다.

드릴 말씀은,

조리(曹吏) 장도(張道)는 제가 없을 때 저를 보좌하는 사람입니다. 약을 구하는 일로 긴히 심부름을 시켜야 하니, 반드시 오 일간 말미를 주셔서[2] 제 집을 떠나지 않고 약을 지을 수 있도록 해 주셨으면 합니다.

일일이 다 쓰지 못합니다.

  즉일(卽日)에 심 올림

---

2 말미를 주셔서 : 원문의 '급유(給由)'는 잠시 말미를 허락하여 준다는 말이다.

김석주(金錫胄)　　1634(인조 12)~1684(숙종 10)

본관은 청풍(淸風). 자는 사백(斯百), 호는 식암(息庵)이다. 영의정 김육(金堉)의 손자로, 아버지는 병조판서 김좌명(金佐明)이고, 어머니는 오위도총부도총관(五衛都摠府都摠管) 신익성(申翊聖)의 딸이다.

1662년(현종 3) 증광문과에 장원급제하고, 이조좌랑, 정언(正言), 좌부승지 등을 지냈다. 1674년 자의대비(慈懿大妃)의 복상 문제로 제2차 예송(禮訟)이 일어나자, 남인 허적(許積) 등과 손잡고 송시열(宋時烈)·김수항(金壽恒) 등을 숙청하고 수어사(守御使)에 이어 도승지로 특진되었다.

이후 남인의 정권이 강화되자 다시 송시열 등 서인들과 제휴해 남인들을 제거하고 이조판서에 오르고, 청성부원군(淸城府院君)에 봉해졌다.

1682년(숙종 8) 우의정으로 호위대장(扈衛大將)을 겸직하면서 역모 등의 명분으로 남인을 무자비하게 타도하였으므로 같은 서인의 소장파로부터 반감을 사게 되어 서인이 노론·소론으로 분열하는 하나의 빌미를 제공하였다.

저서로 『식암집(息庵集)』·『해동사부(海東辭賦)』가 있다.

· · ·

王若曰 왕약왈
予聞古昔聖王之所敬愼重正者 婚禮也 여문고석성왕지소경신중정자 혼례야
而易之家人 以正位爲先 家道正而天下定矣 이역지가인 이정위위선 가도정이천하정의

肆予寡昧 繼體受重 사여과매 계체수중

王若曰予聞古昔聖王之所敬
慎重正者婚禮也而易之
家人以正位爲先家道正
而天下定矣肆予寡昧繼
體受重嗣有至緒以奉我
先王宗廟則日凜凜乎䕫虞之
會昌敢懷宮室之安聆鍾
皷之樂而主器未建陰教
方關基圖所係藐焉靡托
兹奉
太母之徽敎無採輔臣之僉議
謂
宗祧必有所承謂風化必有所

一本而人倫之始不可緩也
爰即明揚懿閥簡在
慈闈申以采擇重以吉筮伻以
正正壼位爲咨爾閔氏詩
禮名門善祥奕世幽閑貞
靜藹有嘉聲徽恭婉嫕
著柔則誠有足以副寤寐
之求膺褕翟之尊者今遣
議政府領議政金壽恒兵
曹判書李翻湑吉備儀授
以金寶玉冊冊爾爲
王妃於戲惟孝敬可以奉宮闈
之懽惟恭儉可以將福履

之盛惟齋明夙夜率禮不
愆庶幾有儆戒相成之助
則其所以體義易之正家
勉戴記之敬親者固在斯
矣其所以思齋任姒娰美
媲周以關雎之化而致麟
趾兟斯之應者亦在斯矣
嗚呼其敬之哉故兹敎示
想宜知悉
辛酉五月初二日

嗣有丕緒 以奉我先王宗廟 사유비서 이봉아선왕종묘

則日凜凜乎 艱虞之會 즉일늠름호 간우지회

曷敢懷宮室之安 耽鐘鼓之樂 갈감회궁실지안 탐종고지락

而主器未建 陰敎方闕 基圖所係 藐焉靡托 이주기미건 음교방궐 기도소계 막언미탁

茲奉太母之徽敎 兼採輔臣之僉議 자봉태모지휘교 겸채보신지첨의

謂宗祧必有所承 謂風化必有所本 위종조필유소승 위풍화필유소본

而人倫之始 不可緩也 이인륜지시 불가완야

爰卽明揚懿閫 簡在慈闈 申以采擇 重以吉筮 원즉명양의벌 간재자위 신이채택 중이길서

俾以正 正壼位焉 비이정 정곤위언

咨爾閔氏 詩禮名門 善祥奕世 자이민씨 시례명문 선상혁세

幽閑貞靜 藹有嘉聲 徽恭婉嫕 雅著柔 유한정정 애유희성 휘공완예 아저유

則誠有足以副寤寐之求 膺褘翟之尊者 즉성유족이부오매지구 응위적지존자

今遣議政府領議政 金壽恒 兵曹判書 李翻 금견의정부영의정 김수항 병조판서 이숙

涓吉備儀 授以金寶玉冊 冊爾爲王妃 연길비의 수이금보옥책 책이위왕비

於戲 오희

惟孝敬 可以奉宮闈之歡 유효경 가이봉궁위지환

惟恭儉 可以將福履之盛 유공검 가이장복리지성

惟齋明夙夜 率禮不愆 庶幾有儆戒相成之助 유재명숙야 솔례불건 서기유경계상성지조

則其所以體羲易之正家 勉戴記之 즉기소이체희역지정가 면대기지

敬親者 固在斯矣 경친자 고재사의

其所以思齊任姒 媲美姬周 以關雎之化 기소이사제임사 비미희주 이관저지화

而致麟趾螽斯之應者 亦在斯矣 이치린지종 사지응자 역재사의

嗚呼 오호

其敬之哉 기경지재

故玆敎示 想宜知悉 고자교시 상의지실

辛酉 五月 初二日 신유 오월 초이일

왕(王)은 말한다.
내가 듣건대, 옛날의 성왕(聖王)이 공경하고 삼가며 중하게 여겨 바르게 하는 일을 혼례(婚禮)라 하고, 『주역(周易)』 '가인괘(家人卦)'에 자리를 바로잡는 것을 우선으로 하였으니, 집안의 도리가 바르게 되어야 천하가 안정되는 것이다.

이에 내가 우매하고 과덕한 몸으로 선대(先代)의 무거운 기업을 이어받고, 위대한 계통을 이어받아 우리 선왕(先王)과 종묘(宗廟)를 받들었으니, 날로 곤란과 우환으로 떨고 있는 이때에 어떻게 감히 궁실(宮室)의 안위만 생각하며 풍악을 울려 즐기려 하겠는가.

그러나 주기(主器)[1]를 세우지 못하였고, 음교(陰敎)[2]가 지금 비어 있는데, 근본을 도모하는 데 관계되는 일은 아득하여 의지할 곳이 없다.

이에 태모(太母)[3]의 아름다운 가르침을 받들고, 보좌(補佐)하는 신하들의 여러 뜻을 채택하니, 종조(宗祧)[4]는 반드시 계승해야 하고, 풍화(風化)[5]는 반드시 근원이 있으므로, 인륜(人倫)의 시작은 늦출 수가 없다고 말하였다.
이로써 곧 아름다운 가문들에게 밝게 알리고, 자위(慈闈)[6]께서 거듭 간택(揀擇)하시고 길한 날을 잡아서 곤위(壼位)[7]를 제대로 세우게 하셨다.

---

1 주기(主器) : 종묘(宗廟) 제기를 맡는 것. 곧 장자(長子)의 일을 말한다.
2 음교(陰敎) : 음(陰)의 교화, 즉 왕비(王妃)의 덕을 말한다.
3 태모(太母) : 임금의 할머니를 가리키는 말이다. 여기서는 숙종의 할머니 인선왕후(仁宣王后)이다.
4 종조(宗祧) : 종묘(宗廟)의 다른 말이다.
5 풍화(風化) : 교육이나 정치를 잘하여 세상의 풍습을 잘 교화시키는 일을 말한다.
6 자위(慈闈) : 남에게 자기 어머니를 높여 부르는 말이다.
7 곤위(壼位) : 황후의 지위를 말한다.

아!

그대 민씨(閔氏)는 시(詩)와 예(禮)로써 이름이 있는 가문의 후예로, 착하고 상스러운 이름을 이어 왔으니, 그윽하고 여유로우며, 올곧고 고요하므로 아름다운 명성이 가득 넘쳤다. 유순하고 상냥하고[8] 우아하게 느러난 부드러움은 참으로 애타게 구하던 바에 흡족하여 왕후[9]로서의 존귀함을 갖추고 있다.

이제 의정부 영의정 김수항(金壽恒)과 병조판서 이숙(李䎘)을 보내어 길일(吉日)을 가려서 의례(儀禮)를 갖추게 하고, 금보(金寶)[10]와 옥책(玉冊)[11]을 주어 그대를 왕비(王妃)로 책봉한다.

오호라!
오로지 효(孝)와 경(敬)만이 궁궐을 기쁘게 받들 수 있고, 공(恭)과 검(儉)으로써만 장차 복록(福祿)을 융성하게 할 수 있을 것이다.

밤낮으로 마음을 바르고 밝게 하여 예(禮)를 좇아 허물이 없도록 하고, 마음을 가다듬어 조심하면 서로 도움이 될 것이니, 희역(羲易)[12]에서 말한 집안을 바로잡는 법을 본받고, 대기(戴記)[13]의 어버이를 공경하는 데 힘써야 하는 일이 여기에 있다.

『시경(詩經)』 '사재(思齊)'[14]에 문왕(文王)의 어머니인 태임(太任)과 무왕(武王)의

---

8   유순하고 상냥하고 : 원문의 '완예(婉嫕)'는 유순하고 상냥하다는 뜻이다.
9   왕후 : 원문의 '위적(褘翟)'은 '왕후의 옷'으로 왕후를 상징한다.
10 금보(金寶) : 원래는 죽은 임금이나 왕비의 존호(尊號)를 새긴 도장을 의미한다.
11 옥책(玉冊) : 국왕·왕비·대비·왕대비·대왕대비 등에게 존호를 올릴 때, '송덕문(頌德文)'을 옥에 새긴 간책(簡冊)을 말한다.
12 희역(羲易) : '복희씨(伏羲氏)가 팔괘(八卦)를 그은 역'이라는 말로, 『주역』의 별칭이다.
13 대기(戴記) : 『예기(禮記)』를 뜻한다.
14 『시경(詩經)』 '사재(思齊)' : 『시경』 「대아(大雅)」의 편명으로, 문왕(文王)의 덕을 찬양하는 시이다. 문왕의 어머니 '태임(太任)'의 훌륭한 덕을 후비인 '태사(太姒)'가 이어받아 자손이 번창하게 되었음을 노래한 내용이다. "공경하신 '태임'이 '문왕'의 어머니신데, 시모인 '주강'께 사랑을 받으사 경실의 며느리가 되셨더니, '태사'가 그 아름다운 명성 이으시어 백 명의 아들을 두셨도다(思齊太任 文王之母 思媚周姜 京室之婦 太姒嗣徽音 則百斯男)."라고 하였다.

어머니인 태사(太姒)께서 시어머니 주강(周姜)의 아름다운 덕을 이어받아[15] 관저(關雎)[16]의 교화(敎化)를 펴서 인지(麟趾),[17] 종사(螽斯)[18]에 부응하신 일도 또한 바로 여기에 있으니,

아!
공경할지어다.

그러므로 이렇게 교시(敎示)하니, 마땅히 이 뜻을 다 알리라.

　1621년 5월 2일

* 이 글은 김석주(金錫胄)가 제술(製述)하여 바친 「인현왕후 민씨 교명문(敎命文)」이다. 김석주의 문집 『식암집(息庵集)』에도 원문이 나온다.

15 아름다운 덕을 이어받아 : 원문의 '비미(媲美)'는 "아름다움의 정도가 거의 같다. 필적(匹敵)하다."의 뜻이다.
16 관저(關雎) : 『시경』「주남편(周南篇)」의 "관저(關雎)"를 가리킨다.
17 인지(麟趾) : '기린의 발'이란 뜻이다. 기린은 본디 인후(仁厚)한 짐승이라, 산 풀도 밟지 않고, 산 벌레도 밟지 않는다고 하여, 주(周) 문왕(文王)과 황비의 인후한 성덕(聖德)에 의해 수많은 자손 종족들 또한 모두 인후한 것을 비유한 말이다. 『시경』「주남(周南)」에 "기린의 발이여, 인후한 공자로소니, 아, 이들이 바로 기린이로다(麟之趾 振振公子 于嗟麟兮)."라고 하였다.
18 종사(螽斯) : '수많은 베짱이'를 말한 것으로, 『시경』「주남(周南)」에 "수많은 베짱이들 화목하게 모여드니, 의당 네 자손이 대대로 번성하리라(螽斯羽 詵詵兮 宜爾子孫 振振兮)."라고 한 데서 온 말이다. 문왕(文王)의 왕비가 투기하지 않고 모든 궁녀들과 화목하여 자손을 많이 두게 되었으므로, 궁녀들이 그를 한 번에 99개의 알을 낳는 베짱이에 비유하여 노래한 것이다.

신익상(申翼相)

1634(인조 12)~1697(숙종 23)

본관은 고령(高靈). 자는 숙필(叔弼), 호는 성재(醒齋)이다.

1662년(현종 3) 정시문과에 급제하였으며, 오랫동안 사관(史官)으로서 명성을 얻었다.

숙종 즉위 후 남인이 득세하자 벼슬을 떠나 은거했다가, 1680년(숙종 6) 경신환국(庚申換局) 때 도승지에 제수되고, 이어 이조참판, 전라도관찰사, 부제학, 평안도관찰사, 대사헌, 이조참판, 대사성을 차례로 역임하였다.

1689년 기사환국(己巳換局) 때 인현왕후(仁顯王后) 폐위의 부당함을 극간하고 사직하였으며, 1694년 갑술환국(甲戌換局) 때 다시 기용되어 공조판서를 거쳐 우의정에 올랐다.

시문에 능하고 전서(篆書)에 조예가 깊었으며, 시문집으로『성재집(醒齋集)』3권을 남겼다.

• • •

傳聞 兄遠佩嶺符 無緣奉一書相慰 第切瞻悵 전문 형원패영부 무연봉일서상위 제절첨창
意外遠問忽及 副以節箑 의외원문홀급 부이절삽
眷意雖感 二字之書 太寂寥 권의수감 이자지서 태적료
恐非千里替面之資 是可恨也 공비천리체면지자 시가한야

弟 粗保病狀 而眼中親舊 盡爲鬼錄 제 조보병상 이안중친구 진위귀록
益覺餘生 懍懍耳 익각여생 늠름이

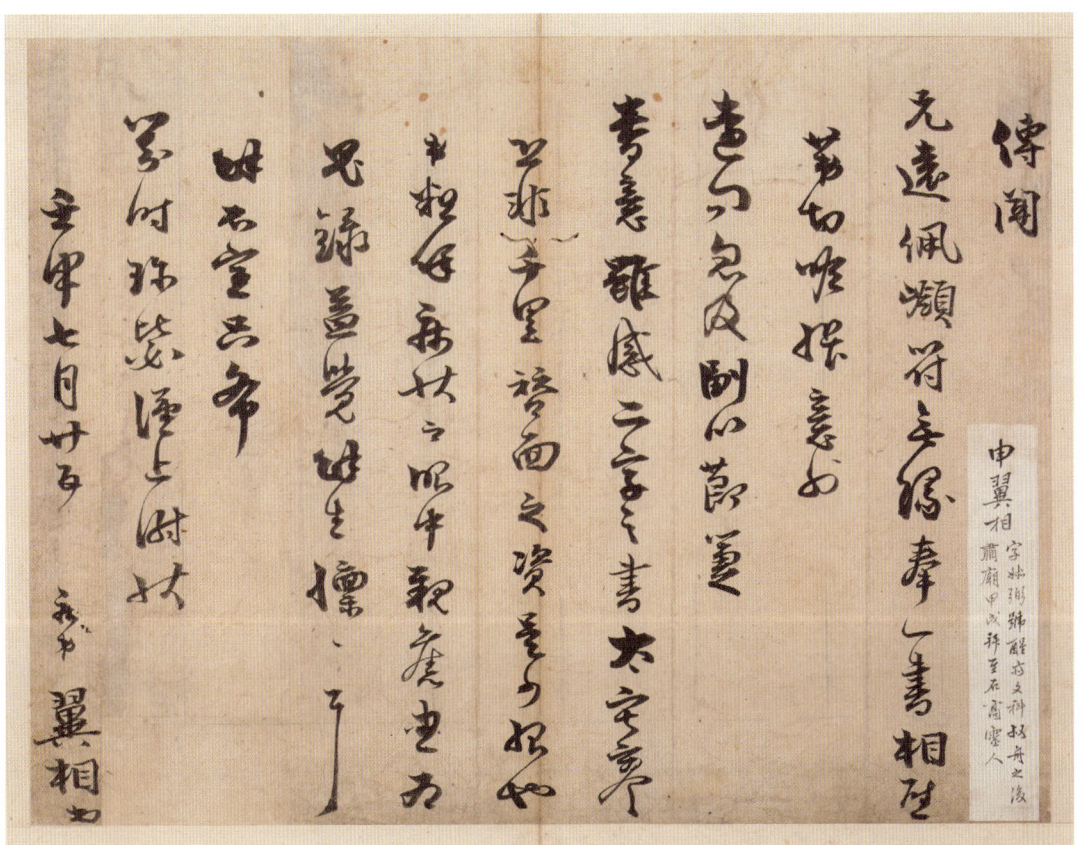

餘不宣 只希對時珍毖 여불선 지희대시진비

謹上謝狀 근상사장

壬申 七月 廿五 임신 칠월 입오 病弟 翼相 頓 병제 익상 돈

그대께서 멀리 영남(嶺南)의 관찰사(觀察使)로 가셨다고 전해 듣고, 위로하는 서신 한번 보낼 길 없어 안타깝기만 하였는데, 뜻밖에 멀리서 안부 편지와 더불어 부채까지 받게 되었습니다.
보살펴 주시는 마음은 비록 고마웠지만, 안부 편지가 너무나 간략하여 천 리 밖에서 보내는 편지답지 않아 아쉽기도 하였습니다.

저는 병든 몸을 그런대로 지탱해 가고 있습니다만, 눈에 아련한 벗들은 모두

다 저세상 사람이 되어 버리고 말았으니, 남은 인생이 두렵기만 합니다.

나머지는 다 쓰지 못하고 이만 줄입니다.
다만 시절을 좇아 편안하시기만 빌며 삼가 답장을 올립니다.

1692년 7월 25일 병중(病中)의 익상 올림

서문중(徐文重)

1634(인조 12)~1709(숙종 35)

본관은 대구(大丘). 자는 도윤(道潤), 호는 몽어정(夢漁亭)이다. 판서 서성(徐渻)의 증손이며, 남원부사 서정리(徐貞履)의 아들로 당숙인 함경도관찰사 서원리(徐元履)에게 입양되었다. 어머니는 판서 이시발(李時發)의 딸이다.

1673년(현종 14) 학행(學行)으로 천거되어 벼슬길에 올라 이천부사, 상주목사 등 관직을 역임하고, 1680년(숙종 6) 정시문과에 장원으로 급제, 당상관에 올랐다. 그 뒤 호조·예조·공조 참판, 도승지 등을 거쳐 공조·형조·병조 판서를 역임하고, 1698년 우의정에 올랐으며, 좌의정을 거쳐 영의정을 지냈다.

정치적으로 소론(少論) 입장이었고, 군사제도와 그 운영에 밝았으며 기근구제 사업에 많은 역할을 하였다.

독서를 좋아하여 하루도 책을 보지 않는 날이 없었으며, 특히 역사적 사실에 대해 해박하여 조선시대의 여러 고사를 엮은 『조야기문(朝野記聞)』과 『역대재상연표(歷代宰相年表)』·『국조대신연표(國朝大臣年表)』·『동인시화(東人詩話)』 등의 많은 저서를 남겼다.

· · ·

卽惟雨中 起居有相 慰傃交幷 즉유우중 기거유상 위소교병
行期已迫 得無未及治之事否 행기이박 득무미급치지사부

文重 腫患已久 不得出門 殆過一朔 문중 종환이구 부득출문 태과일삭
自數日前 始得出仕 자수일전 시득출사

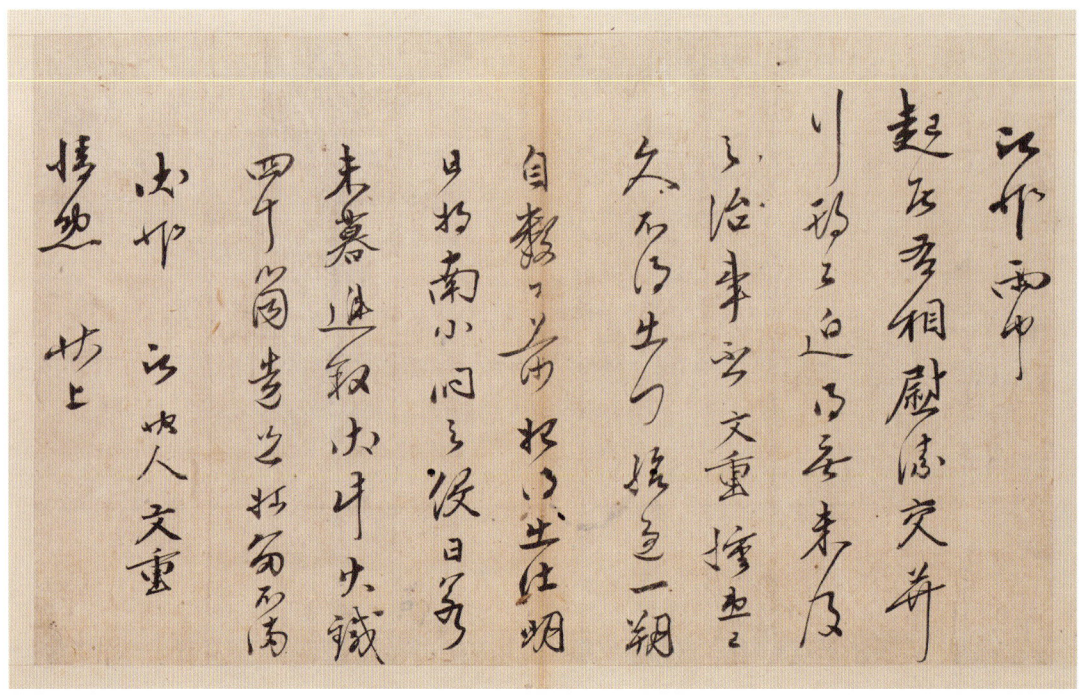

明日將南小洞之役 日若未暮 進敍伏計 명일장남소동지역 일약미모 진서복계

火鍼四十箇 造送 화침사십개 조송

姑留不備 伏惟情照 狀上 고류불비 복유정조 장상

卽즉 服人 文重 복인 문중

비가 내리는 중에 편히 계시리라고 생각하니 위안과 그리움이 서로 교차합니다.
떠날 날이 다가오는데 마무리하지 못한 일이 있지나 않은지요.

저는 오랫동안 부스럼병을 앓아 문밖을 나가지 못한 지 거의 한 달이 다 되어가며, 며칠 전부터 비로소 관아에 출근하였습니다.
내일은 남소동(南小洞)¹에서 일을 하고, 날이 저물지 않으면 찾아뵈려고 합니다.

화침(火鍼) 마흔 개를 만들어 보냅니다.

이만 줄입니다. 정으로 읽어 주시기 바라며 글을 올립니다.

　즉일에　상중(喪中)의 문중

1 　남소동(南小洞) : 오늘날 서울특별시 중구 쌍림동과 장충동에서 을지로6가에 걸쳐 있던 마을로서, 도성의 남소문(南小門)이 있던 데서 그 이름이 유래되었다. 남소문골이라고 하였고, 한자명으로 남소문동(南小門洞)이라고 하였다가 줄여서 남소동이 되었다.

이세백(李世白)

1635(인조 13)~1703(숙종 29)

본관은 용인(龍仁). 자는 중경(仲庚), 호는 우사(雩沙)·북계(北溪)이다.

송준길(宋浚吉)의 문인으로, 1657년(효종 8) 진사시에 합격해 성균관에 들어 갔으며, 1675년(숙종 1) 증광문과에 을과로 급제하여 충청도암행어사, 우승지, 황해도·평안도 관찰사 등을 지냈다.

도승지로 재직 중 송시열(宋時烈)의 유배에 반대하다가 파직되었다가, 1694년 갑술환국(甲戌換局)으로 서인이 집권한 후 한성부판윤, 예조·호조·이조·공조 판서를 두루 역임하고, 우의정, 좌의정을 지냈다. 아들 의현(宜顯)이 영의정에 올라 '부자정승(父子政丞)'으로 유명하다.

예학(禮學)에 밝았으며 노론의 중심인물로서 소론·남인과의 정치적 대립에서 중요한 역할을 하였다. 문집으로 『우사집(雩沙集)』이 전한다.

· · ·

入城之後 以私則不敢出頭 以公則晝夜無暇 입성지후 이사즉불감출두 이공즉주야무가
尙未一就 方用恨歎 상미일취 방용한탄
伏承令下札 仰慰仰慰 복승영하찰 앙위앙위

聞有省掃之行 如得少隙 當進拜候 문유성소지행 여득소극 당진배후
吾輩今日之事 果如何也 오배금일지사 과여하야

示水銀 卽覓一戔半以呈 시수은 즉멱일전반이정

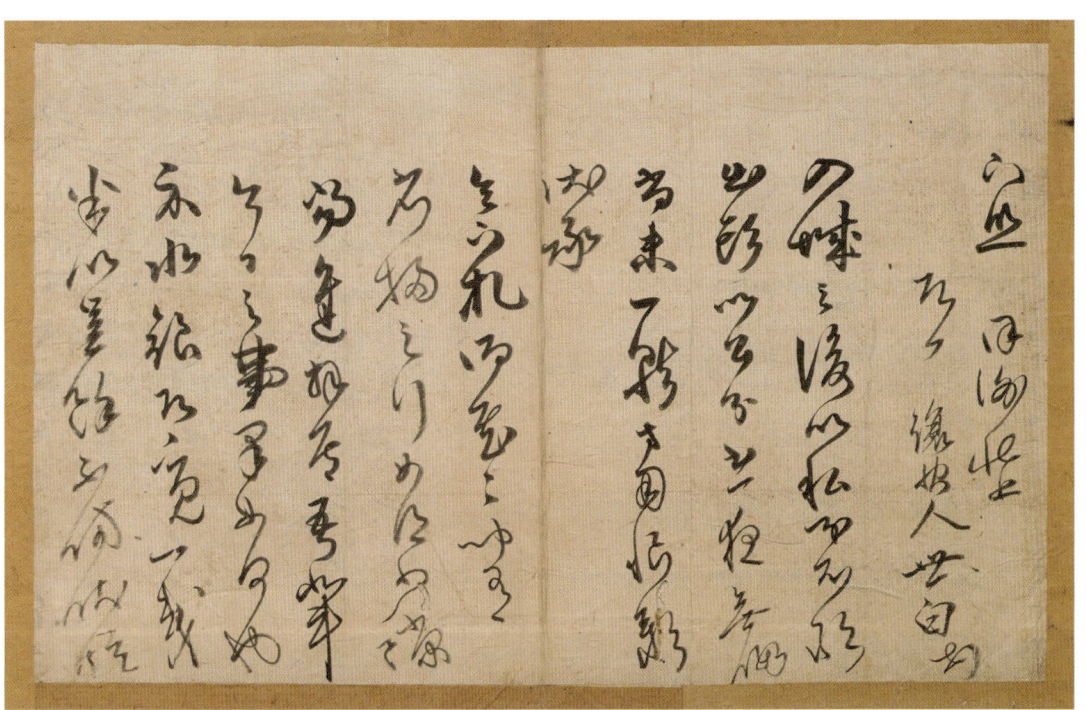

餘不備 여불비

伏惟下照 謹謝狀上 복유하조 근사장상

卽日 즉일　縗服人 世白 頓 최복인 세백 돈

성(城)으로 들어온 후 개인적으로는 감히 머리를 내밀 수 없으며, 공적으로는 밤낮으로 겨를이 없어서 여태 한번 찾아뵙지 못하여 한탄스럽기 그지없었는데, 그대께서 보내 주신 편지를 받으니 우러러 위로가 됩니다.

성묘를 떠난다고 하니 조금이라도 틈이 나면 당연히 가서 인사를 여쭈려고 하지만, 오늘날 저희들의 일이 과연 어떻게 될지 모릅니다.

말씀하신 수은(水銀)은 한 돈 반을 찾아 보냅니다.

이만 줄입니다.

살펴주시기 바라며 삼가 답장을 올립니다.

편지를 받은 날에, 상중(喪中)¹의 세백 올림

---

1 상중(喪中) : 원문의 '최복(縗服)'은 삼년상을 입을 때 가슴에 대는 길이 여섯 치, 폭 네 치의 헝겊으로, 상복의 한 종류이다. '최참(縗斬)'이 '아랫단을 호지(꿰매지) 않는 거친 삼베로 만든 상복'이며, '참최(斬衰)'가 '거친 삼베로 짓고 아랫단을 꿰매지 않은 상복'이고, 또한 '최복(縗服)'은 삼년상에 착용하고, 최복(衰服)이 부모·조부모 상(喪) 때 입는 상복(喪服)이므로 '縗'와 '衰'를 같은 뜻으로 보아도 될 듯하나, 뚜렷한 정의가 발견되지 않는다.

윤지완(尹趾完)   1635(인조 13)~1718(숙종 44)

본관은 파평(坡平). 자는 숙린(叔麟), 호는 동산(東山)이다. 판서 윤강(尹絳)의 아들이며 좌의정 윤지선(尹趾善)의 아우이다.

1662년(현종 3) 증광문과에 을과로 급제해 벼슬길에 올랐으나, 1675년(숙종 1) 함경도 덕원(德源)으로 유배된 송시열(宋時烈)의 신구(伸救)를 건의하면서 당시 집권파인 남인의 탄핵을 받아 관직을 박탈당하였다.

1680년 남인이 실각하고 서인이 집권한 경신대출척(庚申大黜陟)으로 다시 관직에 등용되어 경상도·함경도 관찰사 등을 역임하였으며, 통신사로 일본에 다녀왔다.

이후 어영대장, 예조판서, 경상도관찰사, 병조판서 등을 거쳐 평안도관찰사로 재임하던 중 1689년 기사환국(己巳換局)으로 서인이 실각하고 남인이 집권하게 되면서 파직, 유배되었다가, 1694년 인현왕후(仁顯王后)가 복위하자 또다시 관직에 복귀하여 좌참찬, 우의정 등을 지냈다.

1717년 숙종이 좌의정 이이명(李頤命)과의 독대(獨對)에서 세자(世子, 경종) 청정(聽政)의 어명이 있자, 80세 노구로 관(棺)을 가지고 서울에 들어와 이이명의 독대를 통박하며 세자 청정이 시기상조임을 극언하였다. 또한 이이명을 가리켜 "대신은 국왕의 사신(私臣)이 아니다."라고 논박하였다.

청백리에 녹선되었다.

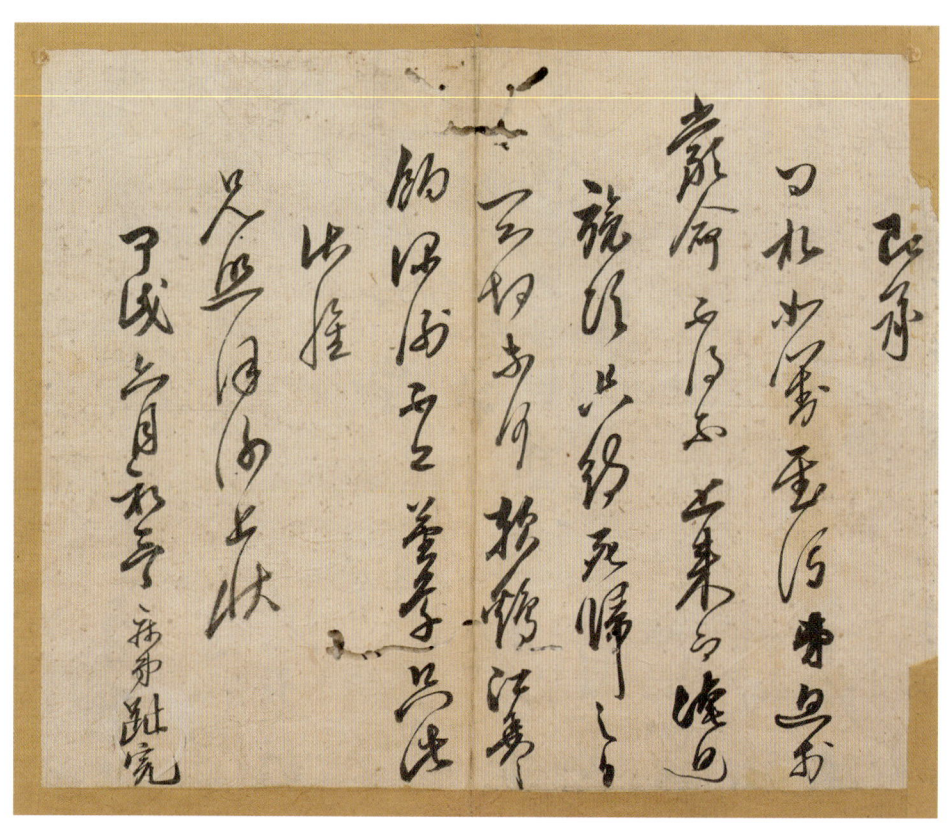

卽承問札 如對慰瀉 즉승문찰 여대위사

弟 迫於嚴命 不得不上來 제 박어엄명 부득불상래

而淹迫旋次 只待死歸之日 悶切奈何 이엄박선차 지대사귀지일 민절내하

軟鷄江魚之餉 深謝不已 연계강어지향 심사불이

菫草只此 근초지차

伏惟兄照 謹謝上狀 복유형조 근사상장

甲戌 六月 初三日 갑술 육월 초삼일　病弟 趾完 병제 지완

지금 문안 편지를 받아 보니 마치 얼굴을 마주하고 있는 것처럼 위로가 넘칩니다.
저는 지엄하신 명령에 쫓겨 어쩔 수 없이 서울에 올라왔습니다.
돌아갈 날은 아득하기만 하여, 단지 죽어서 돌아갈 날만 기다리고 있을 뿐입니다.
근심이 더할 나위 없지만, 어떻게 할 수도 없습니다.

보내 주신 영계[1]와 강 물고기는 무척 고맙게 받았습니다.

간신히 글을 썼습니다.[2]
이만 줄입니다. 그대께서 살펴 주시기 바라며 삼가 답장을 올립니다.

  1694년 6월 3일 병석에 있는 지완

---

1 영계 : 본문의 '연계(軟鷄)'는 '영계'의 어원으로 '약병아리', '중간 크기의 닭'이라는 뜻이다.
2 간신히 글을 썼습니다 : 본문의 '근초(菫草)'는 '근초(僅草)'로도 쓴다. 병이나 힘든 일이 있어 겨우 글씨를 쓴다는 말이다.

나양좌(羅良佐)

1638(인조 16)~1710(숙종 36)

본관은 안정(安定). 자는 현도(顯道), 호는 명촌(明村)이다. 나만갑(羅萬甲)의 손자로, 아버지는 목사(牧使) 나성두(羅星斗)이며, 어머니는 판서 김남중(金南重)의 딸이다.

윤선거(尹宣擧)의 문인으로, 과거에 뜻을 두지 않고 오직 학문과 수양에만 전념하였다. 송준길(宋浚吉)의 추천으로 희릉참봉(禧陵參奉) 등의 벼슬을 받았으나 모두 사퇴하였고, 1683년(숙종 9) 평강현감을 잠시 지내었으나 그만두었으며, 이후 공조좌랑, 충청도도사, 삭녕군수 등에 임명되었지만 역시 사퇴하였다.

1687년 스승 윤선거의 억울한 누명을 벗기려고 상소하여 평안도 영변(寧邊)에 유배되었다가 이듬해에 풀려났으며, 1689년 기사환국(己巳換局)으로 김수항(金壽恒)과 이사명(李師命)이 극형으로 죽자 혼자서 천 리 길을 달려가 이사명의 상을 치르고 돌아왔다.

1706년 처음으로 장령을 지냈다. 저서로 『명촌잡록(明村雜錄)』이 전한다.

• • •

講聞高誼之日 久矣 강문고의지일 구의
向者 意外得接淸儀 於千里客地 향자 의외득접청의 어천리객지
從容承誨 果知有數 存於其間也 종용승회 과지유수 존어기간야
別後 一慰一悵 별후 일위일창

方自耿耿 卽承耑札 방자경경 즉승전찰

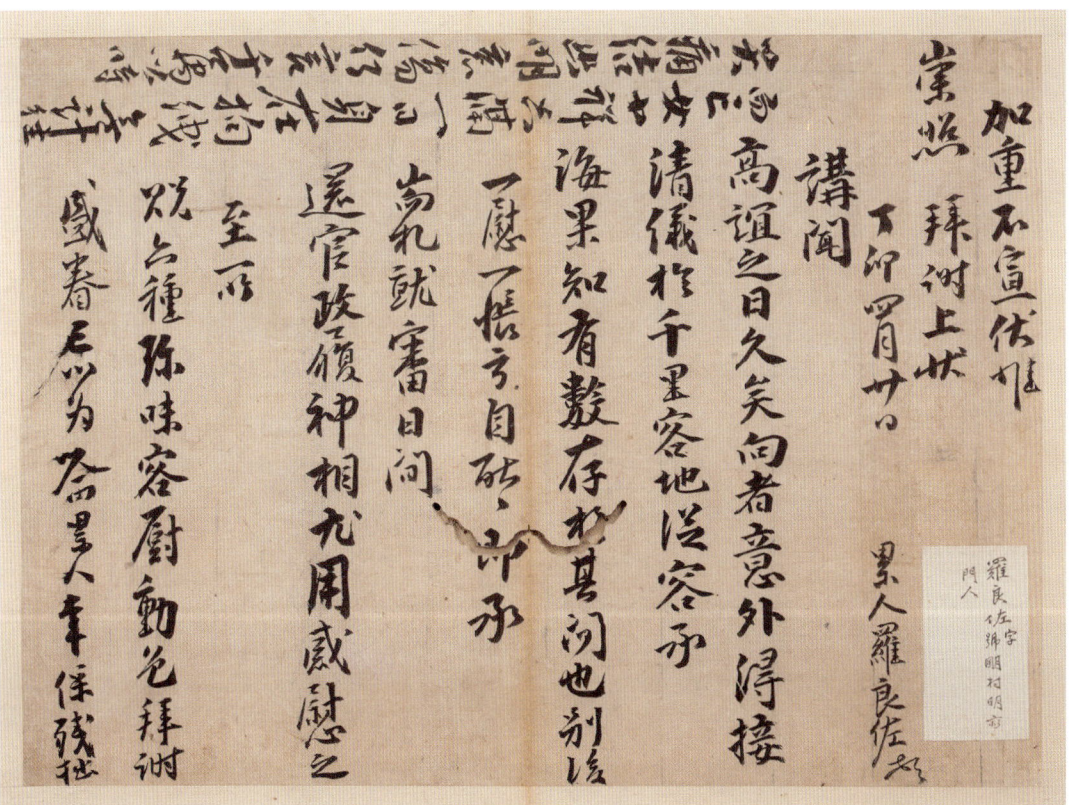

就審日間 還官政履神相 尤用感慰之至 취심일간 환관정리신상 우용감위지지

所貺六種珍味 客廚動色 소황육종진미 객주동색
拜謝盛眷 亡以爲喩 배사성권 무이위유

累人幸保殘拙 而亡女小喪 只隔一日 누인행보잔졸 이망녀소상 지격일일
身在拘紲 無計往哭 痛結幽明 哀傷何言 신재구설 무계왕곡 통결유명 애상하언

千萬 以時加重 不宣 천만 이시가중 불선
伏惟崇照 拜謝上狀 복유숭조 배사상장

丁卯 四月 卄日 정묘 사월 입일　累人 羅良佐 頓 누인 나양좌 돈

높으신 정의(情誼)를 가까이한 지도 오랜 날이 지났습니다.
지난번 뜻밖에도 천 리 먼 객지에서 그대의 맑은 모습[1]을 대하고 부드러운 가르침을 받으니 과연 그 사이에 천명(天命)이 존재함을[2] 알 수 있었습니다.
헤어지고 나니 위로와 슬픔이 마음속에 함께 남았습니다.

지금 그리운 마음만 간절하던 차에 심부름꾼을 시켜 보내신 편지를 받아, 그동안 임소(任所)로 돌아가 편히 잘 계심을 알게 되어 더욱더 감사와 위로가 깊습니다.

보내 주신 여섯 가지 진귀한 음식은 나그네 부엌을 환하게 하였습니다.
그 성대한 보살핌에 무어라 드릴 말씀도 없습니다.

귀양살이하고 있는 저는 다행히 변변찮은 몰골을 지탱하고 있으나 죽은 딸의 소상(小祥)이 겨우 하루 앞으로 다가와도 묶여 있는 몸으로 가서 곡(哭)을 할 수도 없으니, 저승과 이승 사이에 맺힌 이 애통함을 어떻게 말로 표현할 수 있겠습니까.

드리고 싶은 말씀은 많지만, 철 따라 건강하시기 바라며 이만 줄입니다.
살펴 주시기 바라며 답장을 올립니다.

　　1687년[3] 4월 20일　유배지에서 나양좌 올림

1　맑은 모습 : 원문의 '청의(淸儀)'는 밝은 모습이란 뜻으로 상대를 존중한 말이다.
2　그 사이에 천명(天命)이 존재함을 : 수레바퀴 만드는 장인이 수레바퀴 깎는 일은 손으로 터득하여 마음으로 알 뿐이지 입으로 말할 수가 없다고 하면서, "교묘한 기술이 그 사이에 있어, 신이 그것을 신의 자식에게 깨우쳐 줄 수 없고, 신의 자식도 그것을 신에게 받을 수 없습니다(有數存焉於其間 臣不能以喩臣之子 臣之子亦不能受之於臣)." 하였다. 『장자(莊子)』 「천운(天運)」에 나온다.
3　1687년 : 이해에 나양좌는 스승 윤선거를 위한 상소문을 올렸다가 영변으로 유배되었다.

조지겸(趙持謙)

1639(인조 17)~1685(숙종 11)

본관은 풍양(豊壤). 자는 광보(光甫), 호는 오재(汚齋)이다. 좌의정 조익(趙翼)의 손자로, 이조판서 조복양(趙復陽)의 아들이다.

1670년(현종 11) 별시문과에 급제하여 승지, 대사성, 부제학, 형조참의 등을 두루 역임하고, 외직으로 고성군수, 경상도관찰사를 지냈다.

아버지 조복양이 어려서부터 윤순거(尹舜擧) 형제와 교우했고, 특히 윤선거(尹宣擧)의 아들 윤증(尹拯)과 우의가 두터운 까닭에 소론 거두 중 한 사람이 되어, 송시열을 비롯한 김수흥(金壽興)·김수항(金壽恒)·민정중(閔鼎重)·민유중(閔維重)·김석주(金錫胄)·김익훈(金益勳) 등 노론과 대립하였다. 박세채(朴世采)·윤증을 지지하던 한태동(韓泰東)·박태보(朴泰輔)·오도일(吳道一)·최석정(崔錫鼎) 등과 정치적 뜻을 함께하였으며, 윤지선(尹趾善)·남구만(南九萬) 등과도 교유하였다.

경상도관찰사로 재직할 때 사망하였다. 저서로 『오재집(汚齋集)』이 있고, 편서로 『송곡연보(松谷年譜)』가 있다.

· · ·

頃承尊翰 且受節扇之惠 感荷且慰 경승존한 차수절선지혜 감하차위
纔聞尊行入城 而緣此供劇役役 재문존행입성 이연차공극역역
未獲就叙 悵歎徒切 미획취서 창탄도절

未審比炎行候如何 미심비염행후여하
近當一造做穩 근당일조주온

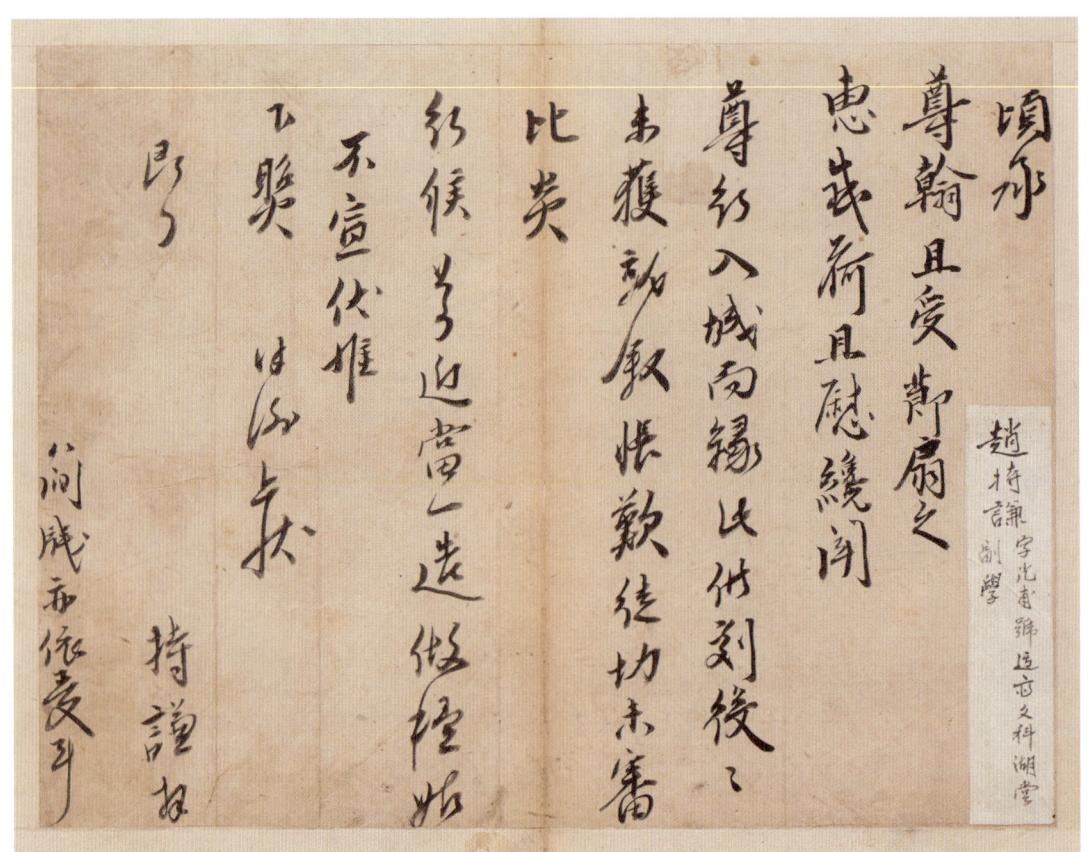

姑不宣 고불선

伏惟下照 謹謝上狀 복유하조 근사상장

卽日 즉일　持謙 拜 지겸 배

簡賤亦依受耳 간전역의수이

보내 주신 편지를 받고, 또한 부채 선물까지 받고 나니 고맙고 위로가 되었습니다.
그대의 행차가 도성 안으로 들어왔다는 것을 들었지만, 마침 바쁜 공무에 시달리느라 만날 겨를조차 없었습니다. 안타까운 마음만 간절합니다.

요즈음 찌는 더위에 행차하시느라 건강은 어떠신지요.
조만간 응당 한번 찾아뵙고 회포를 풀 계획입니다.

이만 줄입니다.
살펴 주시기 바라며 삼가 답장을 올립니다.

  편지를 받은 날에   지겸 올림

편지지도 잘 받았습니다.

조위명(趙威明)

1640(인조 18)~1685(숙종 11)

본관은 한양(漢陽). 자는 회여(晦汝), 호는 송천(松泉)이다.

음보(蔭補)로 세자익위사부수(世子翊衛司副率)가 되었다. 1668년(현종 9) 별시 문과에 급제하여 동부승지, 우부승지를 거쳐 충청도관찰사로 나아가 선정을 베풀었다. 이후 내직으로 대사간, 도승지, 예조참판을 역임하였다.

명문장가로서 예론(禮論)에 밝았으며 명필로 알려졌다.

유필(遺筆)로 허목(許穆)이 찬한 〈동창위권대항비문(東昌尉權大恒碑文)〉과 〈목서흠비문(睦敍欽碑文)〉·〈대군사부권적표(大君師傅權蹟表)〉 등이 있다.

• • •

伏承兄札 始審兄尙在齋所 可歎 복승형찰 시심형상재재소 가탄
書候之不數 弟意兄在本宅 서후지불수 제의형재본댁
方伻人而入城 見子婦 又見兄札 伏慰萬萬 방팽인이입성 견자부 우견형찰 복위만만

千萬料外 叨此不似 昨日出避 今方待遞耳 천만요외 도차불사 작일출피 금방대체이

兄之入京 在何間 翹企倍切 형지입경 재하간 교기배절
於在南時 可笑不盡者 情也 어재남시 가소부진자 정야

固知奇男之又得 而旣生而夭慘 慘可言 고지기남지우득 이기생이요참 참가언

不宣 불선

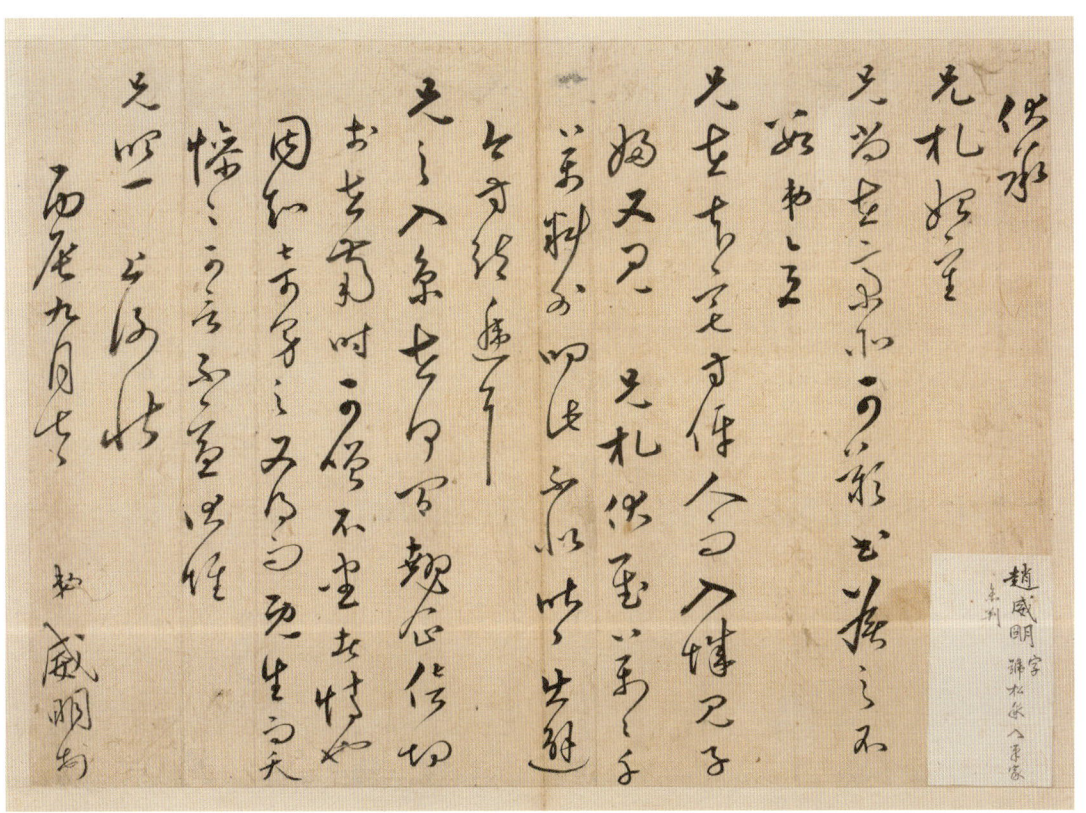

伏惟兄照 上謝狀 복유형조 상사장

丙辰 九月 七日 병진 구월 칠일 弟 威明 頓 제 위명 돈

그대의 편지를 받아, 그대께서 아직도 재소(齋所)[1]에 계신 것을 알게 되어 한탄스러웠습니다. 편지로 문후를 자주 여쭙지 못한 것은, 형님께서 본가에 계실 것으로 생각했기 때문이었습니다.
지금 다른 사람을 좇아서 성에 들어와 며느리를 만나고, 또 그대의 편지를 읽어 보게 되어 매우 위안이 됩니다.

전혀 뜻밖에 어울리지 않는 직책에 임명된 탓에 어제는 인피(引避 : 공동으로 책

---

1 재소(齋所) : 제사를 지내기에 앞서 재계하고 미리 예법을 익히는 곳을 일컫는다.

임을 지고 일을 피하던 일)하였으며, 지금은 체직(遞職)을 기다리고 있습니다.

그대께서는 언제 서울로 오실 것입니까. 기다리는 마음만 간절합니다.
남쪽 지방에 계실 때 웃음이 그치지 않은 것은 징 때문이었습니다.

영특한 아들이 또 태어났지만, 살아 있던 아들이 요절하였다는 것을 알게 되니 슬픈 심정을 금할 수 없습니다.

이만 줄입니다.
살펴 주시기 바라며 답장을 올립니다.

  1676년 9월 7일 위명 올림

조상우(趙相愚)

1640(인조 18)~1718(숙종 44)

본관은 풍양(豊壤). 자는 자직(子直), 호는 동강(東岡)이다. 예조판서 조형(趙珩)의 아들로, 어머니는 목장흠(睦長欽)의 딸이다.

이경석(李景奭)의 문하에서 수학했으며, 송준길(宋浚吉)의 문인으로 1682년(숙종 8) 증광문과에 급제하였다. 1694년 갑술환국(甲戌換局)으로 서인이 집권하자 남구만(南九萬)의 천거로 외직에서 돌아와 예조참의, 대사간, 동부승지 등을 지내면서 당시 유배자들을 석방하는 일에 참여했다.

옥사의 심리를 빠르게 하고 군포(軍布)의 폐단을 없앨 것을 주장하였으며, 1700년 이조참판으로 서북 지방의 인재등용책을 건의하였다. 희빈장씨(禧嬪張氏) 사사(賜死) 때에는 이를 반대하는 상소를 올렸다. 형조판서, 예조판서, 한성부판윤, 병조판서, 이조판서를 지내고 우의정에 올랐다.

당론의 폐단을 없애려고 노력했으며, 남구만·최석정(崔錫鼎) 등과 함께 온건한 소론으로서 활발한 정치 활동을 하였다. 글씨를 잘 써서 〈충현서원(忠賢書院) 사적비〉 등을 남겼다.

• • •

頃因來令 傳聞台監所及之言 不覺愧悚 경인내령 전문대감소급지언 불각괴송
今聞欽姪之言 前所云云 似出於傳者之過 금문흠질지언 전소운운 사출어전자지과
然 數千里 窮髮之地 年年作行 연 수천리 궁발지지 연년작행
在我烏得安心 재아오득안심

第忝此任 殆過周歲 而無絲毫裨補 제첨차임 태과주세 이무사호비보

去年今歲 得令兩方 正了西北事 거년금세 득령양방 정료서북사
自以爲功 而不恤人言 未知台今謂如何 자이위공 이불휼인언 미지대금위여하

平生故人 亦安敢以任公 不循私爲咎乎 평생고인 역안감이임공 불순사위구호
清秋一壺 常對笑於嶽壇之上耳 청추일호 상대소어악단지상이

弟 一病三月 幸不死 死生有定 제 일병삼월 행불사 사생유정
豈以去留關心乎 기이거류관심호
多少不宣 다소불선
伏惟台下照 拜候狀上 복유대하조 배후장상

壬辰 五月 十七日 임진 오월 십칠일 弟 相愚 拜 제 상우 배

접때 영(令)¹이 올 때 대감께서 하신 말씀을 전해 들으며, 나도 모르게 부끄럽고 죄송하였습니다.
지금 조카 흠(欽)의 말을 들으니, 이전 얘기는 전달한 사람이 잘못 옮긴 것 같습니다.
그러나 수천 리 떨어진 북쪽 변방²을 해마다 다녔으니 제가 어찌 마음이 편안하겠습니까.

다만 이 직책을 맡은 지 거의 한 해가 다 지나갔지만 털끝만큼도 도움이 못 되면서, 지난해나 금년이나 두 곳을 맡아 서북(西北) 지방의 일이 잘 마무리된 것을 스스로 공(功)으로 여기면서 남의 말은 생각하지도 않았으니, 대감께서 지금 어떻게 말씀하실지도 모르겠습니다.

벗께서도, 평생 동안 감히 공적인 자리에서 사사로운 정(情)을 따르지 않은 것을 어찌 허물로 여기셨습니까.
맑은 가을날 술 한 병 놓고 항상 산마루 위에서 미소 지으며 대하셨지요.

저는 석 달 동안 병을 앓고 있지만 다행히 죽지는 않고 있습니다.
죽고 사는 일은 모두가 정해진 운명인데, 떠나고 머묾에 어찌 마음을 쓰겠습니까.
할 말은 많지만 다 쓰지 못합니다.
대감께서 살펴 주시기 바라며 문안 편지를 올립니다.

　1712년 5월 17일　상우 올림

1　영(令) : 명령(命令)이나 법령(法令) 등을 뜻하는 말이나, 조선시대 종묘서(宗廟署)·사직서(社稷署)·영희전(永禧殿) 등을 맡은 종5품 벼슬아치를 통칭하기도 한다.
2　북쪽 변방 : 원문의 '궁발(窮髮)'은 북쪽 끝 지방으로 '북쪽 변방'을 뜻한다. 『장자』「소요유(逍遙遊)」에 "궁발의 북쪽에 명해(冥海)가 있다(窮髮之北 有冥海者)."에서 온 말이다.

087　**심익현(沈益顯)**　1641(인조 19)~1683(숙종 9)

본관은 청송(靑松). 자는 가회(可晦), 호는 죽오(竹塢)이다. 영의정 심지원(沈之源)의 아들로, 10세 때 효종의 둘째 딸 숙명공주(淑明公主)와 혼인하여 청평위(靑平尉)에 봉해졌다.

왕의 총애를 받으며 오위도총부도총관을 여러 차례 역임하였으며, 1666년(현종 7) 사은사, 1674년과 1680년(숙종 6)에는 주청사(奏請使)로 세 차례에 걸쳐 청나라에 다녀왔다.

서예에 뛰어나서 산릉지(山陵志)·옥책문(玉冊文)·교명(敎命)을 많이 썼으며, 특히 촉체(蜀體)에 능하였다. 서예 작품으로 〈우의정장유비(右議政張維碑)〉·〈영의정이경여비(領議政李敬興碑)〉·〈경림군이정표(慶林君李淀表)〉·〈인경왕후익릉표(仁敬王后翼陵表)〉·〈효종영릉표(孝宗寧陵表)〉 등이 전해진다.

· · ·

乾川洞 喪事 出於意外 公私長慟 久而益切 건천동 상사 출어의외 공사장통 구이익절
路遠無便 尙闕奉書替慰 노원무편 상궐봉서체위
卽承尊札 仍諦庚炎 尊候萬安 仰慰不已 즉승존찰 잉체경염 존후만안 앙위불이

節扇依錄以領 年年寄惠 良荷眷存 謝不容喩 절선의록이령 연년기혜 양하권존 사불용유

不宣 불선
伏惟下照 謹謝上狀 복유하조 근사상장

己未 六月 念七日 기미 유월 염칠일　益顯 拜 익현 배

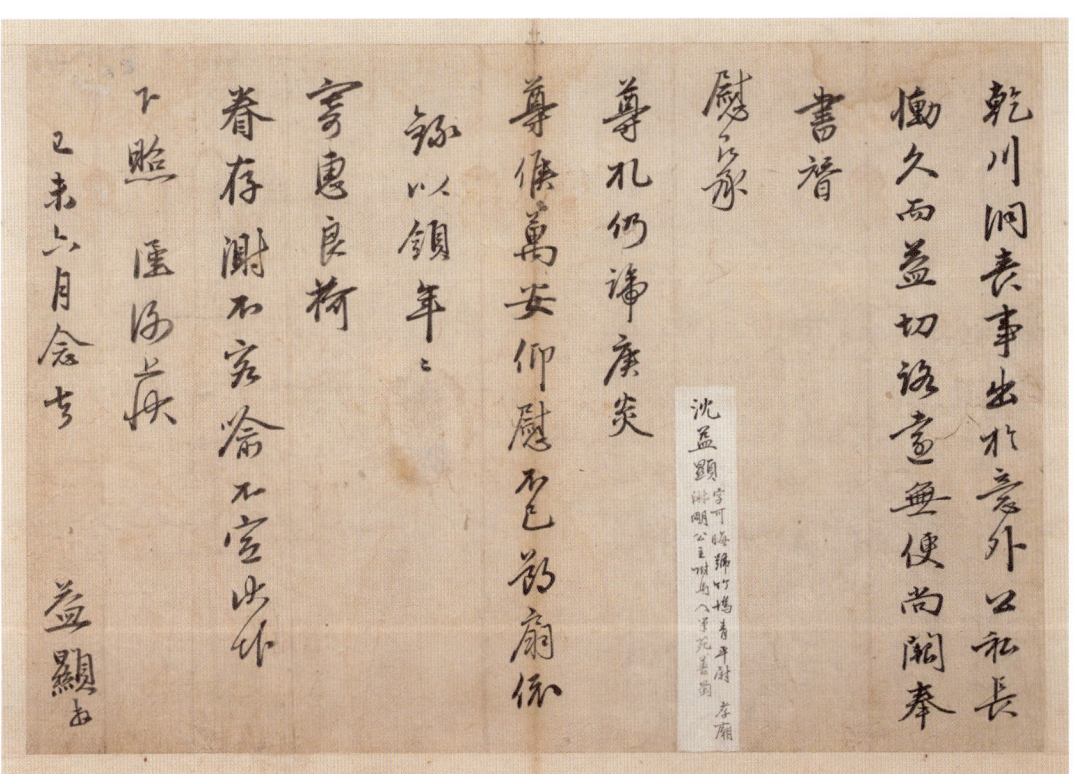

건천동(乾川洞)[1]의 상사(喪事)는 뜻밖의 일이었습니다.
공적으로나 사적으로 애통한 마음은 시간이 지날수록 더욱 애절하기만 합니다.
길이 멀고 인편도 없어 여태 위로의 글도 올리지 못하였는데, 지금 그대의 편지를 받아 이 삼복더위에 건강히 잘 계심을 알게 되어 우러러 더없이 위안이 되었습니다.

보내 주신 부채는 잘 받았습니다. 해마다 베풀어 주시는 보살핌에 고맙기 그지없으며, 어떻게 감사드려야 할지 모르겠습니다.

1 건천동(乾川洞) : 지금의 서울특별시 중구 인현동(仁峴洞) 부근의 지명이다. 순 우리말로 '마른 냇골'이라고도 한다.

이만 줄입니다.

살펴 주시기 바라며 삼가 답장을 올립니다.

1679년 6월 27일 익현 올림

권상하(權尙夏) 1641년(인조 19)~1721년(경종 1)

본관은 안동(安東). 자는 치도(致道), 호는 수암(遂菴)·한수재(寒水齋)이다. 권격(權格)의 아들로 우참찬을 지낸 권상유(權尙游)의 형이다.

송준길(宋浚吉)·송시열(宋時烈)의 문인으로, 이이(李珥)와 송시열로 이어지는 기호학파의 정통 계승자이다. '인물성동이논쟁(人物性同異論爭)'인 '호락논변(湖洛論辨)'이 일어나게 되는 계기를 마련한 성리학자이다.

1660년(현종 1) 진사가 되어 성균관에 들어가 수학하였으나, 스승 송시열의 부침(浮沈)을 보면서 관직에 진출하는 것을 단념하고 충청도 청풍(淸風) 산중에 은거하며 학문과 교육에 전념하였다. 송시열이 사약을 받을 때 그의 임종을 지키고 의복과 서적 등의 유품을 가지고 돌아왔다.

1703년(숙종 29)부터 13년간 해마다 대사헌에 임명되고, 이조판서, 좌찬성, 우의정, 좌의정, 판중추부사 등에 임명되었으나, 그때마다 사직소를 올리고 나가지 않았다.

숙종 재위 중 경신환국(庚申換局, 1680)·기사환국(己巳換局, 1689)·갑술환국(甲戌換局, 1694)을 거치며 당쟁이 치열했지만, 그는 초연한 태도로 학문과 교육에만 전념하며 서경덕(徐敬德)·이황(李滉)·기대승(奇大升)·이이(李珥)·성혼(成渾) 등 선유(先儒)들로부터 제기된 조선성리학의 기본 문제에 대하여 규명하려는 데 온 힘을 기울였다.

그의 문하에서 한원진(韓元震)·이간(李柬)·윤봉구(尹鳳九)·채지홍(蔡之洪)·이이근(李頤根)·현상벽(玄尙璧)·최징후(崔徵厚)·성만징(成晩徵) 등 이른바 '강문팔학사(江門八學士)'가 나왔다.

글씨에도 능하여 〈기백이태연표(箕伯李泰淵表)〉·〈형참권극화표(刑參權克和表)〉 등 여러 작품을 남겼으며, 저서로 『한수재집(寒水齋集)』·『삼서집의(三書輯疑)』 등이 전한다.

• • •

客歲二札 當置案上 每思兄 輒披讀一過객세이찰 당치안상 매사형 첩피독일과
如對平生顔面 慰極慰極여대평생안면 위극위극
卽日淸和 靜履復如何즉일청화 정리부여하

弟 憂患汨汨 精爽消盡제 우환골골 정상소진
頃又哭孤姪女 慘慟何忍言경우곡고질녀 참통하인언

示意 眷摯不淺시의 권지불천
但此廢病 入洛無其期 何由可復揩靑단차폐병 입락무기기 하유가부개청
徒增悵恨도증창한

傳書無路 至今稽謝전서무로 지금계사
適士中許有便 乘忙草修 千萬不能盡적사중허유편 승망초수 천만불능진
伏惟下照 謹謝上狀복유하조 근사상장

弟 尙夏 頓제 상하 돈
丙寅 四月 十日병인 사월 십일

지난해 보내 준 두 통의 편지를 책상 위에 두고 늘 그대가 생각날 때마다 바로 한 번씩 펴서 읽었습니다. 평소의 얼굴을 대하는 듯 위로가 하염없습니다. 맑고 화창한 이 계절[1]에 고요한 가운데 수양하시며 잘 지내시는지요.[2]

1 맑고 화창한 이 계절 : 원문의 '청화(淸和)'는 아름다운 계절인 음력 4월을 달리 이르는 말이다.
2 고요한 가운데 수양하시며 잘 지내시는지요 : 원문의 '정리(靜履)'는 벼슬에서 물러나 있는 사람의 안부를 물을 때 쓰는 말이다.

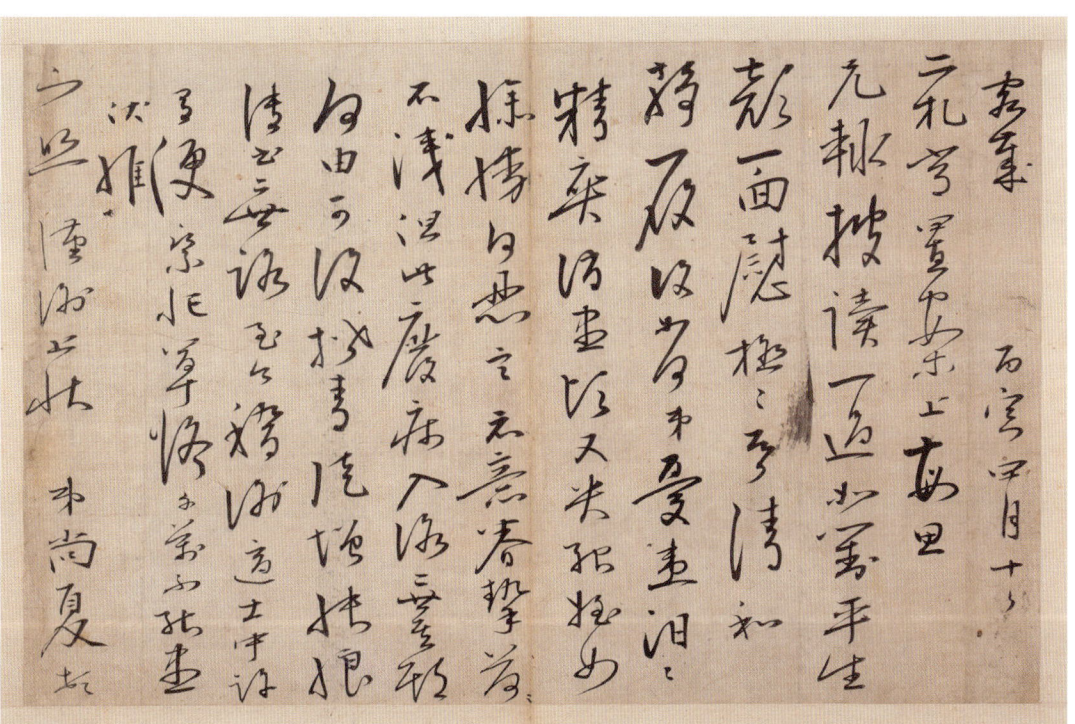

저는 우환이 겹쳐 골골대며 넋이 다 빠져나간 채로 지내고 있습니다.
지난번에는 고아가 된 조카딸[3]이 또 죽어서 상을 치렀으니, 그 비참하고 애통한 마음을 어찌 말로 다 할 수 있겠습니까.

하신 말씀은 극진히 보살펴 주시는 마음에서 하신 것임을 알고 있습니다.
그러나 이렇게 병든 몸으로 서울로 가는 일은 기약할 수 없으니, 언제나 다시 반갑게 만날 수 있겠습니까.[4]
괜스레 슬프기만 합니다.

3 고아가 된 조카딸 : 원문의 '고질녀(孤姪女)'는 아버지를 여읜 조카딸을 뜻한다.
4 반갑게 만날 수 있겠습니까 : 원문의 '개청(揩青)'은 '식청(拭青)'과 같은 말이다. "푸른 눈을 비빈다."는 뜻인데, 푸른 눈은 반가운 눈길을 뜻한다. 진(晉)나라 완적(阮籍)이 반가운 사람을 만나면 '청안(青眼)'을 뜨고 미운 사람을 만나면 '백안(白眼)'을 떴다는 고사에서 나온 말이다. 『진서(晉書)』 「완적전(阮籍傳)」에 이 고사가 실려 있다.

편지를 전할 길이 없어 지금에야 답장을 올립니다.

마침 사중(士中)[5] 쪽에 인편이 있어, 경황없이 바쁜 와중에 대충 편지를 썼습니다.

살펴주시기 바라며 삼가 답장을 올립니다.

　상하 올림
　1686년 4월 10일

• • •

節惠新承曠世恩 절혜신승광세은
賓筵爭頌克家孫 빈연쟁송극가손
凌霜苦節於斯顯 능상고절어사현
千載光華仰德門 천재광화앙덕문

　安東 權尙夏 敬次 忠簡公 迎諡宴 韻 안동 권상하 경차 충간공 영시연 운

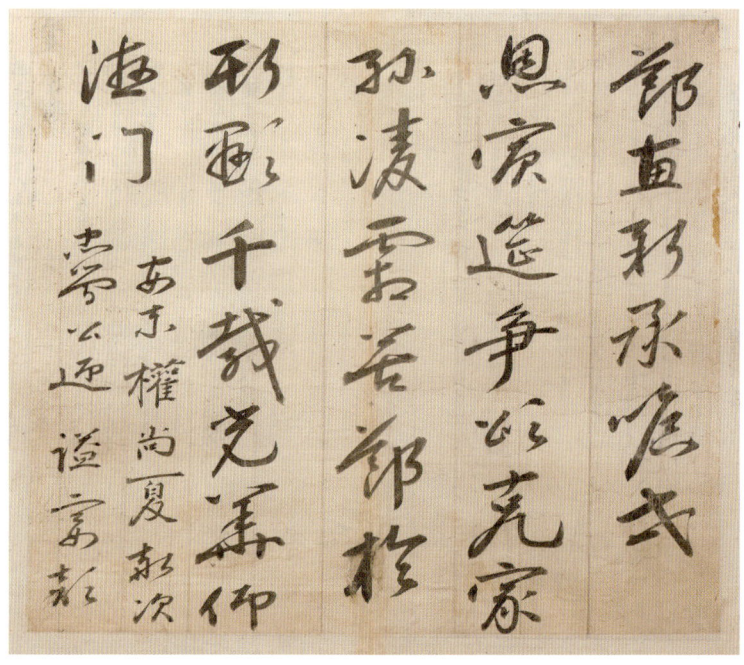

크나큰 임금님 은혜로 새로이 절혜(節惠)[6]를 입고
빈객이 모인 자리에서 다투어 칭송하고, 후손들을 자랑하네.
서릿발 세월 넘어선 절개는 여기에 빛나고
천년 세월 영광과 영화(榮華), 덕문(德門)[7]으로 추앙받으리.

안동 권상하가 충간공 영시연(迎諡宴)[8] 운으로 삼가 읊다.

5 사중(士中) : 홍만선(洪萬選, 1643~1715)의 자(字)이다. 조선 후기 실학자로 본관은 풍산(豊山), 호는 유암(流巖)이며, 예조참의 홍주국(洪柱國)의 아들이다. 1666년(현종 7) 진사시에 합격하고, 1682년(숙종 8) 30세에 음보(蔭補)로 벼슬길에 올라, 내직으로는 사옹원봉사(司饔院奉事), 한성부참군(漢城府參軍), 의금부도사, 공조 좌랑·정랑, 익위(翊衛) 등을 지냈고, 외직으로는 합천·고양·단양 군수와 상주목사 등을 거쳤다. 유형원(柳馨遠)과 동시대의 인물로 주자학에 반기를 들고 실용후생(實用厚生)의 학풍을 일으킨 실학의 선구적 인물이다. 유중림(柳重臨)·서유구(徐有榘) 등 학자들에게 많은 영향을 주었다. 저서로 18세기 대표적인 향촌경제서인『산림경제(山林經濟)』4권이 전한다. 권상하의 문집인『한수재집(寒水齋集)』에는「상주목사 홍사중 만선을 보내며(送尙牧洪士中萬選)」등 그와 관련된 시 여러 편이 수록되어 있다.
6 절혜(節惠) : 일반적으로 시호(諡號)를 내리는 것을 말한다.
7 덕문(德門) : 덕망(德望)이 높은 집안이라는 뜻이다.
8 영시연(迎諡宴) : 시호 교지(敎旨)를 맞이하며 여는 잔치를 의미한다.

이돈(李墪)

089

1642(인조 20)~1713(숙종 39)

본관은 전주(全州). 자는 진오(進吾), 호는 문천(文泉)이다.

승지와 이조판서 등을 지내고, 1712년(숙종 38) 예조판서가 되었는데, 이해 과시(科試)에서의 일로 탄핵을 받아 충청도 아산현(牙山縣)에 부처(付處 : 어느 곳을 지정하여 머물러 있게 하던 형벌)되었다가 이듬해 그곳에서 사망하였다.

『숙종실록』 38년 7월 5일 기사에 이돈이 올린 공초(供招)가 수록되어 있는데, 그는 당시 시험관에 임명되었음에도 죽은 아내의 천장(遷葬) 문제 때문에 궁궐 밖으로 나갔다고 진술하였다.

. . .

關嶺阻脩 歲暮悵戀愈深 관령조수 세모창연유심
承拜惠札 審得初寒 按候萬相 慰釋如晤 승배혜찰 심득초한 안후만상 위석여오

台之累疏不得 然雖似悶鬱 대지누소부득 연수사민울
而近來諸道方伯之引嫌陳疏者 自上皆不許遞 이근래제도방백지인혐진소자 자상개불허체
輒有上疏 還下送之擧 盖以重其任也 첩유상소 환하송지거 개이중기임야
事勢至此 則不可經情直遂 사세지차 즉불가경정직수
唯當黽勉行公而已 奈何奈何 유당민면행공이이 내하내하

弟 衰病日甚 不得歛退 悶憐奈何 제 쇠병일심 부득염퇴 민련내하
遷葬 則卜在明春前 路裏棺布 천장 즉복재명춘전 노리관포

辛 陽月 十七日 신 양월 십칠일 服弟 墪 頓 복제 돈 돈

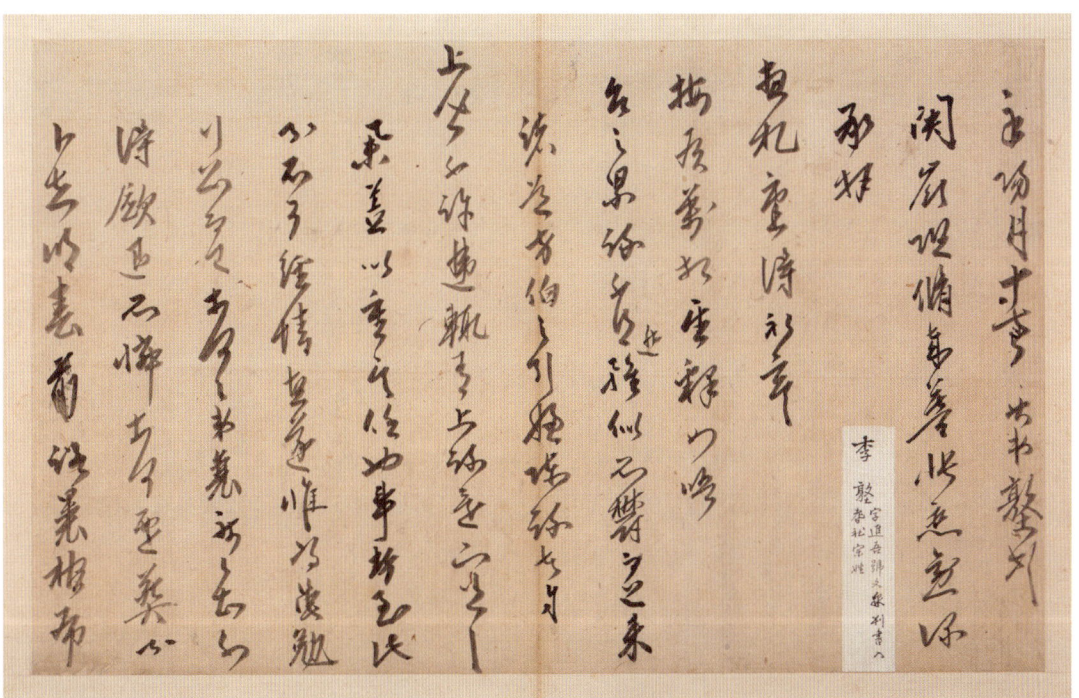

대관령 고갯길이 멀고 험하기만 하니, 한 해가 저물어 가는 이때 그립고 서글픈 마음만 더합니다.
보내 주신 편지를 받아 초겨울 안후(按候)[1]가 편안하심을 알게 되니 마치 뵙고 있는 듯 위안이 됩니다.

대감께서 여러 차례 올린 상소대로 되지 않아 비록 고민스럽고 우울하신 듯하지만, 근래 여러 도의 방백(方伯)들이 인혐(引嫌)[2]해야 할 일로 올린 상소들도 모두 임금께서 체직(遞職)을 허락하지 않으시고, 상소를 올리자마자 바로 돌려보내고 있습니다. 그 말은 바 책임을 중하게 여기셔서 그런 것입니다.
형편이 이와 같으니 정(情)을 좇아 바로 행동할 수도 없는 노릇입니다.
오로지 열심히 공무를 다할 뿐이니 어떻게 하겠습니까.

1 안후(按候) : 관찰사의 안부를 물을 때 쓰는 표현이다.
2 인혐(引嫌) : 직무상 인척 관계 등 거북한 처지에 있어 그 벼슬을 사양하고 은퇴하여 후진에게 길을 열어 주거나, 또는 어떤 혐의를 피하여 사직하는 일을 말한다. '피혐(避嫌)'과 같은 말이다.

저는 병으로 쇠약하지만 관직을 벗어던지고 물러날 수도³ 없으니 어찌하면 좋을지 모르겠습니다.

천장(遷葬)⁴은 돌아오는 봄 이전에 하기로 날을 잡았으며, 길에서 관포(棺布)⋯⁵

신(辛)년⁶ 10월 17일 상중(喪中)에 있는 돈 올림

3 관직을 벗어던지고 물러날 수도 : 원문의 '염퇴(斂退)'는 "벼슬에서 물러나 은거한다."는 의미이다. 당나라 문인 한유(韓愈)의 시에 "자취를 거두고 물러나 나약한 경지로 나아간다(斂退就新懦)."란 구절이 있다.
4 천장(遷葬) : 묘를 쓴 다음에 다시 어떠한 목적에 의하여 새로이 묘지를 택하여 시신을 옮겨 매장하는 것을 말한다. 개장(改葬)·면례(緬禮)·면봉(緬奉)·이장(移葬)이라고도 한다.
5 ⋯ : 이 편지는 뒷부분이 잘려 나갔다. 아마도 천장(遷葬)에 대한 절차 등이 있었던 것으로 보이는데 수신자가 이를 잘라 낸 것으로 보인다. 무엇보다도, 이 편지를 쓴 이돈(李墪)은 천장(遷葬)의 일로 인하여 벼슬에서 물러나게 되었고 모든 역사적 기록에서 오명(汚名)으로 남게 되었으므로 이 부분을 잘라 낸 것으로 여겨진다.
6 신(辛)년 : 본문의 내용을 볼 때, 1711년(숙종 37) 신묘년(辛卯年)으로 여겨진다. 이돈(李墪)은 당시 시험관에 임명되었음에도 죽은 아내의 천장(遷葬) 문제 때문에 궁궐 밖으로 나가 탄핵을 받고 귀양을 갔고 2년 후 그곳에서 사망하였다.

이세필(李世弼)

1642(인조 20)~1718(숙종 44)

본관은 경주(慶州). 자는 군보(君輔), 호는 구천(龜川)이다. 이항복(李恒福)의 증손으로, 이시술(李時術)의 아들이다. 호조판서를 지낸 이태좌(李台佐)가 그의 아들이다.

1674년(현종 15) 제2차 복상(服喪) 문제로 송시열(宋時烈)이 삭직당하자, 평소에 송시열을 모르는 사이였음에도 불구하고 그를 적극 옹호하는 상소문을 올려 전라도 영광(靈光)에 5년 동안 유배되었다.

1678년(숙종 4) 귀양에서 풀려난 후 학행으로 천거되어 형조좌랑을 거쳐 용안현감, 삭녕군수 등 외직을 지냈다. 1689년 기사환국(己巳換局) 이후에 관직에서 물러나 곤궁하게 살면서 학문을 닦았다.

1694년 갑술환국(甲戌換局)으로 다시 관직에 나아가 김제군수 등을 지냈으나, 그 이후로는 한성부우윤, 형조참판을 제수받았으나 출사하지 않고 낙향하여 성리학 연구에 전념하였다.

저술로 경설(經說)과 예(禮)에 관하여 논답(論答)한 20여 권의 책이 있다. 또한 『악원고사(樂院故事)』1책이 있는데, 이는 묘악(廟樂)의 전고(典故)를 설명하고, 악장(樂章)에 관한 여러 사람의 논의를 수집해 엮은 것이다.

• • •

省禮言 생례언
日月易邁 先府君 練事奄過 일월이매 선부군 연사엄과
感念存沒 悲悼采深 감념존몰 비도미심

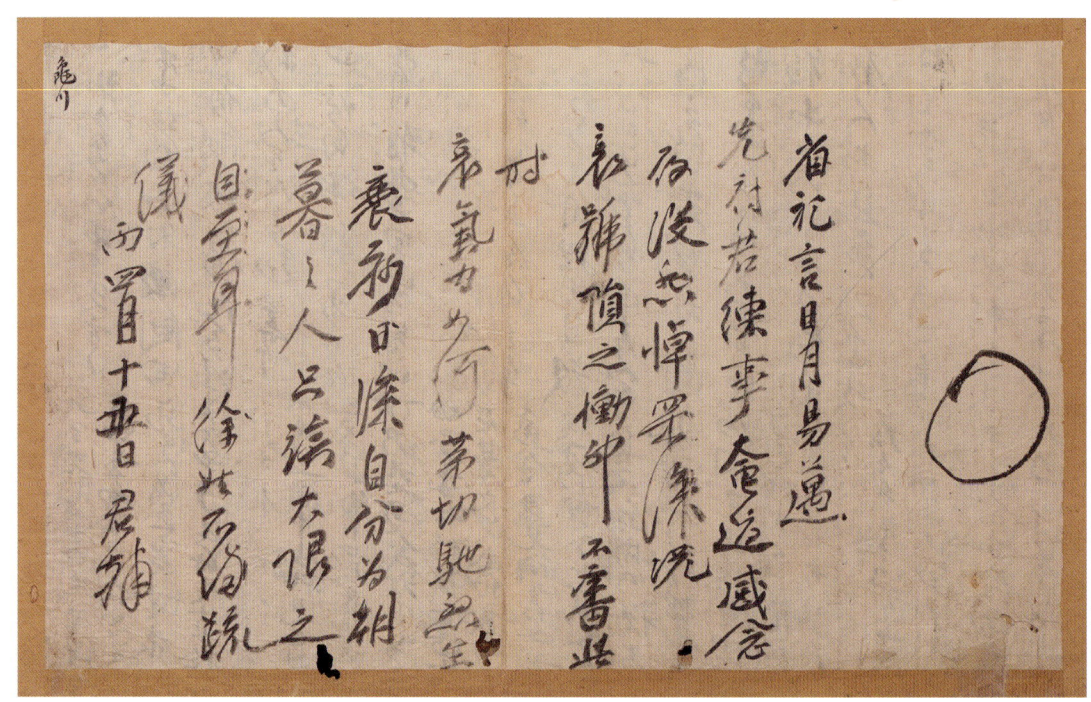

況哀號隕之慟耶 황애호운지통야

不審此時 哀氣力如何 第切馳戀 불심차시 애기력여하 제절치련

生 衰病日深 自分爲朝暮之人 생 쇠병일심 자분위조모지인

只竢大限之自至耳 지사대한지자지이

餘姑不備疏儀 여고불비소의

丙 四月 十五日 병 사월 십오일   君輔 군보

생례언(省禮言)[1]

세월은 빨리도 흘러가 선부군(先府君)[2]의 소상(小祥)[3]도 어느덧 지나갔습니다.

1 생례언(省禮言): "예를 생략하고 말씀드린다."는 의미로, 상중에 있는 상대방에게 보내는 편지의 서두에 인사말을 생략하고 관용적으로 쓰는 말이다.
2 선부군(先府君): 돌아가신 남의 아버지를 일컫는 말이다. '선대인(先大人)'이라고도 한다.
3 소상(小祥): 사람이 죽은 후 일 년 만에 지내는 제사를 말한다.

삶과 죽음을 생각하니 슬픔과 안타까움이 더욱 깊어만 지는데, 하물며 그대께서 어머님을 여의고[4] 울부짖는 통곡은 얼마나 애절하겠습니까.
요즈음 그대의 기력은 어떠신지요. 그리운 마음만 간절합니다.

저는 병으로 쇠약해져서 스스로 생각해도 얼마 안 되어 죽을 것 같습니다. 다만 죽음이 저절로 다가오기만을 기다리고 있습니다.
나머지는 다 쓰지 못하고 이만 줄입니다.

　　병(丙)년[5] 4월 15일　군보(君輔)

4　어머님을 여의고 : 수신인을 '애(哀)'라고 지칭하고 있으므로, 이 편지의 수신인은 어머니 상을 당한 것이다. 아버지가 죽었을 때는 '고(孤)', 어머니가 죽었을 때는 '애(哀)'라고 한다.
5　병(丙)년 : 이 편지의 내용으로 볼 때, 1716년(숙종 42) 병신년(丙申年)에 쓰인 것으로 추측할 수 있다.

심권(沈權)[1]

1643(인조 21)~1697(숙종 23)

본관은 청송(靑松). 자는 성가(聖可)이다.

1675년(숙종 1) 사마시에 합격하고 1682년 증광문과에 급제하여 정언(正言), 지평(持平) 등 관직을 지냈다.

1689년 기사환국(己巳換局)으로 남인이 집권하자 서인인 조태구(趙泰耉)·이징명(李徵明)·조형기(趙亨期) 등과 함께 경상도 남해에 유배되었다가, 1694년 갑술환국(甲戌換局)으로 남인이 실각되자 풀려났다. 이후 홍문관부수찬을 거쳐, 승지와 병조·예조 참지 등을 역임하였다.

1697년 전라도관찰사로 재직하던 중 세상을 떠났다. 문장과 필법이 뛰어났으며, 고사(古史)에 밝았다.

・・・

向者入洛 生逢親旧 향자입락 생봉친구
而兄已西行 未獲良晤 不勝悵然之意 이형이서행 미획양오 불승창연지의
意外伏承兄札 從審暑熱 兄旬宣起居萬安 의외복승형찰 종심서열 형순선기거만안
差慰溯戀之懷 차위소연지회

弟 風痺痼疾 已無復起之望 제 풍비고질 이무부기지망

[1] 권(沈權) : 이 편지가 수록된 간찰첩에는 작자에 대한 설명이 없다. 따라서 이 편지는 '작자 미상'으로 표시하여야 하지만, 편지 속 내용을 볼 때 시대와 사건이 심권(沈權)의 생애와 정확히 일치하고 있으므로, 작자를 심권으로 특정하였다. 참고로, 심권의 필적은 이 편지 외에는 현재까지 공개된 적이 없다.

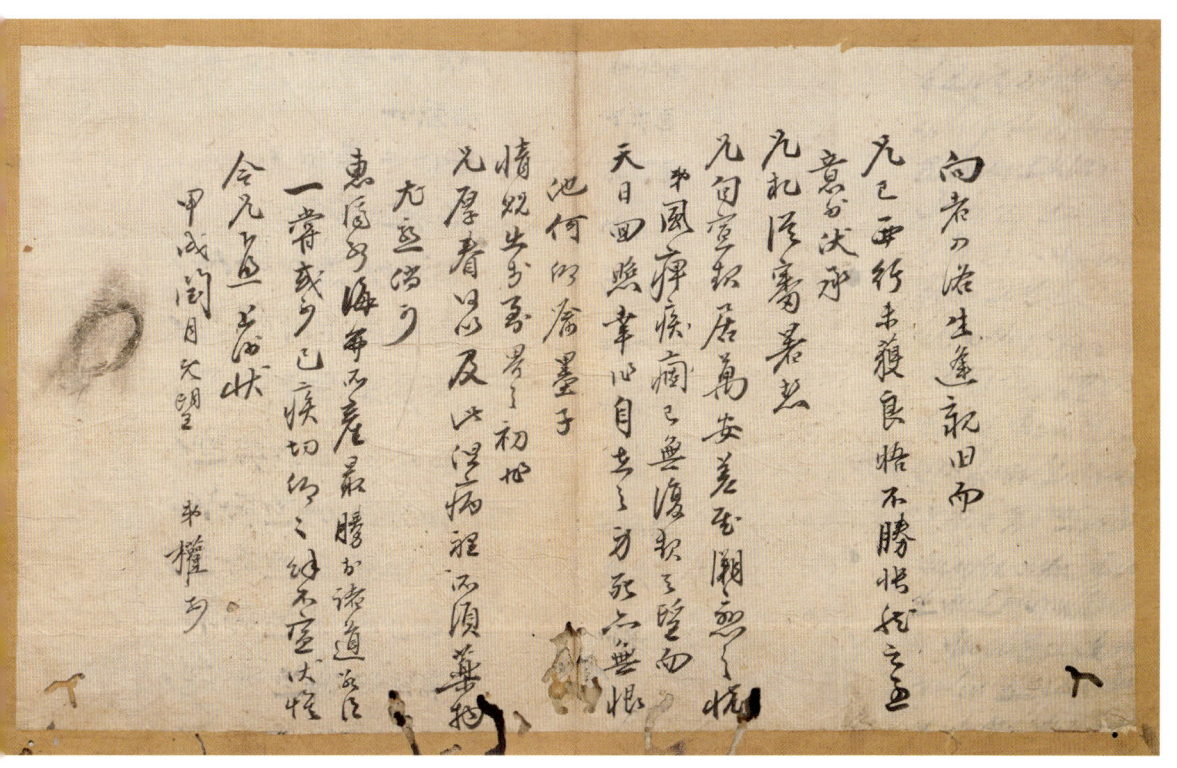

而天日回照 幸作自在之身 이천일회조 행작자재지신
死亦無恨 他何仰喩 사역무한 타하앙유

墨子情貺 出於到界之初 非兄厚眷 何以及此 묵자정황 출어도계지초 비형후권 하이급차
但病裡所須 藥物尤急 倘可惠濟耶 단병리소수 약물우급 당가혜제야
海西所産 最勝於諸道 若得一甞 或可已疾 해서소산 최승어제도 약득일상 혹가이질
切仰切仰 절앙절앙

餘不宣 여불선
伏惟令兄下照 上謝狀 복유영형하조 상사장

甲戌 閏月 旣望 갑술 윤월 기망 弟 權 頓 제 권 돈

접때 서울로 돌아와 친구들을 살아서 상봉할 수 있었는데, 그대께서는 이미

서쪽으로 떠나셔서 만나 뵙지 못하여 아쉽기 그지없었습니다.
뜻밖에 그대께서 보내신 편지를 받아, 이 무더운 더위에 관찰사 업무를 보며 편히 잘 계심을 알게 되니 그리운 마음에 다소 위안이 되었습니다.

저는 풍비(風痺)[2] 증세가 고질병이 되어 이미 다시 일어날 가망이 없으나, 임금께서 마음 돌리시어 다행히 몸이 자유롭게 되었으니[3] 이제는 죽어도 여한이 없습니다.
더 이상 드릴 말씀이 무엇이 있겠습니까.

그 지방에 도착하자마자[4] 먹을 보내 주셨으니, 도타운 보살핌이 아니라면 어떻게 이러실 수 있었겠습니까.
다만 병중에 꼭 필요한 약재가 우선 급하니, 가능하시면 보내 주시면 좋겠습니다.
해서(海西) 지방에서 나는 것이 다른 곳에서 나는 것에 비해 월등히 좋아서, 한번 복용하고 나면 혹시 병이 낫게 되지나 않을까요.
간절히 바라고 또 바랍니다.

이만 줄입니다.
그대께서 살펴 주시기 바라며 답장을 올립니다.

   1754년 윤달 16일 권 올림

---

2 풍비(風痺) : 중풍으로 인한 마비 혹은 사지가 쑤시고 아픈 류마티스성 관절염을 일컫는다.
3 임금께서 마음 돌리시어 다행히 몸이 자유롭게 되었으니 : 심권(沈權)은 이 편지를 쓴 시점에 남해 유배에서 풀려났다.
4 지방에 도착하자마자 : 원문의 '도계(到界)'는 관찰사가 임지(任地)에 부임한 것을 일컫는 말이다.

오도일(吳道一)   1645(인조 23)~1703(숙종 29)

본관은 해주(海州). 자는 관지(貫之), 호는 서파(西坡)이다.

1673년(현종 14) 춘당대문과에 을과로 급제하여 개성부유수, 대사간, 부제학, 강원도관찰사, 대사헌 등을 거쳐, 이조·공조 참판, 대제학, 한성부판윤, 병조판서를 지냈다.

술을 좋아하여 숙종으로부터 과음의 경계를 받기도 하는 등 술로 인하여 많은 사람들로부터 지탄을 받기도 하였다.

문장에 뛰어났으며, 저서로 『서파집(西坡集)』이 전한다.

• • •

書到溯中 就認邇間起居狀 披慰不可量 서도소왕중 취인이간기거상 피위불가량

烏山一會 豈嘗忘于中也 오산일회 기상망우중야
第以娣兄在衙 歸期不遠 勢難拾去故也 제이제형재아 귀기불원 세난습거고야
令必不諒 以我爲無情也 영필불량 이아위무정야

方差尙州試官 回日當歷到 烏山山寺 방차상주시관 회일당역도 오산산사
與令作一夜穩 여영작일야온
當在卄二三間 其時當更通耳 당재입이삼간 기시당갱통이

各色扇七柄送呈 而數少者 각색선칠병송정 이수소자
盖以歲歉不造 只將進御封 餘分之故也 개이세겸부조 지장진어봉 여분지고야

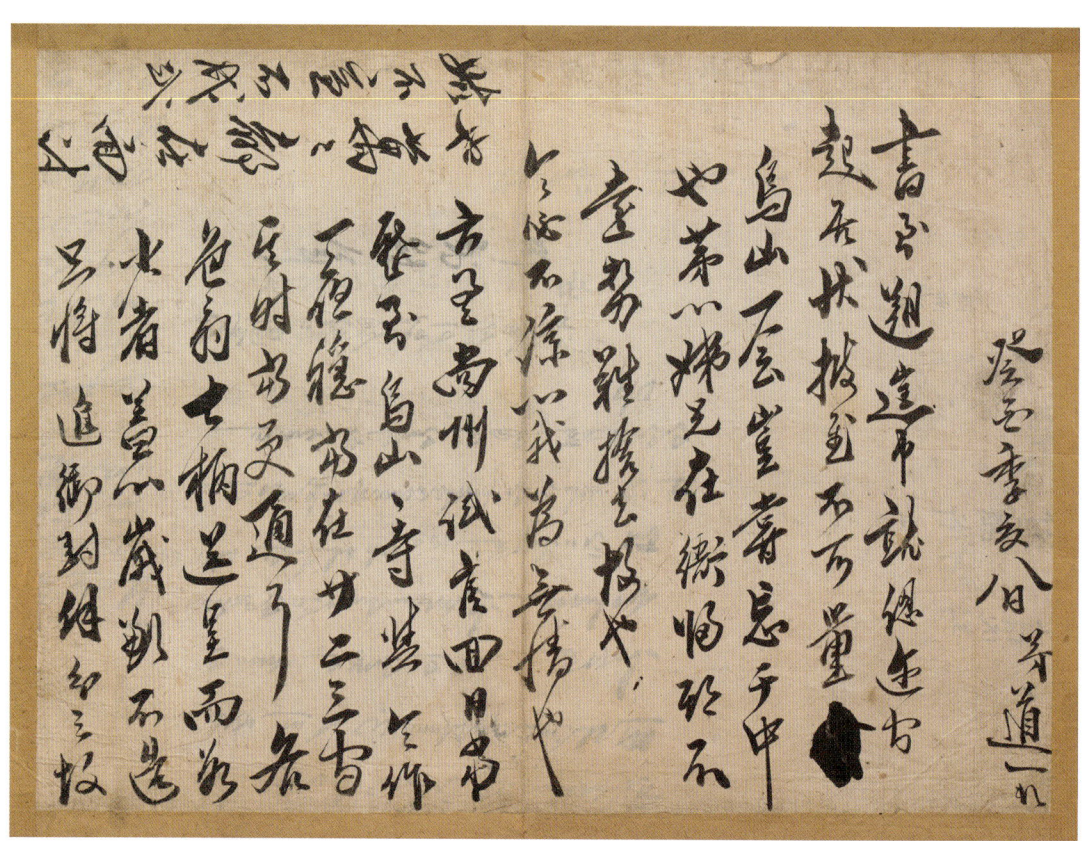

萬萬都在面討 만만도재면토

姑不宣 不成式 고불선 불성식

癸酉 季夏 八日 계유 계하 팔일   弟 道一 拜 제 도일 배

궁금해하던 중에 편지가 와서, 요즈음 계시는 정황을 알게 되니 위로가 끝이 없습니다.

오산(烏山)에서의 만남을 어찌 가슴속에서 잊은 적이 있었겠습니까.
다만 손아래 동서가 관아에서 돌아갈 날이 머지않아 정리하고 갈 일이 쉽지 않기 때문이니, 그대께서도 꼭 제가 정이 없어서 그런다고 생각하지는 않으실 것입니다.

지금 상주(尙州)의 시관(試官)으로 차출되었습니다. 돌아오는 날에 당연히 오산의 산사에 들러 그대와 하룻밤 회포를 풀 수 있을 것입니다.
22일이나 23일 사이에 갈 것인데, 그때는 다시 알려 드리겠습니다.

여러 색깔의 부채 일곱 자루를 보내 드립니다만, 수량이 적습니다.
이는 흉년이 들어 만들지 못하여서, 다만 진상하고 남은 것을 보낼 수밖에 없었기 때문입니다.

나머지는 만나서 말씀드리겠습니다.
격식을 갖추지 못하고 이만 줄입니다.

   1693년 5월 8일 도일 올림

· · ·

新安館 酬別 主倅 李季泉 신안관 수별 주쉬 이계천

天涯萍水此逢迎 천애평수차봉영
纔道寒喧已別情 재도한훤이별정
亂酌無巡須盡醉 난작무순수진취
離歌緩唱故停行 이가완창고정행

鴨江暮色吟邊逈 압강모색음변형
遼野秋陰馬首淸 요야추음마수청
謾有平生孤釖在 만유평생고검재
幾時橫海斬長鯨 기시횡해참장경

  貫之 醉草 관지 취초

신안관(新安館)[1]에서 주쉬(主倅)[2] 이계천(李季泉)[3]과 석별의 잔을 들며.

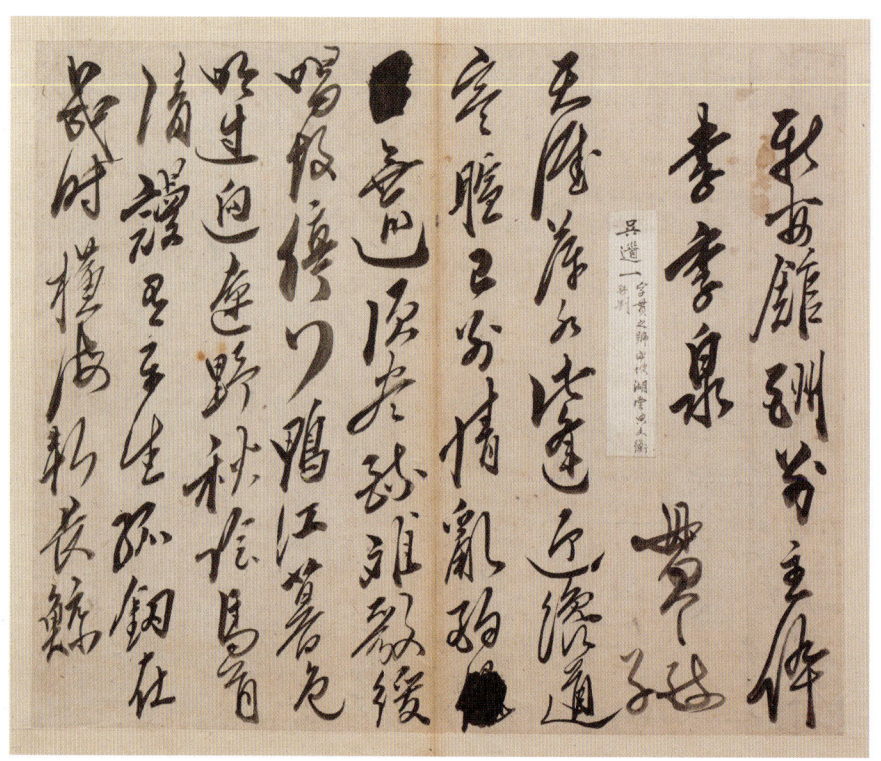

하늘 끝닿은 곳 부평초처럼 만나

겨우 안부나 묻고 아쉽게 헤어지네.

어지러이 돌아가는 술잔엔 흠뻑 취하여야 하리니

이별 노래 길게 이어 가는 길을 붙잡네.

압록강 황혼은 아득히 읊어 대고

1 　신안관(新安館) : 조선시대 평안도 정주(定州)에 설치된 역참. 또는 그 역참의 부속 건물인 객사(客舍)를 말한다. 내용으로 볼 때 이 시는 이선부(李善溥)가 함경도관찰사를 지내던 1711년(숙종 37)에 쓴 듯하다.
2 　주쉬(主倅) : 본 고을의 원을 이르는 말이다. 여기서는 함경도관찰사를 지칭한다.
3 　이계천(李季泉) : 이선부(李善溥, 1646~1721)이다. 계천(季泉)은 그의 자(字)이다. 본관은 덕수(德水), 호는 육송(六松)이다. 이관하(李觀夏)의 아들로, 어머니는 우의정 이행원(李行遠)의 딸이다. 1673년(현종 14) 춘당대시(春塘臺試)에 급제하고 고창현감, 지평 등을 거쳐 충청도관찰사와 경상도관찰사를 지내고, 대사간, 함경도관찰사, 경기감사, 형조판서 등을 역임하였다. 풍채와 위의(威儀)가 엄숙하고 반듯하였으나, 술을 좋아하는 호탕한 성품 때문에 '숭음다패(崇飮多悖)'로 탄핵을 받아 경상감사에서 파직되기도 하는 등 이 시의 저자와 비슷한 삶을 살았다.

요동 벌 흐린 가을날 말 머리만 맑아라.
하릴없이 평생 홀로 칼만 어루만졌으니
언젠가 바다 건너 큰 고래를 베리라.[4]

　관지(貫之)[5]가 취해서 쓰다.

4 　큰 고래를 베리라 : 당나라 시인 이백(李白)의 「임강왕절사가(臨江王節士歌)」에 "장사는 분노하고 큰 바람이 이니, 어이하면 의천검을 얻어서 바다를 건너 큰 고래를 벨거나(壯士憤 雄風生 安得倚天劍 跨海斬長鯨)"란 구절이 있다.
5 　관지(貫之) : 이 시의 저자인 오도일(吳道一)의 자(字)이다.

이유(李濡)

093

1645(인조 23)~1721(경종 1)

본관은 전주(全州). 자는 자우(子雨), 호는 녹천(鹿川)이다. 세종의 다섯째 아들 광평대군(廣平大君) 여(璵)의 후손으로 이중휘(李重輝)의 아들이다. 어머니는 좌의정 김상헌(金尙憲)의 손녀이며 아버지가 김광찬(金光燦)이다. 영의정을 지낸 김수흥(金壽興)과 김수항(金壽恒)의 누이이다.

송시열(宋時烈)의 문인으로 이단하(李端夏)와 민정중(閔鼎重)의 신뢰와 지지를 받았다.

1668년(현종 9) 별시문과에 급제한 후 여러 관직을 전전하다가 1680년(숙종 6) 경신대출척(庚申大黜陟)으로 서인이 재집권할 때 승지로 발탁되었다. 이어 경상도관찰사, 대사헌을 역임했으며, 1694년 갑술환국(甲戌換局) 후에는 평안도관찰사를 거쳐 호조·병조 판서, 우의정, 좌의정, 영의정에까지 올랐다.

상신(相臣)의 자리에서 북한산성을 수축하여 도성 방어에 힘썼으며, 당대의 경세가로서 양역(良役) 문제에 큰 관심을 가져 군정(軍政)의 개선을 주장하였다.

. . .

五馬西出 行色甚急 晚始得聞 徒切瞻悵 오마서출 행색심급 만시득문 도절첨창
秋序已盡 離思益甚 忽承手翰 추서이진 이사익심 홀승수한
仍審政履萬相 極慰戀仰之懷 實倍尋常 잉심정리만상 극위연앙지회 실배심상

弟 屛蟄之中 菫保賤喘 제 병칩지중 근보천천
而自七月 兒少疾病沈痼 至今猶未已 이자칠월 아소질병침고 지금유미이

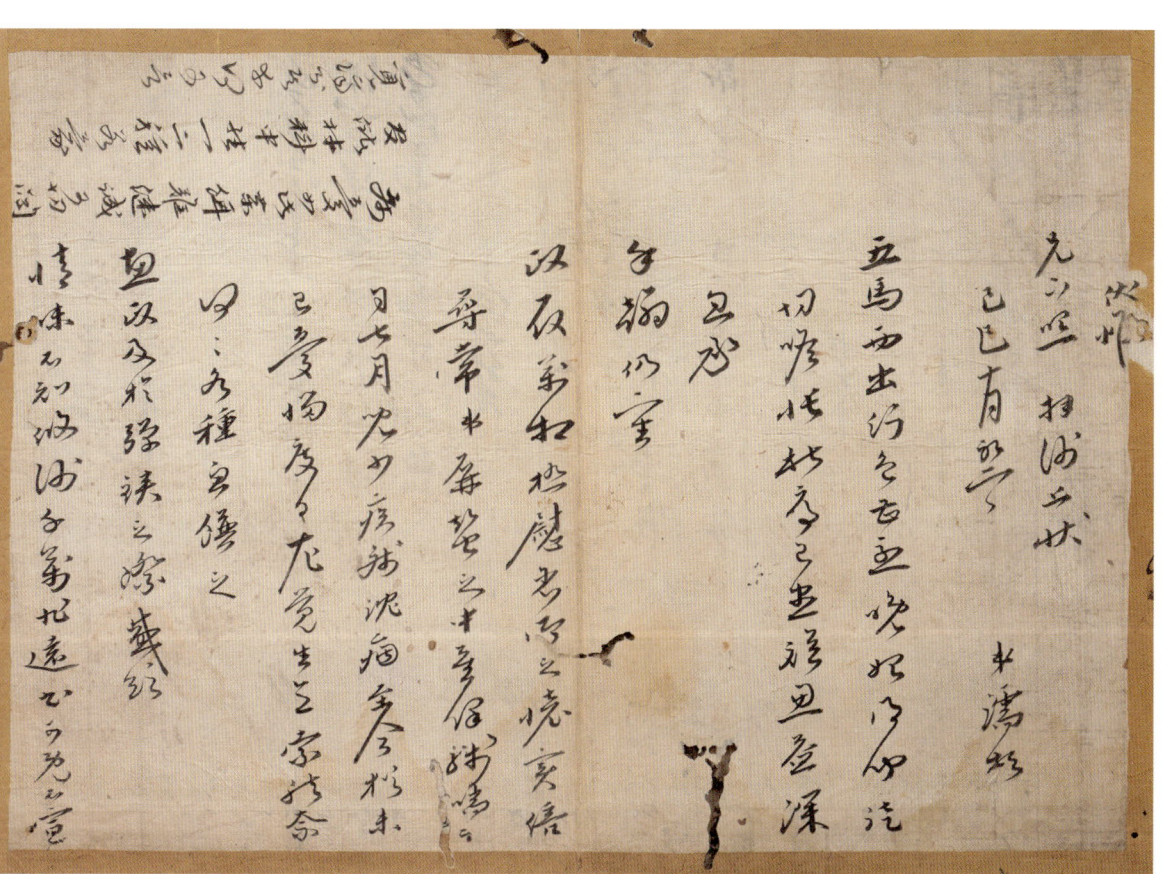

憂惱度日 尤覺生意索然 奈何奈何 우뇌도일 우각생의삭연 내하내하

各種魚饌之惠 政及於彈鋏之際 각종어찬지혜 정급어탄협지제
感領情味 不知攸謝 감령정미 부지유사

千萬非遠書可旣 천만비원서가기
不宣 兄下照 拜謝上狀 불선 형하조 배사상장

己巳 十月 初二日 기사 십월 초이일   弟 濡 頓 제 유 돈

病憂如此 藥餌難繼 誠可切悶 병우여차 약이난계 성가절민
官儲材料中 雖一二種 若蒙覓濟 관저재료중 수일이종 약몽멱제

則其幸何可言 즉기행하가언

행차¹가 서쪽으로 떠나는 것을 여정이 급한 탓에 뒤늦게서야 비로소 듣게 되어 하릴없이 서글프기만 하였습니다.
가을이 이미 다 저물어 이별의 정은 더욱 사무치는데, 별안간 편지를 받아 정무를 돌보시며 편히 계시다는 것을 알게 되니 우러러 사모하는 마음에 너무나 큰 위안이 됩니다.

저는 산골에 파묻혀 살면서 간신히 천한 목숨을 부지하고 있습니다. 7월 이후로 어린아이들은 심하게 병에 걸렸는데 지금까지도 가라앉지 않고 있습니다. 근심걱정으로 하루하루를 지내다 보니 살고 싶은 마음도 더 없답니다. 어찌하면 좋겠습니까.

보내 주신 각종 생선 반찬은 처량하게 신세 한탄²을 하고 있을 때 와서, 정을 느끼며 고맙게 받았습니다. 어떻게 감사드려야 할지 모르겠습니다.

드릴 말씀은 많지만 멀리 보내는 편지에 모두 다 쓸 수 없어 이만 줄입니다.
살펴 주시기 바라며 답장을 올립니다.

  1689년 10월 2일 유 올림

병으로 인한 근심은 이와 같은데, 약을 대기가 어려워 정말 걱정이 많습니다. 관아에 비축되어 있는 약재 중에서 비록 한두 가지라도 찾아서 보내 주신다면, 이런 다행이 어디 또 있겠습니까.

---

1 행차 : 원문의 '오마(五馬)'는 지방 수령으로 가는 행차를 일컫는 말이다. 한나라 때 태수(太守)가 다섯 필의 말을 탔던 고사에서 유래하여 태수의 미칭(美稱)으로 쓰인다. 당나라 시인 두보(杜甫)의 시에 "인생 중에 고귀한 오마의 신분이 되셨으니, 부디 백발에 침노당하지 마시기를(人生五馬貴 莫受二毛侵)."이라는 구절이 나온다.
2 신세 한탄 : 원문의 '탄협(彈鋏)'은 "칼자루를 두드리다."는 뜻이다. 전국시대 제(齊)나라 사람 풍훤(馮諼)이 맹상군(孟嘗君)의 식객(食客)으로 있을 때 후한 대우를 받지 못하자, 칼자루를 두드리며 불만을 노래했다는 고사에서 나온 것이다.『전국책(戰國策)』「제책(齊策)」에 나온다.

신완(申琓)

1646(인조 24)~1707(숙종 33)

본관은 평산(平山). 자는 공헌(公獻), 호는 경암(絅庵)이다.

박세채(朴世采)의 문인으로, 1672년(현종 13) 별시문과에 급제한 뒤 관직에 올랐으며, 1680년(숙종 6) 경신대출척(庚申大黜陟)이 일어나자 서인으로서 남인 권대운(權大運)·민희(閔熙) 등을 공격하였다.

강원도관찰사, 도승지, 대사헌, 대사간, 경기도관찰사를 거쳐, 1694년 예조판서를 역임하고 1700년 우의정이 되었다.

우의정으로 재임할 때 희빈장씨(禧嬪張氏)의 처벌 완화를 주청하고 시무(時務) 8조를 올렸으나 뜻을 이루지는 못하였다. 북한산성의 축성을 건의하여 윤허를 얻었으며, 1703년 영의정에 오르고, 평천군(平川君)에 봉하여졌다.

저서로 『경암집(絅庵集)』을 남겼다.

· · ·

卽惟兄履萬相 仰慰且溯 즉유형리만상 앙위차소
弟 親病憂遑之中 徒事引避 悶歎悶歎 제 친병우황지중 도사인피 민탄민탄

本院陳箚事 想與汝厚相議耶 본원진차사 상여여후상의야
弟 不但憂患如此 且與玄石丈 有遠姻之嫌 제 부단우환여차 차여현석장 유원인지혐
汝厚亦有 一家之嫌以難起草 여후역유 일가지혐이난기초
同僚中 兄最無此於之嫌 望須從速起草 동료중 형최무차어지혐 망수종속기초
與汝厚相議 刪潤後通示如何 여여후상의 산윤후통시여하

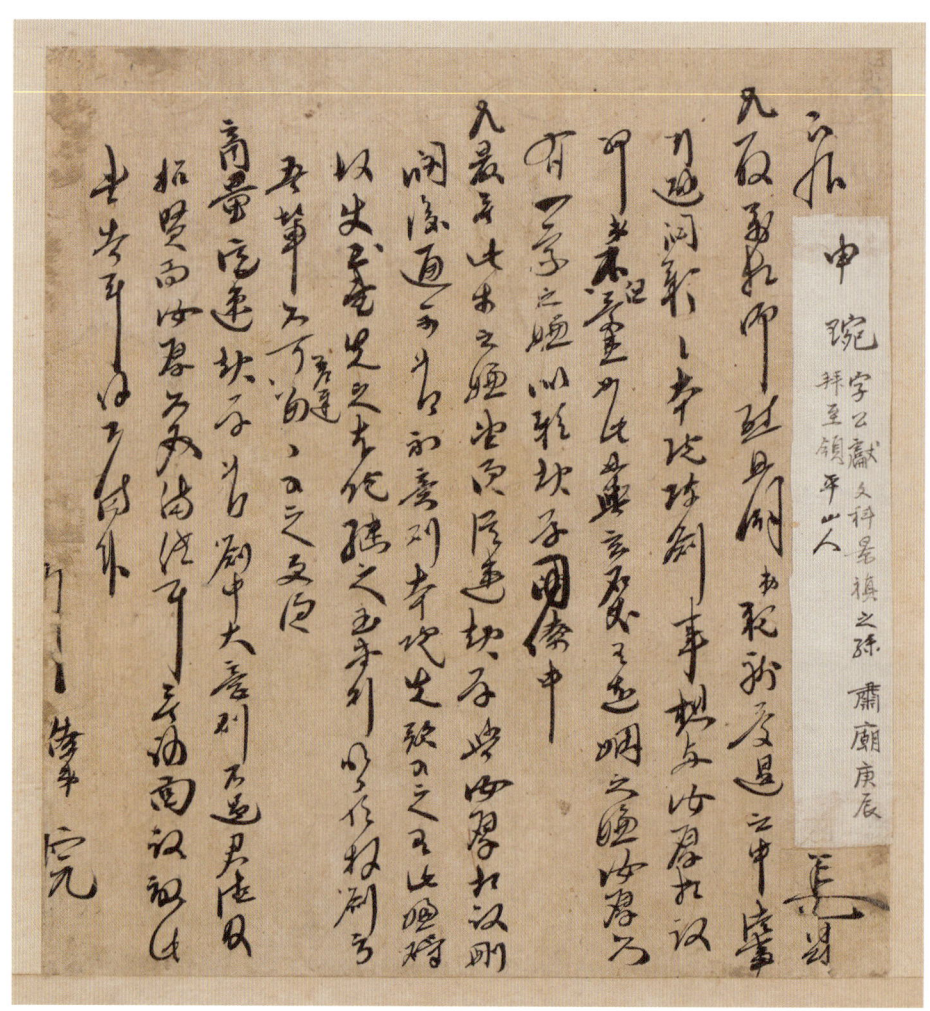

示意 則本院先欲入之 有此嫌碍 시의 즉본원선욕입지 유차혐애
故使玉堂先之 本院繼之玉堂 則明日將拜箚云 고사옥당선지 본원계지옥당 즉명일내배차운
吾輩亦可差遲數日入之 오배역가차지수일입지
更須商量 從速起草如何 갱수상량 종속기초여하

箚中大意 則不過君德及招賢 차중대의 즉불과군덕급초현
而汝厚亦必備傳耳 이여후역필비전이

無路面議 敢此書告耳 무로면의 감차서고이

餘不備式 여불비식

卽日 즉일 侍弟 琓 시제 완

그대께서 편안히 잘 계시리라 생각하니, 위안이 되며 그리워집니다.
저는 부모님의 병으로 근심스러워 경황이 없는데 한갓 인피(引避)[1]로 걱정이 많습니다.

본원(本院)에서 올린 차자(箚子)는 여후(汝厚)[2]와 상의한 것이겠지요.
저는 이와 같은 우환만 있을 뿐만 아니라 현석(玄石)[3] 어른과는 먼 인척으로 피혐(避嫌)[4]해야 하며, 여후와도 역시 한집안으로 피혐해야 하므로 차자를 기초(起草)하기가 어렵습니다.
동료 중에는 그대가 피혐해야 할 일이 전혀 없으니 반드시 빠른 시일 내에 기초하고, 여후와 상의한 후에 다듬어 보내 주셨으면 합니다.

하신 말씀을 보니, 본원이 먼저 차자를 제출하고 싶더라도 이 같은 혐애(嫌碍 : 피해야 할 장애)가 있으므로 우선 옥당(玉堂)[5]에서 먼저 제출하게 하고, 본원은

---

1 인피(引避) : 직무상 인척 관계 등 거북한 처지에 있어 그 벼슬을 사양하고 은퇴하여 후진에게 길을 열어 주거나, 또는 어떤 혐의를 피하여 사직하는 일을 말한다. 피혐(避嫌)도 비슷한 뜻이다.
2 여후(汝厚) : 박태순(朴泰淳, 1653~1704)의 자(字)이다. 박태순은 대사헌을 지낸 박황(朴潢)의 손자이며, 광흥창수(廣興倉守) 박세상(朴世相)의 아들로 박세채(朴世采)와는 6촌간이다. 벼슬은 경상도관찰사에 이르렀으며, 저서로 『동계집(東溪集)』 6권이 있다.
3 현석(玄石) : 박세채(朴世采, 1631~1695)의 호(號)이다. 박세채는 본관이 반남(潘南)이며, 자(字)는 화숙(和叔)이다. 홍문관교리 박의(朴猗)와 신흠(申欽)의 딸 신씨 부인의 사이에서 태어났다. 그의 가계(家系)는 명문 세족으로, 증조부 박응복(朴應福)은 대사헌, 할아버지 박동량(朴東亮)은 형조판서를 지냈다. 『사변록(思辨錄)』을 저술한 박세당(朴世堂)과 그의 아들 박태유(朴泰維)·박태보(朴泰輔) 등은 당내 간의 친족이고, 송시열(宋時烈)의 손자 순석(淳錫)이 그의 사위이다. 김상헌(金尙憲) 문인으로, 1659년(효종 10) 효종이 별세하여 자의대비(慈懿大妃)의 복상문제(服喪問題)가 일어나자 남인(南人)과 대립하며 송시열과 함께 이를 기년(朞年 : 만 1년)으로 정하게 했다. 1674년(숙종 즉위년) 남인들이 집권할 때 삭관되었다가 1680년 경신대출척(庚申大黜陟)으로 관직에 복귀하였다. 소론의 영수로 1694년(숙종 20) 갑술환국(甲戌換局)으로 소론이 집권하자 영의정을 지냈다. 이 간찰의 저자인 신완(申琓)은 그의 문인으로, 박세채의 첫째 아들을 사위로 삼았다.
4 피혐(避嫌) : 위의 주 1 '인피(引避)' 참조.
5 옥당(玉堂) : 여러 가지 뜻이 있으나, 여기서는 홍문관을 일컫는 말로 쓰였다.

옥당 뒤를 이어 내일 차자를 올리라고 했다는데, 저희들 또한 며칠 기다렸다가 제출할 수도 있습니다.
반드시 다시 한번 잘 생각해 보시고 빨리 기초하셨으면 합니다.

차자 중 큰 요지는 임금님의 덕(德)에 대한 것과 현명한 인재를 부르는 것에 지나지 않으며, 여후도 역시 꼭 제대로 전했습니다.

만나서 의논할 길이 없어서 감히 이렇게 글로 알립니다.
예의를 다 갖추지 못하고 이만 줄입니다.

  편지를 받은 날에   시제(侍弟)[6] 완

---

6   시제(侍弟) : '모시는 아우'라는 뜻으로, 상대방에게 자신을 낮추는 표현이다.

최석정(崔錫鼎)   1646(인조 24)~1715(숙종 41)

본관은 전주(全州). 초명은 석만(錫萬). 자는 여시(汝時)·여화(汝和), 호는 존와(存窩)·명곡(明谷)이다. 영의정 최명길(崔鳴吉)의 손자로, 아버지는 한성좌윤 완릉군(完陵君) 최후량(崔後亮)이다.

9세에 이미 『시경』과 『서경』을 암송했고, 12세에 『주역』을 이해할 수 있는 신동으로 인정받았다. 남구만(南九萬)과 이경억(李慶億)에게 학문을 배웠다. 17세에 감시(監試) 초시에 장원을 했고, 1666년(현종 7) 진사시에 장원했으며 동시에 생원시도 합격하였다. 1671년 정시문과에 급제하여 관직 생활을 시작하였다.

남인의 영수 허적(許積)을 비판한 오도일(吳道一)을 변호하다가 삭직되기도 하고, 윤휴(尹鑴)를 비난하고 김수항(金壽恒)을 옹호하다가 삭출되는 등 관직 생활 초기에 풍파를 겪었다.

1680년(숙종 6) 경신환국(庚申換局) 후 승정원동부승지 등 관직에 있었으나, 양부모의 상을 당해 관직에서 물러났다가 다시 복귀하여 1689년 기사환국(己巳換局)까지 홍문관부제학 등을 역임하였다. 노론·소론 분당이 이루어질 때에는 윤선거(尹宣擧)를 옹호한 나양좌(羅良佐)의 견해를 지지함으로써 노론 세력의 지탄을 받기도 하였으며, 기사환국 이후에는 주로 외직을 역임하였다.

1694년 갑술환국(甲戌換局) 이후 한성판윤, 사헌부대사헌으로 있으면서 희빈장씨(禧嬪張氏)의 오빠 장희재(張禧載)를 사형시킬 것을 주장하였다. 홍문관대제학, 이조판서를 거쳐 1697년 우의정, 1699년 좌의정, 1701년 영의정에 올랐다.

영의정에 오른 해 인현왕후(仁顯王后)가 사망하고 희빈장씨에 의한 '무고(巫蠱)의 변'이 일어나자 왕세자 호를 위해서는 생모인 장희빈을 사사(賜死)해서는 안 된다고 극력 반대하였다가 유배를 당했다. 이듬 해 복관되어 다시 영의정에 오르는 등 1710년까지 모두 10차례 재상을 지내다가 기로소(耆老所)에 들어갔다.

직업 관료의 성격이 강해 의리와 명분론에 집착하지 않고 백성의 어려움과 정치적 폐단을 변통하려 했던 행정가였으며, 동시에 당쟁의 폐해를 줄이기 위해 노력했던 정치가이기도 하였다. 편저로『전록통고(典錄通考)』가 있으며, 저서로『예기유편(禮記類編)』과『명곡집(明谷集)』36권이 전해지고 있다.

...

向承問書 仍審莅候佳迪 慰仰無已 향승문서 잉심리후가적 위앙무이
侑函數種 依領多感 유함수종 의령다감

藩節旣畀還襵 良可嘅歎 번절기비환치 양가개탄
然 亦爲永嘉民送喜也 연 역위영가민송희야

僕 粗保畸栖 而一年之中 遷次者五六度 복 조보기서 이일년지중 천차자오륙도
蹤跡如蓬轉 自唉而已 종적여봉전 자소이이

只祝迓新萬祉 不宣 지축아신만지 불선
伏惟令炤 謹謝狀 복유영조 근사장

癸未 臘月 晦 계미 납월 회 錫鼎 頓 석정 돈

治下 權僉使喜學 旧偏裨也 치하 권첨사희학 구편비야
今候吊狀 幸傳致之 금후조장 행전치지

지난번 안부 편지를 받아 관직 생활이 평안하시다는 것을 알게 되어 우러러

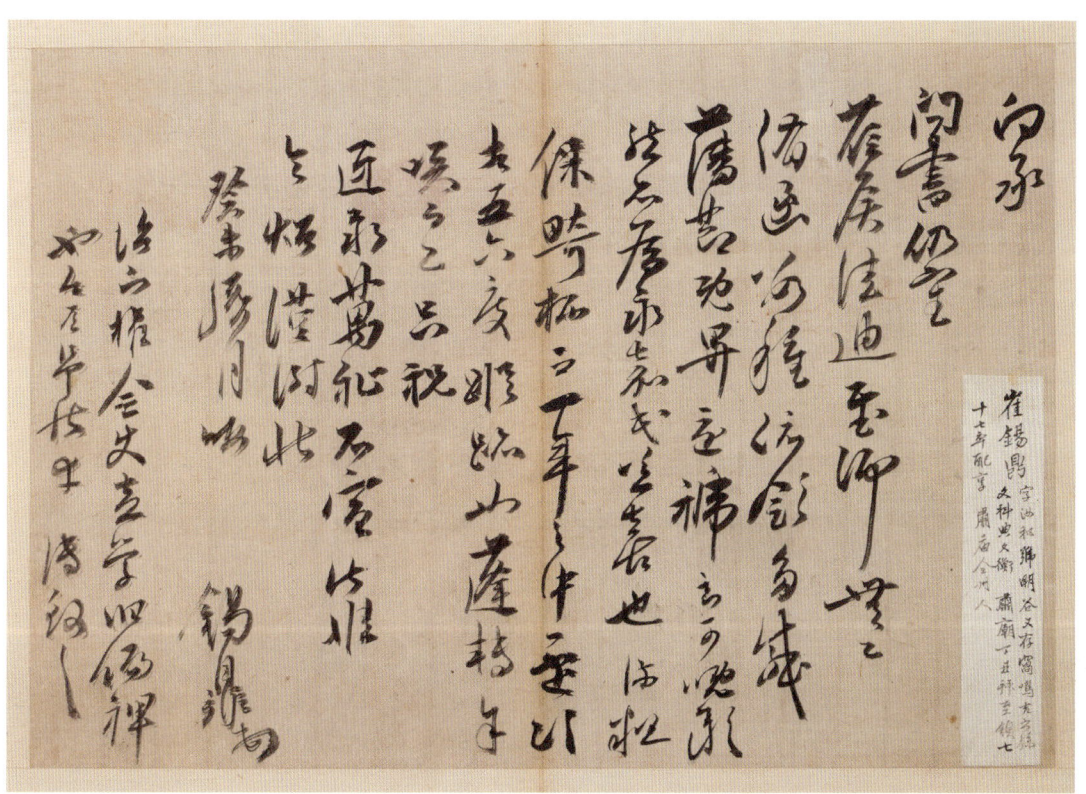

더없이 위로되었습니다.
보내 주신 몇 가지 물품은 고맙게 잘 받았습니다.

관찰사[1]를 다시 맡게 되셨으니 참으로 안타깝기 그지없습니다.
그러나 이 또한 영가(永嘉)[2] 백성에게는 기쁜 일입니다.

저는 시골 밭뙈기에 파묻혀 그럭저럭 살아가고 있습니다.
한 해 동안 대여섯 차례 왔다 갔다 하지만, 부질없기가 굴러다니는 쑥대와 같으니,[3] 스스로 가소로울 뿐입니다.

---

1 관찰사 : 원문의 '번절(藩節)'은 '관찰사의 부절'이란 뜻으로, 곧 조선시대 각 도에 파견한 지방 관리인 관찰사를 지칭한다.
2 영가(永嘉) : 경상북도 안동의 옛 지명이다.

새해를 맞이하여 만복을 누리시기만 기원하며 이만 줄입니다.
살펴 주시기 바라며 삼가 답장을 올립니다.

  1703년 12월 그믐에   석정 올림

다스리는 곳에 살고 있는 첨사 권희학(權喜學)[4]은 예전에 편비(偏裨)[5]였습니다. 지금 보내는 상중(喪中) 안부 편지를 전해 주셨으면 합니다.

3 굴러다니는 쑥대와 같으니 : 원문의 '봉전(蓬轉)'은 쑥대가 뭉쳐져서 바람에 굴러가는 것으로, 이리저리 정처 없이 떠도는 것을 뜻한다.
4 권희학(權喜學) : 1672(현종 13)~1742(영조 18). 조선 후기 무신으로, 본관은 안동(安東), 자는 문중(文仲), 호는 감고당(感顧堂)이다. 금위영교련관으로 도순무사 오명항(吳命恒)을 따라 이인좌(李麟佐)의 난을 평정한 공으로 분무공신(奮武功臣) 3등이 되었으며, 가의대부에 올라 화원군(花原君)에 봉해졌다. 최석정의 문집『명곡집(明谷集)』에는 1697년(숙종 23) 봄 최석정이 지은「비장 권희학 운으로 지은 시(次裨將權喜學韻)」가 전한다. 화원군에 봉해질 때 내린 그의『공신화상첩(功臣畫像帖)』이 현재 한국국학진흥원에 소장되어 있다.
5 편비(偏裨) : 대장(大將)을 보좌하며 소속 부대를 지휘하던 무관직이다. 편장(偏將)이라고도 한다.

박태유(朴泰維)

1648(인조 26)~1696(숙종 22)

본관은 반남(潘南). 자는 사안(士安), 호는 백석(白石)이다. 이조참판 박정(朴炡)의 손자로, 아버지는 판중추부사(判中樞府事) 박세당(朴世堂)이다. 어머니는 남일성(南一星)의 딸이다.

1666년(현종 7) 진사시와 알성문과에 모두 급제하였다. 검열(檢閱), 병조좌랑 등을 거쳐 경기도사, 지평(持平) 등을 역임하면서 낮은 직위에도 거리낌 없이 상관의 잘못을 지적하고 탄핵하여 주위의 미움을 샀다. 임금도 그를 못마땅하게 여겨 평안도찰방으로 이직시키려 하였으나, 원래 건강하지 못한 데다 병이 악화되어 1695년(숙종 21) 사직하였다.

효성이 지극하고 명필로 이름이 높았다. 글씨로 〈김응하묘비(金應河墓碑)〉·〈영상신경신비(領相申景愼碑)〉 등이 남아 있다.

・・・

伏承令問札 憑審初暑 巡候動止萬相 복승령문찰 빙심초서 순후동지만상
區區仰慰且感 구구앙위차감

泰維 春初遭叔父喪 摧痛酸苦 不自堪忍 태유 춘초조숙부상 최통산고 부자감인
他復何訴也 타부하소야
惠貺卄笏陳玄 拜領 不任珍謝之至 혜황입홀진현 배령 불임진사지지

餘萬不宣 여만불선
伏惟令下察 謝狀上 복유령하찰 사장상

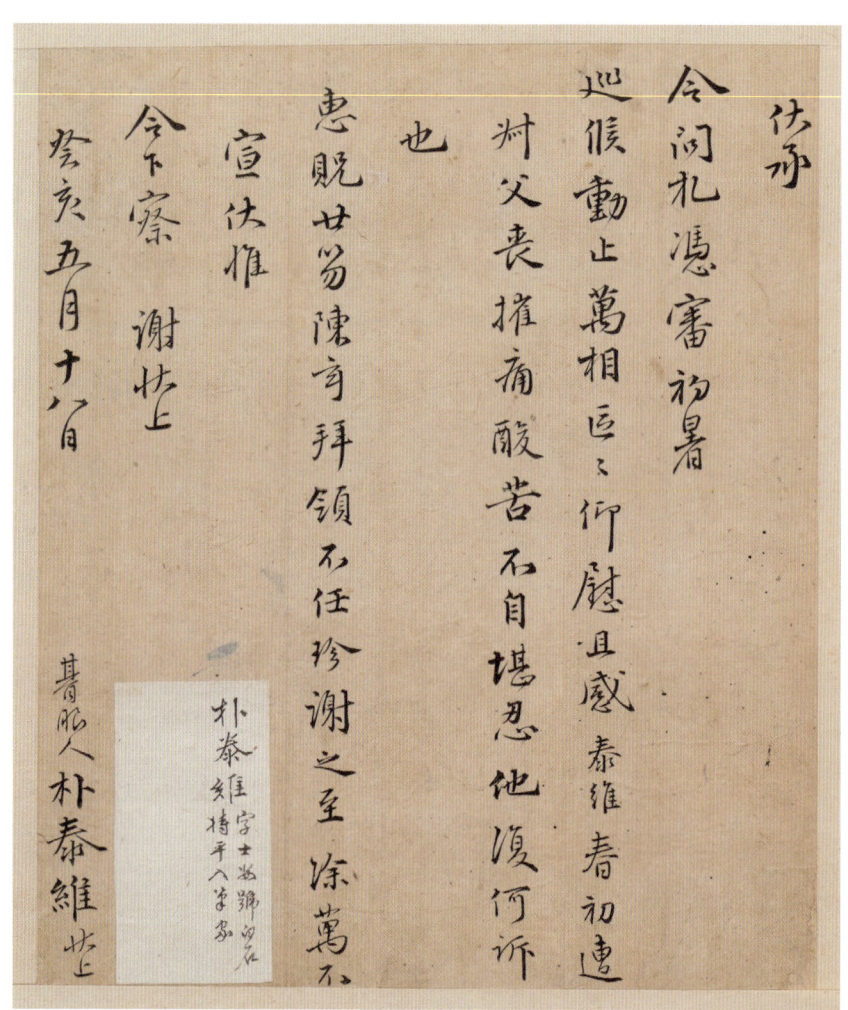

癸亥 五月 十八日 계해 오월 십팔일　朞服人 朴泰維 狀上 기복인 박태유 장상

그대의 편지를 받아 초여름 더위에 관찰사 업무를 수행하시면서 잘 계신 것을 알게 되어 우러러 위로가 되었습니다.

저는 이른 봄에 숙부께서 돌아가셔서 쓰라린 아픔을 견딜 수 없었으니, 무슨 말을 또 드릴 수 있겠습니까.
보내 주신 스무 자루의 먹은 고맙게 잘 받았습니다. 어떻게 감사드려야 할지 모르겠습니다.

할 말은 많으나 이만 줄입니다.

살펴 주시기 바라며 이렇게 답장에 대합니다.

1683년 5월 18일   기복인(朞服人)[1] 박태유 올림

---

1   기복인(朞服人) : 기복상(朞服喪) 중에 있는 사람. 기복(朞服)은 1년 동안 입는 상복으로, 조부모, 백·숙부모, 미혼의 고모, 형제, 아내, 조카, 적손(嫡孫)의 상에 입으며, 또 아버지가 아들의 상에, 시집간 여자가 조부모와 부모의 상에 입었다.

이세재(李世載)

1648(인조 26)~1706(숙종 32)

본관은 용인(龍仁). 자는 지숙(持叔)이다.

1669년(현종 10)에 사마시에 합격하고, 1694년(숙종 20)에 알성문과에 을과로 급제하였다. 경기도도사, 동래부사, 병조·예조·호조·형조 참의, 경상도·평안도 관찰사 등을 거쳐 한성우윤, 대사간, 도승지, 경기도관찰사 등을 역임하였다. 형조참판 재직 중에 사망하였다.

특히 동래부사로 있을 때에 왜인들을 잘 다스려 칭송을 받았으며, 주로 지방관으로서 두드러진 업적을 남겼다.

...

瞻傃中 伏承抵舍弟書 첨소중 복승저사제서
因伏審霜寒 政候神相 區區昻慰 不任下悰 인복심상한 정후신상 구구앙위 불임하종

敎舍弟之意 亦謹奉悉矣 교사제지의 역근봉실의
滿紙辭說 無非恤民之意如此 만지사설 무비휼민지의여차
局外之人 亦足以聳聽 국외지인 역족이용청
但未知廟堂肯許否 단미지묘당긍허부

李爺釋負之後 未見擔當於事務 이야석부지후 미견담당어사무
而且擇其意 則以爲山城之弊 이차택기의 즉이위산성지폐
不獨在於貴郡 而列邑皆然 부독재어귀군 이열읍개연
只據一邑倅之請 徵從一邑之民 지거일읍쉬지청 징종일읍지민
事有不成之歎 終有所難便云矣 사유불성지탄 종유소난편운의

領台之意 若不至於落落 夫豈待他相之言 영대지의 약부지어낙락 부기대타상지언
一番粘報 似無妨矣 일번점보 사무방의
雖或不利 責有所歸 只當盡吾職 未知如何 수혹불리 책유소귀 지당진오직 미지여하

侍生 依保舊拙 시생 의보구졸
而老親近以感冒 元氣尤敗 悶煎 이노친근이감모 원기우패 민전
科事尙未出場 苦哉苦哉 과사상미출장 고재고재
叔久頃往江都 時未還 故敢此替謝 숙구경왕강도 시미환 고감차체사

只祝對時益重 지축대시익중
伏惟下鑒 再拜上狀 복유하감 재배상장

壬戌 十月 初一日 임술 시월 초일일　侍生 李世載 頓首 시생 이세재 돈수

忙甚草謝 仄悚 망심초사 측송

궁금해하고 있던 중에 제 아우에게 보내신 편지를 읽고 서리 추위 속에 정무를 돌보시며 잘 계심을 알게 되니 우러러 위로가 끝이 없습니다.

제 아우에게 내리신 말씀도 삼가 잘 알았습니다.
글 속에는 이토록 모두 백성을 긍휼히 여기는 마음으로 가득 채워져 있으므로, 국외인(局外人)에 불과한 저로서도 귀 기울여 듣지 않을 수 없습니다. 다만, 묘당(廟堂 : 의정부의 별칭)에서도 허락하셨는지 모르겠습니다.

이야(李爺)[1]께서 자리에서 물러나신[2] 후에는 책임지고 일을 맡은 사람을 본 적이 없습니다. 또한 그 뜻을 받아들인다고 하더라도, 산성(山城)의 폐단이 비단 귀군(貴郡)에만 있는 것이 아니라 모든 고을이 다 그러하니, 단지 한 고을 수령의 요청으로 한 고을의 백성을 끌어들였다가 일이 제대로 이루어지지 않으면 고생만 하고, 결국에는 난처한 얘기를 하게 될 것입니다.
영의정 대감의 뜻이 다르지 않다면, 어찌 다른 재상들의 말을 기다릴 필요가 있겠습니까. 한번 증거 서류를 첨부하여 보고해 보더라도 무방할 것이니, 비록 도움이 되지 않는다고 하더라도 그 책임이 돌아갈 데가 있을 것입니다.
단지 응당 제 직분만 다할 뿐이지, 어떻게 될지는 알 수 없습니다.

저는 예전과 다름없이 지내고 있으나, 늙으신 부모님께서 근래 감기에 걸려 원기를 많이 상하셨으므로 속이 탑니다.
과거 시험에 대한 일은 아직 결말이 나지 않았으니 씁쓸하기만 합니다.
숙구(叔久)[3]는 접때 강도(江都 : 강화도)에 갔는데 아직 돌아오지 않아 감히 이렇

1　이야(李爺) : '야(爺)'는 아버지나 아버지뻘의 남자를 지칭하는 데 쓰는 용어이다. 따라서 '이야'는 '이씨(李氏) 성을 가진 어른'을 말한다.
2　자리에서 물러나신 : 원문 '석부(釋負)'는 짐을 벗는다는 뜻인데, 여기서는 '의정(議政)의 자리에서 물러나는 것'을 의미한다.
3　숙구(叔久) : 이세항(李世恒, 1651~?)의 자(字)이다. 이세재의 아우이다.

게 대신 답장을 씁니다.

다만 계절을 따라 더욱 강건하시길 축원합니다.
살펴 주시기 바라며 두 번 절하고 편지를 올립니다.

　1682년 10월 1일　시생(侍生)[4] 이세재 올림

너무 바빠서 대충 썼습니다. 송구스럽습니다.

4　시생(侍生) : 어른이나 높은 사람에 대하여 자신을 낮추어 일컫는 말이다.

이정겸(李廷謙)   1648(인조 26)~1709(숙종 35)

본관은 전의(全義). 자는 경익(景益)이다.

1682년(숙종 8) 증광문과에 급제하여 지평, 부수찬, 이조정랑, 충청도암행어사 등을 거쳐 충청도관찰사, 승지, 대사간, 함경도관찰사를 두루 역임하고 이조참판, 예조판서를 지냈다.

함경도관찰사로 나가서는 북도의 사람들을 수용할 것을 청하였으며, 1689년(숙종 15) 기사환국(己巳換局) 이후 인현왕후(仁顯王后)의 폐출을 반대하다 친국(親鞫) 후 귀양길에 세상을 떠난 박태보(朴泰輔)의 아버지 박세당(朴世堂)의 곤궁을 살필 것을 건의하고, 희빈장씨(禧嬪張氏)의 오빠 장희재(張希載)의 사형을 극력 주장하였다.

남인 세력과 강경하게 맞서면서, 한편으로는 윤증(尹拯)을 두둔하고 김진규(金鎭圭)·정유점(鄭維漸) 등과도 대립하였다.

• • •

季泉兄 上候書 계천형 상후서
定川政閣 記室 정천정각 기실

日氣向熱 緬惟政候有相 慰遡區區 일기향열 면유정후유상 위소구구
弟 粗保度日 無足言者 제 조보도일 무족언자
頃者 家奴之還 謹承覆書 兼受惠物 迨極感荷 경자 가노지환 근승복서 겸수혜물 태극감하

泥峴作書送來 使弟卽付迅便 이현작서송래 사제즉부신편

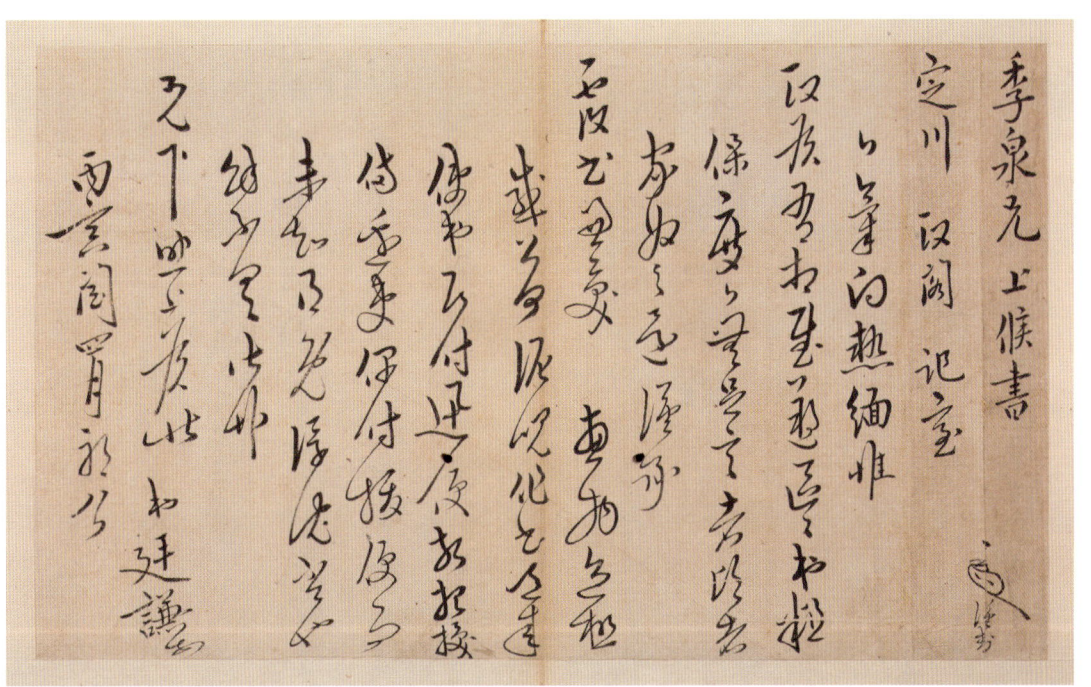

敬想授備邊吏 俾付撥便 而未知得免浮沈否也 경상수비변리 비부발편이 미지득면부침부야

餘不具 여불구

伏惟兄下照 上候狀 복유형하조 상후장

丙寅 閏 四月 初 八日 병인 윤 사월 초 팔일 弟 廷謙 頓 제 정겸 돈

계천(季泉)[1] 형님께 드리는 문안 편지
정천(定川) 정각(政閣) 기실(記室)

날씨가 점점 더워지는 이때, 정무를 돌보시며 잘 지내고 계시리라 생각하니

---

1   계천(季泉) : 이선보(李善溥, 1646~1721)의 자(字)이다. 조선 후기의 문신으로, 본관은 덕수(德水)이며 최시설(崔時卨, 1622~1668)의 첫째 사위이다. 이 편지의 발신인인 이정겸은 그의 손아래 동서(同壻)가 된다.

위안이 되고 그립습니다.

저는 그럭저럭 지내고 있으니 더 드릴 말씀도 없습니다.

지난번 집안의 종이 돌아오면서, 답장과 더불어 보내 주신 은혜로운 물품을 받게 되어 무척 고마웠습니다.

이현(泥峴)에서 글을 보내 주면서, 저에게 즉시 빠른 편으로 부치게 하였습니다.

비변사(備邊司)의 아전에게 주어 파발편(擺撥便)으로 부치게 한 것 같은데, 지체되지 않고 제대로 도착했는지 모르겠습니다.

이만 줄입니다.

형님께서 살펴 주시기 바라며 안부 편지를 올립니다.

    1686년 윤(閏) 4월 8일   아우 정겸 올림

정재륜(鄭載崙)

1648(인조 26)~1723(경종 3)

본관은 동래(東萊). 자는 수원(秀遠), 호는 죽헌(竹軒)이다. 영의정 정태화(鄭太和)의 아들로, 좌의정 정치화(鄭致和)에게 입양되었다.

1656년(효종 7) 효종의 다섯째 딸 숙정공주(淑靜公主)와 혼인하여 동평위(東平尉)가 되었다. 숙정공주가 일찍 사망하고, 1681년(숙종 7) 독자(獨子)가 요절하자 재혼하기 위해 상소하여 왕의 허락을 받았으나, 대간의 반대로 뜻을 이루지 못하였다. 이때부터 부마(駙馬)는 재취할 수 없다는 법규가 정하여졌다.

사은정사, 동지정사, 동지 겸 사은정사로 청나라에 세 차례나 다녀왔다.

저서로 『공사견문록(公私見聞錄)』·『한거만록(閑居漫錄)』 등 수필 형식의 기록이 전한다.

· · ·

台監 謹謝狀上 대감 근사장상
統制使 記室 통제사 기실　　(手決) 謹封 근봉

謹承台札 憑審政履萬安 昂慰無任 근승대찰 빙심정리만안 앙위무임

惠貺卅扇二刀 及乾鰒一貼 혜황삽선이도 급건복일첩
依領采荷厚意 感謝之至 無以爲喩 의령미하후의 감사지지 무이위유

僕 一病支離 長在床席 苦悶不可言 복 일병지리 장재상석 고민불가언

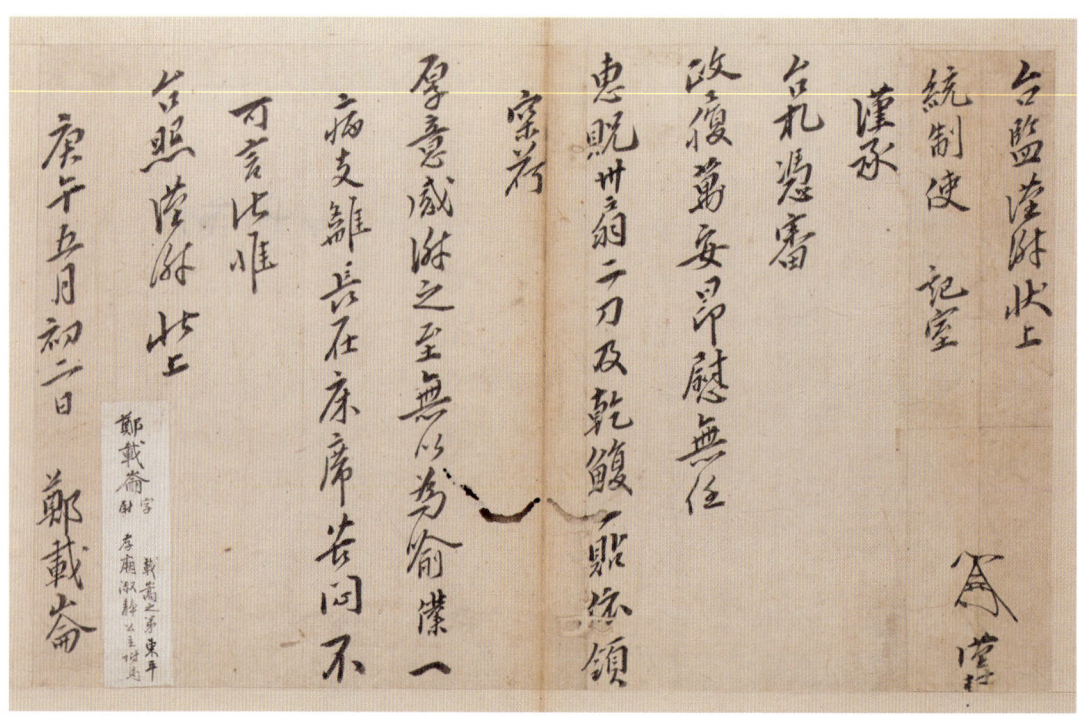

伏惟台照 謹謝狀上 복유대조 근사장상

庚午 五月 初二日 경오 오월 초이일   鄭載崙 정재륜

대감께 삼가 올리는 답장
통제사(統制使) 기실(記室)에   (수결) 근봉(謹封)

삼가 대감의 편지를 받아, 정무를 돌보시며 잘 계시다는 것을 알고 무척 위안이 되었습니다.

보내 주신 부채 서른 자루, 칼 두 자루와 말린 전복 한 첩(貼)은 후의에 더욱 감사하며 잘 받았습니다. 이 고마움을 어떻게 말로 표현해야 할지 모르겠습니다.

저는 병이 지겹게도 낫지 않아 오랫동안 병석에 있으니 걱정을 말로 다 할 수 없습니다.

대감께서 살펴 주시기 바라며 삼가 답장을 올립니다.

1690년 5월 2일   정재륜

김구(金構)

1649(인조 27)~1704(숙종 30)

본관은 청풍(淸風). 자는 자긍(子肯), 호는 관복재(觀復齋)이다. 관찰사 김징(金澄)의 아들이다.

1669년(현종 10) 사마시에 합격하고, 1682년(숙종 8) 춘당대(春塘臺) 문과장원으로 벼슬길에 올랐다. 황해도·충청도·전라도·평안도 4도의 관찰사를 역임한 후, 육조의 판서를 모두 거쳤다. 1703년 우의정에 올랐다.

병서(兵書)와 도가(道家)에 정통했으며, 문장이 뛰어나고 글씨가 힘찼다. 유묵으로 강원도 고성(高城)의 〈백천교중창비(百川橋重刱碑)〉와 경상도 선산(善山)의 〈김주신도비(金澍神道碑)〉 등이 있다.

• • •

阻音許久 不任瞻昂 조음허구 불임첨앙
承拜惠札 仰審夏秋來 兄候萬重 慰釋無量 승배혜찰 앙심하추래 형후만중 위석무량
第以行旆入洛 而不得審拜 爲甚悵爾 제이행패입낙 이부득심배 위심창이

弟 屛蟄田間 可以苟遣 제 병칩전간 가이구견
而餘厄未已 連哭夭殤 이여액미이 연곡요상
心腸餘存無幾 只自惋歎 심장여존무기 지자원탄

昨聞女息 産後病危 奔馳來省 今將還歸鄕廬 작문여식 산후병위 분치래성 금장환귀향려
而無使喚 不接客 莫由一知兄在留 이무사환 부접객 막유일지형재류
知亦無餘就敘 姑以一書替謝 지역무여취서 고이일서체사

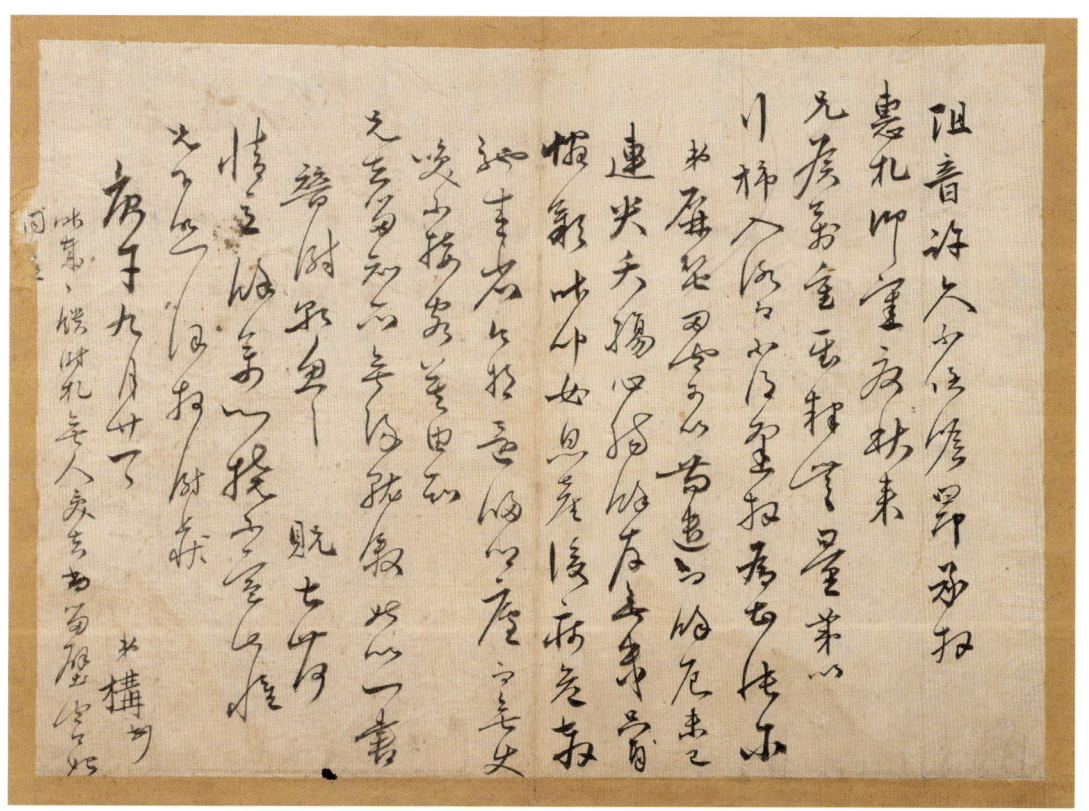

乾魚之貺 甚荷情意 건어지황 심하정의

餘萬以撓 不宣 여만이요 불선
伏惟兄下照 謹拜謝上狀 복유형하조 근배사상장

庚午 九月 卄一日 경오 구월 입일일 弟 構 頓 제 구 돈

昨歲之饋 謝札 無人受去 尙留壁間 今始同呈 작세지궤 사찰 무인수거 당류벽간 금시동정

오랫동안 소식이 막혀 궁금하여 견딜 수 없던 차에 보내 주신 편지를 받아, 여름과 가을 이래로 건강히 잘 계시다는 것을 알게 되니 말할 수 없이 위안이 됩니다. 다만 행차가 서울로 들어오셨을 때 찾아뵙지 못하여 무척 서운합니다.

저는 시골 골짜기에 박혀 하루하루를 보내고 있습니다만, 남은 재앙이 다하지 않아 연이어 어린 사람들의 상(喪)을 당하게 되었습니다. 심장이 얼마나 녹아내렸겠습니까. 그저 한탄스러울 뿐입니다.

어제 딸아이가 산후더침으로 위중하다고 연락이 와, 급히 살펴보려고 지금 고향집으로 돌아가려고 하는데 심부름할 사람이 없어 손님을 모시지도 못하고, 그대가 계시는 곳을 한번 알아볼 수도 없으며, 안다 하더라도 나아가 인사를 여쭙지 못하므로 우선 이 글로써 인사를 대신하려고 합니다.

말린 생선을 보내 주시니 정으로 여기고 무척 고맙게 받았습니다.

드릴 말씀은 많으나 어지러운 일이 많아 이만 줄입니다.
그대께서 살펴 주시기 바라며 삼가 답장을 올립니다.

  1690년 9월 21일 구 올림

지난해 보내 주신 음식에 대한 감사 편지는 가지고 갈 사람이 없어서 여태 벽장 속에 두었는데, 지금에야 비로소 함께 보냅니다.

· · ·

今方拆榜 顒望玗盖之來臨 方在鶴領中矣 금방탁방 옹망우개지래임 방재학령중의

此承委札 有以您度 不能踐約之敎 차승위찰 유이건도 불능천약지교
悵缺當如何如何 창결당여하여하
違敍固不足言 而漸慮您候 又不淺淺也 위서고부족언 이점려건후 우불천천야
弟等 菫無事 今當罷場 明早發去爲計耳 제등 근무사 금당파장 명조발거위계이

示來淸韻 圭復不能已 當卽和呈 시래청운 규복불능이 당즉화정
而方甚擾擾未果 이방심요요미과
姑敢今夜 吟得書呈爲計耳 고감금야 음득서정위계이

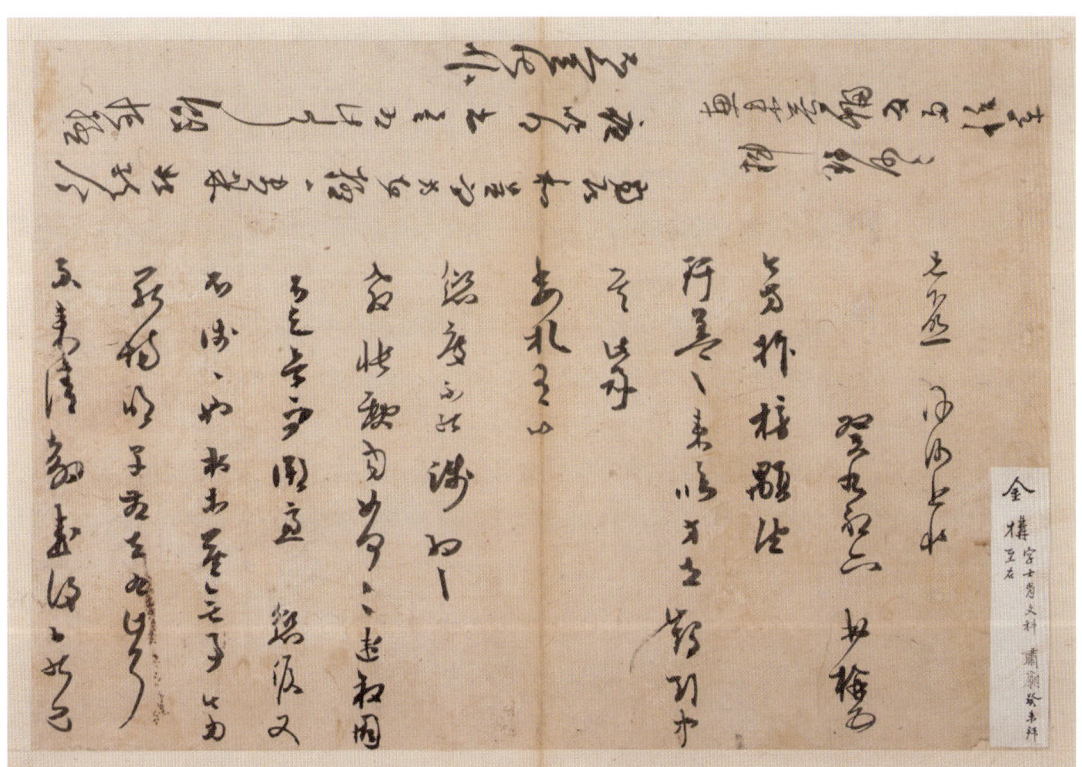

餘忙擾不宣 여망요불선

伏惟兄下照 謹謝上狀 복유형하조 근사상장

癸 九 初六 계 구 초육　弟 構 頓 제 구 돈

惠來簡幅 及兩種草料 珍謝珍謝 혜래간폭 급양종초료 진사진사

지금 막 탁방(拆榜)[1]하였다고 하니, 옥으로 만든 수레[2]를 타고 오시기를 우러

1 탁방(拆榜) : 과거 시험을 마치고 합격자의 이름을 게시하는 것을 일컫는다. 탁명(拆名) 혹은 탁호(拆號)라고도 한다.
2 옥으로 만든 수레 : 원문의 '우개(玗盖)'는 수령의 행차를 비유한 표현으로, 원래는 '우개(羽蓋)', 즉 '깃을 꽂아 장식한 수령의 일산'으로 써야 하지만, '깃털 우(羽)' 대신 같은 발음의 '옥 우(玗)'를 써서 뜻을 더 강조하였다. 당나라 시인 두보(杜甫)의 시 「추우탄(秋雨歎)」에 "가지 가득 붙은 잎새는 푸른 깃 일산 같고, 무수히 핀 꽃들은 금화 같네(著葉滿枝翠羽蓋 開花無數黃金錢)."라고 나온다.

러 바라며, 학처럼 목을 길게 내밀고 기다리고 있습니다.

보내 주신 편지를 받아, 편찮으셔서 약속을 지킬 수 없다는 말씀을 접하고 아쉬운 마음을 어찌할 수 없습니다.
함께하지 못한다는 것은 말할 것조차 없으며, 병세가 가볍지 않다고 하시니 걱정이 더욱 깊어지기만 합니다.
저희들은 그런대로 아무 탈 없이 지내고 있으며, 지금은 모두 다 접고 내일 일찍 빠져나갈 계획입니다.

내려 주신 맑은 운치가 담긴 시는 끝없이 읽고 또 읽고 있습니다.[3] 의당 화답시를 지어 올려야만 하는데, 지금은 너무 혼란스러워 하지 못하고 있습니다. 오늘 밤에 시를 읊고 글로 써서 감히 올릴 예정입니다.

나머지는 황망 중에 어지러워 더 쓰지 못합니다.
그대께서 살펴 주시기 바라며 삼가 답장을 올립니다.

  계년 9월 6일 구 올림

보내 주신 편지지와 두 가지 초료(草料)[4]는 정말 고맙게 잘 받았습니다.

---

3 읽고 또 읽고 있습니다 : 원문의 '규복(圭復)'은 남에게서 온 글을 몇 번이나 되풀이해서 읽는다는 뜻이다.
4 초료(草料) : 초료장(草料狀). 공무(公務)로 출장 가는 관원에게 연도(沿道)의 각 역참(驛站)에서 역마와 식료 등을 공급하도록 명령하는 문서를 말한다.

김우항(金宇杭)　　　1649(인조 27)~1723(경종 3)

본관은 김해(金海). 자는 제중(濟仲), 호는 갑봉(甲峰)·좌은(坐隱)이다.

1669년(현종 10) 사마시에 합격하고, 1681년(숙종 7) 식년문과에 급제하여 벼슬길에 올랐다. 1689년 기사환국(己巳換局)으로 남인이 집권하자 사직하였으나, 일찍이 송시열(宋時烈)과 함께 유배된 이상(李翔)을 변호한 일로 평안도 철산(鐵山)에 유배되었다가 곧 풀려났다.

1694년 갑술환국(甲戌換局)으로 다시 기용되어, 경상도관찰사, 회양부사, 전라도관찰사 등을 역임하면서 진휼정책(賑恤政策)을 잘해 칭송을 받았다. 1698년 승지에 이어 대사간, 개성유수, 이조참판, 대사헌, 대사성 등을 역임하였으며, 경기도관찰사, 한성부판윤 등을 지내고, 형조·병조·이조·호조·예조 판서와 판의금부사를 거쳐 우의정이 되고, 영중추부사에 올랐다.

소론이었지만 당론에 구애받지 않고 공정하게 국사를 처결하여 오히려 소론으로부터 배척을 받기도 하였으며, 1722년(경종 2) 신임사화(辛壬士禍)로 노론 4대신이 화를 입자 이의 부당함을 적극 주장하기도 했다.

조선시대를 통틀어 김해김씨로서 정승에 오른 유일한 인물이다. 평생을 청빈하게 살았다. 저서로 『갑봉집(甲峰集)』이 전한다.

• • •

北伯 記室 북백 기실
台兄 謹謝狀上 대형 근사장상

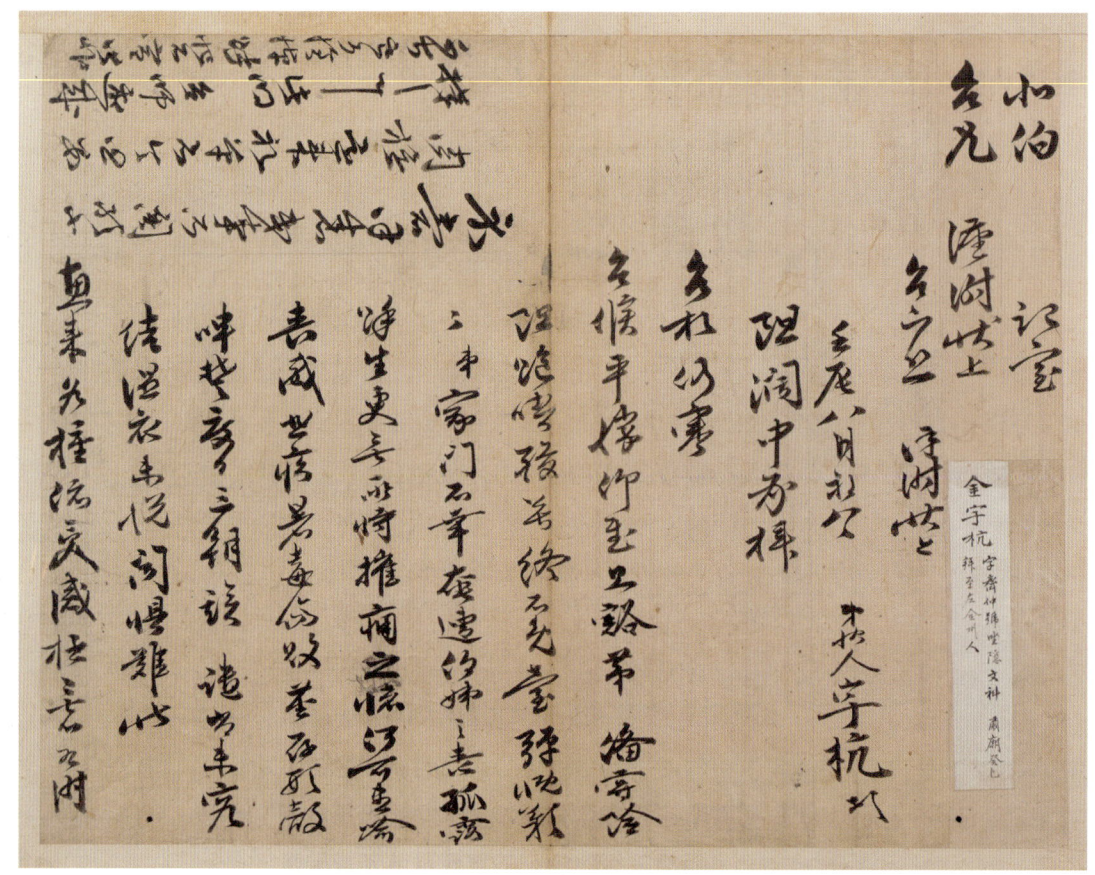

阻潦中 承拜台札 仍審台候平勝 仰慰且豁 조활중 승배대찰 잉심대후평승 앙위차활
第備嘗險阻 飽喫酸苦 終不免臺彈 慨歎慨歎 제비상험조 포끽산고 종불면대탄 개탄개탄

弟 家門不幸 奄遭伯叔之喪 제 가문불행 엄조백숙지상
孤露餘生 更無所恃 摧痛之懷 何可盡喩 고로여생 갱무소시 최통지회 하가진유
喪威悲疚 暑毒傷敗 菫存形殼 呻楚度日 상위비구 서독상패 근존형각 신초도일

三朔竢譴 尙未究結 濕衣未脫 悶懼難狀 삼삭사견 상미구결 습의미탈 민구난상

惠來各種 依受感極 無以爲謝 혜래각종 의수감극 무이위사

示意謹悉 民事所關 敢不周旋 시의근실 민사소관 감불주선

還來禮單 亦今照數捧之耳 환래예단 역금조수봉지이
此間台師 遂成千古 良可愴悼 차간대사 수성천고 양가창도

餘忙不宣 여망불선
伏惟台下照 謹謝狀上 복유대하조 근사장상

壬辰 八月 初八日 임진 팔월 초팔일   弟 服人 宇杭 頓 제 우항 돈

함경도관찰사 기실(記室)[1]
대형(台兄)[2]께 삼가 답장을 올림

소식이 끊긴 채 지내다가 대감의 편지를 받아, 대감께서 평안히 잘 계심을 알게 되니 우러러 위안이 되고 속이 후련해졌습니다.
다만 험한 일을 모두 겪고 쓰라린 고생을 실컷 맛보고도, 끝내 대간의 탄핵을 면하지 못하셨으니 개탄스러울 뿐입니다.

저는 가문이 불행하여 갑자기 백숙(伯叔)의 상을 당하였습니다.
새벽이슬처럼 남은 인생길에 믿고 기댈 곳이 또 사라졌으니, 이 애통한 마음을 어찌 말로 다 할 수 있겠습니까.
상사(喪事)로 인한 슬픔과 무더위에 몸이 상하여, 간신히 몸뚱어리만 남은 채로 끙끙 앓으며 세월을 보내고 있습니다.

석 달 동안 견책의 처벌을 기다리고 있었지만 여전히 결말이 나지 않아 벼슬자리를 떠나지 못하고 있으니, 근심과 부끄러움으로 어찌할 바를 모르겠습니다.

보내 주신 여러 가지 물품은 참으로 고맙게 받았습니다.
어떻게 감사를 드려야 할지 모르겠습니다.

---

1 기실(記室) : 아전이 근무하는 방. 편지를 보낼 때 상대방을 직접 가리키지 않고, 밑에서 일하는 아전을 지칭하여 상대를 높이는 표현이다.
2 대형(台兄) : 2품 벼슬에 있는 사람에게 편지를 쓸 때 상대방을 높여 부르는 용어이다.

하신 말씀은 잘 알겠습니다. 농사일에 관한 일이니, 감히 주선하지 않을 수 있겠습니까.

다시 온 예단(禮單)은 지금 수효를 맞추어서 올렸습니다.

그사이 대사(台師)께서 마침내 세상을 떠나셨습니다. 너무나 슬프고 가슴이 아픕니다.

나머지는 바빠서 다 쓰지 못합니다.

대감께서 살펴 주시기 바라며 삼가 답장을 올립니다.

   1712년 8월 8일 　상중(喪中)에 있는 우항 올림

제4부

강현~원경하

1600년대 후반 출생 인물들의 간찰

강현(姜鋧)

1650(효종 1)~1733(영조 9)

본관은 진주(晉州). 자는 자정(子精), 호는 백각(白閣)·경암(敬庵)이다. 할아버지는 첨지중추부사 강주(姜籒)이고, 아버지는 판중추부사 강백년(姜栢年)이다. 표암(豹菴) 강세황(姜世晃)의 아버지이다.

1675년(숙종 1) 진사시에서 장원하고 1680년 정시문과에 급제하였으며, 1686년 수찬(修撰)으로 문과중시에 다시 을과로 급제하였다. 이조참의, 예조참판, 경기도관찰사, 도승지 등을 거쳐 대제학, 예조판서, 한성부판윤을 역임하고, 경종 때 다시 판의금부사를 지냈다.

소론으로서 경종 때의 신임사화(辛壬士禍)에서 노론 정치인들을 다스린 죄로 1725년(영조 1) 삭출되기도 하였으나 기로소(耆老所)에 들어갔던 점이 감안되어 곧 석방되는 등 당쟁으로 인한 부침(浮沈)은 거의 겪지는 않았다.

• • •

湖鄕鴻燕之歎 歲暮離索之懷 彼此一般 호향홍연지탄 세모리삭지회 피차일반
伏承台札 仍審養靜江皐 宛作林下一人 복승대찰 잉심양정강고 완작림하일인
玉河相對時 掛冠東門之約 台今先着鞭矣 옥하상대시 괘관동문지약 대금선착편의
弟 宿病添重 濕衣未脫 苦惱何言 제 숙병첨중 습의미탈 고뇌하언

所示行下 雖是難從之請 台敎至此 소시행하 수시난종지청 대교지차
弟 豈不從成帖以送 而第過一二朔後 當差出 제 기부종성첩이송 이제과일이삭후 당차출
弟之在此任難 又且行下之數 已上百張 제지재차임난 우차행하지수 이상백장
而額數不過數十人云 이액수불과수십인운
恐有臨時取才之擧耳 공유임시취재지거이

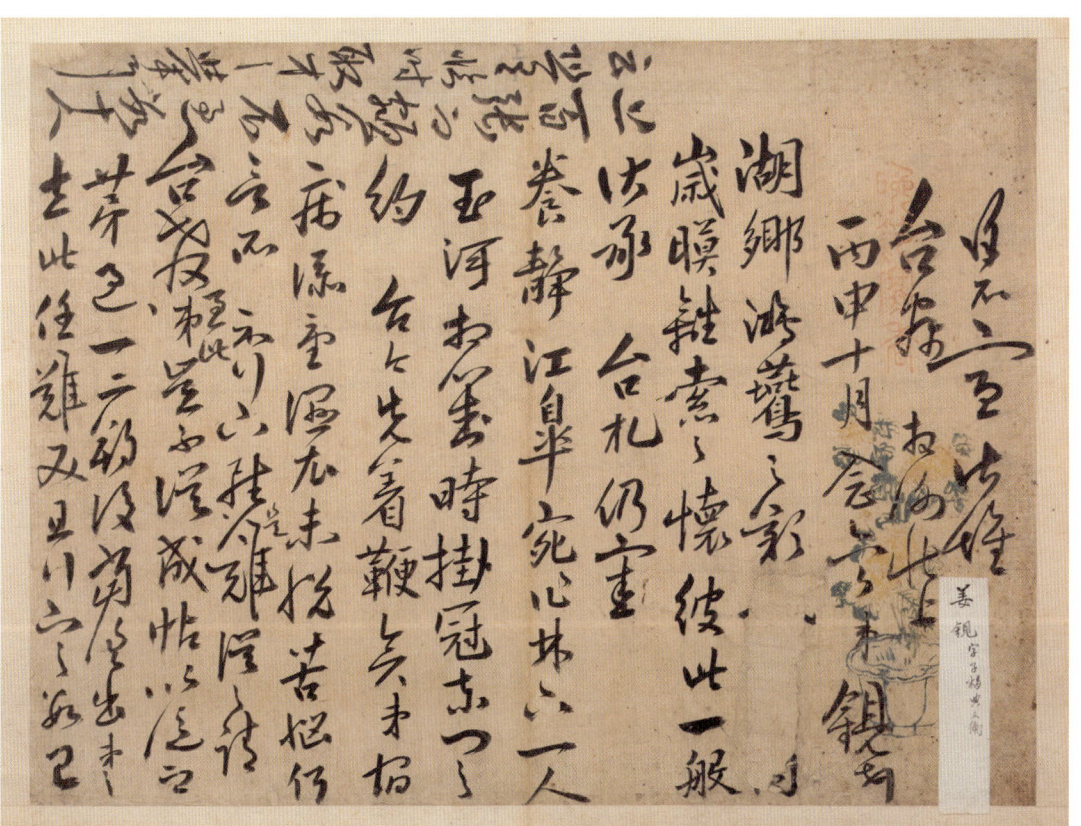

餘不宣 여불선

伏惟台札 拜謝狀上 복유대찰 배사장상

丙申 十月 念六日 병신 시월 염육일 弟 鋧 頓 제 현 돈

호남 땅에서 기러기와 제비[1]같이 만나지 못한 아쉬움이 저문 한 해 쓸쓸한 마음이 되어 남은 것은 그대나 저나 같을 것입니다.
대감의 편지를 받아 강 언덕에서 고요히 수양하시며 완연히 산(山)사람이 되어 가고 있음을 알게 되었습니다.

---

[1] 기러기와 제비 : 원문의 '홍연(鴻燕)'은 기러기와 제비를 가리키는데, 제비는 여름 철새이고, 기러기는 겨울 철새여서 서로 만날 수가 없다는 의미이다.

옥하(玉河)²에서 만났을 때 관(冠)을 벗어 동쪽 도성 문에다 걸어 놓자고³ 약속하였더니 대감께서 지금 먼저 실천하였습니다.⁴

저는 오랜 병이 더 위중하여졌지만 관직⁵에서 물러나지 못하고 있어서 여간 고민이 아닙니다.

이르신 분부는 비록 따르기 힘든 부탁이기는 하지만, 대감의 말씀이 이와 같으니 제가 어찌 받들어 성첩(成帖)⁶하지 않을 수가 있겠습니까. 다만 한두 달이 지나야 차출(差出)될 것입니다.

저의 여기 직임이 어려운 데다가 또 행하(行下)⁷의 수가 이미 백 장을 넘어섰는데 인원수는 수십 명에 지나지 않는다고 하니, 임시로 사람을 더 뽑아야⁸ 할지도 모릅니다.

이만 줄입니다.
대감께서 살펴 주시기 바라며 답장을 올립니다.

1716년 10월 26일 현 올림

---

2 옥하(玉河) : 중국 연경(燕京)에 있는 강 이름이기도 하며, 외국 사신이 묵던 연경의 관소(館所)를 이르기도 한다.

3 관(冠)을 벗어 동쪽 도성 문에다 걸어 놓자고 : 원문 '괘관(掛冠)'은 "관을 벗어서 걸어 놓는다."는 말로, 벼슬을 그만두는 것을 뜻한다. 동한(東漢)의 봉맹(逢萌)이 왕망(王莽)의 정사에 환멸을 느껴 인륜이 끊어졌다고 탄식하면서 관을 벗어서 동쪽 도성 문에다 걸어 놓고 곧장 시골로 돌아갔던 고사에서 나온 말이다. 『후한서(後漢書)』 「일민열전(逸民列傳)」에 나온다. 『남사(南史)』 「은일열전(隱逸列傳)」에는 중국 남조(南朝) 제(齊)나라의 도홍경(陶弘景)이 관복을 벗어서 신무문(神武門)에 걸어 놓고 사직소를 남긴 뒤에 고향으로 떠나갔던 고사도 있다.

4 먼저 실천하였습니다 : 원문의 '선착편(先着鞭)'은 "먼저 손에 채찍을 잡고 간다."는 말이다.

5 관직 : 원문의 '습의(濕衣)'는 '젖은 옷'이라는 뜻으로, 한번 적시면 말리기 힘든 것같이 관직에 한번 오르면 내려오기 힘들다는 뜻으로, 관직 생활을 말한다.

6 성첩(成帖) : 문서에 수결(手決)을 두고 관인을 찍어서 마무리함. 또는 완성된 문서를 뜻하는 말이다.

7 행하(行下) : 분부나 명령을 내림. 또는 그 명령을 말한다.

8 뽑아야 : 원문의 '취재(取才)'는 조선시대 특정 부서의 관리·서리·군사·기술관 등의 채용을 위해 보던 자격 시험을 말한다. '시취(試取)'라고도 한다. 주로 군사를 뽑는 시험에 이 표현을 사용했는데, 경우에 따라서는 승진 시험의 성격도 띠었다.

최규서(崔奎瑞)

1650(효종 1)~1735(영조 11)

본관은 해주(海州), 자는 문숙(文叔), 호는 간재(艮齋)·소릉(少陵)·파릉(巴陵)이다.

1680년(숙종 6) 별시문과에 병과로 급제하여 출사하였으며, 서인이 노론과 소론으로 갈라졌을 때 나양좌(羅良佐)를 옹호하는 등 소론에 가담해 남인에 맞서 희빈장씨(嬉嬪張氏)의 책봉을 반대하는 데에 앞장섰다. 그 후 전라도 관찰사, 강화유수 등 외직을 거쳐 부제학, 형조·예조 판서, 대제학 등을 지냈다.

1721년(경종 1) 소론이 득세하자 소론의 영수로 우의정이 되었고, 1723년 영의정에 올랐을 때는 노론에 맞서 연잉군(延礽君: 뒤의 영조)의 대리청정을 반대하였으며, 노론 강경파 김일경(金一鏡) 등이 일으킨 신임사화(辛壬士禍)에 온건하게 대처하면서 성묘를 핑계로 관직을 내놓고 귀향하였으므로 노론 정권에서도 무사하였다.

시문집으로 『간재집(艮齋集)』 15권이 전한다.

· · ·

病裡瞻想 此際承書 甚慰所思 병리첨상 차제승서 심위소사
況審炎熱 政履有相者耶 황심염열 정리유상자야

服弟 遠役後 舊症復發 복제 원역후 구증부발
向來在人鬼關頭者 殆一月 향래재인귀관두자 태일월
今得起步於庭除間 而病根非一朝一夕之故 금득기보어정제간 이병근비일조일석지고

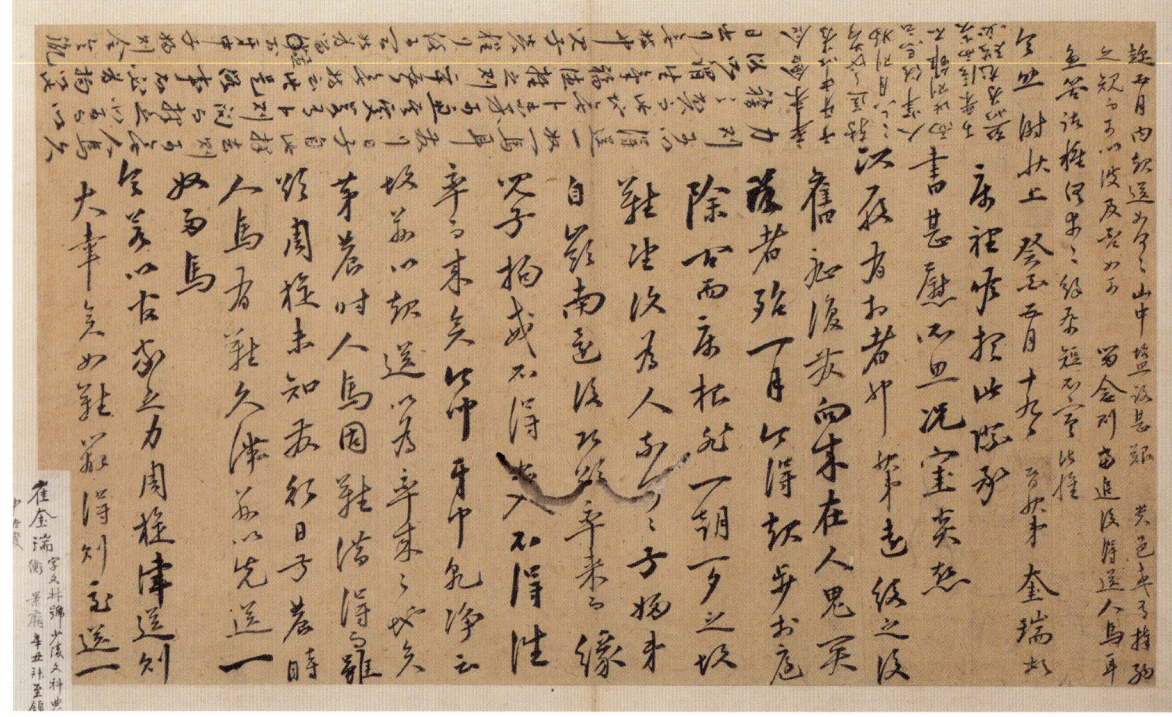

難望復爲人 奈何奈何 난망부위인 내하내하

子婦 弟自嶺南還後 卽欲率來 而緣兒子拘戒 자부 제자영남환후 즉욕솔래 이연아자구계
不得出入 不得往率而來矣 부득출입 부득왕솔이래의
今聞牙中乾淨云 故玆以起送 以爲率來之地矣 금문아중건정운 고자이기송 이위솔래지지의

第農時 人馬固難借得 제농시 인마고난차득
而雖欲周旋 未知發行日子 이수욕주선 미지발행일자
農時人馬有難久滯 玆以先送一奴兩馬 농시인마유난구체 자이선송일노양마
令若以官家之力 周旋津送 則大幸矣 영약이관가지력 주선진송 즉대행의
如難辦得 則急送一力 則可以得送一奴一馬耳 여난판득 즉급송일력 즉가이득송일노일마이

發行日子 自此擇去 則可無人馬 久稽之弊 발행일자 자차택거 즉가무인마 구계지폐
而此地無卜 未果 可慮 이차지무복 미과 가려

其處處有卜 則問而擇之 似可 기처처유복 즉문이택지 사가
而以俗所謂生氣福德 推之則 辛五日無妨云 이이속소위생기복덕 추지즉 신오일무방운
此時俗事 不必爲拘 以此日 出行無妨耶 차시속사 불필위구 이차일 출행무방야

兒子炎程行 復可悶 姑爲留置於牙中 아자염정행 부가민 고위유치어아중
子婦 則令令胤 率來會合于牙中 자부 즉영영윤 솔래회합우아중
以爲轉送之地 如何如何 이위전송지지 여하여하

六月 則婦人輩 俗忌云 유월 즉부인배 속기운
而此則雖不可采信 이차즉수불가채신
而炎熱似爲尤酷 必趁五月內起送 如何如何 이염열사위우혹 필진오월내기송 여하여하
山中鹽路 甚艱 산중염로 심간
貴邑或有奉納之規 而可以波及否 귀읍혹유봉납지규 이가이파급부
如可留念 則當追後 得送人馬耳 여가유념 즉당추후 득송인마이

魚簡諸種 俱幸俱幸 어간제종 구행구행

餘紙短 不宣 여지단 불선
伏惟令照 謝狀上 복유영조 사장상

癸酉 五月 十九日 계유 오월 십구일 朞服弟 奎瑞 頓 기복제 규서 돈

병든 몸으로 그리워하고 있던 차에 편지를 받으니 마음속에 위로가 넘칩니다. 하물며 이 삼복더위에 정무를 돌보시며 잘 계시다는 것을 알게 되니, 더 말할 것도 없습니다.

상중(喪中)의 저는 먼 길[1]을 다녀오느라 예전 병이 재발하여, 그동안 죽고 사는 갈림길에서 거의 한 달을 지냈습니다.
이제는 마당에 나가 걷기는 하지만, 병의 뿌리가 하루아침에 생긴 것이 아니

---

[1] 먼 길 : 원문의 '원역(遠役)'은 주로 "사신으로 가다"는 표현으로 쓰인다.

어서 다시 사람 구실 하기는 어려울 것 같으니 어쩌면 좋겠습니까.

며느리는 제가 영남에서 돌아온 뒤 바로 데려오려고 합니다만, 아이가 부정 타지 않도록 조심하고 삼가야 하므로 가고 오지도 못하고, 가서 데려오지도 못합니다.
지금 들으니, 관아가 건조하고 정갈하다고 하니, 이에 사람을 보내 데려오려고 합니다.

그러나 농번기에는 사람과 말을 빌리기 어려우며, 비록 애를 쓴다고 해도 떠날 날짜를 알 수 없습니다. 농번기에는 사람이나 말을 오랫동안 붙들어 둘 수 없기 때문에 우선 종 한 사람과 말 두 마리를 보내니, 그대께서 관가의 힘으로 주선하여 진송(津送)²해 주신다면 크게 다행일 것입니다.
만약에 그렇게 하는 것이 어려울 때는, 한 사람을 급히 보내 주시면 종 한 사람과 말 한 필을 보낼 수 있을 것입니다.

출발하는 날짜를 이곳에서 택하여 보낸다면, 사람과 말이 없을 수도 있어 오랫동안 지체되는 폐단이 있으며, 이곳에는 길일을 점치는 사람도 없어 할 수도 없으니 걱정이 됩니다.
그곳에는 여기저기 점쟁이도 있으니 물어보고 날을 잡으시는 것이 좋을 것 같습니다.
그리고 세속에서 소위 '생기복덕(生氣福德)'³을 헤아려 볼 때 신(辛)월 5일이 무방하다고 합니다.
이때는 속된 일에 얽매일 필요가 없으니 이날 떠나면 무방하지 않겠습니까.

아이가 무더위에 길을 떠나는 것도 또 걱정스러우니 우선 그대로 관아에 두고, 며느리는 아드님께 얘기하여 데리고 와서 만난 후에 보내는 것이 어떻겠습니까.

---

2   진송(津送) : 배와 사공을 주어 목적지까지 호송하는 것을 의미한다.
3   생기복덕(生氣福德) : '택일(擇日)'을 함에 기(氣)가 살고 복과 덕이 있다고 하는 '길일(吉日)'을 말한다.

또 6월은 부녀자들이 속기(俗忌 : 세속의 금기)로 삼는 달이라고 합니다.
이 말을 믿지 않는다고 하더라도 무더위가 너무 혹독한 것 같으니, 5월 안에 보내는[4] 것이 어떠신지요.
염전처럼 찌는 산길을 지나기가 무척 힘들 것이니, 귀읍(貴邑)에 혹시 봉납하는 규례(規例)가 있다면, 그렇게 배려하여 주시기 바랍니다.
만약 이렇게 신경 써서 해 줄 수 있으시면, 추후에 사람과 말을 보낼 것입니다.

생선과 편지지 등 여러 물품을 보내 주시니 참으로 다행스럽기 그지없습니다.

편지지가 작아서 이만 적습니다.
그대께서 살펴 주시기 바라며 답장을 올립니다.

   1693년 5월 19일 기복제(朞服弟) 규서 올림

---

4   보내는 : 본문의 '기송(起送)'은 사람을 보낸다는 뜻이다.

김창협(金昌協)   1651(효종 2)~1708(숙종 34)

본관은 안동(安東). 자는 중화(仲和), 호는 농암(農巖)·삼주(三洲)이다. 좌의정 상헌(尙憲)의 증손자로 아버지는 영의정 수항(壽恒)이며, 영의정을 지낸 창집(昌集)의 아우이다.

1669년(현종 10) 진사시에 합격하고, 1682년(숙종 8) 증광문과에 장원으로 급제하였다. 청풍부사로 있을 때 기사환국(己巳換局)으로 아버지가 전라도 진도(珍島)에서 사사되자, 관직을 떠나 영평(永平 : 지금의 경기도 포천)에 은거하였다.

1694년 갑술환국(甲戌換局) 이후 아버지가 신원됨에 따라 호조참의·예조참판·홍문관제학·이조참판·대제학·예조판서·세자우부빈객·지돈령부사 등에 임명되었으나, 모두 사직하고 학문에만 전념하였다.

학문적으로는 이황(李滉)과 이이(李珥)의 설을 절충하였으며, 문장에 능하고 글씨를 잘 썼다. 『농암집(農巖集)』·『주자대전차의문목(朱子大全箚疑問目)』 등 방대한 저서와, 『강도충렬록(江都忠烈錄)』 등의 편저를 남겼다.

· · ·

早辱手柬 殊慰且渴 조욕수간 수위차갈
但聞久苦痔症 爲慮 단문구고치증 위려
曾聞此患 多在膏粱人 증문차환 다재고량인
以左右家食淸貧 而猶得此 何也 이좌우가식청빈 이유득차 하야

嘗見坡翁館客 不終語 每爲一笑此語 상견파옹관객 부종어 매위일소차어
或可爲今日受用 幸試檢看 如何 혹가위금일수용 행시검간 여하

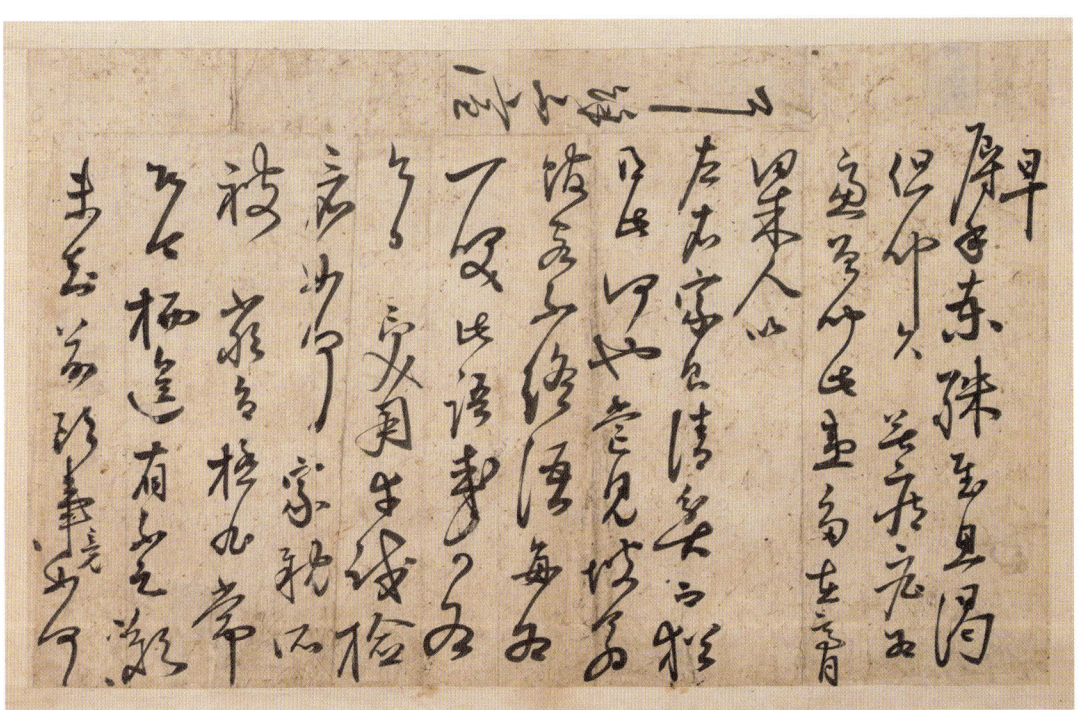

家親所被嚴旨 極非常 即今棲(栖)遑 有不足歎 가친소피엄지 극비상 즉금서황 유부족탄

未知前頭事 竟如何耳 미지전두사 경여하이

餘不宣 여불선

이른 아침에 보내 주신 편지를 받으니 무척 위로가 되며 그립습니다.[1]
그러나 오랫동안 치질을 앓고 계시다는 것을 알게 되니 걱정이 됩니다.
이 병은 기름진 음식을 먹는 사람들에게서 많이 생긴다고 들었는데, 그대 집안의 음식이 청빈한데도 이렇게 되었으니 어떻게 된 일입니까.

일찍이 파옹(坡翁)[2]의 사위[3]를 만나 끝없이 이야기를 나누었으며, 매번 그의

---

1 그립습니다 : 본문의 '갈(渴)'은 목마르게 그리워하는 마음을 표현한 것이다. 갈심(渴心)은 목말라 하는 마음, 또는 간절한 욕망을 말하며, 비슷한 표현으로 갈앙(渴仰)은 매우 동경하고 사모함을, 갈애(渴愛)는 매우 사모함을 나타낸다.
2 파옹(坡翁) : 일반적으로는 파산(坡山)에 거주했던 우계(牛溪) 성혼(成渾)을 지칭한다. 미상이다.
3 사위 : 본문의 '관객(館客)'은 사위라는 뜻이다.

말을 들으며 웃었습니다. 혹 지금 받아 주실 수 있으시면 부디 한번 살펴보심이 어떠신지요.

저의 아버지께서는 임금님의 엄한 분부를 받으셨는데, 무척 특별한 것이어서 지금은 경황이 없습니다만 한탄할 일은 아닙니다.
앞으로 어떻게 될지는 모를 일이지요.
이만 줄입니다.

* 이 편지만 놓고 볼 때 이 편지가 김창협의 것이라는 증거는 어디에도 없다. 그러나 이 편지의 필체는 김창협의 글씨와 꼭 일치한다. 따라서 김창협의 편지로 보는 데 무리가 없다.

· · ·

昨承兄初五書 慰荷慰荷 작승형초오서 위하위하
日間殘暑 不審兄履如何 일간잔서 불심형리여하

安生事 命也奈何 안생사 명야내하
然 兄之疎濶如此 亦可歎耳 연 형지소활여차 역가탄이
其先祖 乃太宗朝 淸白吏 기선조 내태종조 청백리
吏曹判書 思簡公省也 非戰亡者也 이조판서 사간공성야 비전망자야
判相若果留念 則唯在兄隨稟提覺 판상약과유념 즉유재형수과제각
幸母忽 如何 행무홀 여하
餘不具 여불구

　甲戌 七月 十四日 갑술 칠월 십사일 　弟 不名 제 불명

季病 未知何恙 今已向安否 慮慮 계병 미지하양 금이향안부 여려

어제 형께서 5일에 보내신 편지를 받고 위로와 감사가 넘쳤습니다.
요 며칠 새 늦더위에 평안하셨습니까.

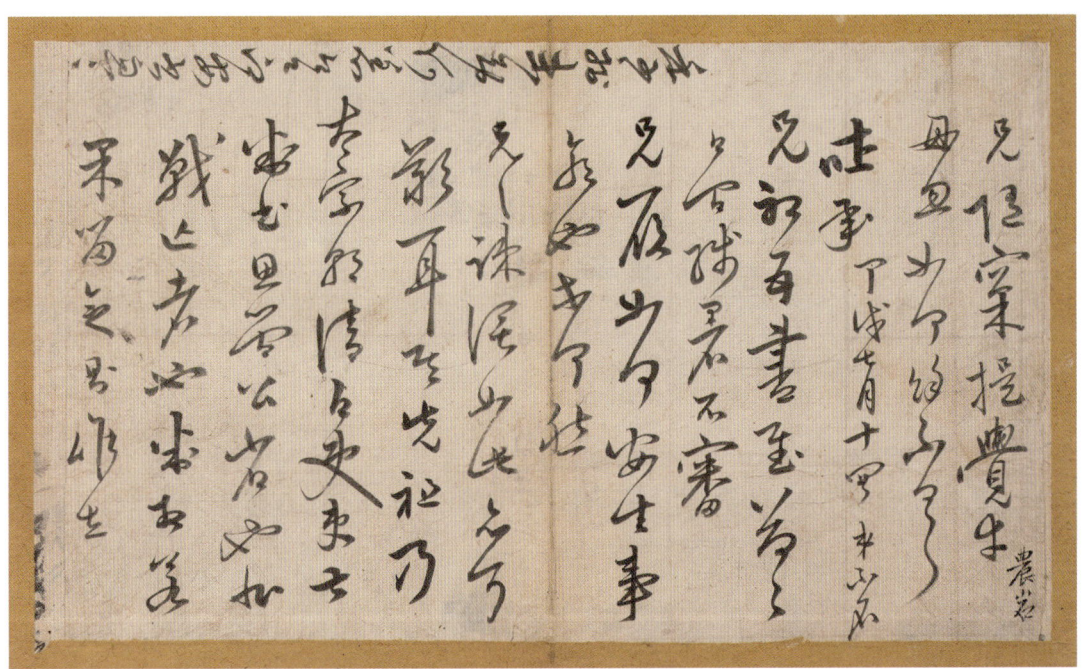

안생(安生)의 일은 모두가 제 팔자인 걸 어떡하겠습니까.

그러나 형께서 이토록 신경 쓰지 않으시니, 이 또한 한탄스럽습니다.

그의 선조는 태종조(太宗朝)의 청백리로서 이조판서를 지낸 사간공(思簡公) 성(省)[4]이며, 전망자(戰亡者)[5]가 아닙니다.

판상(判相)[6]이 유념하였더라면, 자리가 생길 때마다 형께서 생각하셨을 것입니다.

소홀히 여기지 않으셨으면 좋겠습니다.

이만 줄입니다.

---

4 사간공(思簡公) 성(省) : 안성(安省, 1344~1421)이다. 고려 말 조선 초의 문신으로, 본관은 광주(廣州)이며, 초명은 소목(少目), 자는 일삼(日三), 호는 설천(雪泉)·천곡(泉谷)이다. 고려 우왕 초에 진사에 합격하고, 1411년(태종 11) 참지의정부사(參知議政府事)로 정조사(正朝使)가 되어 명나라에 다녀와서 강원도관찰사를 지냈다. '사간(思簡)'은 그의 시호이다.

5 전망자(戰亡者) : 벼슬자리로 나아가는 데 문음(門蔭)과 천거(薦擧)라는 제도가 있었다. 문음은 글자 그대로 문벌(門閥)과 음덕(蔭德)으로 벼슬하는 것이다. 즉, 명신(名臣)·공신(功臣)·유현(儒賢)·전망자(戰亡者)·청백리(淸白吏) 등으로 구분된 자손들이 과거를 거치지 않고 관직에 임용되는 제도로, 전망자는 전쟁에서 순직한 사람을 일컫는 말이다.

6 판상(判相) : 여기서는 관리 임용 권한을 가진 이조판서를 일컫는다.

1694년 7월 14일 아우 불명(不名)[7]

아우의 병이 무슨 병인지 모르겠습니다.
지금은 나아가고 있습니까. 걱정스럽습니다.

* 이 편지의 발신인은 이름 대신 '불명(不名)'이라고 썼다. 오른쪽 아래에 '농암(農巖)'이라고 쓴 글씨는 후대에 정리한 사람이 쓴 것이다. 그러나 성균관대 소장의 『근묵(槿墨)』 등 전해 오는 김창협의 다른 편지와 필적이 정확히 일치하고 있으며 첨부된 쪽 편지도 있어, 이 편지의 저자가 김창협이라는 것은 의심의 여지가 없다.(참고 : 『근묵(槿墨)』 「예(禮)」 250쪽)

• • •

頃蒙委狀 良以慰荷 承胸痛作苦 奉慮奉慮 경몽위장 양이위하 승흉통작고 봉려봉려
生再次感寒 輒卽欠解 而漸憊殊甚 累日伏枕 생재차감한 첩즉흠해 이시비수심 누일복침
室人所患 亦一味危篤 悶何可言 실인소환 역일미위독 민하가언
餘不具 여불구

丁亥 十二月 小望 정해 십이월 소망 昌協 창협

접때 보내 주신 편지를 받고 무척 위로가 되고 고마웠는데, 가슴 통증으로 시달리고 계시다고 하시니 걱정스럽기 그지없습니다.
저는 또다시 감기에 걸렸습니다. 바로 낫기는 했지만 몸이 심하게 쇠약해져서 며칠 동안 병석에 누워 지내고 있습니다.
제 아내의 병도 역시 계속 위독하여 그 근심을 이루 말로 다 할 수 없습니다.
이만 줄입니다.

1707년 12월 14일 창협

---

7 불명(不名) : 편한 사람에게 보내는 편지 끝에 쓰는 관용적 표현이다. 즉 자기 이름을 밝히지 않아도 되는 친근한 관계에서 사용된다.

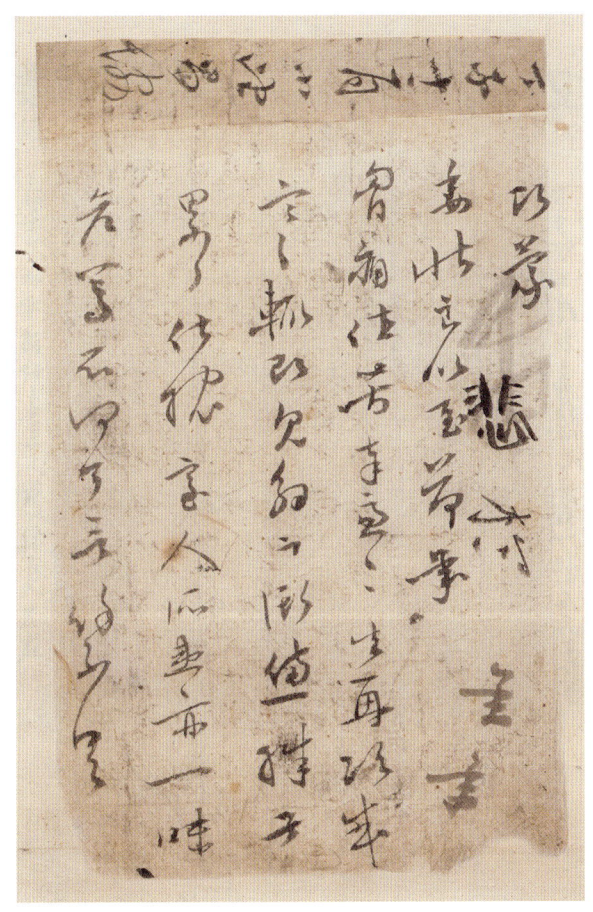

• • •

廣州府尹 座前 광주부윤 좌전

昌協白 積殃在躬 天降酷禍 창협백 적앙재궁 천강혹화
吳女之喪 曾未百日 兒子又遽夭沒 오여지상 증미백일 아자우거요몰
人世間 寧有此慘毒事耶 인세간 영유차참독사야
冤號慟裂 直欲溘然無知 而不可得也 원호통렬 직욕합연무지 이불가득야

其時伏蒙 卽賜慰問 副以種種贈物 기시복몽 즉사위문 부이종종부물
哀感之至 訖今藏戢 애감지지 흘금장집

賤疾數月沈重 兼以李妻 朝夕危死 心神悄悅 천질수월침중 겸이이처 조석위사 심신창황

不省餘事 久闕修謝 第深愧悚 불성여사 구궐수사 제심괴송

玆又委枉問書 承審新年 政履佳福 자우위왕문서 승심신년 정리가복

區區感怍 尤不容喩 구구감작 우불용유

昌協 身患女病 一味無減 生趣固無可言 창협 신환여병 일미무감 생취고무가언

而窀穸永閟 音容無憑 一身煢獨 萬事茫茫 이둔석영비 음용무빙 일신경독 만사망망

閉門孤臥 只有涕淚 他又何言 폐문고와 지유체루 타우하언

三洲 不忍遽歸 歲前出寓東郭 舍弟家近處 삼주 불인거귀 세전출우동곽 사제가근처

爲一半年相依計 此間情境 可以想知也 위일반년상의계 차간정경 가이상지야

荊布宿病尤劇 全廢人事 형포숙병우극 전폐인사

前後承書問 而不克仰答恐知 전후승서문 이불극앙답공지

千萬不宣 천만불선

伏惟下照 謹答狀上 복유하조 근답장상

辛巳 正月 十二日 신사 정월 십이일 朞服人 金昌協 狀上 기복인 김창협 장상

同甫所得 非不便近 而人事非復舊 只增悲歎 동보소득 비불편근 즉인사비복구 지증비탄

下惠三種 用於朝夕祭需 感感 하치삼종 용어조석제수 감감

광주부윤께

창협은 아룁니다.
거듭된 재앙이 저에게 닥쳐 하늘이 참혹한 화(禍)를 내렸으니, 오씨(吳氏) 처[8]가 죽은 지 백 일도 채 지나지 않아 아들[9]이 또 갑자기 요절하였습니다.
세상에 어찌 이렇게 처참한 일이 있단 말입니까.
원통하여 울부짖으니 아픈 가슴은 찢어지는 것만 같습니다. 바로 죽어 버려서 아무것도 모르고 싶지만, 이도 뜻대로 되지 않습니다.

이럴 때마다 바로 위문 편지를 내려 주시고 더불어 종종 부물(賻物)[10]을 보내

---

8 오씨(吳氏) 처 : 오진주(吳晉周, 1680년 미상)에게 시집간 딸을 지칭한다. 오진주의 본관은 해주(海州), 자는 명중(明仲), 호는 무위재(無爲齋)로 오두인(吳斗寅)의 아들이다. 1701년(숙종 27) 3월에 이망지(李望之)에게 시집간, 김창즙(金昌緝)의 딸인 「조카 이씨 부인 제문(祭姪女李氏婦)」에 의하면, 김창협은 1700년 한 해 동안 사랑을 독차지했던 '오씨(吳氏) 처'를 잃고 몇 달 후 이어서 외아들 숭겸(崇謙)을 잃었다.

9 아들 : 김창협의 외아들 김숭겸(金崇謙, 1682 1700)이다. 김숭겸의 자는 군산(君山), 호는 관복암(觀復庵)이며, 1689년(숙종 15) 기사환국(己巳換局)으로 노론인 조부 김수항(金壽恒)이 사사(賜死)된 후 집안이 화를 입자, 벼슬에 뜻을 두지 않고 영평(永平)의 백운산(白雲山) 등에서 학문에 전심하였다. 13세 때부터 시를 짓기 시작하여 주로 세상을 비판하는 시 300여 수를 남겼으며, 19세의 어린 나이로 세상을 떠났다. 저서에 『관복암시고(觀復庵詩稿)』가 있다.

주시니, 슬픈 마음의 극진함은 지금까지 가슴속에 잊히지 않고 있습니다.

저는 병이 몇 달째 깊은 데다, 이씨(李氏) 처[11]가 아침저녁으로 사경(死境)을 헤매고 있으니, 성신이 얼떨떨하여 다른 일은 살필 겨를이 없어 오랫동안 답장도 쓰지 못하였습니다.
매우 부끄럽고 죄송스럽기만 한데, 이렇게 또 안부 편지를 보내 주셔서 새해에 정무를 돌보시며 아름다운 복을 누리고 계심을 알게 되니, 감사와 부끄러움을 어떻게 표현해야 할지 모르겠습니다.

저의 병과 딸의 병은 나아질 기미가 보이지 않으니, 사는 이야기는 말씀드릴 것이 없습니다.
땅속에 장사 지내고 나니 목소리도 모습도 영원히 다시 대할 수 없어, 이 한 몸은 쓸쓸하고 만 가지 일은 아득하기만 하여 문을 닫고 홀로 누워 눈물만 흘릴 뿐이니, 또 무슨 말씀을 드릴 수 있겠습니까.

삼주(三洲)[12]에는 차마 돌아갈 수가 없어서, 새해가 오기 전에 동쪽 성곽에 있는 아우 집[13] 근처에서 묵으며 반년 동안 서로 의지하고 살 계획이니, 저의 사정은 헤아려 보시면 잘 아실 수 있을 것이며, 형포(荊布)[14]에 오랜 병이 더 심해져, 사람의 일을 전폐하고 살아가느라 전후로 받은 문안 편지에 답장을 쓸 수 없었다는 것도 아실 것입니다.

할 말은 많지만 이만 줄입니다.
살펴 주시기 바라며 삼가 답장을 올립니다.

---

10 부물(賻物) : 상장(喪葬)에 부의(賻儀)로 주는 물건을 통칭한다.
11 이씨(李氏) 처 : 이여(李畬, 1645~1718)의 아들 이태진(李台鎭, 생몰년 미상)에게 시집간 김창협의 둘째 딸을 지칭한다. 그녀도 이 편지를 쓰고 얼마 지나지 않아 죽었다.
12 삼주(三洲) : 김창협은 서울 집에 혼자 남아 있던 어머니를 자주 뵙기가 어렵게 되자 1697년(숙종 23) 8월에 삼주(三洲 : 경기도 양주)로 거처를 옮겼고, 이때부터 '농암(農巖)'이라는 호와 함께 '삼주(三洲)'라는 호를 함께 썼다
13 아우 집 : 아우인 대유(大有) 김창업(金昌業)의 집을 말한다.
14 형포(荊布) : 거칠고 남루한 옷을 말하는 것으로 처지가 불우함을 비유한다.

1701년 정월 12일   기복인(朞服人) 김창협 올림

동보(同甫)[15]가 얻는 것[16]은 편하고 가깝지 않은 것은 아니지만, 인사(人事)를 다시 되돌릴 수 없으므로 슬프고 한탄스럽기만 합니다.

보내 주신 세 가지 물품은 아침저녁으로 제수(祭需)로 쓰겠습니다. 고맙고 고맙습니다.

· · ·

伏承下狀 就審歊爍 夙夜起居淸福 복승하장 취심효삭 숙야기거청복
且已高免斗坐 尤劇欣慰之懷 차이고면두좌 우극흔위지회

弟 職名累辭未褫 勢將更送辭狀 제 직명루사미체 세장갱송사장
而恐以格例見阻 이공이격례견조
幸須預察 而周旋如何 행수예찰 이주선여하

別紙謹悉 日字之添於使下 下示 誠得之矣 별지근실 일자지첨어사하 하시 성득지의
士敬得解 可喜 사경득해 가희
餘不宣 여불선

伏惟下照 謹謝狀上 복유하조 근사장상

　　乙亥 五月 初十日 을해 오월 초십일   弟 朞服人 昌協 제 기복인 창협

黃蓮連入於藥用 而難繼 或可覓惠耶 황련연입어약용 이난계 혹가멱혜야
別薦人才 抄啓已爲之耶 見抄人數 별천인재 초계이위지야 견초인수

---

15 동보(同甫) : 이희조(李喜朝, 1655~1724)를 지칭한다. 본관은 연안(延安). 자는 동보(同甫), 호는 지촌(芝村)으로 이단상(李端相, 1628~1669)의 아들이며, 송시열(宋時烈)의 문인이다. 김창협은 이단상의 제자이며, 동시에 사위가 되므로 이희조와는 처남 매부 간이다.
16 얻는 것 : 원문의 '소득(所得)'은 아마도 벼슬자리인 것으로 여겨진다.

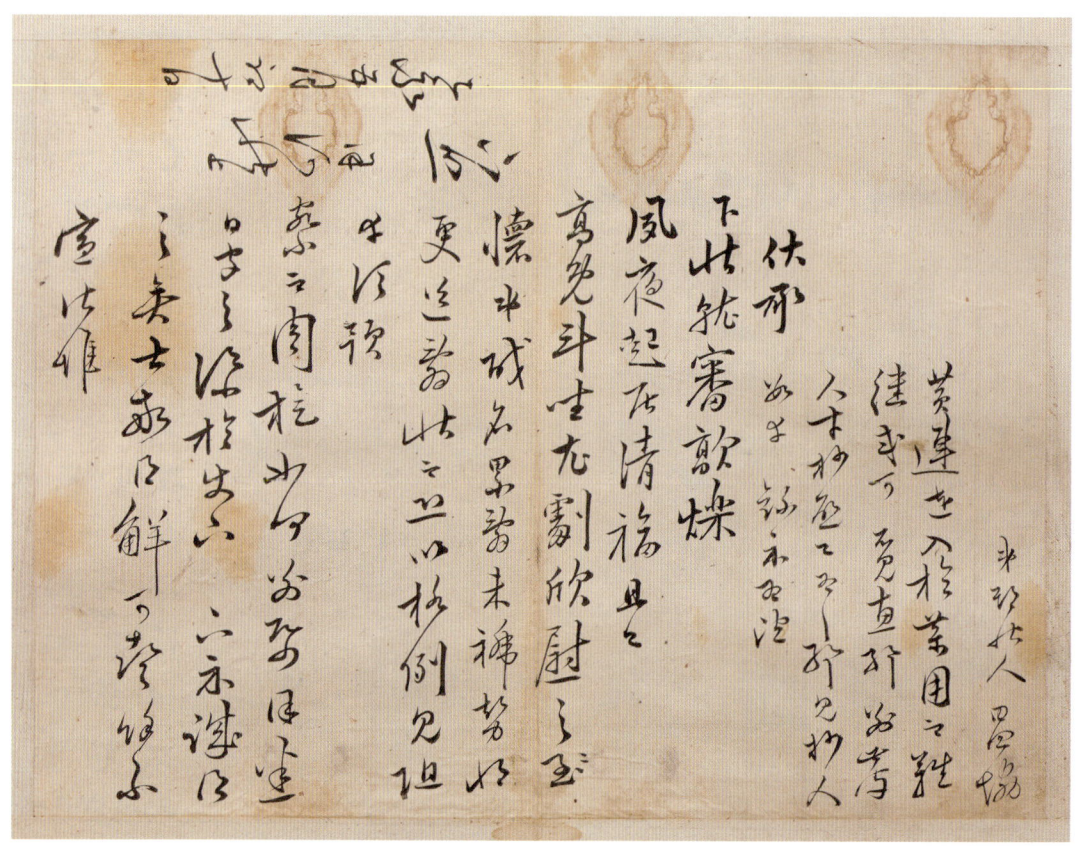

幸錄示爲望 행록시위망

보내 주신 편지를 받고 무더위에 아침저녁으로 맑은 복을 누리시고 계시며, 또한 보잘것없는 자리에서 벗어나셨다는 것을 알게 되어 무척 기쁘고 위안이 되었습니다.

저는 여러 번 관직에서 물러나려고 하였으나 아직 물러나지 못하고 있습니다. 앞으로 다시 사직서를 올리려고 하지만 관례[17] 때문에 받아들여지지 않을까 봐 걱정입니다.

반드시 미리 살펴보시고 두루 힘을 써 주시기 바랍니다.

17 관례 : 원문의 '격례(格例)'는 격식(格式)으로 되어 있는 관례(慣例)를 뜻하는 말이다.

별지에 쓰신 일은 잘 알았습니다.

날짜를 붙여서 아랫사람에게 지시한 일은 참으로 합당합니다.

사경(士敬)[18]이 풀려났다니[19] 기쁩니다.

이만 줄입니다.

살펴 주시기 바라며 삼가 답장을 올립니다.

  1695년 5월 10일   기복인(朞服人)[20] 창협

황련(黃蓮)[21]을 연이어 약으로 쓰고 있는데 계속 대기가 어렵습니다. 혹시 찾아서 보내 주실 수 있으신지요.

별도로 천거할 사람의 초계(抄啓)[22]가 마무리되었습니까. 몇 사람인지 보시고 알려 주셨으면 합니다.

· · · ·

非少瞻仰 而懶未拜書候問 只耿耿爾 비소첨앙 이라미배서후문 지경경이

此承專書下問 就審老炎 起居淸勝 慰仰無量 차승전서하문 취심노염 기거청승 위앙무량

弟 恩除洊仍 采增悚息 제 은제천잉 미증송식

遷次湫隘 又非久居之地 撥貧營屋 計拙心勞 거차추애 우비구거지지 발빈영옥 계졸심로

欲罷又不能 可歎 욕파우불능 가탄

慶州之求 固知出於至心 경주지구 고지출어지심

---

18 사경(士敬) : 김시보(金時保, 1658~1734)의 자(字)이다. 호는 모주(茅洲)이다. 무주부사(茂朱府使), 고성군수(高城郡守) 등을 거쳐 도정(都正)을 지냈다. 김창협(金昌協)의 조카이다. 문인으로 당대의 뛰어난 시인으로 알려져 있다.

19 풀려났다니 : 원문의 득해(得解)는 관직에서 벗어났거나, 붙들렸다가 풀려난 것을 모두 의미하는데, 정확한 내용을 알 수 없다.

20 기복인(朞服人) : 기복상(朞服喪 : 1년 동안 입는 상복) 중에 있는 사람을 말한다.

21 황련(黃蓮) : 깽깽이풀의 뿌리. 눈병·설사 등을 다스리는 약재(藥材)로 쓴다.

22 초계(抄啓) : 인재를 뽑아 임금에게 보고하는 일을 이르던 말이다.

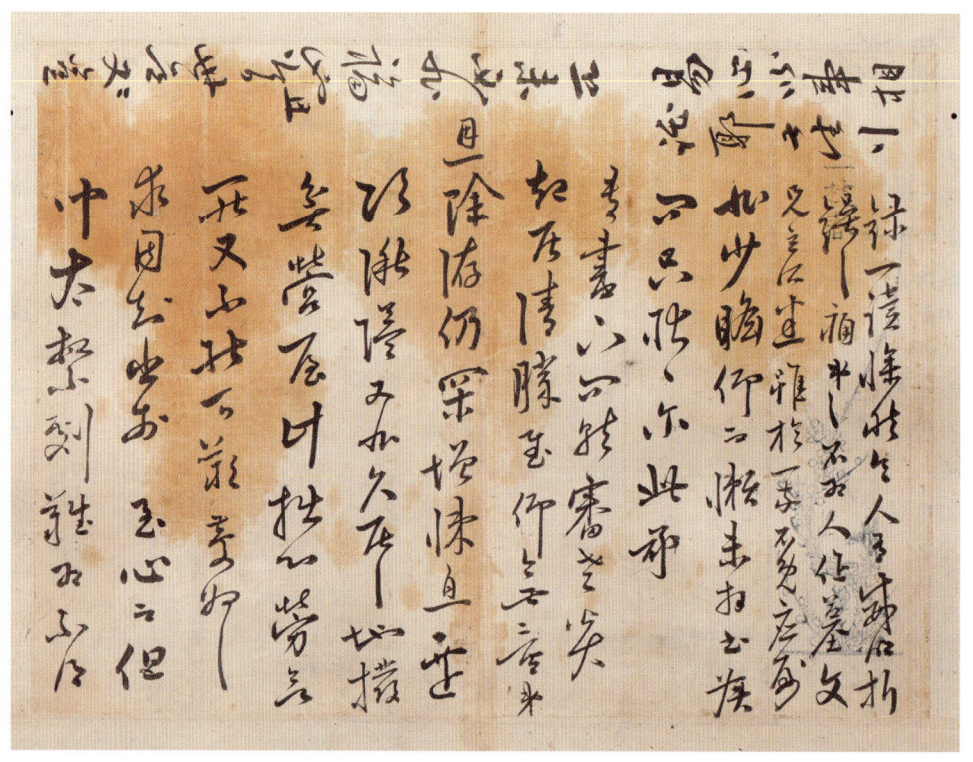

而但聞太繁劇 難爲不得 恐未必非福也 이단문태번극 난위부득 공미필비복야

且曾世道 豈易心事相託耶 차증세도 기이심사상탁야

曺生行錄 一讀慘然 令人有威明折鍔之痛 조생행록 일독참연 영인유위명절악지통

弟之不爲人作墓文 兄主所悉 제지불위인작묘문 형주소실

雖於一字 不免應副 수어일자 불면응부

생각하는 마음이 부족한 것이 아니라 게으른 탓에 그동안 문안 인사도 여쭙지 못하였지만, 그저 그리운 생각뿐이었습니다.
지금 심부름꾼을 시켜 보내신 편지를 보고 늦더위에 맑게 잘 계심을 알게 되니 기쁘기 그지없습니다.

저는 임금님께서 연이어 벼슬을 내려 주셔서 더욱더 두렵기만 합니다.
초라한 집[23]으로 이사하였으나, 또한 오래 있을 만한 곳은 못 됩니다.
가난한 살림에 집을 지으려고 하니 서투른 재주에 마음만 힘들고, 때려치우고 싶지만 또한 그럴 수도 없으니 한탄이 절로 나옵니다.

경주부윤(慶州府尹) 자리를 구하는 일이 지극한 마음에서 나온 것이라는 것은 잘 알겠습니다. 그러나 다만 너무 번잡하고 극히 어렵다고 하니, 얻지 못하게 되더라도 꼭 복이 없다고 말할 수는 없을 듯싶습니다.
또 일찍이 세상의 도의(道義)라는 것이, 어찌 쉽게 마음을 맡길 수 있는 것이겠습니까.

조생(曺生)[24]의 행록(行錄)[25]을 한번 읽고 나니 슬프기만 하여 위명절악(威明折鍔)[26]의 아픔을 느끼게 합니다.
저는 다른 사람을 위해 묘비명[27]을 지을 만한 사람이 못 되는 것은 그대께서도 잘 아실 것입니다. 비록 한 글자라도 꼭 부응해야 한다면….

* 이 편지는 수신인과 발신인, 편지를 쓴 날짜 등 기본적인 격식이 생략되어 있으며, 이 간찰첩을 첩장(帖裝)한 사람의 설명도 빠져 있고, 뒷부분이 없다. 그러나 이 편지는 바로 앞 장, 김창협의 편지와 필적이 똑같으며, 편지 속 사건도 김창협의 문집에 있는 내용과 일치한다. 따라서 이 편지의 수신인과 앞 장의 수신인이 동일하여 함께 나란히 첩장된 것으로 보인다.

23 초라한 집 : 원문의 '추애(湫隘)'는 집터가 낮고 좁다는 뜻이다.
24 조생(曺生) : 조명형(曺命衡)이다. 이 편지와 비슷한 시기로 여겨지는 1697년(숙종 23) 서종태(徐宗泰, 1652~1719)가 「조생명형행록(曺生命衡行錄)」을 지었다. 농암 김창협은 그가 쓴 〈조생명형묘지명(曺生命衡墓誌銘)〉에 "조생이 불행히 단명하여 홀로 된 어미를 버려두고 죽었다. 모자가 서로 사랑하고 효도하며 길러 주고 봉양함의 지극함과 죽음에 맺힌 한을 언급한 부분에 이르러서는 눈물이 옷소매를 적셔 그 행록을 다 읽을 수 없었다."라고 적었다.
25 행록(行錄) : 어떤 사람의 언행(言行)을 적은 글이나 책을 말한다.
26 위명절악(威明折鍔) : '위명(威明)'은 후한의 장군인 황보규(皇甫規)의 자이다. 황보규가 노년에야 아들을 얻었는데, 그 아들이 25세에 어린 손자 검(劍)을 남겨 두고 전사하자, 황보규는 늙어서 젊은 자식을 잃은 비통함으로 심장의 피를 어린 손자인 황보검의 몸에 온통 쏟고 죽었다. 이후로 노년에 자식을 잃은 슬픔을 '위명(威明)'이라고 한다. 『후한서(後漢書)』 「황보규열전(皇甫規列傳)」에 전한다. '절악(折鍔)', 즉 '촉이 꺾인다'는 것 역시 자식의 죽음을 이른다. 오왕(吳王) 합려(闔廬)가 "좋은 창을 만들어 올리는 자에게는 백금(百金)을 하사하겠다."고 하였는데, 어떤 사람이 자기의 두 아들을 죽여 그 피를 쇠에 발라 창을 만들어 왕에게 바쳤지만 왕이 알아주지 못하였다. 그러자 그 창이 날아와 아비의 가슴에 꽂혔고, 이때 갈고리의 촉이 부러졌다. 『오씨춘추(吳越春秋)』 「합려내전(闔廬內傳)」에 전한다. 이로써 '위명절악(威明折鍔)'이란 말은 자식을 잃은 슬픔을 말할 때 아주 드물게 인용된다.
27 묘비명 : 이 묘비명, 즉 〈조생명형묘지명(曺生命衡墓誌銘)〉은 결국 김창협이 썼다.

省式생식

懸念不置 忽枉專疏 현념불치 홀왕전소
承審歲暮 孝履支勝 欣慰難量 승심세모 효리지승 흔위난량

協 家門不幸 仲母奄忽棄背 협 가문불행 중모엄홀기배
孤露餘生 摧痛不自堪忍 고로여생 최통부자감인
弟婦之喪 亦出於一時 尤切悲慘 제부지상 역출어일시 우절비참

賤疾入冬增劇 長在澌頓中 천질입동증극 장재시돈중
恐無再健之日 悶歎奈何 공무재건지일 민탄내하
時事悠悠 不足復置懷 書疏亦不次及此也 시사유유 부족부치회 서소역불차급차야

惠貺黑糖 深感扶喪之至意 혜황흑당 심감부상지지의

但饋奠餘力 何以辦此 殊覺不安于心也 단궤전여력 하이판차 수각불안우심야

一曆附呈 일력부정

千萬只祈 殘臘加護 천만지기 잔랍가호
不宣 불선

丙戌 十二月 十九日 병술 십이월 십구일　期服人 昌協 기복인 창협

생식(省式)
걱정스러운 마음이 가시지도 않는데 홀연히 심부름꾼이 편지를 가져왔습니다.
한 해가 저물어 가는 이때, 상중(喪中)에 잘 계심을 알게 되어 기쁨과 위로가 끝이 없습니다.

저희 집안에 불행이 닥쳤습니다.
둘째 어머니께서 갑자기 세상을 버리셨습니다. 쓸쓸히 남은 이 목숨으로 찢어지듯 아픈 가슴을 감당할 수 없습니다.
제수(弟嫂)의 상(喪)도 또한 같이 치르게 되어 마음은 더욱더 비참하기만 합니다.

제 병은 겨울이 되자 더욱 심해졌습니다.
오랫동안 기력이 다 빠져 버린 채 지내고 있으며, 다시는 건강해질 수도 없을 것 같아서 걱정과 탄식으로 지냅니다. 어쩔 도리가 없는 일입니다.
세상일은 아득하게 흘러가 다시 마음속에 담아 둘 수도 없고, 이곳에는 이제 안부를 묻는 편지조차 이어지지 않고 있습니다.

보내 주신 흑설탕은 상사(喪事)에 도움을 주시려는 지극한 뜻이 담겨 있어 고맙게 받았습니다. 다만 궤전(饋奠)[28]에 여유가 없으니, 어떻게 마련하여야 할지 마음에 걱정이 적지 않습니다.

달력 한 부 부쳐 보냅니다.

남은 섣달 동안 몸 건강하시기만 기원하며 이만 줄입니다.

1706년 12월 19일   기복인(朞服人) 창협

---

28 궤전(饋奠) : 제사에서 사용되는 음식을 비롯한 제수(祭需)를 의미한다.

송징은(宋徵殷)

1652(효종 3) ~ 1720(숙종 46)

본관은 여산(礪山). 자는 질부(質夫), 호는 약헌(約軒)이다.

박세채(朴世采)의 문하에서 수학하였으며, 1689년(숙종 15) 증광문과에 장원 급제하였다.

판결사, 동부승지, 대사간을 거쳐, 이조참의, 대사성, 개성유수를 역임한 후 형조·호조 참판 등을 지냈다.

박학하고 문명(文名)이 높았다. 저서로 『약헌집(約軒集)』·『국조명신언행록(國朝名臣言行錄)』·『역대사론(歷代史論)』 등이 있다.

• • •

台兄 謹謝狀上 대형 근사장상
李 左尹 記室 이 좌윤 기실

歲暮瞻溯倍劇 獲拜台翰 세모첨소배극 획배대한
從審窮沍 台起居萬相 區區慰釋 不容言 종심궁호 대기거만상 구구위석 불용언

服弟 病狀粗遣 而洊遭堂從喪慽 복제 병상조견 이천조당종상척
又見姪女夭慘 悲疚度日 우견질녀요참 비구도일
且家兒 將赴湖營 同年相離 非衰境所可堪 차가아 장부호영 동년상리 비쇠경소가감
惱撓尤何可喩 뇌요우하가유

新方伯在鄕 上來未易 交龜遲速不可期 신방백재향 상래미이 교구지속불가기

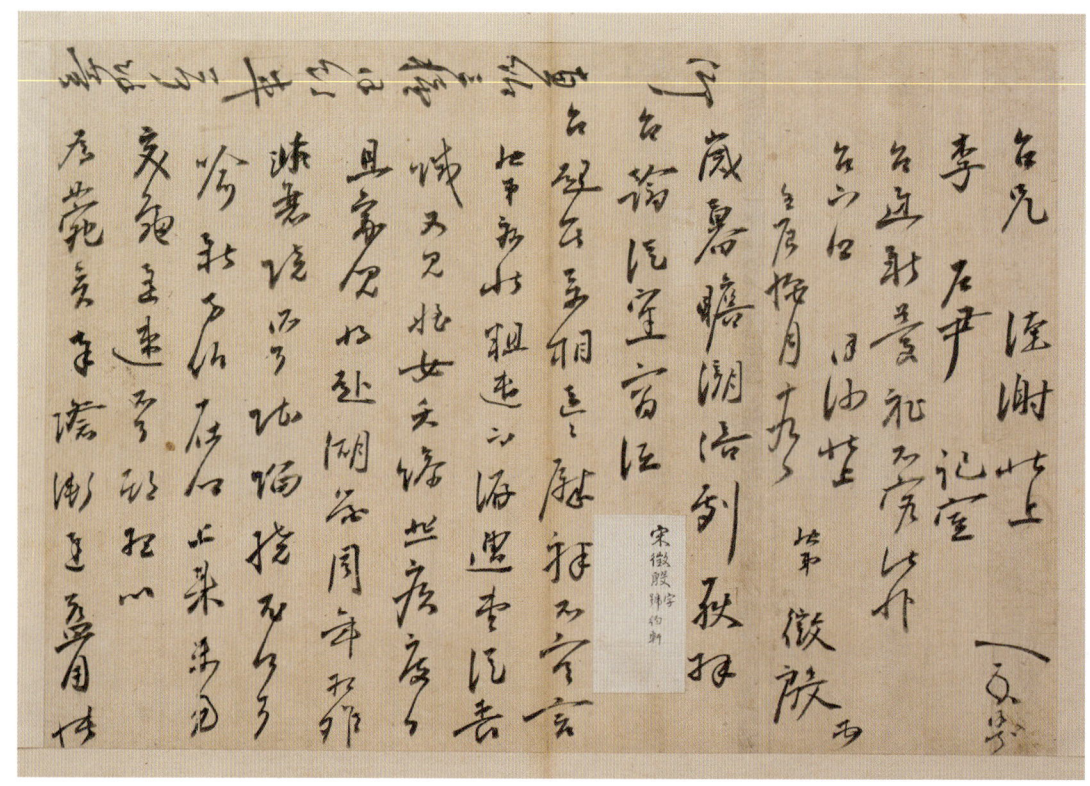

想以爲菀矣 상이위울이

奉際漸遲 益用悵仰 봉제점지 익용창앙

惠俯三種 謹領感荷 혜부삼종 근령감하

餘冀台迓新蔓祉 여기대아신만지

不究 불구

伏惟台下照 謹謝狀上 복유대하조 근사장상

壬辰 臘月 十九日 임진 납월 십구일 服弟 徵殷 頓 복제 징은 돈

대형(台兄)¹께 올리는 답장
이 좌윤(李左尹) 기실(記室)²에

한 해가 저물어 가는 이때에 그리운 마음은 너무나 간절한데, 대감께서 보내신 편지를 받아 섣달 추위에 편히 계심을 알게 되니 말할 수 없이 위안이 됩니다.

상중(喪中)의 저는 병든 몸으로 그럭저럭 살아가고 있습니다만, 당종(堂從)³의 상(喪)을 연거푸 당한 데다 또 어린 조카딸조차 세상을 떠나니 쓰라린 가슴을 안고 세월을 보내고 있습니다.
게다가 또 제 아들이 장차 호남 감영으로 가게 되었으니, 한 해 안에 서로 헤어지게 되는 일은 이렇게 쇠약해진 사람으로서는 감당하기가 힘듭니다.
이 고민과 혼란스러움을 어떻게 말로 표현할 수 있겠습니까.

새로 부임하는 관찰사(觀察使)는 고향에 있어서 올라오기가 쉽지 않으므로 교구(交龜)⁴할 날이 언제가 될지 기약할 수가 없어서 마음이 편치 않습니다.
만나 볼 날은 점점 더뎌지기만 하니 더욱더 서글프기만 합니다.

보내 주신 세 가지 물품은 감사하는 마음으로 잘 받았습니다.
오로지 새로운 한 해를 맞이하여 넘치는 복을 누리시기 바라며 이만 줄입니다.⁵

대감께서 살펴 주시기 바라며 삼가 답장을 올립니다.

  1712년 12월 19일 상중(喪中)의 징은 올림

---

1 대형(台兄) : 수신인이 2품의 벼슬에 있을 때 쓰는 표현이다.
2 기실(記室) : 이 책 353쪽의 주 1 참조.
3 당종(堂從) : 4촌 형제를 일컫는다.
4 교구(交龜) : 지방의 관원이 교대할 때 발병부(發兵符)나 인신(印信) 따위를 인수인계하던 일을 말한다.
5 이만 줄입니다 : 원문의 '불구(不究)'는 "이만 줄인다"는 뜻이다. 편지 끝에 쓰는 표현인데, 여기서 '구(究)'는 '진(盡)'의 의미로 쓰인다.

이익수(李益壽)   1653(효종 4)~1708(숙종 34)

본관은 전주(全州). 자는 구이(久而), 호는 백묵당(白默堂)이다. 이무(李楘)의 증손으로, 할아버지는 이지항(李之恒), 아버지는 이원구(李元龜)이다.

1682년(숙종 8) 증광문과에 급제하여 벼슬길에 올랐으며, 사헌부지평 재임 시 당쟁으로 인해 죄 없이 몰리는 나양좌(羅良佐)를 변호하다가 삭직당하였다.

1688년 다시 지평(持平)으로 복직되었으나, 강직한 성품으로 당시 위세를 떨치던 장희빈(張禧嬪)의 어머니가 가마를 타고 궁문을 나가는 것을 막다가 파직되기도 하였다.

대사간, 판의금부사, 이조판서를 역임하였으며, 좌찬성에 이르렀다.

· · ·

伏惟老炎 令起居萬安 仰慰仰慰 복유노염 영기거만안 앙위앙위

弟 來望間 欲作湖中之行 제 내망간 욕작호중지행
歷路庶有奉晤之便 預企預企 역로서유봉오지편 예기예기

仍控 內舅喪 將於今卄八九間 잉공 내구상 장어금입팔구간
當抵稷山境 仍向禮山地 당저직산경 잉향예산지
開月念間 過行窆禮 개월염간 과행폄례
幸望 令監定色吏 顧見凡事 행망 영감정색리 고견범사
俾無客地狼狽之慮 如何 비무객지낭패지려 여하

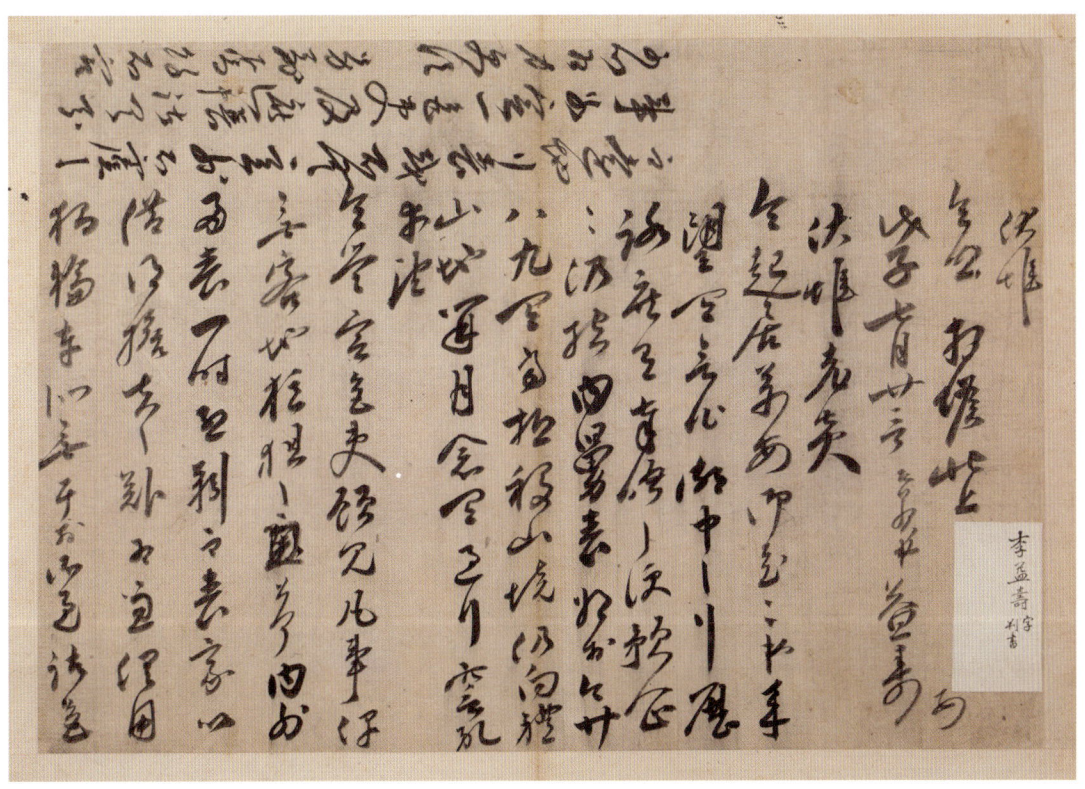

內外兩喪 一時啓靷 내외양상 일시계인

而喪家以借得擔夫之難 爲慮 이상가이차득담부지난 위려

俱用獨輪車 似無干於所過諸邑 구용독륜거 사무간어소과제읍

而遠地行喪 或不無意外不虞之事 이원지행상 혹불무의외불우지사

若定一色吏 及遮帳諸具 則可以爲力 약정일색리 급차장제구 즉가이위력

更須另副焉 갱수영부언

餘不宣 여불선

伏惟令照 拜候狀上 복유영조 배후장상

戊子 七月 卄三日 무자 칠월 입삼일   朞服弟 益壽 頓 기복제 익수 돈

늦더위가 기승을 부리고 있는 이때, 영감께서 편안하게 잘 계시리라 생각하

니 우러러 위로가 됩니다.

저는 돌아오는 보름날 충청도에 가려고 하는데, 지나는 길에 만나 뵐 수 있기를 간절히 기대해 봅니다.

드릴 말씀은, 외숙(外叔)의 상(喪)이 이달 28일, 29일 사이에 있어 직산(稷山)에 가야 하므로 그대로 예산(禮山) 쪽으로 떠나려고 합니다.
다음 달 20일에 장례를 치르려고 하니, 바라옵건대 영감께서 색리(色吏)[1]를 지정하여 모든 일을 챙기도록 하셔서 객지에서 낭패를 당할 염려가 없도록 해 주셨으면 합니다.

두 분 내외의 상(喪)을 한 번에 발인하기 때문에 상가(喪家)에서 상여꾼을 구하는 일이 쉽지 않을 것 같아서 걱정스럽습니다.
독륜거(獨輪車)[2]를 쓴다면 여러 읍을 지나는 데 문제가 없을 것 같습니다만, 워낙 먼 곳에서 치르는 상(喪)이어서 혹시라도 예상치 못한 뜻밖의 일도 없지는 않을 것입니다
한 사람의 색리를 정해 주시고 차장(遮帳)[3] 등 장례에 필요한 물품을 제공해 주신다면, 도움이 될 것입니다.
다시 한번, 반드시 특별한 배려를 해 주시길 바랍니다.

이만 줄입니다.
살펴 주시기 바라며 영감께 문안 편지를 올립니다.

    1708년 7월 23일   기복제(朞服弟) 익수 올림

---

1   색리(色吏) : 감영(監營) 또는 군아(郡衙) 등에서 일하는 아전을 일컫는다.
2   독륜거(獨輪車) : 사람이나 물건을 나르는, 바퀴가 하나 달린 수레. 즉 외발통 수레를 말한다. 독륜거의 제작과 궁중에서 하사한 기록들이 여러 문헌에 자주 등장한다.
3   차장(遮帳) : 볕을 가리기 위하여 치는 장막을 말한다. 차일장(遮日帳)의 다른 표현이다.

김창흡(金昌翕)

1653(효종 4)~1722(경종 2)

본관은 안동(安東). 자는 자익(子益), 호는 삼연(三淵)이다. 김상헌(金尙憲)의 증손자로, 아버지는 영의정 김수항(金壽恒)이며, 영의정을 지낸 창집(昌集)과 예조판서 등을 지낸 창협(昌協)의 아우이다.

이단상(李端相)의 문인이며 사위로, 과거에는 뜻이 없었으나 아버지의 명으로 응시하여 1673년(현종 14) 진사시에 합격하였으며, 이후로는 더 이상 과거에 나아가지 않고 산수를 즐기며 살았다.

1689년(숙종 15) 기사환국(己巳換局)으로 아버지가 전라도 진도(珍島)에서 사사되자, 영평(永平 : 지금의 경기도 포천)에 은거하며, 『장자』와 사마천(司馬遷)의 『사기』를 읽고 시(詩)를 지으며 성리학에 몰두하였다.

그의 학문 세계는 이황(李滉)의 주리설(主理說)과 이이(李珥)의 주기설(主氣說)을 절충한 경향을 띠었으며, 사단칠정(四端七情)에서는 '이(理)'를 좌우로 갈라 '쌍관(雙關)'으로 설명한 이황의 주장에 반대하고, 표리(表裏)로 나누어 '일관(一關)'으로 설명한 이이의 주장을 따랐고, 『중용(中庸)』의 '미발(未發)'에 대해서도 깊이 연구하였다.

1722년(경종 2) 신임사화(辛壬士禍)로 경상도 거제도에 유배된 형 창집이 사사되자 지병이 악화되어 사망하였다. 저서로 『삼연집』·『심양일기(瀋陽日記)』 등이 전한다.

佚老宗兄 初度之辰 邂逅團會 일로종형 초도지신 해후단회
弟之懸弧 適又同日 觴豆流連之餘 제지현호 적우동일 상두유련지여
咸謂不可無詩 遂題一律 以要主翁俯和 함위불가무시 수제일률 이요주옹부화

邂逅懸弧夕 해후현호석
團圓佚老堂 단원일로당
忘衰對華鬢 망쇠대화빈
破戒用深觴 파계용심상

菡萏迎風擧 함담영풍거
棕櫚過雨凉 종려과우량
歸餘申後約 귀여신후약

更擬祝年長갱의축년장

晬日同在閏月 而適逢之 故結句云수일동재윤월 이적봉지 고결구운

庚寅 七月 初五日경인 칠월 초오일 宗弟 昌翕종제 창흡

일로(佚老)¹ 종형(宗兄)²께서 생신을 맞아 단란한 모임을 가졌다. 나도 또한 같은 날에 마침 생일³을 맞았다. 술과 안주로 질탕한 술자리를 벌이던 중 모두 이 자리에 시(詩)가 빠져서는 안 된다고 하므로, 마침내 율시 한 수를 지어 올리니 주인어른께서 화답해 주시기를 원한다.

생신날 저녁의 만남에
일로당(佚老堂)이 단란하구나.
노쇠함을 잊고 흰 귀밑머리 마주하며
거리낌 없이 맘껏 술잔을 채우네.

연꽃 봉오리 바람을 맞아 살랑살랑 흔들리고
비 지나간 종려나무에 찬 기운이 돌면
귀여(歸餘)⁴에 다시 만나자는 약속을 하고
오래오래 사시길 거듭 축원하네.

생일이 함께 윤달에 있어 마침 겹치게 되었으므로 마지막 구절에 이를 인용하였다.

1710년 7월 5일 종제(宗弟) 창흡

1 일로(佚老) : 김성최(金盛最, 1645~1713?)이다. 자는 최량(最良), 호는 일로당(佚老堂)이다. 관직으로 단양군수, 목사(牧使)를 지냈다. 술을 즐겼고 시조에 뛰어났으며, 노래와 거문고도 잘했다.
2 종형(宗兄) : 동족 또는 동성 중에서 같은 항렬에 자신보다 나이가 많은 남자를 일컫는 말로, 나이가 어리면 종제(宗弟)라 한다.
3 생일 : 원문의 '현호(懸弧)'는 생일이라는 뜻이다. 옛날에 아들이 태어나면 대문 왼쪽에 활 하나를 걸어 두었기 때문에 생긴 말이다.
4 귀여(歸餘) : 적월(積月)의 남은 날짜로, 윤월(閏月)을 두는 것을 말한다.

綾州政閣卽納 능주정각즉납
北客 到昌平書 북객도창평서　　謹封 근봉

書飛 駕亦動 荒政叢委中 何以辦一出耶 서비 가역동 황정총위중 하이판일출야
雖以遄逢 爲喜 然不必如是也 수이천봉 위희 연불필여시야
況又有料量 失宜者 황우유요량 실의자

雨色未開 上山豈容易乎 우색미개 상산기용이호
瑞峯猶未致身 明霽擬到雲門 서봉유미치신 명제의도운문
而如待周覽上頭 而轉下赤壁矣 이여대주람상두 이전하적벽의
則皁盖之淹滯 壁下恐非便當 즉조개지엄체 벽하공비편당
必欲速會 則進來瑞峯 爲宜 필욕속회 즉진래서봉 위의
不然則 旋駕鳳樓以待之 惟在裁處耳 불연즉 선가봉루이대지 유재재처이

此行則捨山 而直趨壁下 決知其難矣 차행즉사산 이직추벽하 결지기난의
溫泉來簡 大豁菀陶 上候康勝 大是奇幸 온천내간 대활울도 상후강승 대시기행
閑游亦可舒意矣 한유역가서의의

遨頭聯輿於此時 猶畏人言 則酬停亦爲宜耶 오두연여어차시 유외인언 즉짐정역위의야
餘忙不宣 謝狀上 여망불선 사장상

　三月 二十二日 삼월 이십이일　昌翁 창옹

능주(綾州)[5] 정각(政閣)에 바로 보내는 편지
북쪽에서 온 나그네 창평(昌平)[6]에 도착하여 씀　　근봉(謹封)

5　능주(綾州) : 지금의 전라남도 화순 일대이다.
6　창평(昌平) : 전라남도 담양 지역의 옛 지명이다.

綾州政閤即納   謹封
北窓到昌平壽
金昌翁

편지를 받고 또한 행차를 옮기기는 하지만, 기근(饑饉)을 구제하기 위한⁷ 온갖 일로 너무나 바쁘실 텐데, 어떻게 한번 나오실 수나 있으시겠는가.
비록 잠깐이라도 만날 수만 있어도 기쁠 것이니, 반드시 이렇게까지 할 필요는 없다네.
하물며 또 이렇게 신경을 쓰는 것도 적절하지는 않네.

비가 그치지도 않았는데 산에 오르는 일이 어찌 쉽겠는가.
서봉(瑞峯)⁸에는 아직 도착하지 않았으며 내일 비가 개면 운문(雲門)⁹에 가려고 하네.
산꼭대기를 두루 돌아보고 나면 적벽(赤壁)¹⁰으로 내려갈 것 같은데 수레¹¹가 적벽 아래에 오래 지체하는 것이 마땅치 않으니, 꼭 빨리 만나려면 서봉으로 오는 것이 좋겠고, 그렇지 않다면 봉루(鳳樓)¹²를 돌아와서 기다리든지, 다만 자네가 편한 대로 하게.

이번 행차에서 산을 버려두고 곧장 적벽 아래로 가는 것은 결단코 어려울 것일세.
온천에서 온 편지에 답답하던 마음이 확 풀렸네.
임금께서 강녕(康寧)하시다니 매우 다행한 일이네.
한가로이 노니시는 것도 또한 마음을 편안히 할 수 있는 것이지.

이럴 때에 오두(遨頭)¹³와 나란히 하다가 남의 말을 듣게 될까 봐 두려우니, 생각해 보고 그만두어도 괜찮을 것 같네.

---

7 기근(饑饉)을 구제하기 위한 : 원문의 '황정(荒政)'은 흉년에 백성을 구제하는 정책을 말한다.
8 서봉(瑞峯) : 글의 내용으로 볼 때 전라남도 담양의 서봉(瑞峯)을 일컫는 것 같다. 미상이다.
9 운문(雲門) : 글의 내용으로 볼 때 전라도 지역의 지명인 것으로 여겨진다. 미상이다.
10 적벽(赤壁) : 현재 전라북도 부안군 변산면 격포리의 해안 절벽 일대를 말한다.
11 수레 : 원문의 '조개(皁盖)'는 "흑색의 수레 덮개"라는 뜻으로, 지방 장관이 타는 수레를 가리킨다.
12 봉루(鳳樓) : 아름다운 누각(樓閣)을 일반적으로 지칭하는 말이다. 구체적 위치는 미상이다.
13 오두(遨頭) : '수령'의 별칭이다. 중국 촉(蜀) 땅 성도(成都)에서 매년 1월 10일부터 4월 19일까지 두보(杜甫)의 초당이 있는 완화계(浣花溪)에서 잔치를 열어 즐기곤 하였는데, 여기에 참석하기 위해 나오는 태수를 고을 백성들이 오두라고 불렀다는 기록이 송나라 시인 육유(陸游)의 『노학암필기(老學菴筆記)』에 나온다.

바빠서 이만 줄이며, 답장에 대하네.

3월 22일 창흡

* 이 편지는 1717년(숙종 43) 3월 22일에 김창흡이 당시 능주목사(綾州牧使)로 부임한 절친한 벗 조정만(趙正萬, 1656~1739)에게 보낸 것이다. 조정만의 본관은 임천(林川), 자는 정이(定而), 호는 오재(寤齋)이다. 1694년 인현왕후(仁顯王后)가 복위한 이후, 나주(羅州)·능주(綾州)·청주(淸州)·양주(楊州)·상주(尙州) 목사 등을 지냈으며, 이 편지를 쓸 당시 능주목사를 역임하고 있었다. 김창흡의 문집인 『삼연집(三淵集)』 속의 「남유일기(南遊日記)」에는 1717년 3월 19일에 창평(昌平)에 도착했다는 일정이 자세히 나오고, 또한 이해에 쓴 「조정이에게 보내는 답장(答趙定而)」도 『삼연집』에 전하는데, 여기에는 "10일 이후 … 창평(昌平)에 가서 머물 계획(初十以後 … 歸宿昌平爲計)"이라고 썼다.

· · ·

作聾所冀 無惡籟到耳也 작농소기 무오뢰도이야
松字韻 不宜獨闕 송자운 불의독궐
故 追繹其心草發端者 湊成斯呈聲格無 고 추역기심초발단자 주성사정성격무

惠然枉存 遂作秉燭小集 혜연왕존 수작병촉소집
隔歲之顏面 宛然 격세지안면 완연
況又瓊玖盈懷 堪忘解手之爲悵也 황우경구영회 감망해수지위창야
別後暑益熾 心菴延爽 想有好受用矣 별후서익치 심암연상 상유호수용의
此艱蹂巨嶺 返身於自然室 차간유거령 반신어자연실
淙淙風雨聲甘心 종종풍우성감심

귀머거리가 되어서 바라는 것은 나쁜 소리가 귀에 들어오지 않는 것입니다. 송(松) 자를 운(韻)으로 짓는 시에 혼자만 빠지는 것이 좋지 않아서, 그 뜻을 다시 생각하고 이로써 시를 지어 드립니다. 성률(聲律)과 격식(格式)은 없습니다.

영광스럽게도 찾아 주셔서 마침내 촛불을 들고 작은 모임을 가졌으니,[14] 세월이 흘러간 모습이 완연하기만 하고, 게다가 또한 아름다운 시[15]가 마음속에 가득하여 헤어지는 아픔을 잊을 만하였습니다.
이별한 후에 더위가 한결 기승을 부리고 있으니 심암(心菴)[16]에서 서늘한 바람

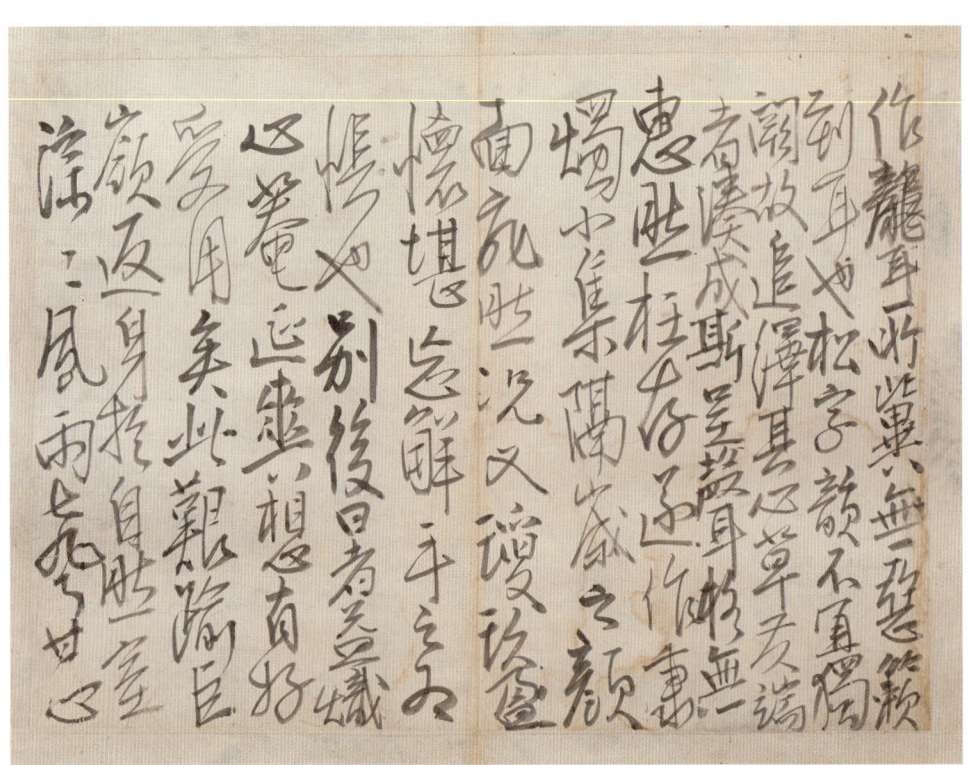

을 쐬는 것이 좋을 듯합니다.
저는 높은 고개를 어렵게 넘어 자연실(自然室)¹⁷로 돌아왔습니다.
비바람 몰아치는 소리가 기꺼이 좋습니다.

* 이 편지는 김창흡이 시를 보내면서 함께 끼워서 보낸 것이다. 아쉽게도 시는 이 첩(帖) 속에 있지 않으며, 이 글도 김창흡의 문집에 전하지 않는다.

14 촛불을 들고 작은 모임을 가졌으니 : 원문의 '병촉(秉燭)'은 덧없는 인생을 아쉬워하며 밤늦도록 어울려 노니는 것을 말한다. 당나라 시인 이백(李白)은 「춘야연도리원서(春夜宴桃李園序)」에서 "옛사람이 촛불을 잡고 밤늦게까지 노닐었던 것도 참으로 그 이유가 있었다(古人秉燭夜遊 良有以也)."라고 하였다.

15 아름다운 시 : 원문의 '경구(瓊玖)'는 주옥같은 시라는 뜻이다. 『시경』 「위풍(衛風)」에, "나에게 오얏을 주니 옥(瓊玖)으로 보답한다(投我以木李 報之以瓊玖)."라는 구절이 있다.

16 심암(心菴) : 김창흡의 집안에 '원심암(遠心菴)'이라는 정자가 있다. 이를 일컫는 것으로 보인다. 확실하지는 않다.

17 자연실(自然室) : 김창흡의 큰아버지 김수증(金壽增)이 지은 정자이다. 김수증의 문집 『곡운집(谷雲集)』에 「두 칸의 집을 짓고 이름을 자연실로 지었다(設二間屋 名自然室)」라는 글이 있다.

박태보(朴泰輔)   1654(효종 5)~1689(숙종 15)

본관은 반남(潘南), 자는 사원(士元), 호는 정재(定齋)이다. 박세당(朴世堂)의 아들이며, 어머니는 현령(縣令) 남일성(南一星)의 딸이다. 당숙인 박세후(朴世垕)에게 입양되었으므로 윤선거(尹宣擧)의 외손자가 되기도 한다.

1677년(숙종 3) 알성문과에 장원으로 급제하여 이조좌랑, 호남의 암행어사 등을 역임하였으며, 1689년 기사환국(己巳換局) 때 인현왕후(仁顯王后)의 폐위를 강력히 반대해 주동적으로 소를 올렸다가 숙종의 심한 국문을 받고 전라도 진도(珍島)로 유배 도중 옥독(獄毒)으로 서울 노량진에서 사망하였다.

재주가 뛰어났으며, 학문이 깊고 높아 최석정(崔錫鼎)·조지겸(趙持謙)·임영(林泳)·오도일(吳道一)·한태동(韓泰東) 등 당대의 명망 있는 선비들과도 깊은 교유를 하였고, 타고난 성품이 강직하고 시비가 분명하며, 소신과 의리를 위해서는 죽음도 서슴지 않는 기개가 있었다. 그를 죽인 뒤 숙종은 곧 후회하며, 충절을 기리는 정려문을 내렸다.

영의정에 추증되었으며, 저서로 『정재집(定齋集)』 14권, 편서로 『주서국편(周書國編)』이 있다. 글씨로는 〈박임종비(朴林宗碑)〉·〈예조참판박규표비(禮曹參判朴葵表碑)〉 등이 전한다.

• • •

門前大路 乃陪持相織之塗而渺然 문전대로 내배지상직지도이묘연
不接消息 悵仰殊切 부접소식 창앙수절
伏惟卽辰窮陰 莅候起居增祉 복유즉신궁음 이후기거증지

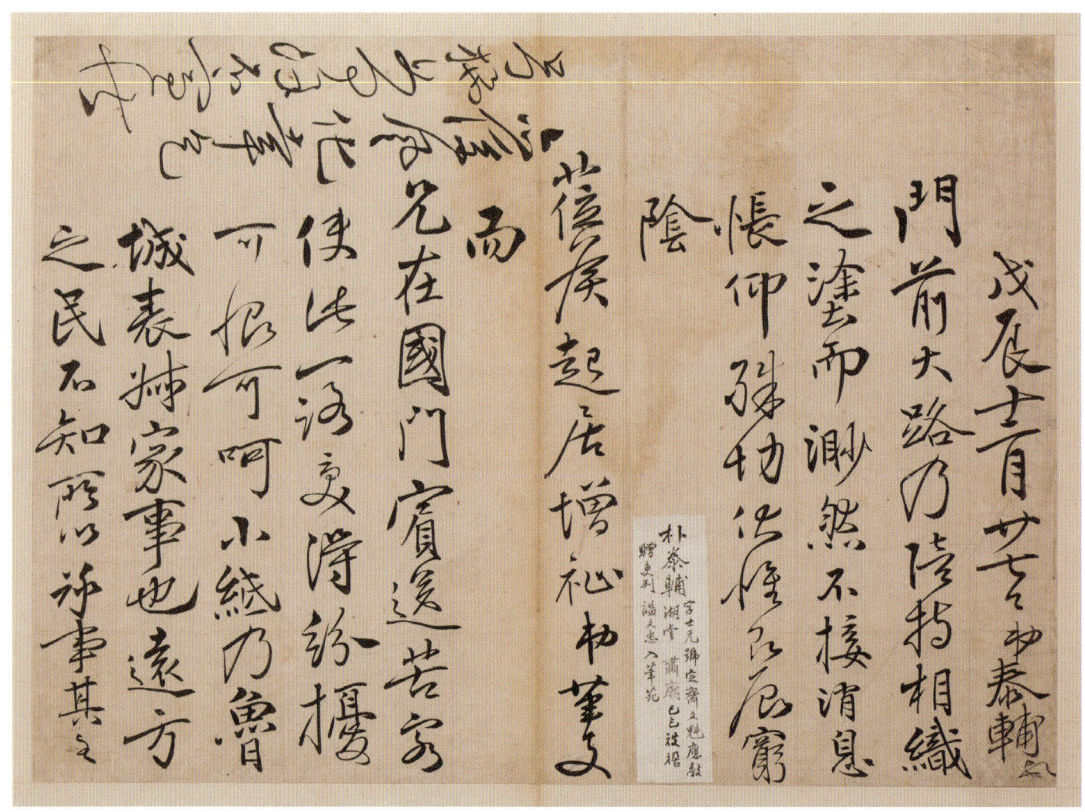

弟葷支 而兄在國門 賓送苦客使 제근지 이형재국문 빈송고객사
此一路 受得紛擾 可恨可呵 차일로 수득분요 가한가가

小紙 乃魯城表叔家事也 소지 내노성표숙가사야
遠方之民 不知所以承事 其至亦係風化 원방지민 부지소이승사 기지역계풍화
幸乞另施如何 행걸영시여하

餘不宣狀 여불선장

戊辰 十二月 十七日 무진 십이월 입칠일   弟 泰輔 頓 제 태보 돈

문 앞 큰길은 그대로 배지(陪持)¹로 서로 얽힌 길이 되어 아득히 이어졌는데, 소식을 듣지 못하니 서글픈 마음만 간절합니다.
한 해가 저물어 가는 지금 벼슬살이하시며 더욱 잘 지내고 계시리라 생각합니다.

저는 근근이 지내고 있습니다만, 그대께서 국문(國門)에서 성가신 청나라 사신을 맞이하고 전송하면서 겪고 계시는 분란(紛亂)은 한심스럽기도 하고 우습기도 합니다.

별지에 적은 것은 노성(魯城)에 사는 표숙(表叔)² 집안의 일입니다.
먼 지방의 백성으로 어떻게 모셔야 할지³ 알지 못하며, 그 일이 또한 풍속과 교화와도 관계가 있는 일이므로 특별히 신경 써 주실 것을 간청합니다.

이만 줄입니다.

　1688년 12월 27일　태보 올림

1　배지(陪持) : 지방 관아의 진상(進上)·장계(狀啓)를 가지고 서울에 가는 것이나, 배지군(陪持軍)을 말하기도 한다.
2　표숙(表叔) : 외숙(外叔)과 같은 말이다.
3　모셔야 할지 : 구체적으로 쓰지 않았지만, 이 일은 장례와 관련된 부탁으로 보인다.

이희조(李喜朝) 1655(효종 6)~1724(경종 4)

본관은 연안(延安). 자는 동보(同甫), 호는 지촌(芝村)이다. 부제학 이단상(李端相)의 아들이며, 송시열(宋時烈)의 문인이다.

1680년(숙종 6) 경신환국(庚申換局) 이후에 유일(遺逸)로 천거되어 벼슬길에 올랐으며, 의금부도사, 공조좌랑을 지내고 진천현감이 되어 선정을 베풀었다.

1694년 갑술환국(甲戌換局) 후에 다시 기용되어 인천현감, 천안군수 등을 거쳐 대사헌, 이조참판을 역임하였으나, 1721년(경종 1) 신임사화(辛壬士禍)로 김창집(金昌集) 등 노론 4대신이 유배당할 때 전라도 영암으로 유배되었다가 평안도 철산으로 이배(移配) 도중 사망하였다.

저서로 『지촌집(芝村集)』 32권이 전한다.

· · ·

夏間書 久未承下復 하간서 구미승하복
意謂多事中 已或忘之矣 의위다사중 이혹망지의
卽拜下札 不但獲聞動靜之爲喜 즉배하찰 부단획문동정지 위희
先集中數字 改刻之請 乃蒙俯肯 誠可幸也 선집중수자 개각지청 내몽부긍 성가행야
仍惟卽日新凉 巡候起居萬福 잉유즉일신량 순후기거만복

頃伏見 辭疏批旨 頗未安 極用悚歎 경복견 사소비지 피미안 극용송탄
竊想惶悶多矣 절상황민다의
若因此遞歸 則亦未必不爲私計之幸也 약인차체귀 즉역미필불위사계지행야

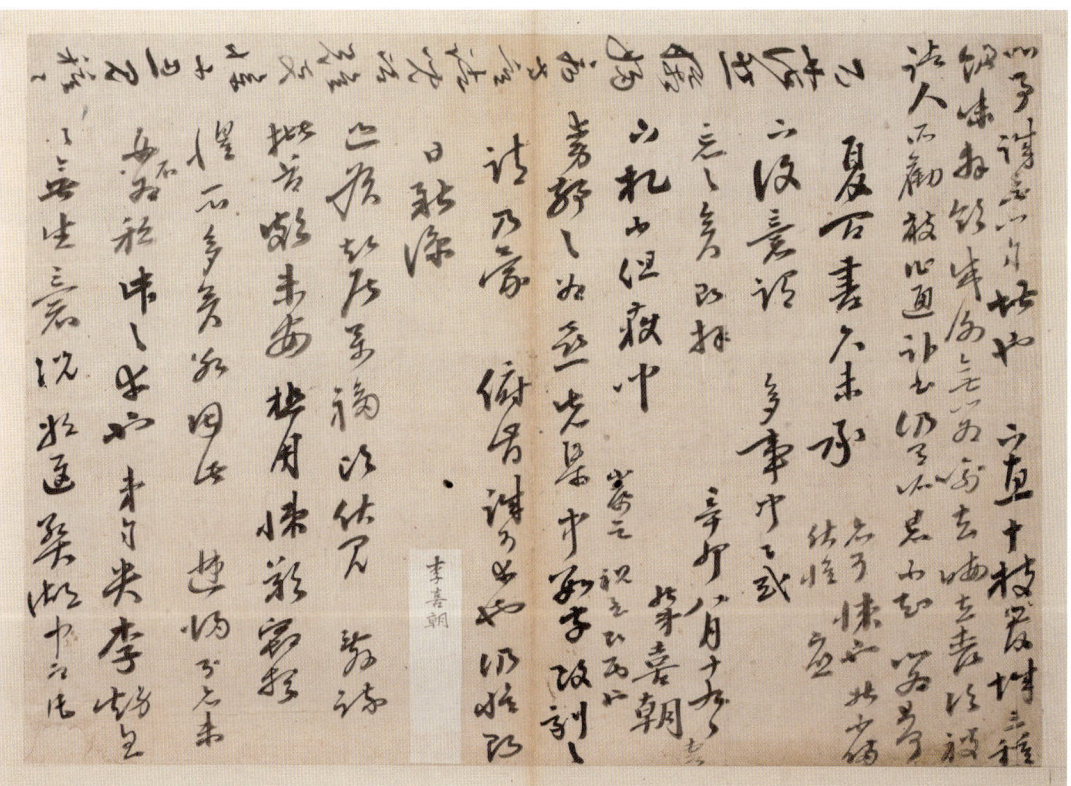

弟 自哭李甥 忽忽無生意 제 자곡이생 홀홀무생의

況將進葬湖中 而凡百茫然 황장진장호중 이범백망연

孀婦病方重 諸兒皆難支 상부병방중 제아개난지

慘不忍見 種種心事 誠無以自堪也 참불인견 종종심사 성무이자감야

下惠十枝管城 三種饍味 拜領感謝 無以爲喩 하혜십지관성 삼종선미 배령감사 무이위유

去晦在喪次 被諸人所勸 敢作通訃書 거회재상차 피제인소권 감작통부서

仍則所懇 不知以爲如何 亦可悚也 잉즉소간 부지이위여하 역가송야

姑不備 伏惟下照 고불비 복유하조

辛卯 八月 十九日 신묘 팔월 십구일　服弟 喜朝 頓首 복제 희조 돈수

小紙 乞視至 卽丙也 소지 걸시지 즉병야

여름에 보낸 편지에 오랫동안 답장이 없기에 일이 많아서 혹시 잊으셨나 생각했습니다.
지금 보내 주신 편지를 받아 잘 계시다는 안부를 듣게 된 것뿐만 아니라, 선조의 문집 중 몇 글자를 다시 새겨 달라는 부탁에, 이내 기꺼이 정성을 보여 주시니 다행스럽기 그지없습니다.
바야흐로 찬바람이 불어오기 시작하는 이때, 관찰사의 업무를 보시며 만복을 누리고 계시리라 생각합니다.

지난번 사직 상소에 대해 비답(批答 : 왕이 상주문 끝에 적는 가부의 대답)하신 교지(敎旨)를 보니, 자못 편치 않으신 것 같아 너무나 송구스러웠습니다. 무척 황공하고 민망하셨으리라 생각합니다.
만약에 이 일 때문에 벼슬을 내려놓고 돌아가게 되더라도, 또한 개인적으로는 반드시 다행이 아니라고 볼 수도 없을 것입니다.

저는 생질 이(李) 군이 죽은 이후로는 기운이 빠져 살고 싶은 생각이 없습니다. 게다가 장차 장사를 지내기 위해 충청도를 가려고 하는데 모든 일이 아득하기만 하고, 남편을 잃은 여인은 지금 병이 깊으며 아이들은 모두 지탱하기가 어려우니, 차마 눈 뜨고 볼 수 없을 만큼 참혹하여, 정말 스스로 마음을 추스를 수조차 없습니다.

보내 주신 붓[1] 열 자루와 세 가지 진귀한 음식은 고맙게 받았습니다.
이 고마움을 어떻게 말로 다 하겠습니까.
지난 그믐날 상차(喪次)[2]에 머물다가 여러분의 권유로 감히 통부(通訃 : 부고)를 쓰게 되어 이렇게 아뢰지만, 어떻게 여기실지 알지 못하며 또한 송구스럽기만 합니다.

---

1 붓 : 원문의 '관성(管城)'은 '관성자(管城子)'의 준말로 붓을 의인화한 용어이다. "한유(韓愈)"의 「모영전(毛穎傳)」에 나온다.
2 상차(喪次) : 상중(喪中)에 상주(喪主)가 거처하며 상제 노릇을 하는 곳을 말한다.

이만 줄입니다. 살펴 주십시오.

　1711년 8월 19일　상중의 희조 올림

별지는 살펴보시고 나서 바로 태워 주시기³ 바랍니다.

3　태워 주시기 : 원문의 '병(丙)'은 오행(五行)으로 볼 때 '불 화(火)'에 해당하므로 불에 태우라는 의미이다. '정(丁)'도 마찬가지 뜻이다.

이인엽(李寅燁) 1656(효종 7)~1710(숙종 36)

본관은 경주(慶州). 자는 계장(季章), 호는 회와(晦窩)이다. 형조판서를 지낸 이시발(李時發)의 손자로, 좌의정 이경억(李慶億)의 아들이다. 어머니는 윤원지(尹元之)의 딸이다.

1686년(숙종 12) 정시문과에 급제하여 벼슬길에 올랐다. 숙종이 중전 민씨(閔氏)를 폐하려 할 때, 한림(翰林)으로서 오두인(吳斗寅)·이세화(李世華)·박태보(朴泰輔) 등과 더불어 반대소를 올리는 데 참여하였다.

1694년 갑술환국(甲戌換局) 후 정계에 복귀하였으며, 벼슬이 이조판서, 홍문관대제학에 이르렀다.

저서로 『회와시고(晦窩詩稿)』가 전한다.

· · ·

卽伏承令下札 仍審老炎 令候萬福 昻慰區區 즉복승령하찰 잉심노염 영후만복 앙위구구
第不知令旆入城 竟孤一奉 殊歎殊歎 제부지영패입성 경고일봉 수탄수탄

弟 粗依前樣 餘不足喩 제 조의전양 여부족유
文字則似爲六七卷 板本則亦至百餘立 문자즉사위육칠권 판본즉역지백여립
而未能的知其實數 從當更報耳 이미능적지기실수 종당갱보이
冊契 僧試招送如何 책계 승시초송여하
何當復有洛行耶 當謀一穩 하당복유낙행야 당모일온

姑此不宣 고차불선

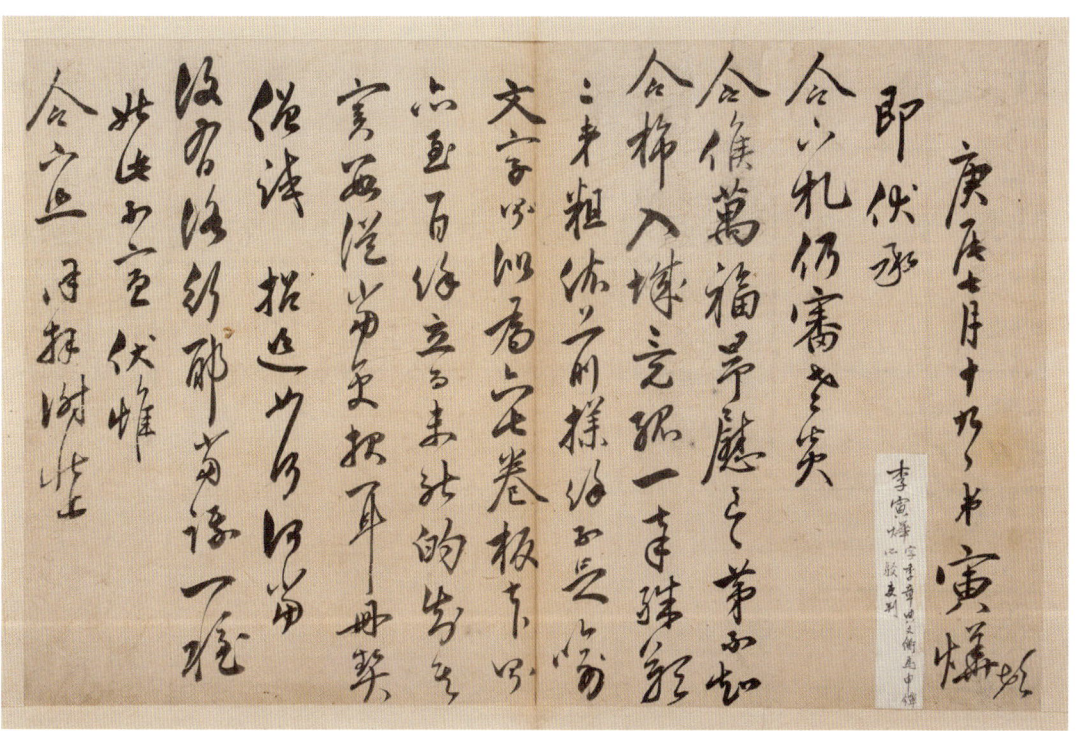

伏惟令下照 謹拜謝狀上 복유영하조 근배사장상

庚辰 七月 十九日 경진 칠월 십구일　弟 寅燁 頓 제 인엽 돈

그대의 편지를 받아 늦더위에 만복을 누리고 계심을 알게 되니 우러러 위안이 되었습니다.
다만 그대께서 입성하시는 날을 알지 못하여 결국 한번 만나 뵙지도 못하였으니 한탄스럽기만 합니다.

저는 예전 모습 그대로 살아가고 있어서 새삼스럽게 드릴 말씀도 없습니다.
문자(文字)[1]는 예닐곱 권을 찍을 정도가 있고, 판본(板本)[2]도 백여 장이 있습니

1　문자(文字) : 여기서는 금속활자를 의미한다.
2　판본(板本) : 목판으로 인쇄한 책인 판각본(版刻本)을 지칭하기도 하지만, 여기서는 목판 자체

다만, 정확한 숫자는 알 수 없습니다. 나중에 다시 알려 드리겠습니다.
책계(冊契)[3]는 승시(僧試)[4]에서 뽑아 보내는 것이 어떻습니까.
언제쯤 다시 서울로 오실 건가요. 한번 꼭 뵙고 싶습니다.

이만 줄입니다.
살펴 주시기 바라며 삼가 답장을 올립니다.

1700년 7월 19일 인엽 올림

를 의미한다.
3 책계(冊契) : 오늘날의 사설 도서관 같은 시설을 말하는 듯하다.
4 승시(僧試) : 원래의 의미는 승려에게 실시한 과거 시험을 말하지만, 1507년(중종 2)의 식년(式年)에 승시(僧試)를 시행하지 않음으로써 이후 승과(僧科)가 완전히 폐지되고 말았다는 사실을 감안하면, 여기서는 단순히 승려를 뽑는다는 의미로 쓴 것으로 보인다. 조익(趙翼, 1579~1655)의 문집『포저집(浦渚集)』에 수록된「책계(冊契)의 일과 관련하여 제공(諸公)에게 보낸 글(冊契事與諸公書)」에는 "공사를 담당해 줄 승려들을 모집한다(募得僧人供役)."는 내용이 있다.

송상기(宋相琦)

1657(효종 8)~1723(경종 3)

본관은 은진(恩津). 자는 옥여(玉汝), 호는 옥오재(玉吾齋)이다. 예조판서 송규렴(宋奎濂)의 아들로, 어머니는 동지(同知) 김광찬(金光燦)의 딸이다.

송시열(宋時烈)의 문인으로, 1684년(숙종 10) 정시문과에 급제하였다.

부수찬으로 재직할 때는 희빈장씨(禧嬪張氏)의 어머니가 가마를 탄 채 대궐에 출입하므로 가마를 불태워야 한다고 청했다가 파면되기도 하였으며, 1689년 기사환국(己巳換局)이 일어나 송시열·김수항(金壽恒) 등이 처형당하고 남인이 집권하자 벼슬을 버리고 낙향하였다.

1694년 갑술환국(甲戌換局)으로 인현왕후(仁顯王后)가 복위된 후 복귀하여 충주목사, 승지, 충청도관찰사 등을 거쳐 대제학, 대사헌, 예조판서 등의 요직을 지내고, 이조판서, 판돈령부사(判敦寧府事) 등을 역임하였다.

경종이 병약하므로 세제인 연잉군(延礽君 : 훗날 영조)에게 청정(聽政)을 시키자고 여러 대신들과 더불어 상소한 일로 1722년(경종 2) 신임사화(辛壬士禍) 때 전라도 강진(康津)에 유배되어 이듬해 그곳에서 사망하였다. 저서로『옥오재집(玉吾齋集)』이 있다.

· · ·

歲暮 方切瞻溯 세모 방절첨소
承拜台翰 憑審嚴沍 台候勝常 慰荷交至 승배태한 빙심엄호 대후승상 위하교지
弟 終年病蟄 今幸坐罷 而澌痛伏枕 제 종년병칩 금행좌파 이시통복침
生意索然 悶歎奈何 생의삭연 민탄내하

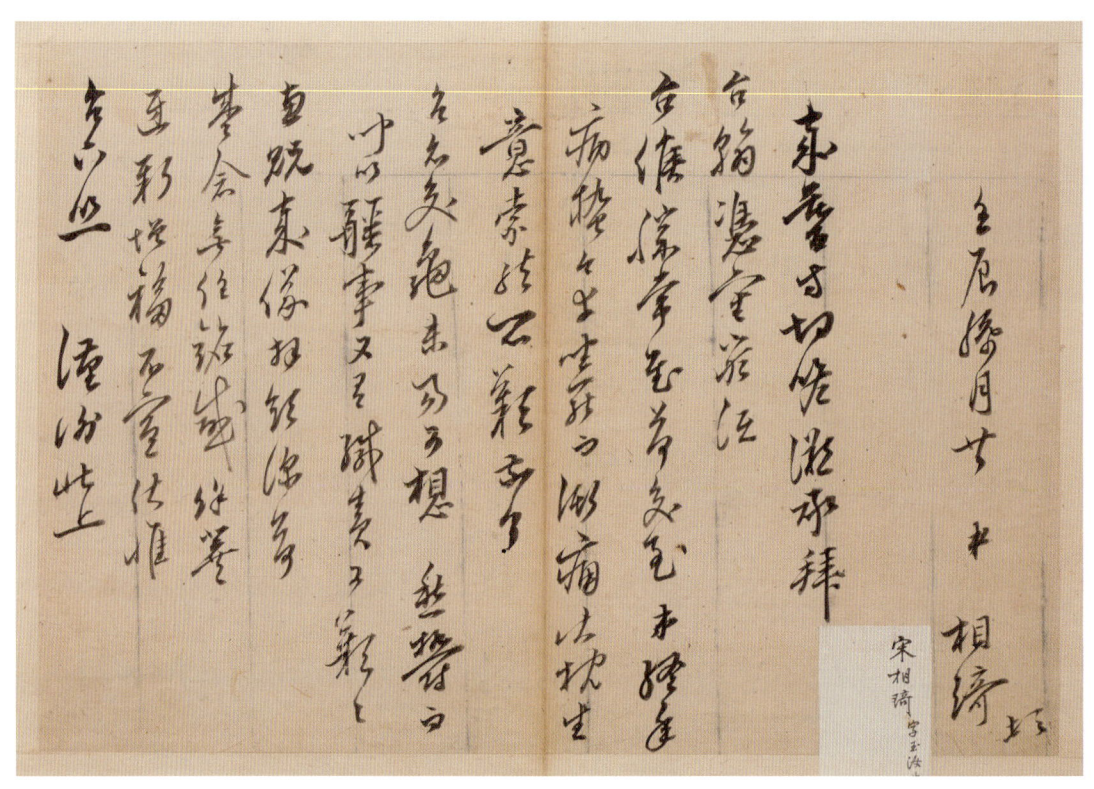

台亦交龜未易 可想愁鬱 태역교구미이 가상수울

而聞以疆事 又有絨責 可歎可歎 이문이강사 우유함책 가탄가탄

惠貺歲儀 拜領深荷 盛念無任銘感 혜황세의 배령심하 성념무임명감

餘冀迓新增福 여기아신증복

不宣 불선

伏惟台下照 謹謝狀上 복유대하조 근사장상

壬辰 臘月 卄日 임진 납월 입일   弟 相琦 頓 제 상기 돈

저문 한 해에 그리움만 간절한데, 대감의 편지를 받고 이 엄동설한에 편히 잘 계심을 알고 나니 위로와 감사를 함께 느끼게 됩니다.

저는 해가 다하도록 병으로 칩거하고 있다가 지금에야 다행스럽게 파직되었습니다.
그러나 쇠약하고 아파서 병석에 누워 있으며 살고 싶은 마음도 없으니, 고민하고 한탄한들 무슨 도리가 있겠습니까.

대감 역시 교구(交龜)[1]가 쉽지 않아서 걱정되고 우울하리라 생각하며, 강역(疆域)[2]에 대한 문제로 또 글을 올려야 한다고 하니 한탄스럽기만 합니다.

보내 주신 설 선물은 무척 고맙게 받았습니다. 보살펴 주시는 큰 은혜를 어떻게 보답해야 할지 모르겠습니다.
다만 새해를 맞이하여 더욱더 복을 누리시기만 빌 뿐입니다.

이만 줄입니다.
대감께서 살펴 주시기 바라며 삼가 답장을 올립니다.

 1712년 12월 20일 상기 올림

---

1 교구(交龜) : 지방의 관원이 교대할 때 발병부(發兵符)나 인신(印信) 따위를 인수인계하던 일을 말한다.
2 강역(疆域) : 1712(숙종 38)년 12월에는 백두산(白頭山) 정계(定界)를 하는 일로 조정에서 논란이 있었다. 여기에서는 아마 이 문제를 말하고 있는 듯하다.

김진규(金鎭圭)   1658(효종 9)~1716(숙종 42)

본관은 광산(光山). 자는 달보(達甫), 호는 죽천(竹泉)이다. 서포(西浦) 김만중(金萬重)의 형으로, 영돈령부사를 지낸 김만기(金萬基)의 아들이다. 어머니는 한유량(韓有良)의 딸이고, 누이동생이 숙종 비 인경왕후(仁敬王后)이다.

송시열(宋時烈)의 문인으로, 1682년(숙종 8) 진사시에 수석으로 합격하고, 1686년 정시문과에 갑과로 급제하였다. 1689년 기사환국(己巳換局)으로 남인이 집권하면서 거제도로 유배되었다가 1694년 갑술환국(甲戌換局)으로 서인이 재집권하자 다시 관직에 기용되었다.

평생 노론과 소론의 대립에 휘말려 부침(浮沈)을 거듭하면서 대제학, 예조판서, 강화유수, 공조판서, 좌참찬 등의 여러 관직을 역임하였다.

문장에 뛰어났으며, 또한 전서(篆書)·예서(隸書) 및 산수화·인물화에 능하였다. 문집으로 『죽천집(竹泉集)』, 편서로 『여문집성(儷文集成)』이 전하며, 글씨로는 〈강화충렬사비(江華忠烈祠碑)〉·〈대헌심의겸비(大憲沈義謙碑)〉 등이 전한다.

· · ·

謹承遠札 憑審寒沍 台履萬珍 仰慰無已 근승원찰 빙심한호 대리만진 앙위무이
鎭圭 奉老粗遣 他無足喩 진규 봉로조견 타무족유

惠貺歲儀各品 拜領感戢 혜황세의각품 배령감집
納節有期 奉晤不遠 납절유기 봉오불원

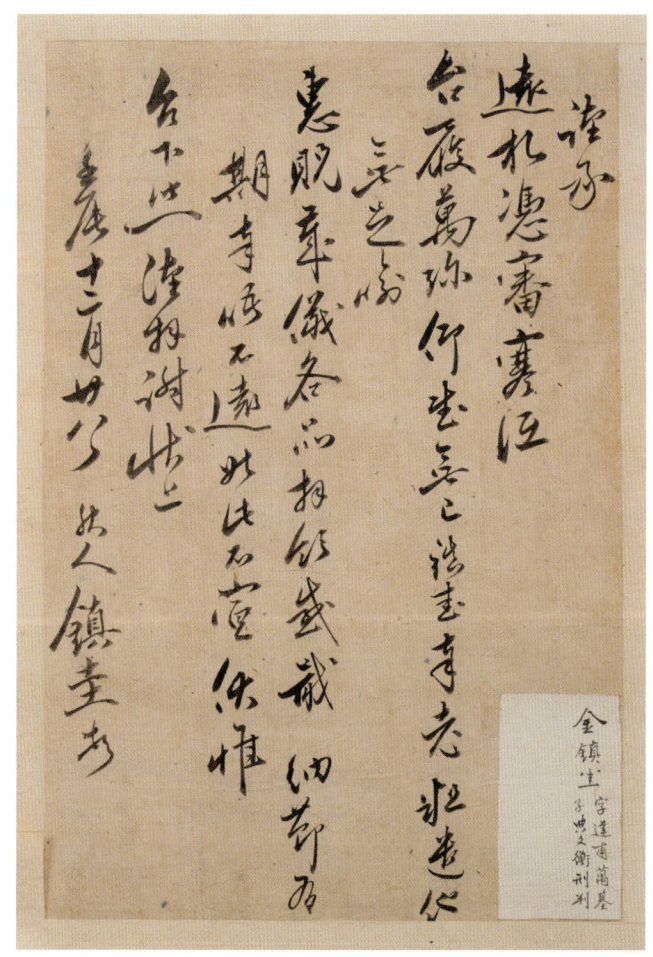

姑此不宣 고차불선

伏惟台下照 謹拜謝狀上 복유대하조 근배사장상

壬辰 十二月 廿八日 임진 십이월 입팔일 服人 鎭圭 頓 복인 진규 돈

멀리서 보내신 편지를 받아 대감께서 추위 속에서도 잘 계시다는 것을 알게 되니 우러러 위로가 끝이 없습니다.
저는 늙으신 어머니[1] 모시고 그런대로 살아가고 있으니, 무슨 말씀을 더 드리겠습니까.

보내 주신 여러 가지 새해 선물은 고맙게 잘 받았습니다.

납절(納節)²할 날짜가 잡혔으니, 머지않아 뵐 수 있을 것 같습니다.

이만 줄입니다.

대감께서 살펴 주시기 바라며 삼가 답장을 올립니다.

1712년 12월 28일 상중의 진규 올림

---

1 늙으신 어머니 : 원문의 '봉로(奉老)'는 "늙은 부모님 또는 어른을 모시다."의 뜻이다. 그러나 김진규의 아버지인 김만기(金萬基, 1633~1687)가 이 편지를 쓸 당시 이미 사망하였으므로 어머니로 번역하였다.
2 납절(納節) : "정절(旌節)을 조정에 도로 바친다."는 뜻으로, '관직을 사직함'을 이르는 말이다.

윤덕준(尹德駿) 1658(효종 9)~1717(숙종 43)

본관은 남원(南原). 자는 방서(邦瑞), 호는 일암(逸庵)이다. 관찰사 윤반(尹攀)의 아들이며, 어머니는 이정기(李廷夔)의 딸이다.

1679년(숙종 5) 정시문과에 급제하였고, 1701년 대사간으로서 민언량(閔彦良)의 옥사에 관련된 장희재(張希載)의 죄를 다스렸다. 그 뒤 형조판서에 승진해 오랫동안 미결로 있던 소송 사건을 신속히 처리해 주위로부터 칭송을 받았으며, 뒤이어 한성부판윤, 우참찬, 예조판서, 공조판서 등을 역임하였다.

경서와 문장에 능하였고, 시와 서예에도 뛰어나 말년에 서사(書史)로서 여생을 보냈다.

· · ·

伏惟卽辰 台候萬安 仰慰且傃 不任區區 복유즉신 대후만안 앙위차소 불임구구
弟 一味勞憊 他無可言 제 일미노비 타무가언

且煩 璿源殿 參奉 趙復命 卽弟之戚姪也 차번 선원전 참봉 조복명 즉제지척질야
幸台賜顔生色 亦許由暇 俾免久滯之苦 如何 행태사안생색 역허유가 비면구체지고 여하
聞 台方弭節於三甲 而早晩 此姪當一番謁見 문 대방미절어삼갑 이조만 차질당일번알견
茲作書以付耳 자작서이부이

餘不宣 여불선
伏惟台下照 謹拜上狀 복유대하조 근배상장

壬辰 四月 十五日 임진 사월 십오일 少弟 德駿 頓首 소제 덕준 돈수

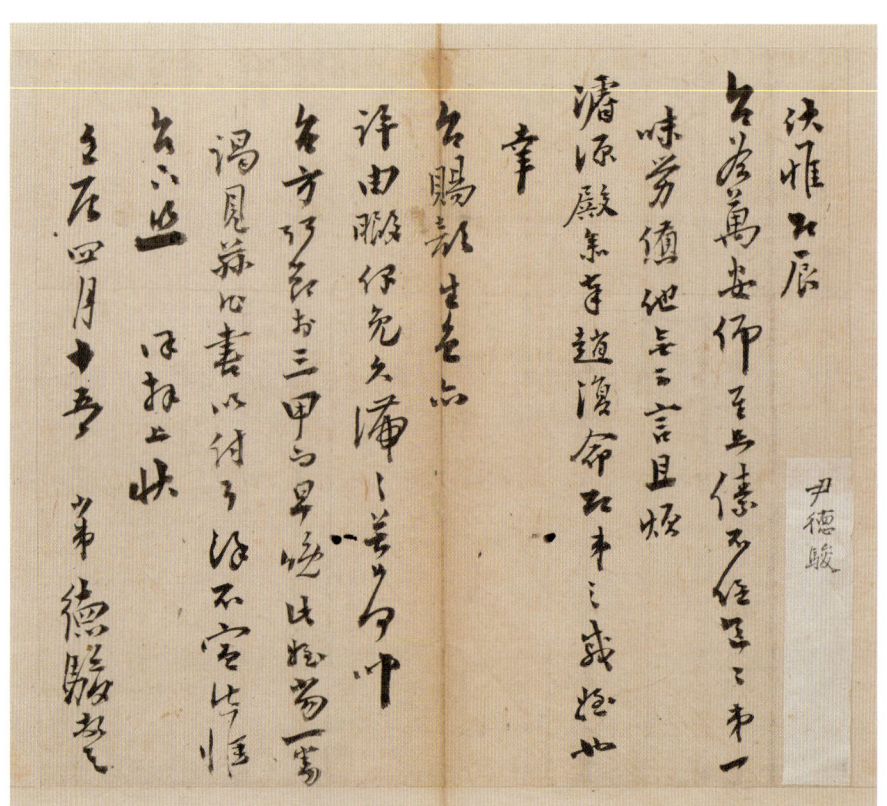

요즈음 대감께서 만복을 누리고 계시리라 생각하니, 우러러 위안이 되고 너무도 그립습니다.
저는 쭉 피곤하고 지쳐 있어 무어라 드릴 말씀도 없습니다.

드릴 말씀은, 선원전(璿源殿) 참봉(參奉) 조복명(趙復命)[1]은 저의 친척 조카뻘인데 부디 대감께서 만나 주셔서[2] 체면을 세워 주시고, 또한 휴가를 허락해 주셔서 오랫동안 머물러 있는 고생에서 벗어나게 해 주시기 바랍니다.
듣자니, 대감께서는 지금 삼갑(三甲)[3]에 머물고 계시다고 하는데, 조만간 이

1 조복명(趙復命) : 본관은 풍양(豊壤), 자는 중휴(仲休)이다. 1665년(현종 6)에 태어나, 1714년(숙종 40) 증광시(增廣試)에 입격하여 사천현감 등을 지냈다.
2 만나 주셔서 : 원문의 '사안(賜顔)'은 "방문한 아랫사람을 좋은 낯으로 대한다."는 뜻이다.
3 삼갑(三甲) : '삼수갑산(三水甲山)'의 줄인 말이다. 즉 함경남도에 있는 '삼수(三水)'와 '갑산(甲山)' 지방을 말한다.

조카가 한번 찾아뵐 것이므로 이렇게 글을 써 부칩니다.

이만 줄입니다.
대감께서 살펴 주시기 바라며 삼가 편지를 올립니다.

1712년 4월 15일   소제(少弟) 덕준 올림

김창업(金昌業)   1658(효종 9)~1721(경종 1)

본관은 안동(安東). 자는 대유(大有), 호는 가재(稼齋)·노가재(老稼齋)이다. 김수항(金壽恒)의 넷째 아들이다.

어려서부터 김창협(金昌協)·김창흡(金昌翕) 등 형들과 함께 학문을 익혔고, 특히 시에 뛰어났다. 1681년(숙종 7) 진사시에 합격했으나, 벼슬길에 나아가지 않고 한양의 동교송계(東郊松溪 : 지금의 성북구 장위동)에 은거하였다.

1689년에 기사환국(己巳換局)이 일어나자 경기도 포천 영평산(永平山)에서 숨어 살았고, 1694년 정국이 노론에게 유리하게 되자 다시 송계로 나왔다.

평생 벼슬을 멀리하며 거문고를 즐겨 탔고, 시와 그림을 즐기며 살았다. 〈추강만박도(秋江晚泊圖)〉 등 뛰어난 그림이 전하고 있으며, 1712년 연행정사(燕行正使)인 형 김창집을 따라 북경(北京)에 다녀와 펴낸『노가재연행록(稼齋燕行錄)』은 역대 연행록 중 가장 뛰어난 작품으로 손꼽힌다.

• • •

謹次 蕉窓 族兄 席上韻 근차 초창 족형 석상운
上 佚老堂 案下 상 일로당 안하

繞座黃花送酒頻 요좌황화송주빈
風流何謝韋家春 풍류하사위가춘
呼來却有登堂樂 호래각유등당락
歸去應無不醉人 귀거응무불취인

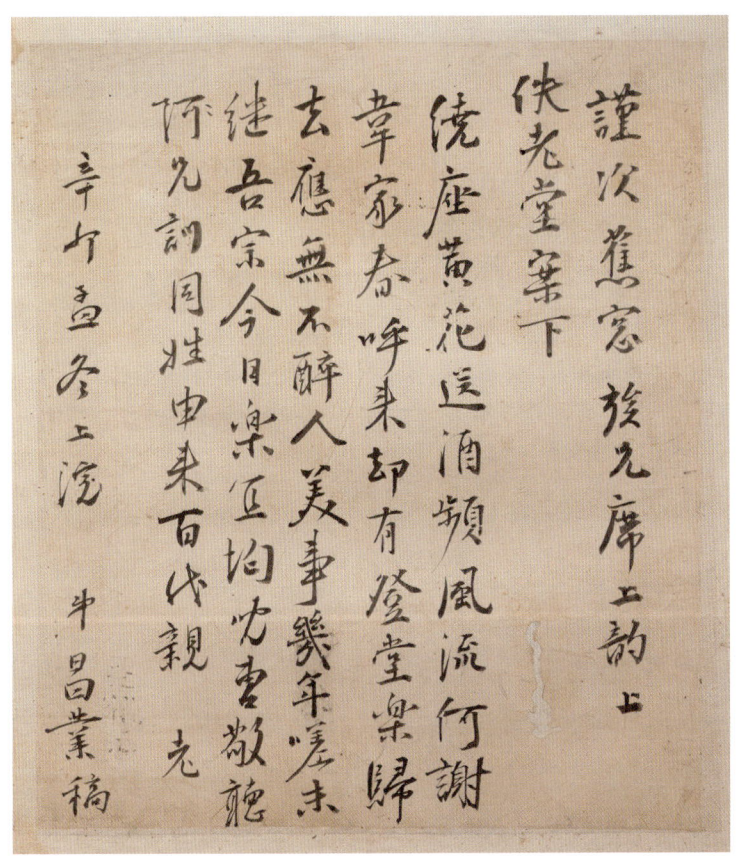

美事幾年嗟未繼 미사기년차미계
吾宗今日樂宜均 오종금일락의균
兒曹敬聽老兄訓 아조경청노형훈
同姓由來百代親 동성유래백대친

辛卯 孟冬 上浣 신묘 맹동 상완   弟 昌業 稿 제 창업 고

초창(蕉窓)¹ 족형(族兄)²과 동석한 사람의 시에 차운하여 지은 시를 일로당(佚老

1 초창(蕉窓) : 김창업의 팔촌인 김성후(金盛後)의 자이다. 김성후는 돈령부도정(敦寧府都正)을 지낸 김수일(金壽一)의 셋째 아들이다.
2 족형(族兄) : 원래 일가(一家)로서 '유복친(有服親)', 즉 8촌 이외의 같은 항렬(行列)에서 형뻘이 되는 사람을 말하지만, 여기서는 김성후가 8촌이므로 '집안 형'으로 보아야 한다.

堂)³께 드리다.

국화 꽃자리에서 자주 술을 내리시니
그 풍류가 위가(韋家)⁴의 봄날에 비길 건가.
부름 받아 마루에 오르는 즐거움도 있나니
돌아갈 때면 취하지 않은 사람이 없다네.

아름다운 일 잇지 못해 아쉬운 세월은 몇 해이런가.
오늘날 우리 집안의 즐거움 두루 미쳐야 하리니
아이들은 늙은 형의 말씀을 경청하는데
같은 성(姓)을 받은 몸, 백대(百代)를 이어 친밀하겠네.

   1711년 10월 초순 　창업 씀

3 　일로당(佚老堂) : 김성최(金盛最, 1645~1713?)이다. 이 책 389쪽의 주 1 참조.
4 　위가(韋家) : 당나라 잠삼(岑參)의 「위원외화수가(韋員外花樹歌)」라는 시에 "조회에서 돌아와 서는 늘 꽃나무 아래 모이나니, 꽃이 옥항아리에 떨어져 봄술이 향기로워라(朝回花底恒會客 花 撲玉缸春酒香)." 한 데서 유래하여, 봄날 친족끼리의 모임을 뜻한다.

민진후(閔鎭厚)

1659(효종 10)~1720(숙종 46).

본관은 여흥(驪興). 자는 정순(靜純), 호는 지재(趾齋)이다. 할아버지는 강원도관찰사 민광훈(閔光勳), 아버지는 여양부원군(驪陽府院君) 민유중(閔維重)이며, 어머니는 좌참찬 송준길(宋浚吉)의 딸이다. 숙종비 인현왕후(仁顯王后)의 오빠로, 송시열(宋時烈)의 문인이다.

1686년(숙종 12) 별시문과에 병과로 급제해 벼슬길에 올랐으나 3년 후 기사환국(己巳換局)으로 아버지를 비롯한 일가친척들과 더불어 관작을 삭탈당하고 귀양살이를 하였다.

1694년 갑술환국(甲戌換局)으로 인현왕후(仁顯王后)가 복위되자 세자시강원설서(世子侍講院說書)로 다시 기용되어 충청도관찰사, 강화부유수, 한성부판윤 등을 거쳐 예조판서, 공조판서 등을 역임하였다가 개성부유수로 재직 중 사망하였다.

글씨에 능하였고, 저서로 『지재집(趾齋集)』이 전한다.

• • •

既怦又書 感荷曷勝 仍審侍下體履增慶 기팽우서 감하갈승 잉심시하체리증경
政符新年之頌 尤用欣慰 정부신년지송 우용흔위

示事皆所昧昧 定式有無 試問於律官 或禮吏 시사개소매매 정식유무 시문어율관 혹예리
似好講經 則或分付兩所 或呈狀陳試 사호강경 즉혹분부양소 혹정상진시
僕亦嘗以爲疑者 복역상이위의자
若一倂設 禁使勿同赴 則事體恐宜 약일병설 금사물동부 즉사체공의

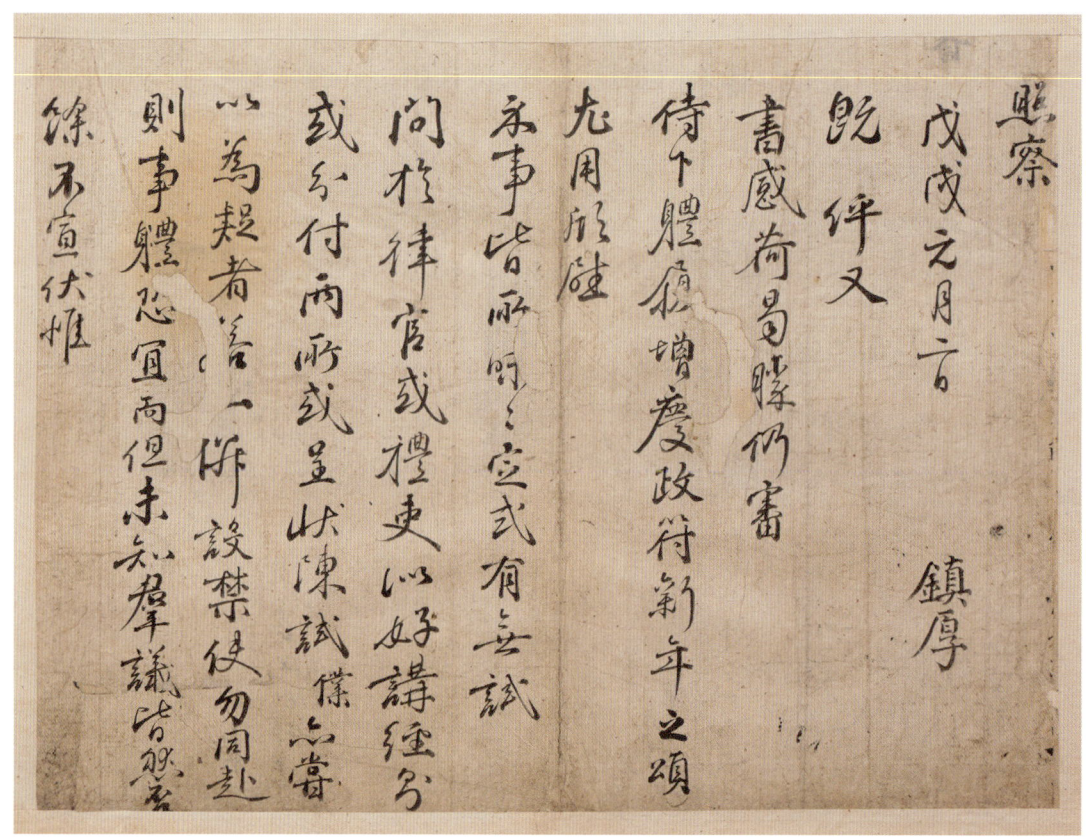

而但未知羣議皆然否 이단미지군의개연부

餘不宣 伏惟照察 여불선 복유조찰

戊戌 元月 二日 무술 원월 이일   鎭厚 진후

심부름꾼을 통하여 또 편지를 받게 되니 고마운 마음을 말로 다 할 수 없습니다.
게다가 부모님 모시고 건강히 복을 누리며 잘 계시다는 것도 알게 되어, 새해의 축원대로 이루어진 듯하니 더욱더 기쁘고 위로가 됩니다.

말씀하신 일은 모두 명확히 알지 못하며, 정해진 법식(法式)의 유무를 율관(律

官)[1]이나 예조의 관리에게 물어보았더니, 강경(講經)[2]을 선호한다면 양소(兩所)[3]에 분부하든지, 아니면 진시(陳試)[4]를 올리라고 하였습니다.
저 또한 일찍이 의아하게 여기고 있던 것이었습니다.
만일에 한 곳에 병설(倂設)하여 함께 나아가지 못하게 금하는 것은, 사체(事體: 일의 중심이 되는 큰 줄거리)로 볼 때는 마땅하지만, 다수의 의견이 그러할 것인지는 알 수 없지 않습니까.

이만 줄입니다. 살펴 주십시오.

1658년 1월 2일 진후

1 율관(律官) : 율과(律科)에 급제하여 임명된 벼슬아치를 말한다. 율과 출신자는 일단 형조로 배속되었다가 뒤에 율관이 되는데, 1등은 종8품계, 2등은 정9품계, 3등은 종9품계를 받았으며, 이미 품계를 가진 자에게는 그 품계에 1계를 더 올려 주었고, 올린 품계가 응당 받아야 할 품계와 같은 경우에는 거기에서 또 1계를 올려 주었다. 율관은 종6품까지만 오를 수 있었던 벼슬이다.
2 강경(講經) : 경서(經書)의 강론으로 시행되던 과거를 말한다. 시관 앞에서 사서오경 중 지정된 부분을 읽고 해석한 뒤 시관의 질문에 대답하는 구술시험이다. 강서(講書)라고도 하였다.
3 양소(兩所) : 문과 초시의 시험 장소는 예조와 성균관으로 나누어 시행하였는데, 성균관 한 곳에서 시행하기도 하였다. 즉, 일소(一所)와 이소(二所)에서 강경(講經) 시험을 보고 14푼(分) 이상을 맞은 사람 중에서 관리로 선발한 것이다.
4 진시(陳試) : 과거 시험 초시(初試)에 합격한 사람 중에 상(喪)을 당하거나 기복(朞服)으로 장례를 지내지 못한 자, 부자가 함께 응시하게 되는 자 등 어떤 사정이 있어서 복시(覆試)에 응시할 수가 없을 때 다음번 복시를 볼 수 있도록 그 사유를 적어 예조(禮曹)나 병조(兵曹)에 올리게 되는데, 이때 올리는 진정서나 허가를 얻는 행위를 말한다.

오태주(吳泰周)

1668(현종 9)~1716(숙종 42)

본관은 해주(海州). 자는 도장(道長), 호는 취몽헌(醉夢軒)이다. 이조판서 오상(吳翔)의 손자이며, 판서 오두인(吳斗寅)의 아들이다.

12세인 1679년(숙종 5) 현종의 딸 명안공주(明安公主)와 혼인하여 해창위(海昌尉)에 봉해졌고, 오위도총부도총관(五衛都摠府都摠管), 조지서제조(造紙署提調), 귀후서제조(歸厚署提調) 등을 역임하였다.

1689년 인현왕후(仁顯王后)의 폐위를 반대하는 상소를 올린 아버지 오두인이 그의 처남인 숙종에 의해 참혹한 국문을 당하게 되면서 더불어 관작을 삭탈 당하였다. 오두인은 국문 후 귀양을 가던 중 파주에서 사망하였다. 그리고 그해 부자(父子)는 숙종에 의하여 복관되었다.

글씨를 잘 썼으며, 특히 예서(隸書)에 능하였고, 시문에도 뛰어났다. 행서(行書)로 쓴 간찰 여러 점과 〈오두인석비(吳斗寅石碑)〉 등 금석문이 전한다.

∙ ∙ ∙ ∙

伏承令惠札 憑諦澆炎 旬宣起居神相 복승영혜찰 빙체요염 순선기거신상
仰慰區區 앙위구구

下惠陳玄六同 適及於乏絶之時 하혜진현육동 적급어핍절지시
數亦過優 珍玩感戢 不知攸謝 수역과우 진완감집 부지유사
周 宿患一味無減 憐悶奈何 주 숙환일미무감 연민내하

餘不宣 여불선

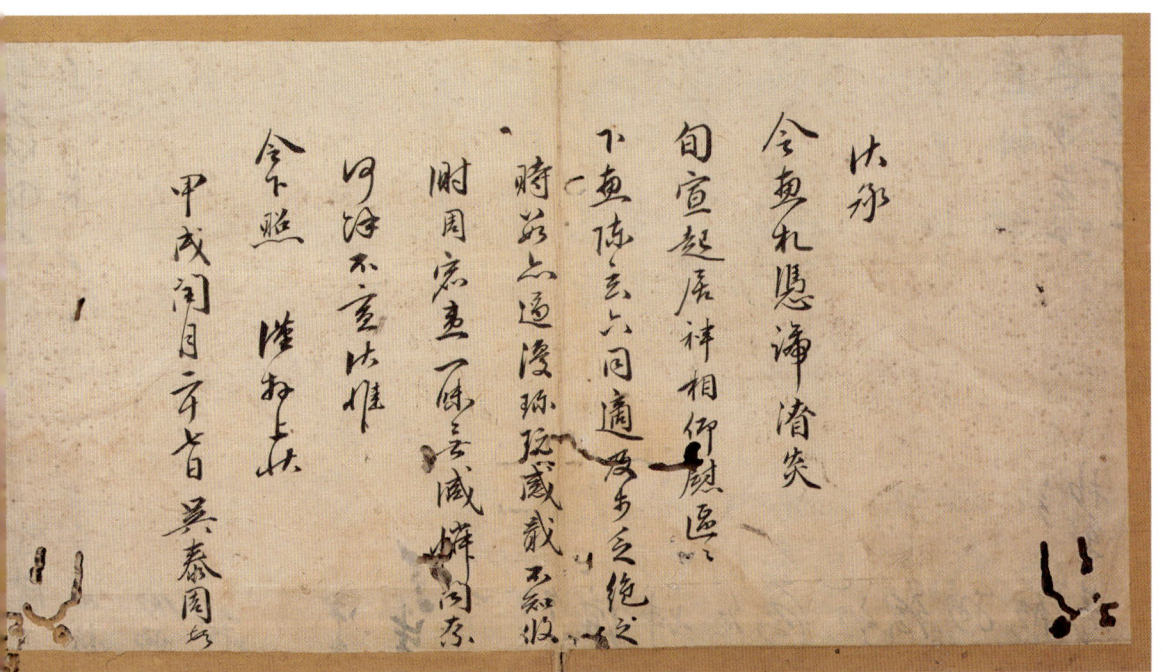

伏惟 令下照 謹拜上狀 여불선 복유영하조 근배상장

甲戌 閏月 二十七日 갑술 윤월 이십칠일 吳泰周 頓 오태주 돈

그대의 편지를 받아, 장마 끝 무더위에 관찰사 업무를 보며 평안하시다는 것을 알게 되니 우러러 위안이 됩니다.

보내 주신 먹 여섯 동(同)은 마침 먹이 다 떨어졌을 때 도착했고, 그 수량도 넉넉하여 보배롭고 감사하기 그지없으니, 어떻게 이 고마운 마음을 표현해야 할지 모르겠습니다. 저는 오랜 병이 조금도 나아질 기미가 없으니, 스스로 가련하기만 하지만 어찌겠습니까.

이만 줄입니다.
그대께서 살펴 주시기 바라며 삼가 글을 올립니다.

1694년 윤달 27일   오태주 올림

최창대(崔昌大)   1669(현종 10)~1720(숙종 46)

본관은 전주(全州). 자는 효백(孝伯), 호는 곤륜(昆侖)이다. 영의정 최명길(崔鳴吉)의 증손으로, 아버지는 영의정을 지낸 최석정(崔錫鼎)이며, 어머니는 우의정과 좌의정을 역임한 이경억(李慶億)의 딸이다.

1694년(숙종 20) 별시문과에 급제하였으며, 여러 관직을 거친 후 암행어사가 되어 많은 업적을 남겼고, 대사성, 이조참의, 부제학 등을 역임하였다.

문장과 경서에 밝아 당시 사림의 추앙을 받았고, 글씨를 잘 썼다. 저서가 많았으나 대부분 산일(散佚)되고, 『곤륜집(昆侖集)』 20권만 전한다.

• • •

(手決) 謹封 근봉

仰傃方殷 伏承令下札 앙소방은 복승영하찰
憑審初寒 旬宣體履神相萬安 빙심초한 순선체리신상만안
區區者 瞻慰無已 구구자 첨위무이

臺參 殊出意外 名雖問備措語 非若尋常 대참 수출의외 명수문비조어 비약심상
驚惋不容喩 경완불용유
來頭去就 似亦難安 尤庸貢慮之至 내두거취 사역난안 우용공려지지

侍生 侍下粗遣 而賤患半載沈綿 私悶如之何 시생 시하조견 이천환반재침면 사민여지하
簡幅謹領 嘉貺知謝知謝 간폭근령 가황지사지사

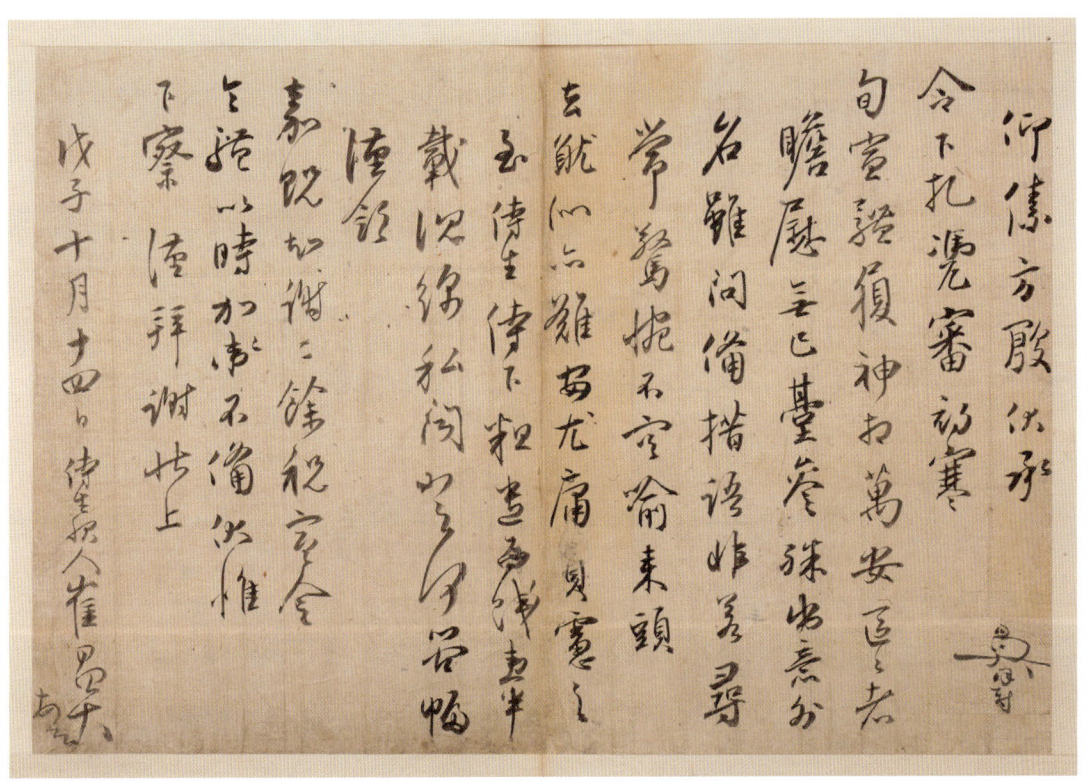

餘祝寒令 令體以時加衛 여축한령 영체이시가위

不備 불비

伏惟下察 謹拜謝狀上 복유하찰 근배사장상

戊子 十月 十四日 무자 시월 십사일　侍生 服人 崔昌大 頓首 시생 복인 최창대 돈수

(수결) 근봉(謹封)

무척 그리워하던 중에 그대의 편지를 받아, 초겨울 추위에 관찰사 직무를 수행하시며 잘 계심을 알게 되니 우러러 위로가 끝이 없습니다.

대간의 탄핵은 뜻밖에 나온 것입니다. 명색이 비록 문비(問備)[1]라고 말하지만, 예사로운 일이 아니어서 놀랍고 슬픈 마음을 말로 다 할 수 없습니다.

앞으로의 거취도 편안치 못할 것 같아 무척 걱정스럽습니다.

저는 부모님 모시고 그런대로 지내고 있습니다만, 반년 동안 병을 앓고 있어서 고민입니다. 어찌하면 좋겠습니까.
보내 주신 편지는 잘 받았습니다. 아름다운 선물에 고마운 마음을 금할 수 없습니다.

이 추운 날씨에 한결같이 더욱더 건강하시길 축원합니다.
이만 줄입니다.
살펴 주시기 바라며 삼가 답장을 올립니다.

   1708년 10월 14일   상중(喪中)의 시생(侍生) 최창대 올림

---

1   문비(問備) : 죄과가 있는 관원을 서면으로 심문, 조사하는 일을 말한다.

채팽윤(蔡彭胤)

1669(현종 10)~1731(영조 7)

본관은 평강(平康). 자는 중기(仲耆), 호는 희암(希菴)·은와(恩窩)이다.

어려서부터 신동으로 유명하였다. 1689년(숙종 15) 증광문과에 갑과로 급제하여 검열(檢閱)을 지내고, 그해 사가독서(賜暇讀書)하였다. 이때부터 시인으로 이름을 날리기 시작하였다.

영조 즉위 후 도승지, 대사간을 거쳐 예문관제학, 병조참판, 동지의금부사, 부제학 등을 역임하였다.

시문과 글씨에 뛰어나 해남의 〈두륜산대화사중창비(頭輪山大花寺重創碑)〉 〈대흥사사적비(大興寺事蹟碑)〉의 비문을 짓고 썼다. 저서로 『희암집(希菴集)』 29권을 남겼고, 『소대풍요(昭代風謠)』를 편집하였다.

· · ·

畫地同苦 何日可忘 획지동고 하일가망
白湖返路 怀探金吾 長沙啓行 時月已更 백호반로 팽탐금오 장사계행 시월이경
驚歎之懷 曷云能已 경탄지회 갈운능이

若雪凝嚴 伏惟令監 起居萬相 仰慮區區 약설응엄 복유영감 기거만상 앙려구구
彭胤苦海一棹 出沒有碍 閩笑閩笑 팽윤고해일도 출몰유애 낭소낭소
山海編常 須論功奉完 산해편상 수론공봉완

餘冀對序益珍 適因康老便 謹申匪忱 여기대서익진 적인강로편 근신비침
不宣 伏惟令監下照 謹拜候狀上 불선 복유영감하조 근배후장상

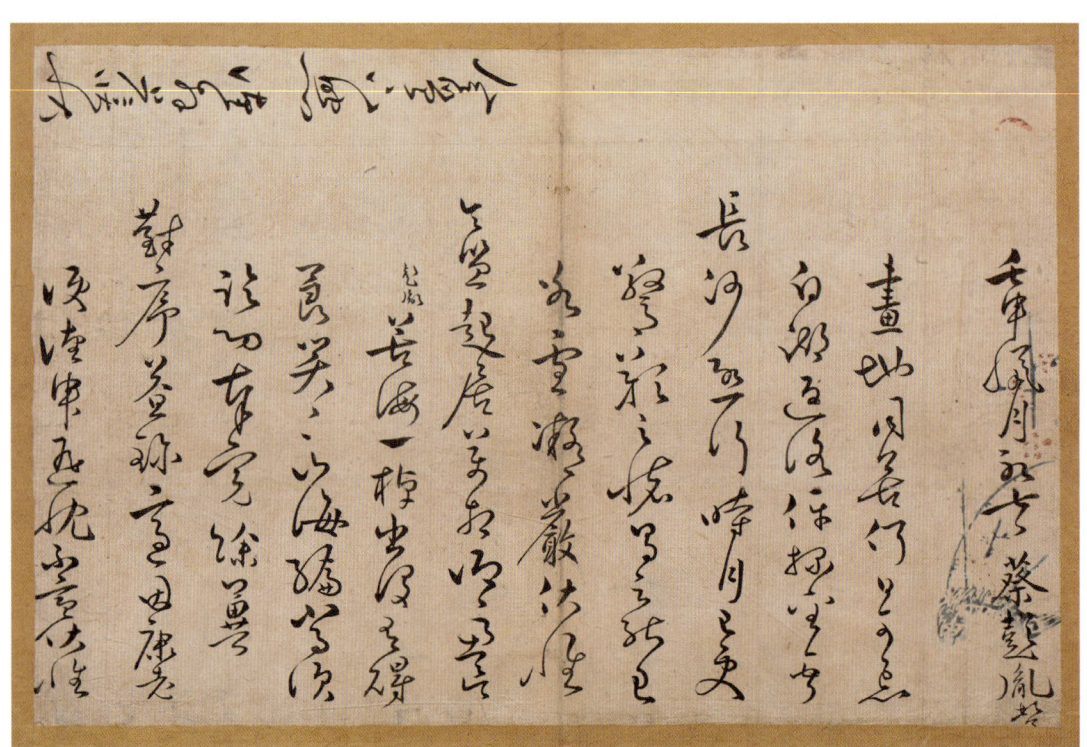

壬申 臘月 初七日 임신 납월 초칠일　蔡彭胤 頓首 채팽윤 돈수

귀양지[1]에서 함께 고생하였던 일을 언제나 잊을 수 있겠습니까.
백호(白湖)[2]에서 돌아오는 길에 금오(金吾)[3]에 심부름꾼을 보내어 살펴보았더니, 장사(長沙)[4]로 떠난 지 한 세월이 흘렀다고 합니다.
놀랍고 한탄스러운 마음을 어떻게 말로 다 할 수 있겠습니까.

눈보라가 날리며 매섭기만 한 이때, 영감께서 어떻게 지내시는지 걱정스럽기

1　귀양지 : 원문의 '획지(畫地)'는 '획지위뢰(畫地爲牢)'의 준말로 감옥을 의미한다. 고대에 땅에 동그라미를 그리고 죄인을 그 속에 들어가게 함으로써 징벌을 대신한 데서 온 말이다.
2　백호(白湖) : 지명이다.
3　금오(金吾) : 의금부(義禁府)를 지칭하는데, 여기서는 의금부에서 관직을 맡았던 사람을 의미하는 것으로 보인다. 미상이다.
4　장사(長沙) : 지명이다. 전국시대 초(楚)나라의 정치가이자 시인인 굴원(屈原)이 관직에서 쫓겨나서 머물렀던 장사(長沙)와 지역명이 같아서, 은유로 쓴 것 같아 보인다.

만 합니다.

저는 고난의 바다를 돛 하나로 건너는 것처럼, 나아가고 들어오는 일에 부딪치는 일뿐이니 헛웃음만 납니다.

산과 바다를 한결같이[5] 엮어 냈으니, 반드시 공치사를 해 가며 올려 드리겠습니다.

계절을 좇아 더욱 평안하시길 비는 마음을 덧붙이며, 마침 강(康) 노인 편이 있어 부족한 정성이지만 삼가 편지를 보냅니다.

이만 줄입니다.

대감께서 살펴 주시기 바라며 머리 숙여 문안 편지를 올립니다.

  1692년 12월 7일 채팽윤 올림

---

5 한결같이 : 원문의 '편상(編常)'은 '편독(編篤)'으로도 읽을 수 있다. 이 경우에도 의미는 비슷하다.

이병연(李秉淵)

1671(현종 12)~1751(영조 27)

본관은 한산(韓山). 자는 일원(一源). 호는 사천(槎川)·백악하(白嶽下)이다.

김창흡(金昌翕)의 문인이다. 음보(蔭補)로 부사(府使)를 지냈다.

다섯 살 연하인 겸재(謙齋) 정선(鄭敾)과 깊은 우정을 나누었다. 저 유명한 〈인왕제색도(仁王霽色圖)〉는 겸재가 이병연의 집을 방문하면서 본 인왕산의 풍경을 그린 것이다.

시에 뛰어나 영조시대 최고의 시인으로 일컬어지고 있으며, 일생 동안 무려 10,300여 수에 달하는 많은 시를 썼다고 한다. 현재 시집에 500여 수가 전하고 있다. 저서로 『사천시초(槎川詩抄)』 2책이 전한다.

· · ·

金思叔 新居 申令有詩 次韻 김사숙 신거 신령유시 차운

申兄墻角可通醪 신형장각가통료
不計玆堂索價高 불계자당색가고
北砌澆根新種竹 북체요근신종죽
中庭食實舊垂桃 중정식실구수도

老妻起說移居夢 노처기설이거몽
癡子回嗔抹壁毫 치자회진말벽호
佳節諸公於我飲 가절제공어아음
安廚料理菊花糕 안주요리국화고

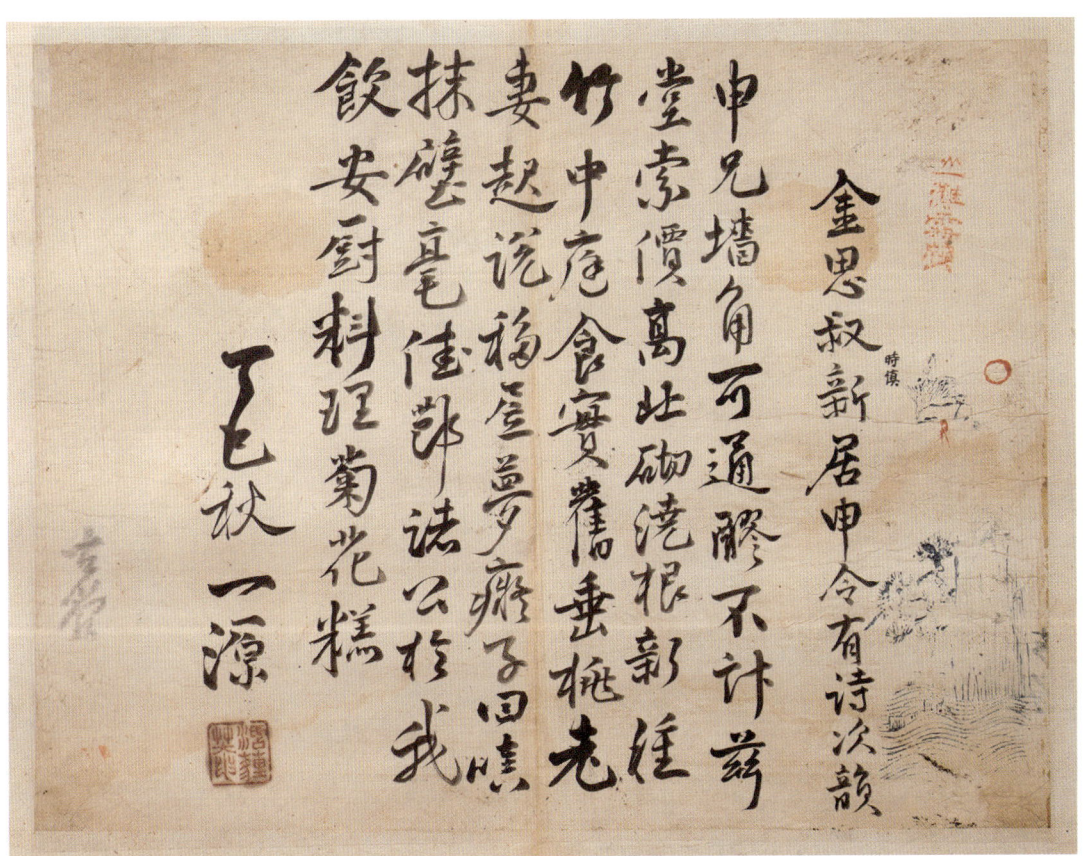

丁巳 秋 정사 추　一源 일원

김사숙(金思叔)[1]이 거처를 새로 옮긴 일로 신(申) 영감이 시를 지었으므로, 이에 차운(次韻)하여 쓰다.

신(申) 형 담 모퉁이는 술로 통하니
이 집 값은 돈으로 따질 일 없어라.
북쪽 섬돌에서 새로 심은 대나무 뿌리에 물을 주고

1　김사숙(金思叔) : 사숙(思叔)은 자(字)나 호(號)로 보인다. 옆에 작은 글씨로 '김시신(金時愼)'이라고 표기되어 있다. 동년배로 교유가 있던 사람으로, 현감 등의 관직을 지낸 김성후(金盛後, 1659 1713)의 아들 김시신인 것 같으나, 확실하지는 않다.

이전부터 뜰 한복판에 드리운 복숭아 열매를 따 먹네.

늙은 아내는 일어나 이사 꿈 이야기를 하고
철없는 자식이 돌아오니 벽에 낙서한 일로 꾸짖네.
이 아름다운 계절 여러 벗들은 나를 따라 술을 마시고
부엌 안에서는 국화전[2]을 부친다네.

   1737년 가을　일원(一源)

---

2 국화전 : 원문의 '고(糕)'는 치거나 빚어서 만든 '가루 떡'을 말한다.

한지(韓祉)

1675(숙종 1)~?

본관은 청주(淸州). 자는 석보(錫甫), 호는 월악(月嶽)이다. 한태동(韓泰東)의 아들이다.

1705년(숙종 31) 별시문과에 급제하여 1707년 정언, 지평, 수찬을 거쳐, 1713년 동지사(冬至使) 조태채(趙泰采)의 일행으로 청나라에 다녀왔다.

충청도관찰사, 전라도관찰사, 의주부윤 등을 역임하였다.

청렴결백한 성품과 문장가(文章家)로 이름이 높았다. 저서로 『월악서소(月嶽書疏)』가 있다.

· · ·

違陪此久 戀德日深 위배차구 연덕일심
卽伏承下問札 謹審窮臘 旬宣氣體萬福 즉복승하문찰 근심궁랍 순선기체만복
伏慰且感 無任區區 복위차감 무임구구

侍生郊居 凡百粗保 餘外何足仰塵崇聽耶 시생교거 범백조보 여외하족앙진숭청야

下送三種海味 遠貢窮廬 苟非眷念 何以及此 하송삼종해미 원비궁려 구비권념 하이급차
拜領感戢 非直爲物也 배령감집 비직위물야

歲除隔日 伏祝氣候迓新膺嘏 세제격일 복축기후아신응하
不備 伏惟下察 謹再拜上謝狀 불비 복유하찰 근재배상사장

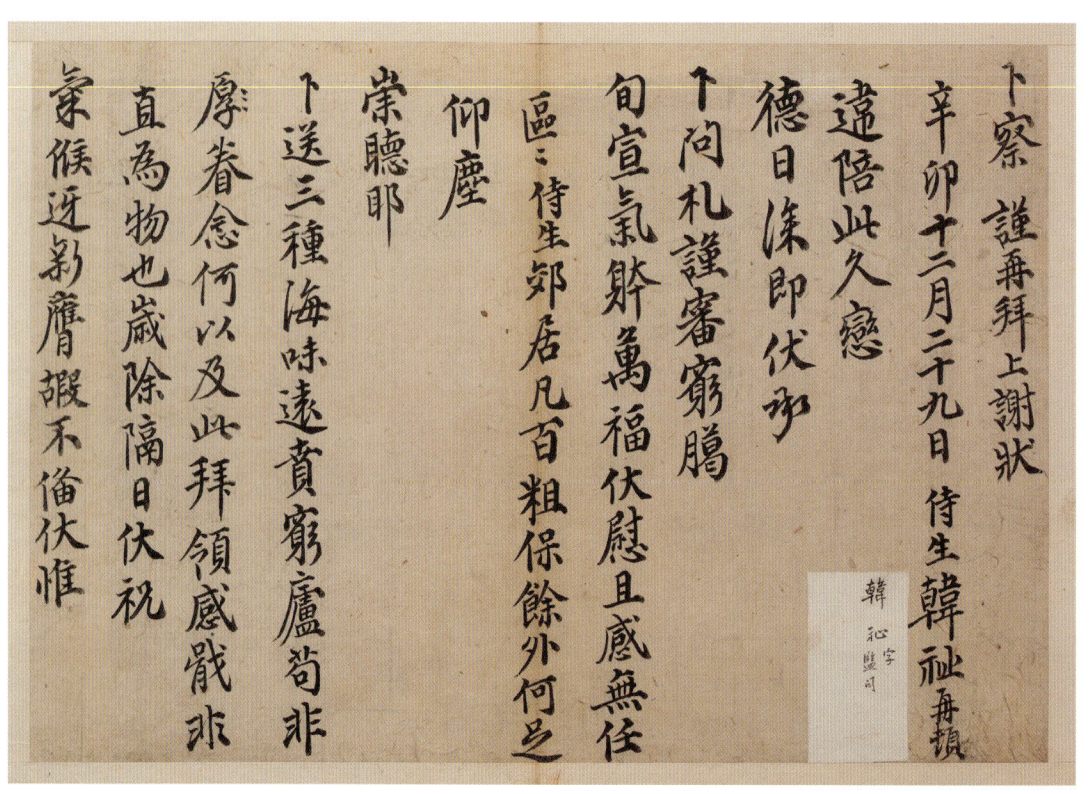

辛卯 十二月 二十九日 侍生 韓祉 再頓 신묘 십이월 이십구일 시생 한지 재돈

이토록 오랫동안 뵙지 못해 그리는 마음이 날로 깊어만 가던 차에 보내 주신 편지를 받고, 한 해가 저물어 가는 이때 관찰사 직무를 수행하시며 만복을 누리고 계심을 알게 되니 위로와 감사가 넘칩니다.

저는 시골에 묻혀 대충 그럭저럭 살아가고 있으니, 그 밖에 무슨 말씀으로 번거롭게 해 드릴 수 있겠습니까.

보내 주신 세 가지 해산물은, 멀리서 궁벽한 시골집을 윤택하게 하였습니다. 돌보아 주시는 마음이 없으시다면 어떻게 이렇게 베푸실 수 있겠습니까. 이렇게 고개 숙여 감사드리는 것은, 단지 보내 주신 물질 때문만은 아닙니다.

세밑을 하루 앞둔 지금, 새해를 맞아 큰 복을 누리시길 엎드려 축원하며 이만 줄입니다.
살펴 주시기 바라며 삼가 두 번 절하고 답장을 올립니다.

1711년 12월 29일   시생(侍生)[1] 한지 올림

---

1   시생(侍生) : 어른이나 높은 사람 앞에서 자신을 낮추어 이르는 말이다.

윤순(尹淳) 1680년(숙종 6)~1741년(영조 17)

본관은 해평(海平). 자는 중화(仲和), 호는 백하(白下)·학음(鶴陰)이다. 만년에는 호를 만옹(漫翁)이라 하였다. 영의정 윤두수(尹斗壽)의 5세손으로, 지평 윤세희(尹世喜)의 아들이며, 한성부판윤과 6조의 판서를 두루 역임한 윤유(尹游)의 아우이다.

1712년(숙종 38) 진사시에 장원급제하였고, 이듬해 증광문과에 급제하였다. 이조참판, 대제학을 거쳐 공조와 예조의 판서를 역임하고 경기도관찰사를 지냈으며, 평안도관찰사로 재직하던 중 벽동(碧潼)에서 객사하였다.

양명학(陽明學)의 태두인 정제두(鄭齊斗)의 문인으로 정제두의 아우 제태(齊泰)의 사위인 그는 양명학의 정신을 받아들여, 당시 조정과 산림의 타락과 부패에 맞서 양심적 시정(施政)과 개혁을 주장하였다. 조선 후기를 대표하는 동국진체(東國眞體)의 대가로 산수·인물·화조 등의 그림에도 능하였다. 특히 조선 후기를 대표하는 명필로 동국진체의 서풍을 일으켰으며, 문하에 이광사(李匡師) 등 걸출한 제자들을 배출하였다.

저서로 『백하집(白下集)』이 있고, 다양한 서예·회화 작품을 남겼으며, 경기도 강화의 〈고려산적석사비(高麗山積石寺碑)〉 등 전국 각처에 많은 비문을 썼다.

• • •

關外勝賞 極意團欒 而別思憫憫 관외승상 극의단란 이별사민민
如有所失人情與 不知足乃爾也 여유소실 인정여 부지족내이야
宵回令政履更若何 소회영정리갱약하

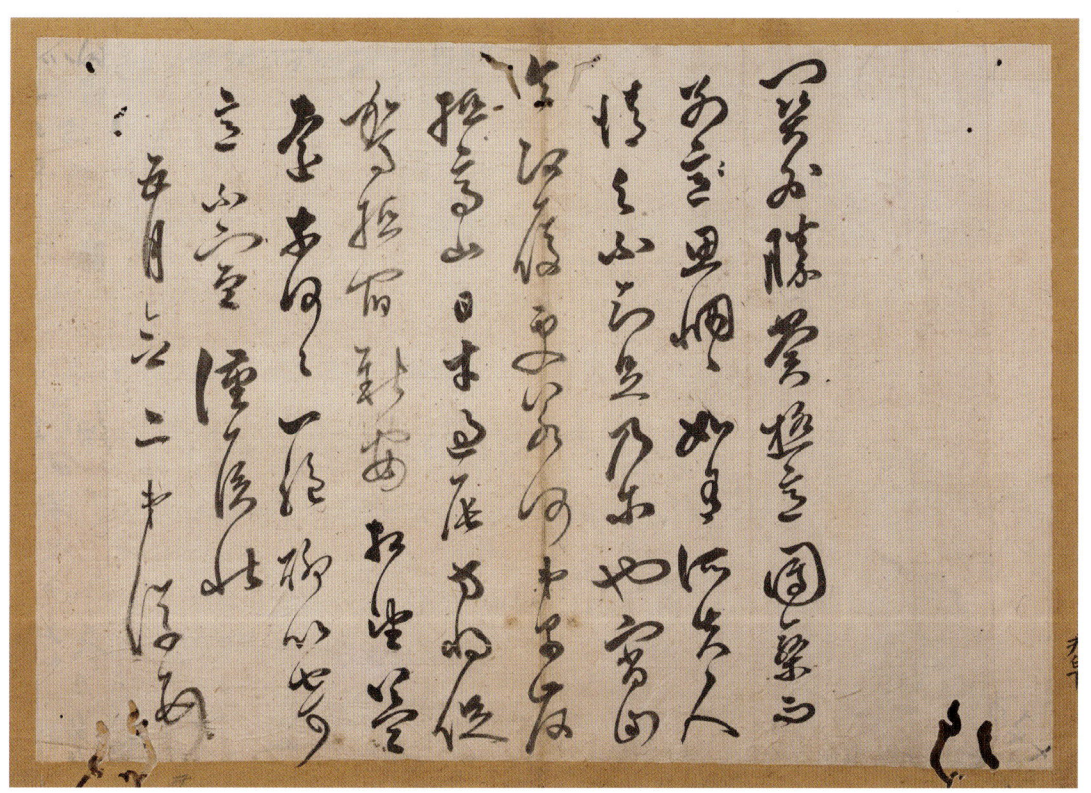

弟 早發抵高山 日才過辰 제 조발저고산 일재과진
方將促駕 抵宿新安 방장촉가 저숙신안
相望益遠 奈何奈何 상망익원 내하내하
一絶聊以寄意 일절료이기의

不宣 謹候狀 불선 근후장

五月 念二 오월 염이   弟 淳 頓 제 순 돈

관문 밖 경치 구경으로 마음껏 함께 노닐다가, 헤어지는 마음은 울적하기 짝이 없었습니다.
마치 무얼 잃어버린 듯하니, 사람의 정이라는 것이 이럴 줄은 미처 몰랐습니다.

이 밤에 그대께서는 또 어떻게 지내고 계신지요.

저는 아침 일찍 고산(高山)¹으로 출발하여 이제 한나절이 조금 지났습니다.
신안(新安)²에서 하루 묵을 요량으로 수레를 재촉하고 있습니다.
우리 사이의 거리가 더욱 멀어져만 가고 있으니, 어찌하면 좋겠습니까.
애오라지 한 줄 써서 올립니다.

제대로 갖추지 못하고, 삼가 문안 편지에 대합니다.

　5월 22일　순 올림

　• • •

昌城 衙史 창성 아사
瑞山 尹判書 謝狀 서산 윤판서 사장　　　省式 謹封 생식 근봉

遠承令問札 以審雪冱 令政況佳重 慰深慰深 원승영문찰 이심설호 영정황가중 위심위심

朞服人 才經兩婦之葬 悲憐益切 기복인 재경양부지장 비련익절
而宿證轉成風痺 四朔危痼 無可言者 이숙증전성풍비 사삭위고 무가언자

帽糖諸種之惠 領情爲謝 모당제종지혜 영정위사
三曆略呈 삼력약정

不宣謝狀 惟希令照 불선사장 유희영조

　庚申 至月 八日 경신 지월 팔일　朞服人 淳 기복인 순

1　고산(高山) : 글의 내용으로 볼 때 함경도 고산을 가리키는 듯하다.
2　신안(新安) : 글의 내용으로 볼 때 평안도 신안을 가리키는 듯하다.

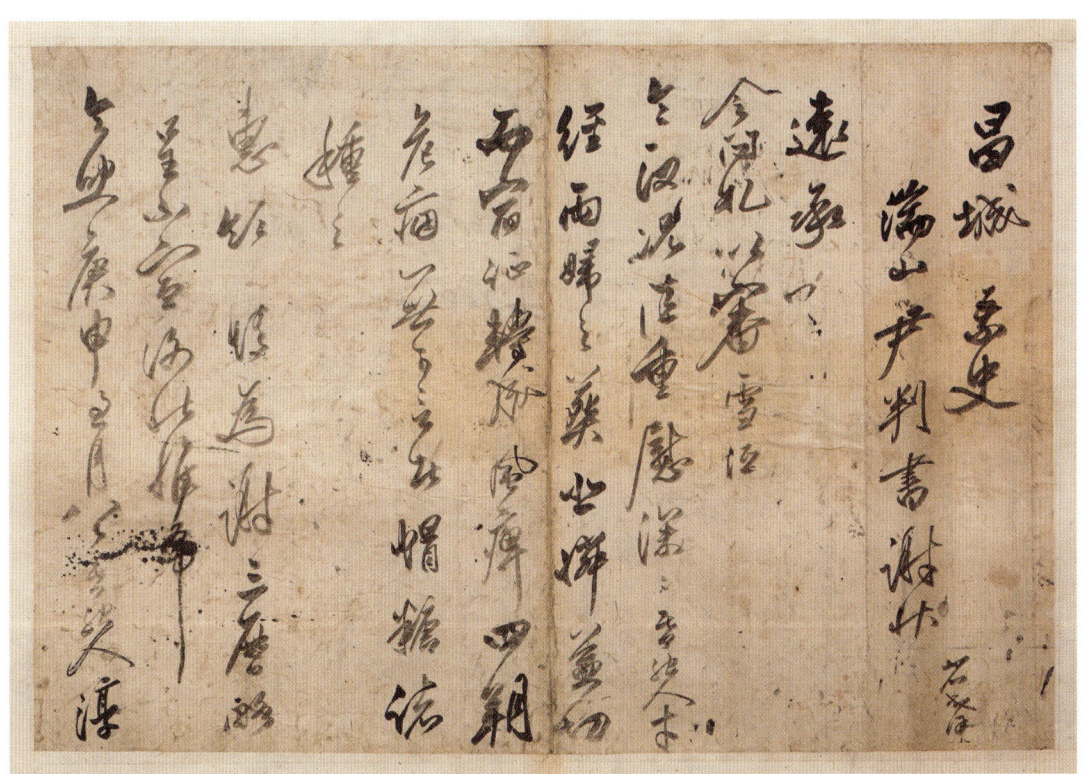

창성(昌城)[3] 관아에 보냄
서산(瑞山) 윤 판서의 답장   생식(省式) 근봉(謹封)

멀리서 보내온 영감의 편지를 받아 눈보라치는 추위에 정무를 돌보며 잘 계심을 알게 되어 무척 위안이 되었습니다.

저는 이제 막 두 부인의 장례를 치르고 나니 더욱더 슬프기만 합니다.
게다가 오래된 병이 풍비(風痺)[4]가 되어 넉 달 동안이나 심하게 앓았으니, 무슨 말씀을 더 드릴 수 있겠습니까.

3   창성(昌城) : 평안북도 북서부에 있다.
4   풍비(風痺) : 찬바람이나 습기가 몸에 침투하여 생기는 병으로, 통증이나 마비 상태의 증상이 있다.

모자와 설탕 등 여러 가지 선물을 보내 주시니, 정으로 알고 고맙게 받았습니다. 약소하나마 달력 세 부를 올립니다.

이만 줄이며 답장에 대합니다.
오로지 영감께서 살펴 주시기 바랍니다.

1740년 11월 8일   기복인(朞服人) 순

이재(李縡)

1680(숙종 6)~1746(영조 22)

본관은 우봉(牛峰). 자는 희경(熙卿), 호는 도암(陶菴)·한천(寒泉)이다. 이숙(李翻)의 손자로, 아버지는 진사 이만창(李晩昌)이며, 어머니는 민유중(閔維重)의 딸이다.

김창협(金昌協)의 문인으로, 1702년(숙종 28) 알성문과에 병과로 급제하여 벼슬길에 올랐으며, 부제학으로 재임하고 있을 때 노론의 중심인물로 부상하면서 대제학을 역임하였다.

1727년(영조 3) 정미환국(丁未換局)으로 소론 중심의 정국이 되자 문외출송(門外黜送 : 서울 성문 밖으로 쫓겨남)되어 용인의 한천(寒泉)에 거주하면서 많은 학자를 길러 냈으며, 1740년 공조판서, 1741년 좌참찬 겸 예문관제학 등에 임명되었지만 모두 사직하였다.

당대의 대표적인 성리학자로 예학에 밝았으며 『도암집(陶菴集)』·『도암과시(陶菴科詩)』·『사례편람(四禮便覽)』 등 많은 저술을 남겼다.

· · ·

耑告忽至於戀中 喜聞湖南之行好旋 侍履亦安 전고홀지어연중 희문호남지행호선 시리역안
此中言語行步 視於少勝 藥物不可謂無灵차 중언어행보 시어소승 약물불가위무령
申友去路 有約更尋 今日又有期 而姑不至 신우거로 유약갱심 금일우유기 이고부지
難待難待 난대난대

迷子恩擢 懼甚於榮 미자은탁 구심어영
如君相愛者 當憂不必賀也 여군상애자 당우불필하야

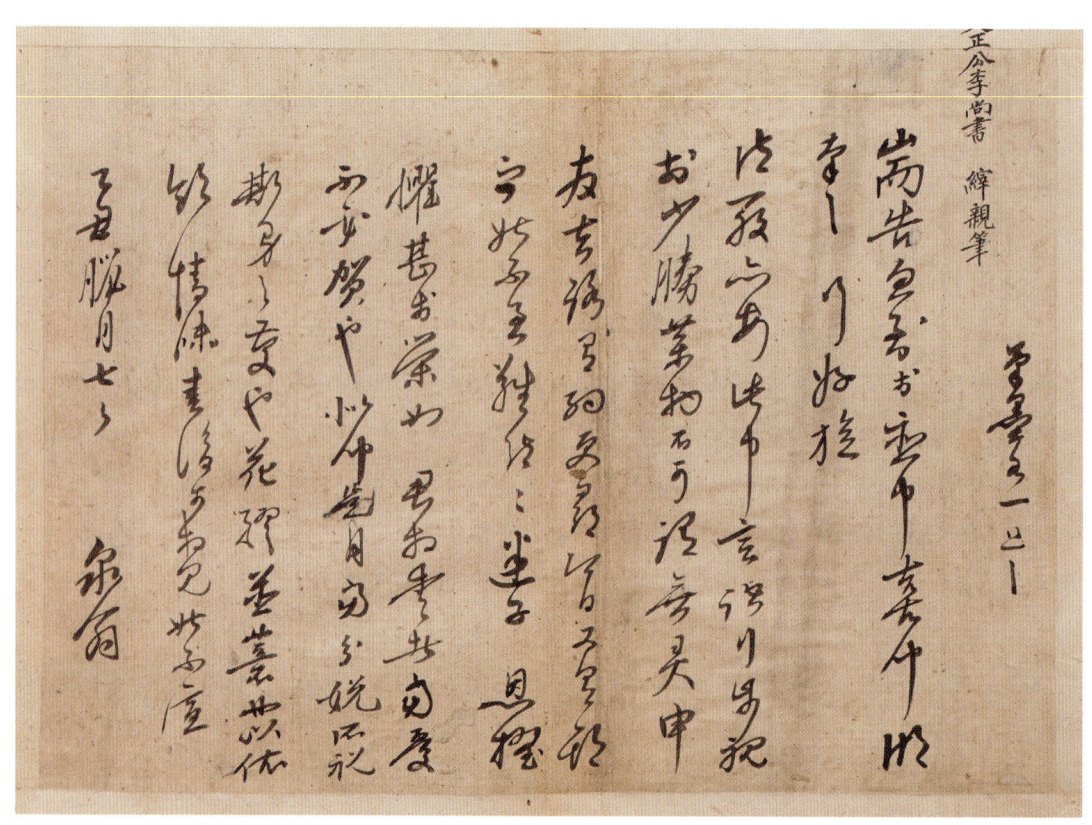

似聞是月 當分娩 所祝斯男之慶也 사문시월 당분만 소축사남지경야

花醪竝薏苡 依領情味 화료병의이 의령정미
春後可相見 춘후가상견
姑不宣 고불선

乙丑 臘月 七日 을축 납월 칠일　泉翁 천옹

筆墨 各一 送之 필묵 각일 송지

그립던 참에 홀연히 당도한 편지[1]를 받아 보고, 호남 행차에서 무사히 돌아와

1　편지 : 전개(耑价, 專价) 또는 전팽(專伻)은 편지를 보내기 위해 일부러 보내는 사람이다. 따라

부모님 모시고 편안히 계시다는 것도 알게 되어 무척 기뻤습니다.

저는 말하는 것과 걸음걸이가 조금 나아지는 것처럼 보여 약의 효험이 없다고는 말할 수 없습니다.

벗 신(申) 군이 떠날 때 다시 찾아오겠다고 약속을 하였고, 오늘로 또 기일이 정해졌으나 여태 오지 않아 애타게 기다리고 있습니다.

부족한 자식이 은혜를 입어 발탁되었으나 그 영달이 못내 두렵기만 합니다. 서로 아끼는 사이인 그대와 같은 분이라면 당연히 걱정해야만 할 일이며, 축하를 하여서는 안 될 것입니다.

아마도 출산이 이번 달이라고 들은 것 같은데, 아들[2]이 태어나는 경사가 있길 빌어 마지않습니다.

정을 담아 보내 주신 꽃술과 율무는 잘 받았습니다.

봄이 지나면 만나 뵐 수 있겠지요.

이만 줄입니다.

   1745년 12월 7일 천옹(泉翁)[3]

붓과 먹 각 한 점씩을 보냅니다.

   서 본문의 '전고(傳告)'는 이런 사람을 통하여 받은 편지를 말한다.
2 아들 : 본문의 '사남(斯男)'은 아들을 뜻한다. 『시경(詩經)』 「대아(大雅)」에 "태사(太姒 : 문왕의 비)께서 그 미덕의 명성을 이으시니, 아들이 백 명이나 되도다(太姒嗣徽音 則百斯男)."에서 나온 말이다.
3 천옹(泉翁) : 이재(李縡)는 1727년(영조 3) 정미환국 이후 경기도 용인의 한천(寒泉)에 거주하면서 호를 한천(寒泉)이라 하였다. 이 편지는 죽기 1년 전의 노년에 쓴 것으로, 호의 '천(泉)' 뒤에 옹(翁)을 붙인 것이다.

김재로(金在魯)   1682(숙종 8)~1759(영조 35)

본관은 청풍(淸風). 자는 중례(仲禮), 호는 청사(淸沙)·허주자(虛舟子)이다. 우의정 김구(金構)의 아들이다.

1702년(숙종 28) 진사시에 합격하고, 1710년 춘당대문과(春塘臺文科)에 을과로 급제하여 벼슬길에 올랐다.

부제학으로 있을 때는 소론의 유봉휘(柳鳳輝)·이광좌(李光佐) 등 5인에게 죄를 주도록 청하고, 소론 김일경(金一鏡)의 무고 사실을 상소해 사형하게 하는 등 노론의 선봉에 섰다가, 1727년(영조 3) 정미환국(丁未換局)으로 소론이 재등장하자 파직되었다. 그러나 다시 벼슬길에 올라 여러 관직을 두루 역임하였으며, 특히 병조판서로 재임할 때는 신임사화(辛壬士禍)로 사사된 노론의 김창집(金昌集)·이이명(李頤命)의 복관(復官)을 상소해 이를 관철시키기도 했다.

우의정, 좌의정을 역임하였으며, 네 차례에 걸쳐 10여 년간 영의정을 지냈고, 그 후에도 영중추부사를 역임하는 등 50여 년의 관직 생활 중 거의 절반을 상신(相臣 : 삼정승)으로 지냈다.

『천의소감언해(闡義昭鑑諺解)』·『난여(爛餘)』 등의 저서가 있으며, 편저로『예기보주(禮記補註)』·『청풍김씨세보(淸風金氏世譜)』 등을 남겼다.

· · ·

料外承拜問札 憑諦至寒 齋履安勝 慰瀉何量 요외승배문찰 빙체지한 재리안승 위사하량
此間老病轉甚 遇寒以來 絶無寧日 自憐自憐 차간노병전심 우한이래 절무영일 자련자련

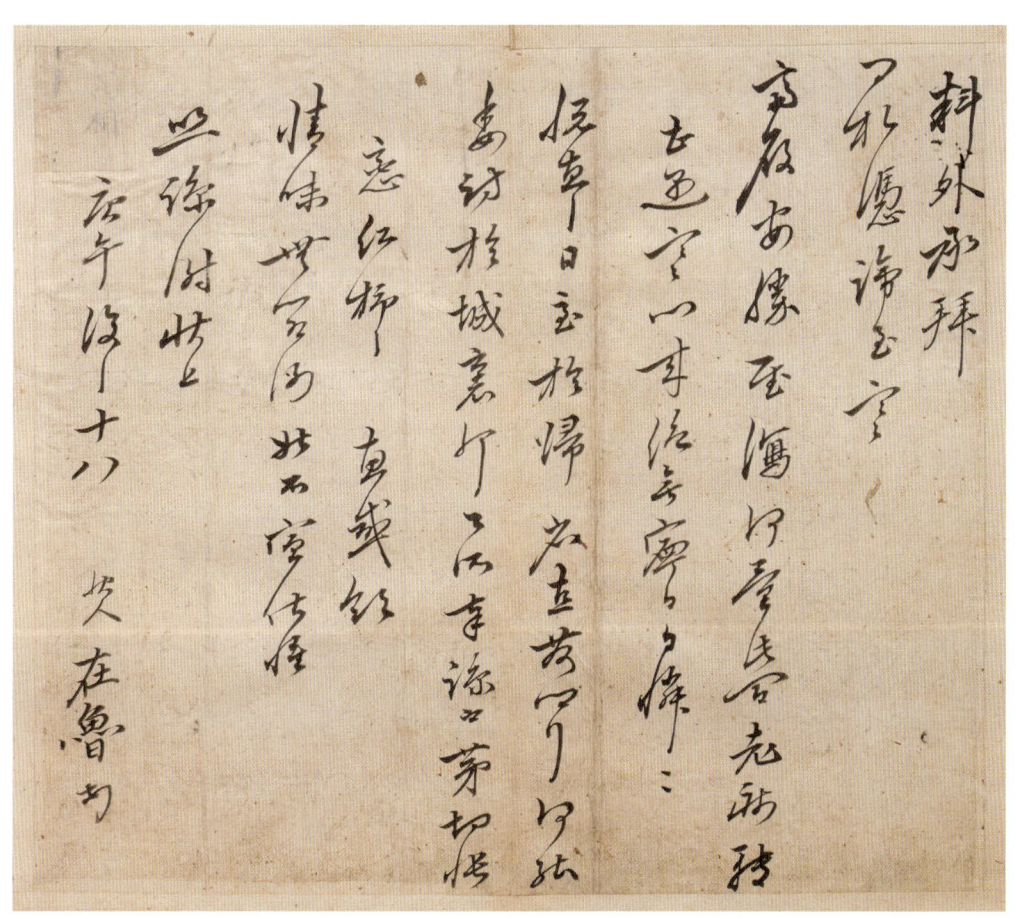

脫直之日 急於歸省 直發鄕行

何能委訪於城裏耶

已所奉諒 而第切悵戀

紅柹之惠 感領情味 無以爲謝

姑不宣

伏惟照諒 謝狀上

庚午 復之 十八　服人 在魯 頓

뜻밖에 문안 편지를 받고, 엄동설한에 수양하시며[1] 잘 계시다는 것을 살피게 되니 위로가 한량없습니다.
저는 노환이 심해 가는 데다 한기(寒氣)를 쐰 뒤로는 편안한 날이 없으니 서글프기만 합니다.

숙직을 벗어난 날, 귀성(歸省) 길이 급하여 바로 고향으로 내려가느라 어떻게 성안을 들르실 수 있었겠습니까?
사정을 모르는 것은 아니지만, 다만 무척 서운하고 안타까웠습니다.

보내 주신 홍시는 정이 담긴 맛난 음식이어서 감사한 마음으로 받았으며, 어떻게 보답해야 할지 모르겠습니다.
이만 줄입니다.
살펴 주시기 바라며 답장을 올립니다.

    1750년 11월[2] 18일 상중(喪中)에 있는 재로 올림

---

1   수양하시며 : 본문의 '재리(齋履)'는 "상대방에 대한 존칭" 또는 "능참봉의 안부를 물을 때 쓰는 말" 등으로 사용되나, 실제로는 관직을 떠나 있는 사람이 수양(修養)하고 재계(齋戒)한다는 의미로 보는 것이 옳다.
2   11월 : 본문의 '부(復)'는 부월(復月), 즉 11월이라는 뜻이다.

안중관(安重觀)

1683(숙종 9)~1752(영조 28)

본관은 순흥(順興). 자는 국빈(國賓), 호는 회와(悔窩)·가주(可洲)이다.

진사시(進士試)에 합격한 후에 유일(遺逸)로 천거받아 공조 좌랑, 홍천·제천의 현감 등을 역임하였다.

성리학자로 많은 저술을 남겼으며, 문학·경세학(經世學) 등에도 조예가 깊었다. 그의 시와 문장은 6대손 종학(鍾學)이 편집한 『회와집(悔窩集)』에 전하고 있다.

· · ·

次 차
祀竈招鄰置糒醪 사조초린치비료
狹居元稱布衣高 협거원칭포의고
玩心一室圖兼史 완심일실도겸사
借景千家李與桃 차경천가이여도

爽氣山能供日夕 상기산능공일석
游塵市不遣纖毫 유진시불견섬호
報章無怪艱難就 보장무괴간난취
險韻賢兄首押饎 험운현형수압고

國賓 국빈

차운(次韻)하여 쓰다.

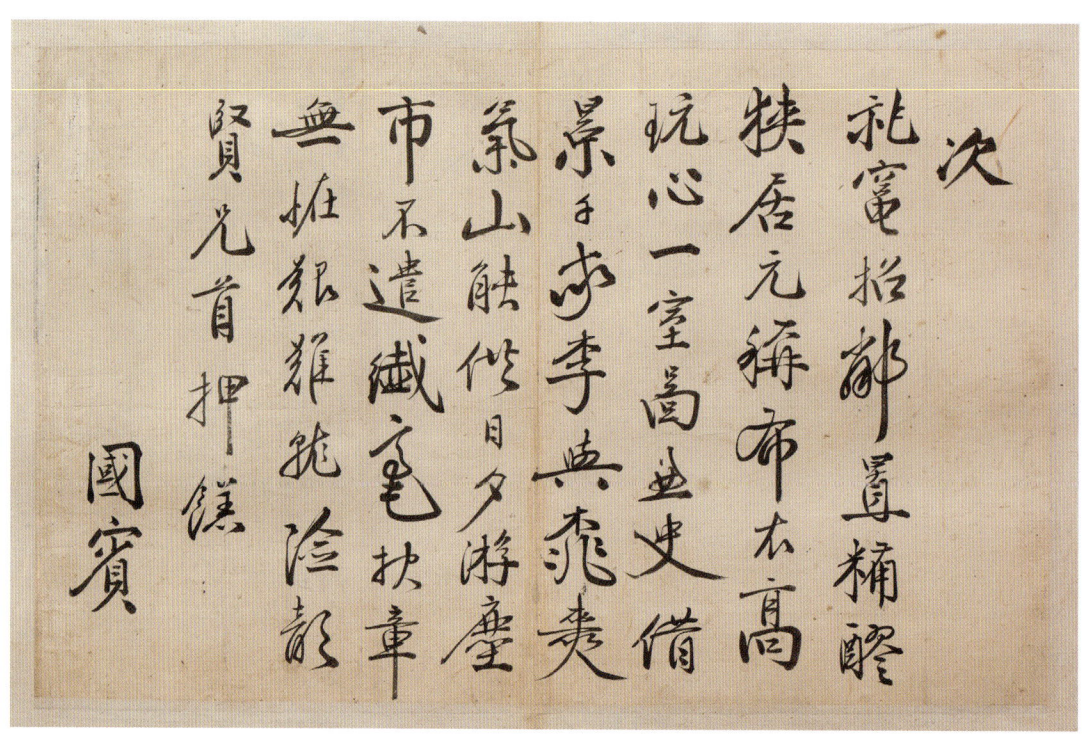

사조(祀竈)¹로 누룽지에 술² 차려놓고 이웃을 부르니
좁디좁은 곳에 살지만 원래 벼슬 안 한 선비가 뜻은 높다 하네.
한 칸 방에 앉아 그림과 역사를 즐기고
숱한 집의 자두나무, 복숭아나무를 바라본다네.³

산의 상쾌한 기운⁴ 아침저녁으로 나눌 수 있고
저잣거리 떠도는 먼지는 털끝만큼도 없구나.

1 사조(祀竈) : 조왕신(竈王神 : 부엌을 맡아보며 길흉을 결정한다는 귀신)에게 지내는 제사를 말한다.
2 누룽지에 술 : 원문의 '비료(糒醪)'는 원래 말린 밥과 술을 말하는데, 우리나라의 음식 문화를 볼 때 누룽지와 술로 보인다.
3 바라본다네 : 원문의 '차경(借景)'을 직역하면 "경치를 빌린다."는 뜻이다. 북송(北宋)의 시인 황정견(黃庭堅 1045~1105)이 사용하였던 표현으로, 자연 경관을 사람이 직접 찾아가지 않고도 집 안에서 창을 통해 조망(眺望)하며 즐기는 것을 말한다.
4 산의 상쾌한 기운 : 동진(東晉) 때 왕휘지(王徽之, 338~386)'가 환충(桓冲)의 질문에 대해 "서산은 아침이 되자 상쾌한 기분이 감돕니다(西山朝來 致有爽氣)."라고 대답했다는 고사에서 인용된 구절이다. 『세설신어(世說新語)』에 전한다.

화답하는 글이 어렵게 이어져도 괴이하지도 않으니
험운(險韻)⁵에도 멋진 그대의 시 한 수가 떡을 누르네.⁶

국빈(國賓)

---

5 험운(險韻) : 시를 짓기 어려운 운(韻)을 말한다.
6 떡을 누르네 : 시가에서 시행(詩行)의 처음, 중간, 끝 따위에 같은 운을 규칙적으로 다는 일을 '압운(押韻)'이라고 한다. 여기서 '압고(押餻)'라고 한 것은 어려운 운(韻)을 받아 "떡 고(餻)" 자를 써서 화답한 것을 말한 것이다. 이 시는 이 책 428~430쪽에 있는, 끝 글자가 '떡 고(糕)'로 끝나는 이병연(李秉淵)의 시에 화답한 것이다.

125 윤봉구(尹鳳九) 1683(숙종 9)~1767(영조 43)

본관은 파평(坡平), 자는 서응(瑞膺), 호는 병계(屛溪)·구암(久菴)이다. 윤명운(尹明運)의 아들로, 우참찬 봉오(鳳五)의 형이다.

권상하(權尙夏)의 문인으로, 유일(遺逸)로 천거되어 1725년(영조 1) 청도군수를 시작으로 1760년에 대사헌에 특별 임명되었으며, 지돈령(知敦寧)에 이어 공조판서를 역임하였다.

사회적 활동보다 심성론(心性論)을 주장한 성리학자로, 이간(李柬)·현상벽(玄尙璧)·채지홍(蔡之洪) 등과 더불어 강문팔학사(江門八學士) 중 한 사람으로 꼽힌다.

호락논쟁(湖洛論爭)[1]의 중심인물로 손꼽히며, 저서로 『병계집(屛溪集)』이 전한다.

· · ·

半年阻戀 承一宿之穩 慰幸不可已 반년조련 승일숙지온 위행불가이
還庄后 凡百如何 환장후 범백여하
事了有數日之約 方此傾企 사료유수일지약 방차경기

此依前日樣 차의전일양

---

1 호락논쟁(湖洛論爭) : 조선 후기 노론 계통의 학자들 사이에서 사람과 사물의 성(性)을 놓고 벌였던 논쟁을 말한다. 이른바 인물성동이(人物性同異)에 관한 논쟁이다. 인물성(人物性) 상이론(相異論)을 주장한 학자들은 주로 호서지방에 거주했고, 인물성 상동론(相同論)을 주장한 학자들은 주로 낙하(洛下 서울)에 거주했기 때문에 호락논쟁이라 부르게 되었다.

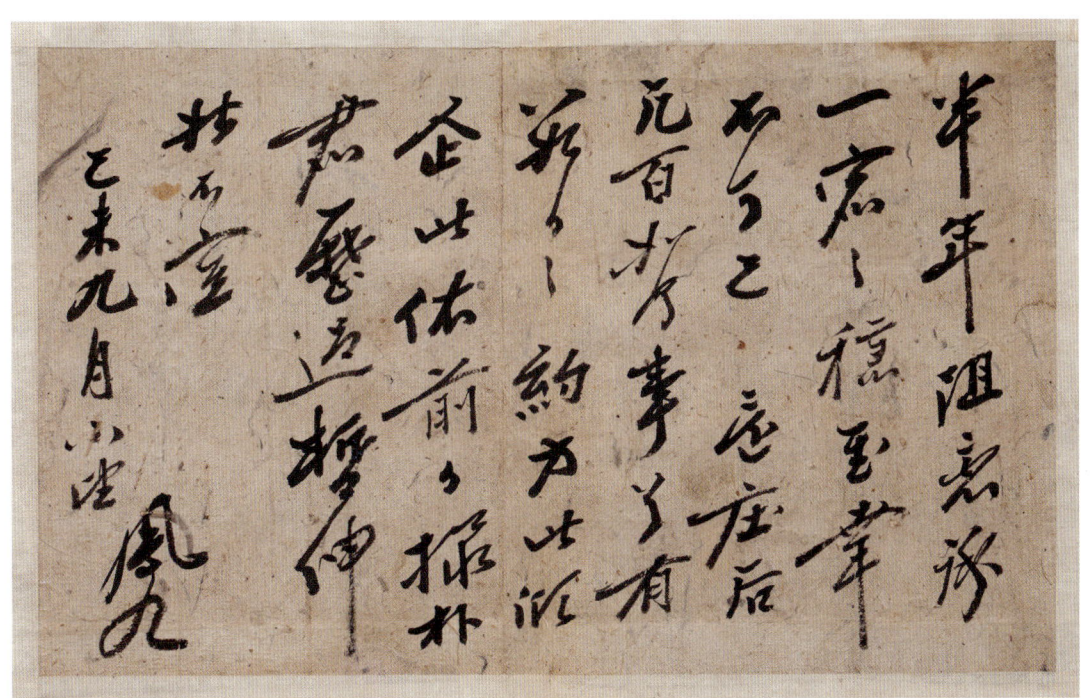

朴君歷過 暫伸박군역과 잠신

姑不宣고불선

己未 九月 小望기미 구월 소망 鳳九봉구

반년 동안 격조하여 그리워하다가, 하룻밤 정담을 나누게 되니 위안이 끝이 없었습니다.
고향집으로 돌아가신 후, 모든 일은 어떻게 되어 가는지요.
일이 끝난 후, 며칠간 만날 약속을 잡아 주시기만 간절히 기대합니다.

저는 변함없이 그대로 지내고 있습니다.
박 군이 들렀기에 잠시 글을 썼습니다.
이만 줄입니다.

1739년 9월 14일 봉구

유척기(兪拓基)   1691(숙종 17) ~ 1767(영조 43)

본관은 기계(杞溪). 자는 전보(展甫), 호는 지수재(知守齋)·미음(渼陰)이다. 아버지는 청주목사 유명악(兪命岳)이고, 어머니는 용인이씨(龍仁李氏)로 이두악(李斗岳)의 딸이다.

김창집(金昌集)의 문인으로, 1714년(숙종 40) 증광문과에 병과로 급제하여 벼슬길에 올랐다. 1721년(경종 1) 신임사화(辛壬士禍) 때는 동래(東萊)에 유배되었으며, 1725년 영조 즉위 이후 경상도·함경도·평안도 관찰사와 호조판서 등의 요직을 두루 지냈다.

1739년(영조 15) 우의정에 오른 후에는 신임사화 때 세자 책봉 문제로 연좌되어 죽은 김창집(金昌集)·이이명(李頤命) 두 대신을 신원(伸寃)시켰으며, 신임사화의 중심인물인 유봉휘(柳鳳輝)·조태구(趙泰耈) 등의 죄를 공정히 다스릴 것을 주청하였으나 뜻을 이루지 못하자 사직하였다. 그 뒤 몇 차례 임관(任官)에 불응하여 삭직당하고 전리(田里)에 방축되었으나, 만년에 영조에 의해 영의정에 중용되었다.

당대의 명필로 금석학(金石學)의 권위자이기도 하였으며, 경주의 〈신라시조왕비(新羅始祖王碑)〉, 청주의 〈만동묘비(萬東廟碑)〉 등의 글씨와, 『지수재집(知守齋集)』 15권의 문집을 남겼다.

· · ·

嚮聲華久矣 無由奉一日之雅 향왕성화구의 무유봉일일지아
繼敦先誼 則只有忉忉 계돈선의 즉지유도도
意外謹承 先施俯問 의외근승 선시부문

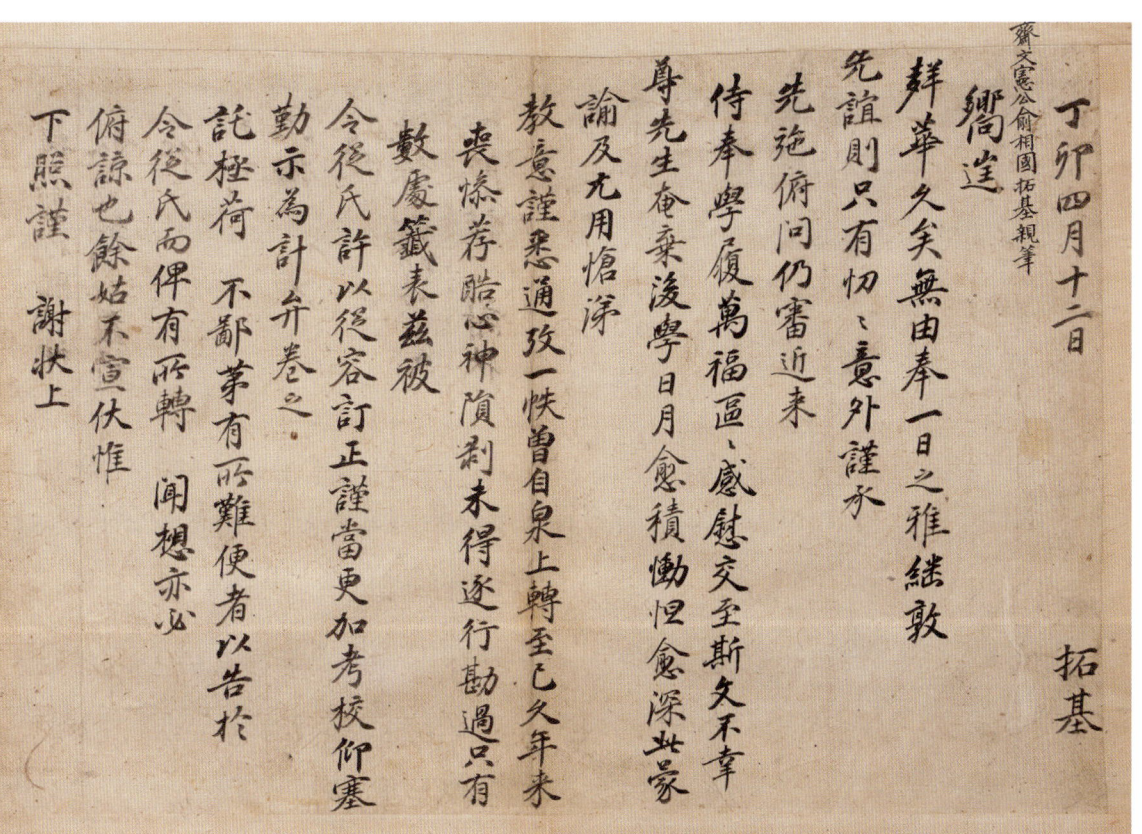

仍審近來侍奉 學履萬福 區區感慰交至 잉심근래시봉 학리만복 구구감위교지

斯文不幸 尊先生 奄棄後學 사문불행 존선생 엄기후학
日月愈積 慟怛愈深 此蒙諭及 尤用愴悌 일월유적 통달유심 차몽유급 우용창체

敎意謹悉 교의근실
通攷一帙 曾自泉上 轉至已久 통고일질 증자천상 전지이구
年來喪慘荐酷 心神隕剝 년래상참천혹 심신운박
未得逐行勘過 只有數處籤表 미득축행감과 지유수처첨표
玆被令從氏許 以從容訂正 謹當更加考校 자피영종씨허 이종용정정 근당갱가고교
仰塞勤示爲計 앙색근시위계

弁卷之託 極荷不鄙 第有所難便者 변권지탁 극하불비 제유소난편자
以告於令從氏 而俾有所轉聞 想亦必俯諒也 이고어영종씨 이비유소전문 상역필부량야

餘姑不宣 여고불선
伏惟下照 謹謝狀上 복유하조 근사장상

丁卯 四月 十二日 정묘 사월 십이일 拓基 척기

오랫동안 훌륭한 명성을 흠모하고 있으면서,[1] 한 번도 뵙지 못하여 선대로부터의 정의(情誼)를 돈독히 이어 가지 못하는 것이 안타깝기만 하였는데, 뜻밖에 먼저 보내 주신 편지를 받고, 근래 부모님 모시고 학문을 닦으며 복을 누리고 계심을 알게 되니 고맙고 위로가 되었습니다.

사문(斯文)[2]이 불행하여 존경하는 스승께서 급작스럽게 후학을 버려두고 돌아가시니, 날이 가면 갈수록 애통하는 마음은 더욱 깊어만 지는데, 이 말씀을 접하게 되니 더욱 슬퍼져 눈물이 납니다.

하교하신 뜻은 삼가 잘 알았습니다.
통고(通攷)[3] 한 질은 일찍이 천상(泉上)에서 돌아온 지 이미 오래되었고, 몇 년 사이에 참혹한 상(喪)을 잇달아 치르느라 정신이 없어, 미처 감과(勘過)[4]하지 못하였으며 단지 몇 곳에 종이쪽만 붙였을 뿐입니다.
이에, 영종씨(令從氏)[5]에게 차분하게[6] 정정(訂正)을 받고, 삼가 고증과 교정을 다하여 하교에 부응하려고 합니다.

문집(文集)에 서문을 써 달라는 부탁을 하시니 저를 비루하게 여기지 않는 은

---

1 흠모하고 있으면서 : 원문의 '향왕(嚮, 向往, 嚮往)'은 마음이 늘 어떤 사람이나 고장에 쏠리는 것을 표현하는 말이다.
2 사문(斯文) : 유교(儒敎), 특히 성리학의 도의(道義)나 문화(文化)를 일컫는다.
3 통고(通攷) : 『문헌통고(文獻通攷)』를 지칭하는 듯하다. 미상이다.
4 감과(勘過) : 검사하거나 검열하여 통과시킨다는 뜻이다.
5 영종씨(令從氏) : 상대방의 사촌 형제를 지칭한다.
6 차분하게 : 원문의 '종용(從容)'은 "침착하고 덤비지 않는다."는 뜻의 형용사로 '조용'의 원래 말이다.

혜가 참으로 고마울 따름입니다.[7]
다만 쉽게 하기에는 어려운 점이 있어 영종씨에게 얘기하였으니, 듣게 되시면 반드시 굽어 헤아리실 수 있을 것입니다.

이만 줄입니다.
살펴 주시기 바라며 삼가 답장을 올립니다.

  1747년 4월 12일 척기

---

7 저를 비루하게 여기지 않는 은혜가 참으로 고마울 따름입니다 : 본문의 '극하불비(極荷不鄙)'는 "비루하게 여기지 않는 은혜에 더없이 감사한다."는 뜻이다.

127 원경하(元景夏) 1698(숙종 24)~1761(영조 37)

본관은 원주(原州). 자는 화백(華伯), 호는 창하(蒼霞)·비와(肥窩)이다.

1721년(경종 1) 사마시에 합격해 진사가 되고, 1736년(영조 12) 정시문과에 장원하였다.

예문관제학, 이조참판을 거쳐 병조·이조·예조 판서를 역임하였으며, 탕평책에 앞장서서 영조의 특별한 신임을 받았다.

영의정에 추증되었으며, 저서로 『창하집(蒼霞集)』 10권이 있다.

· · ·

經歲阻奉 戀想政深 경세조봉 연상정심
意外承拜惠書 憑審春寒 直履珍勝 의외승배혜서 빙심춘한 직리진승
區區奉慰未已 구구봉위미이

此間風癱之症 近益添劇 차간풍탄지증 근익첨극
涔涔江廬 殆無生意 悶憐奈何 잠잠강려 태무생의 민련내하
惠送烏柴 可以煎藥 病中感幸 無以爲謝 혜송오시 가이전약 병중감행 무이위사
餘萬都留奉悉 여만도류봉실

不宣 崇照 불선 숭조

辛未 正月 十八日 신미 정월 입팔일 景夏 頓 경하 돈

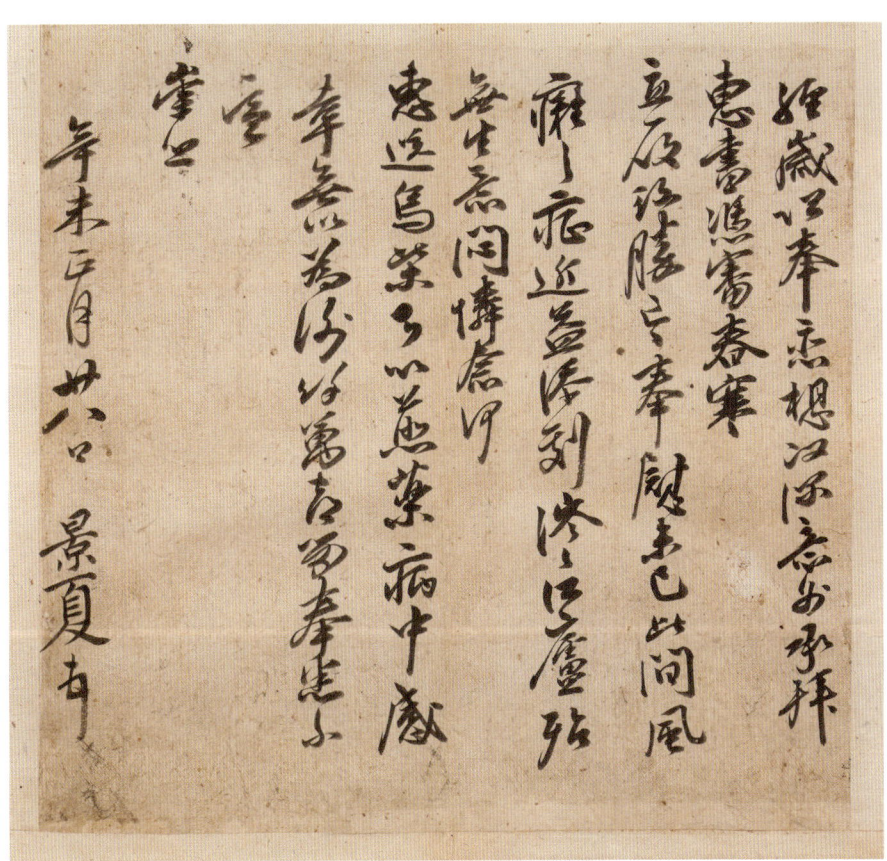

해가 바뀌도록 뵙지 못하여 그리움만 깊어 가던 중, 뜻밖의 편지를 보내 주셔서 봄추위 속에 관직 생활이 평안하다는 것을 알게 되니 제 마음에 위로가 끝이 없습니다.

저는 풍탄(風癱)[1] 증세가 근래 더욱 심해져서 시름겹게 강가 오두막살이를 하고 있으며, 살고 싶은 의욕도 거의 없습니다. 슬프고 가련하기만 하지만 어찌겠습니까.

보내 주신 오시(烏柴)[2]가 전약(煎藥)[3]이 되니 병중에 고맙고 다행스럽기 그지없

1 풍탄(風癱) : 중풍 및 사지 연약 무력증을 동반한 병을 지칭한다.
2 오시(烏柴) : 『송자대전(宋子大全)』에는 '오시(烏柴)'를 '오시(烏柿)'라고 하였는데, 이는 먹감을 가리키는 듯하다. 허균(許筠)의 『성소부부고(惺所覆瓿藁)』「도문대작(屠門大嚼)」에는 "지리산(智異山)에서 난다. 검푸른 색에 둥글고 끝이 뾰족하다. 맛은 그런대로 좋으나 물기가 적다.

으며, 어떻게 감사드려야 할지 모르겠습니다.
나머지는 만나 뵙고 다 말씀드리도록 하겠습니다.

이만 줄입니다. 살펴 주십시오.

1751년 정월 28일 경하 올림

꼬챙이에 꿰어 말려 곶감으로 만들어 먹으면 더욱 좋다."고 하였다.
3 전약(煎藥) : 동짓날에 먹는 음식의 하나이다.

제5부

김시찬~미상(未詳)

1700년대 이후 출생 인물들의 간찰

김시찬(金時粲) 1700(숙종 26)~1767(영조 43)

본관은 안동(安東). 자는 치명(穉明), 호는 초천(苕川)이다. 김상용(金尙容)의 현손이며, 김광현(金光炫)의 증손이다. 할아버지는 김수민(金壽民), 아버지는 좌랑 김성도(金盛道)이다.

1735년(영조 11) 증광문과에 병과로 급제하여 사관(史官)을 거쳐 대사간을 지냈으며, 노론으로 조태구(趙泰耉)·유봉휘(柳鳳輝)·이광좌(李光佐) 등 소론 일파의 처벌을 청하다가 유배되는 등 두 차례에 걸쳐 전라도 흑산도(黑山島)로 유배되었다가 풀려났다.

사후에 이조판서로 추증되었으며, 저서로 『초천집(苕川集)』이 전한다.

· · ·

省式 생식
去年至月 還所後 卽修弔狀 거년지월 환소후 즉수조장
入於通判 書中處者傳致 입어통판 서중처자전치
雖姑未承發疏 而竊想已俯覽也 수고미승발소 이절상이부람야

卽惟春寒 孝履支勝 區區仰慁 즉유춘한 효리지승 구구앙소
時粲 客臘往舍伯任所 痰病危重 幾殊僅甦 시찬 객납왕사백임소 담병위중 기수근소

今玆 擔舁還家 路中此地 금자 담여환가 노중차지
而病狀如許 末由趨候 尤增悲係 이병상여허 말유추후 우증비계

旋又奉書 替伸舍伯候疏 及賻儀送呈 선우봉서 체신사백후소 급부의송정

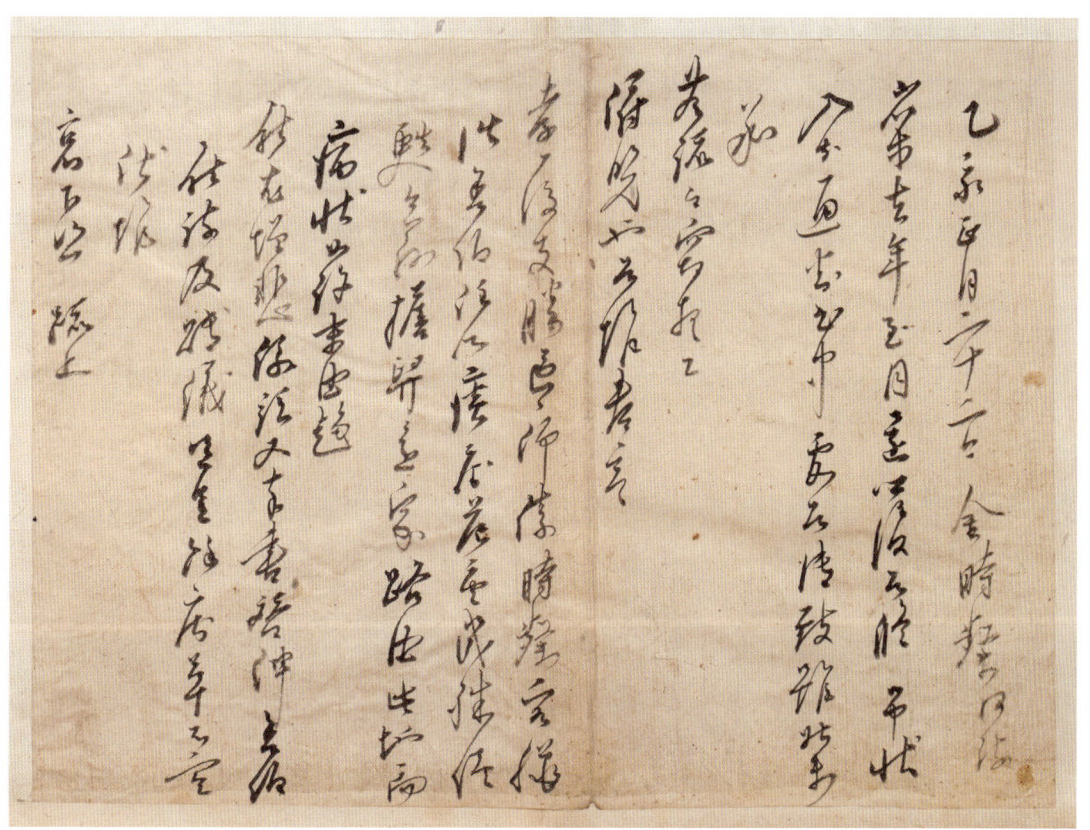

餘病草 不宣 伏惟 여병초 불선 복유

乙亥 正月 二十二日 을해 정월 이십이일　金時粲 拜疏 김시찬 배소

생식(省式)[1]

지난해 11월 숙소로 돌아오자마자 바로 제문을 써서 통판(通判 : 판관)에게 보내 글에 쓰인 대로 보내게 했는데, 비록 보내 드린 편지는 여태껏 못 보셨더라도, 제문은 살피셨으리라 생각합니다.

봄추위 속에 상을 잘 치르고 계시리라 생각하며, 우러러 그리워합니다.

1　생식(省式) : 상대방이 상중에 있을 때 인사말을 생략하고 대신 쓰는 관용어이다.

저는 지난해 섣달에 사백(舍伯)²이 계신 곳³에 갔다가 담병(痰病)⁴이 위중하여 거의 죽다시피 하다가 간신히 나았습니다.

지금에야 짐 보따리를 지고 집에 돌아왔으니, 오는 길에 그곳이 있었지만 병 상태가 이와 같아 달려가서 문안을 여쭙지 못하였으니 슬픔만 더할 뿐이었습니다.

이내 또 편지를 받들어 사백의 문안 인사를 대신하며, 부의(賻儀)를 올립니다. 나머지는 병으로 더 쓰지 못하고 줄입니다.

　　1755년 정월 22일　김시찬 올림

2　사백(舍伯) : 남에게 자기의 맏형을 겸손하게 이르는 말이다.
3　계신 곳 : 원문의 '임소(任所)'는 지방으로 발령 난 관원이 근무하는 곳을 일컫는다.
4　담병(痰病) : '담(痰)'이 몸 안에 머물러 생기는 병을 통칭하는 말이다.

조명정(趙明鼎)　　1709(숙종 35)~1779(정조 3)

본관은 임천(林川). 자는 화숙(和淑), 호는 노포(老圃)이다.

1740년(영조 16) 정시문과에 갑과로 급제하여 수찬, 교리 등을 지내고 1746년 중시문과에 병과로 급제하였다. 이듬해 소론 이광좌(李光佐)·조태억(趙泰億)의 관작 삭탈을 주장하는 삼사(三司)의 계청에 참여하는 등 소론과 대립하여 유배되었으며, 1751년에는 이광좌를 공격한 죄로 다시 경상도 거제(巨濟)에 유배되었다가 이듬해에 풀려나는 등 노론의 강경론자로 소론과 정쟁을 벌였다.

충청도관찰사로 있을 때는 재해를 입은 토지에 대한 면세 조처를 조정에 요청했으나 받아들여지지 않자 독자적으로 면세했다가 전라도 해남(海南)으로 유배되기도 하였다.

도승지, 황해도관찰사, 대사헌과 한성부판윤, 이조판서를 거쳐 다시 대사헌이 되었고, 여러 차례 예문관제학을 지내고, 1773년 다시 이조판서에 임명되었다가, 홍문관제학을 지내는 등 부침을 계속하였다. 정조 즉위 후에는 홍국영(洪國榮)과 대립하여 고향으로 물러났고, 1780년(정조 4) 정조의 특명으로 복관되었다.

저서로『노포집(老圃集)』이 전한다.

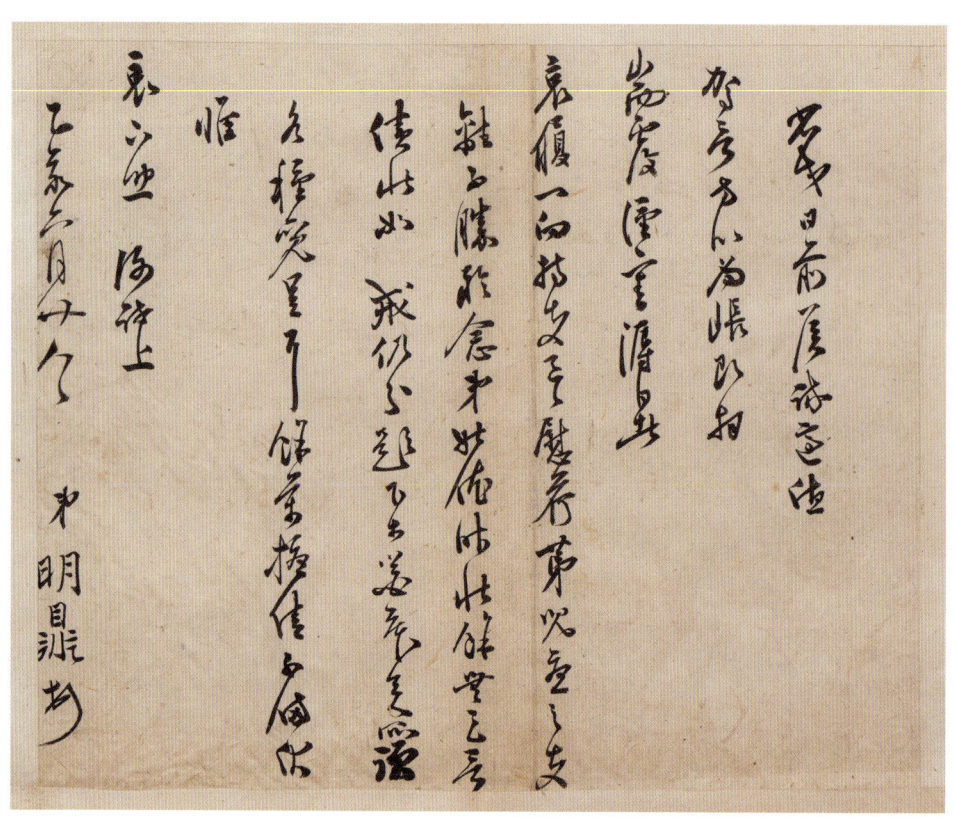

省式 생식

日前候疏 適値駕言 方以爲悵 일전후소 적치가언 방이위창

卽拜崇覆 謹審溽暑 哀履一向持支 區區慰荷 즉배전복 근심욕서 애리일향지지 구구위하

第 兒憂之支離 不勝矜念 제 아우지지리 불승긍념

弟姑依昨狀 餘無足言 제고의작상 여무족언

債狀如戒 仍則題下於花庫矣 而須各種覓呈耳 채장여계 잉즉제하어화고의 이수각종멱정이

餘萬擾倩 不備 여만요천 불비

伏惟哀下照 謝疏上 복유애하조 사소상

乙亥 六月 十八日 을해 유월 입팔일　弟 明鼎 頓 제 명정 돈

생식(省式)

며칠 전 위문하는 글[1]을 보냈으나 마침 출타하셔서 무척 아쉬웠습니다.
지금 심부름꾼을 시켜 보내 주신 답장을 받고, 이 무더운 여름 더위에 내내 상(喪)을 잘 치르시고 계신 것을 삼가 살피게 되니 위로와 감사가 넘칩니다.
다만 아이의 병이 오래 지속되고 있으니 안타깝기 그지없습니다.

저는 예전 그대로 지내고 있어 더 드릴 말씀도 없습니다.
글 빚은 말씀대로 그대로 화고(花庫)[2]에 썼습니다. 그리고 반드시 여러 가지 더 찾아 보내겠습니다.
할 말은 많지만 어지러워 대신 쓰게 하느라 예의를 갖추지 못하였습니다.
상중(喪中)에 살펴 주시기 바라며, 이렇게 답장을 올립니다.

  1755년 6월 28일   명정 올림

---

1   위문하는 글 : 원문의 '후소(候疏)'는 상을 당한 사람에게 보내는 위문편지를 말한다.
2   화고(花庫) : 청나라 고급 비단의 이름인 '화고단(華庫緞)'을 말한다.

조중회(趙重晦)   1711(숙종 37)~1782(정조 6)

본관은 함안(咸安). 자는 익장(益章)이다. 대사간 조영복(趙榮福)의 아들로, 이재(李縡)의 문인이다.

1736년(영조 12) 정시문과에 병과로 급제히고, 영변부사, 양주목사, 개성유수 등 외직을 거쳐 우윤, 도승지, 대사헌 등을 역임하였다.

1750년 탕평책을 반대하는 윤급(尹汲)을 변호하다 파직당하였다. 다시 기용된 후, 장헌세자(莊獻世子)가 뒤주에 갇혔을 때 그 부당함을 극간하다가 전라도 무장(茂長)으로 유배되기도 하였다.

예조판서, 함경도관찰사, 이조판서, 공조판서를 차례로 지내고 기로소(耆老所)에 들어갔다.

· · ·

省式 생식
瞻想中 忽承惠札 첨상중 홀승혜찰
謹審近入城裏 起居萬勝 區區仰慰 근심근입성리 기거만승 구구앙위
第夭慽之荐疊 不勝驚愕 제요척지천첩 불승경악

弟 私門不幸 子婦奄忽夭逝 제 사문불행 자부엄홀요서
聞訃於千里關外 情理慘痛 尙何可言 문부어천리관외 정리참통 상하가언

遺集讐校之役 聞已垂畢 유집찰교지역 문이수필
僉君子 多費消詳 則必爲完粹之本 極可幸也 첨군자 다비소상 즉필위완수지본 극가행야

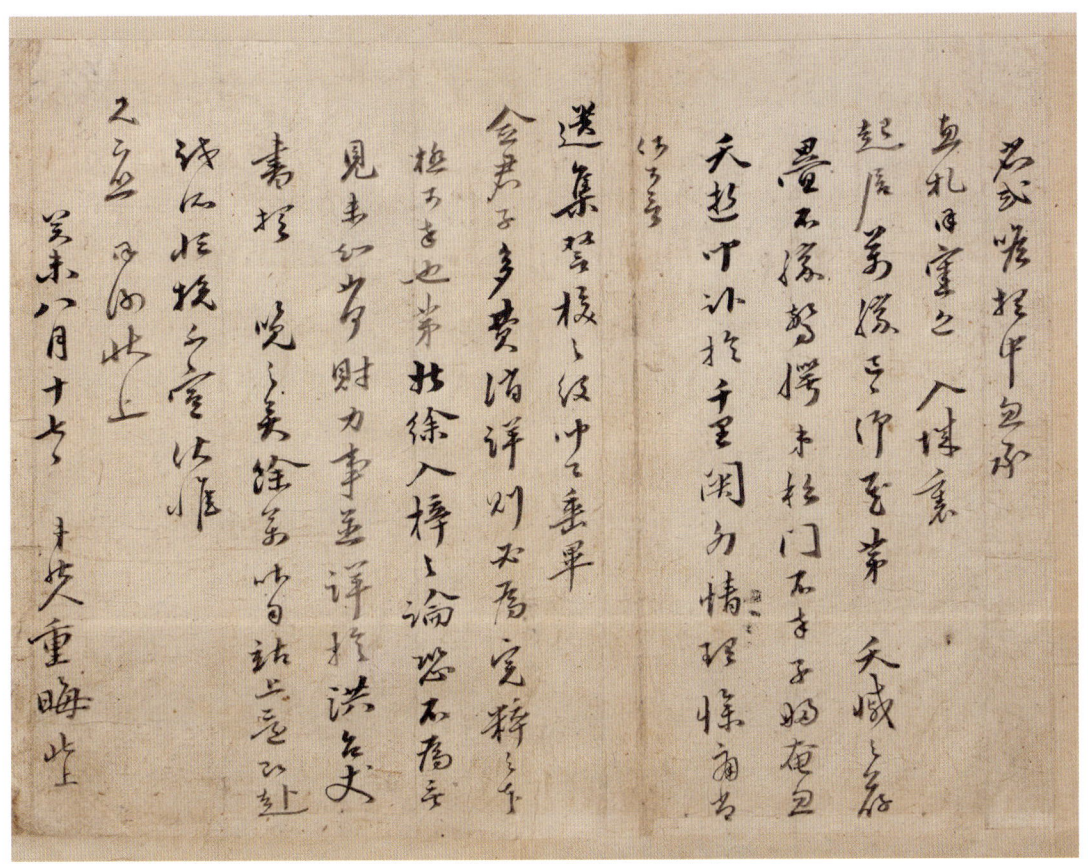

第姑徐入梓之論 恐不爲無見 未知如何 제고서입재지론 공불위무견 미지여하
財力事 竝詳於洪台丈書 想覽之矣 재력사 병상어홍대장서 상람지의

餘萬昨自站上還 卽赴試所 忙撓不宣 여만작자참상환 즉부시소 망요불선
伏惟下照 謹謝狀上 복유하조 근사장상

癸未 八月 十七日 계미 팔월 십칠일 弟 服人 重晦 狀上 제 복인 중회 장상

생식(省式).
그리워하던 중에 갑자기 편지를 받아, 근래 성안에 들어오셔서 잘 계시다는 것을 알게 되니 우러러 위로가 됩니다.

다만 계속하여 겪으신 요척(夭慽)¹에 놀라움을 금치 못하겠습니다.

저는 집안에 불행이 닥쳐 며느리가 홀연히 요절하였습니다.
천 리 밖 변방에서 부음을 들었으니, 정리(情理)의 비통함을 어찌 말로 다 할 수 있겠습니까.

유집(遺集)²을 살피고 교정하는 일은 다 마쳤다고 들었는데, 여러분들이 세심하게 공을 들였으므로 틀림없이 흠잡을 데 없는 완전한 책이 되었을 것입니다. 무척 다행스럽습니다.
그러나 간행을 뒤로 미루자고 하는 의견도 일리가 없는 것은 아니니, 어떻게 말을 해야 할지 모르겠습니다.
재력(財力)에 대한 일은 홍(洪) 어른의 글에 자세히 나와 있으니, 보셨을 것입니다.

나머지는 어제 역참에서 돌아와 바로 과장(科場)으로 가느라 바쁘고 어수선하여 다 쓰지 못합니다.
살펴 주시기 바라며 삼가 답장을 올립니다.

   1763년 8월 17일   상중(喪中)의 중회 올림

---

1   요척(夭慽) : 어린 자녀들이나 조카들이 죽는 것을 의미한다.
2   유집(遺集) : 죽은 사람이 생전에 써서 남긴 원고를 모아 묶은 책을 말한다.

서지수(徐志修) 1714(숙종 40)~1768(영조 44)

본관은 달성(達城). 자는 일지(一之), 호는 송옹(松翁)·졸옹(拙翁)이다. 영의정을 지낸 서종태(徐宗泰)의 손자로, 좌의정을 역임한 서명균(徐命均)의 아들이다. 어머니는 청풍김씨(淸風金氏)로 김구(金構)의 딸이다.

1740년(영조 16) 증광문과에 급제하여 홍문관과 예문관의 제학과 대사헌, 이조판서 등 요직을 두루 역임하고, 1766년에는 영의정에 올라 할아버지와 아버지에 이어 3대째 정승을 지냈다.

대사헌으로 있을 때 사도세자(思悼世子)의 비행을 조작하여 영조에게 허위 보고한 김상로(金尙魯)·홍계희(洪啓禧) 일파를 탄핵하였으며, 사도세자를 보호하려고 힘썼다.

정조가 동궁에 있을 때는 정경(正卿)의 직위로 정조를 보좌하였으며, 정조가 왕위에 오르는 데 큰 공헌을 하여 훗날 정조의 절대적인 신임을 받았다.

청백리에 녹선되었으며, 글씨를 잘 썼다.

· · ·

悅之 文右 열지 문우　　(手決) 謹封 근봉

貴哲之來 又承手字 以審日間履安 欣喜何已 귀철지래 우승수자 이심일간리안 흔희하이

此亦無它 而仲友今方作別 차역무타 이중우금방작별
去留之情 殊不可堪耳 거류지정 수불가감이

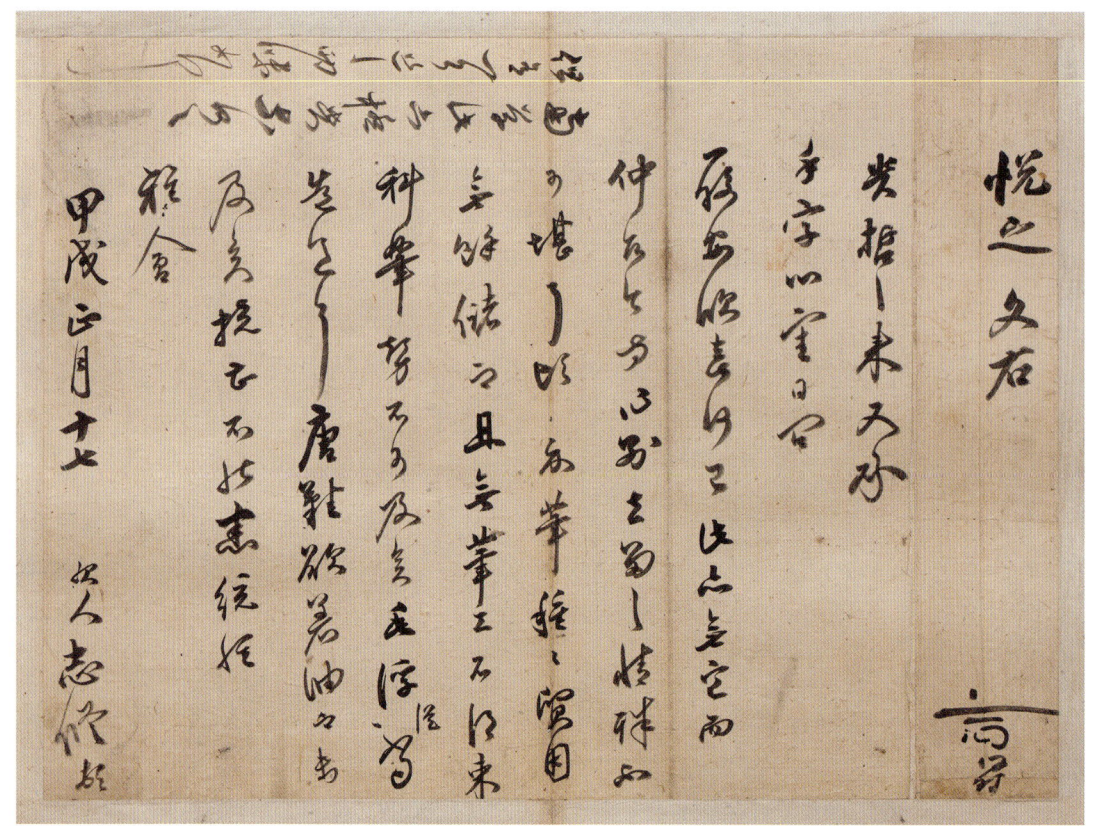

頃示筆 種種貿用 無餘儲 경시필 종종무용 무여저
而且無筆工 不得束科筆 勢不可及矣 이차무필공 부득속과필 세불가급의
毛浮從當造送耳 모부종당조송이
唐鞋欲着油 而未及矣 당혜욕착유 이미급의

撓甚不能悉 統惟雅會 요심불능실 통유아회

甲戌 正月 十七 갑술 정월 십칠 服人 志修 頓 복인 지수 돈

南草 此亦極貴 奈何奈何 남초 차역극귀 내하내하
但有一斤 送之 助味如何 단유일근 송지 조미여하

열지(悅之)¹ 문우(文右)에게 드리는 글   (수결) 근봉

귀철이가 와서 또 편지를 전해 주어 요즈음 편히 계심을 알고 나니 기쁘기 그지없습니다.

저 또한 다른 일은 없으나, 중우(仲友)²와 지금 막 헤어지고 나서 가고 머무는 정을 더욱 감당하기 어렵습니다.

지난번에 부탁하신 붓은 종종 사서 쓰는데 남은 것이 없습니다. 또 붓을 만드는 장인이 없어서 과필(科筆)³을 만들 수도 없으니 형편상 할 수 없습니다.
모부(毛浮)⁴는 마땅히 만들어 보냅니다.
당혜(唐鞋)⁵에는 기름을 두르려고 했으나 그러지 못하였습니다.

혼란스러워 다 쓰지 못하였습니다.
너그럽게 헤아려 주시기 바랍니다.

  1754년 정월 17일   상중(喪中)에 있는 지수 올림

담배는 여기서도 무척 귀하니 어쩌면 좋겠습니까.
단지 한 근이 있어서 보내 드리니 입맛이나 돋우시기 바랍니다.

---

1 열지(悅之) : 어느 분의 자(字)인 듯하다. 미상이다.
2 중우(仲友) : 이름이나 자에 '중(仲)' 자를 쓰는 친구를 지칭한다. 미상이다.
3 과필(科筆) : 과거를 볼 때 쓰는 붓을 이르는 말이다.
4 모부(毛浮) : 털로 만든 담요를 이른다.
5 당혜(唐鞋) : 조선시대 사대부가의 여인들이 신었던 가죽신을 말한다.

김상숙(金相肅)　　1717(숙종 43)~1792(정조 16)

본관은 광산(光山). 자는 계윤(季潤), 호는 배와(坯窩)·초루(草樓)이다.

1744년(영조 20)에 진사가 되고, 공조좌랑, 낭천현감, 양근군수 등 관직을 두루 거쳐 첨지중추부사에 이르렀다.

평소 외형적인 출세보다는 내면적인 득도에 관심이 깊어 경서와 『노자(老子)』 등을 공부하였다. 당나라 시인 두보(杜甫)의 시와 글씨에도 조예가 깊었다.

작품으로 경기도 파주에 있는 〈영상황보인표문(領相皇甫仁表文)〉, 강원도 홍천의 〈수타사서곡당선사탑비문(壽陀寺瑞谷堂禪師塔碑文)〉 등이 있다.

· · ·

韋侯別我有所適 위후별아유소적
知我憐君畫無敵 지아련군화무적
戲拈禿筆掃驊騮 희염독필소화류
欻見騏驎出東壁 훌견기린출동벽

一疋齕草一疋嘶 일필흘초일필시
坐看千里當霜蹄 좌간천리당상제
時危安得眞就此 시위안득진취차
與人同生亦同死 여인동생역동사

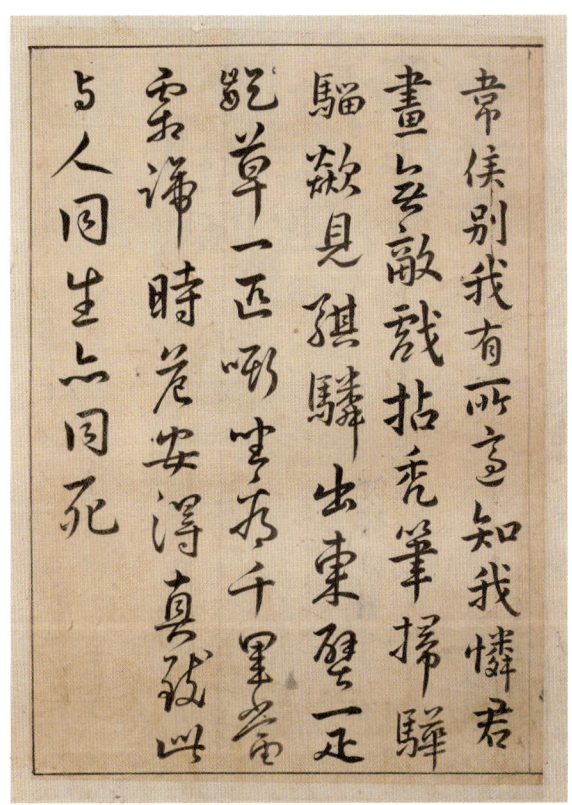

위후(韋侯)[1]는 나를 떠나 어디론가 가려고 하네.
그의 탁월한 그림 솜씨를 안타깝게 여기는 걸 알고
몽당붓 잡고 희롱하듯 화류(驊騮)[2]를 그려 내는데
갑자기 기린(騏驎)[3] 한 마리 동편 벽에서 튀어나오네.

한 마리는 풀을 뜯고 또 한 마리 울고 있으며,

---

1   위후(韋侯) : 당나라 위언(韋偃)을 지칭한다. 그는 글씨와 그림에 모두 능했는데, 그림은 특히 말[馬]·송석(松石) 등에 뛰어났다. 송나라 시인 소식(蘇軾)의 시 「위언목마도(韋偃牧馬圖)」에 "팔란과 육비는 말이 꾀할 수 있는 것이 아니어서, 예로부터 서산과 동구에 거하였다네(八鑾六轡非馬謀 古來西山與東邱)."라는 구절이 있고, 석굉연(釋宏演)이 쓴 「제총마음수도(題驄馬飮水圖)」에는 "예로부터 위언의 그림은 제일(昔聞韋偃畫無敵)"이라는 글이 있다. 이 글은 『동문선(東文選)』에 나온다.
2   화류(驊騮) : 주나라 목왕(穆王)의 팔준마(八駿馬) 중 하나로, '천리마'를 뜻한다.
3   기린(騏驎) : 얼룩이 무늬의 천리마를 일컫는다.

앉은 채로 천 리를 살피고 서리 밟고 달리리.⁴
위태로운 시절 어찌하면 이런 말을 구해서
함께 살고 또 함께 죽을 수 있을까.

* 이 시는 두보(杜甫)의 「위언이 벽에 그려 준 말에 부치는 노래(題壁上韋偃畫馬歌)」이다. 몇 글자의 변형이 있다.

4 서리 밟고 달리리 : 당나라 시인 두보(杜甫)의 시에 "서리 밟는 발굽으로 달리는 천리마이고, 바람 날갯짓하며 하늘까지 오르는 붕새로다(霜蹄千里駿 風翩九霄鵬)."라는 구절이 있다.

홍낙성(洪樂性)　　1718(숙종 44)~1798(정조 22)

본관은 풍산(豊山). 자는 자안(子安), 호는 항재(恒齋)이다. 홍석보(洪錫輔)의 손자로. 아버지는 예조판서 홍상한(洪象漢)이며, 어머니는 어유봉(魚有鳳)의 딸이다.

1744년(영조 20) 춘당대문과 을과 급제로 벼슬길에 올라 정언, 사서, 지평, 사간, 승지를 지내고, 강화부유수, 도승지, 이조참판 등을 역임하였다. 이후 이조·예조·형조·병조 판서와 전라도관찰사를 거쳐 좌의정, 세자부(世子傅), 영의정을 지냈다.

글씨에 뛰어났다.

...

歲暮戀想 轉覺耿耿 세모연상 전각경경
伏惟洊裏至寒 政候萬重 仰慰且傃 복유협리지한 정후만중 앙위차소
第親候近以輪症 多日彌留 悶迫何狀 제친후근이윤증 다일미류 민박하상

新蓂四件 忘略付呈 諒領如何 신명사건 망략부정 양령여하
雲巖吳進士家婚事 定行來月間云 운암오진사가혼사 정행래월간운
幸探問日期 鋪陳等屬婚具 借助如何 행탐문일기 포진등속혼구 차조여하
餘倩筆 不宣 여천필 불선
伏惟下照 謹候狀上 복유하조 근후장상

　　丁亥 至月 初八日 정해 지월 초팔일　弟 樂性 頓 제 낙성 돈

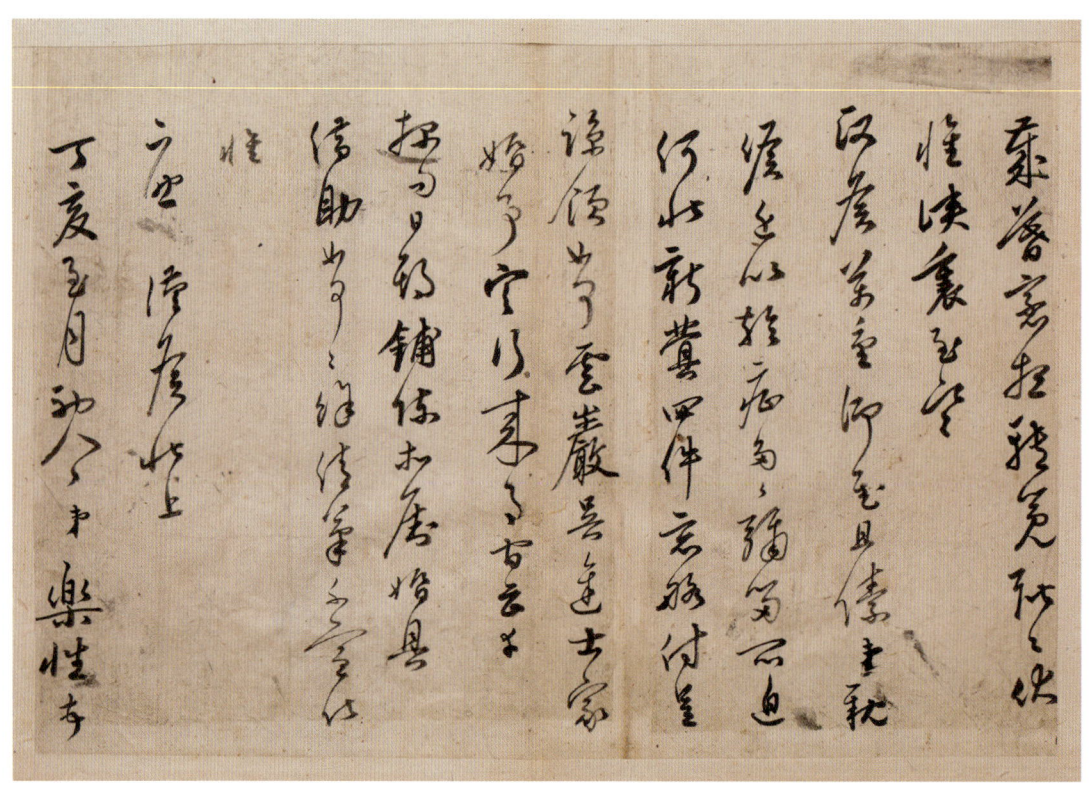

한 해가 저물어 가고 있는 이때 그리운 마음만 더합니다.
산골짜기의 혹독한 추위 속에서도 정무를 돌보시며 잘 지내고 계시리라 생각하니 우러러 위로가 되며 그립습니다.
다만, 요즈음 부모님께서 돌림병에 걸려 여러 날 동안 편치 않으시니, 이 근심을 어찌 말로 다 할 수 있겠습니까.

새해 달력 네 부를 약소하나마 보내 드리니 성의로 생각하시고 받아 주시기 바랍니다.
운암(雲巖) 오 진사[1] 댁의 혼사가 다음 달로 정해졌다고 하는데 날짜를 잘 살

---

1 오 진사 : 오대익(吳大益, 1729~?)을 지칭하는 듯하다. 본관은 해주이며, 승지, 병조참판 등을 역임하였다.

펴서 포진(鋪陳)² 등 혼인을 치를 때 필요한 것들을 빌려주시는 것이 어떠하신지요.
대신 쓰게 하느라 예를 갖추지 못하고 이만 줄입니다.
살펴 주시기 바라며 삼가 문안 편지를 올립니다.

  1767년 11월 8일　낙성 올림

2　포진(鋪陳) : 바닥에 까는 방석·요·돗자리 따위를 통틀어 이르는 말이다.

134 김종후(金鍾厚)   1721(경종 1)~1780(정조 4)

본관은 청풍(淸風). 자는 백고(伯高)·자정(子靜), 호는 본암(本庵)·진재(眞齋)이다. 좌의정을 지낸 김종수(金鍾秀)의 형이다.

민우수(閔遇洙)의 문인으로, 성리학자이다. 1778년(정조 2) 학행(學行)으로 처거되어 장령이 되고 경연관을 거쳐 자의(諮議 : 세자시강원에 속한 정7품 벼슬)에 이르렀다.

영조 대 임오화변(壬午禍變) 때는 장헌세자(莊獻世子)를 궁지에 몰아넣은 홍계희(洪啓禧)·김상로(金尙魯)의 모의에 가담하였으며, 아우인 김종수가 벽파(僻派)인 김구주(金龜柱)와 일당이 되자, 행동을 같이하여 장헌세자의 장인인 홍봉한(洪鳳漢)을 공격하였다.

그 뒤, 김구주 일파가 제거되면서 세도가인 홍국영(洪國榮)을 따랐고, 홍국영이 물러나자 소를 올려 그에게 기만당하였다고 변명하는 등 보신에 급급하였다. 이러한 정치적 행적으로 인하여, 학자로서 권력에 추종하여 유가(儒家)의 진의(眞義)를 해치고 국가의 흉화(凶禍)와 세도의 극치를 초래하는 역할에 가담하였다는 후세의 평을 받고 있다.

저서로 『본암집(本庵集)』이 있고, 편서로 『가례집고(家禮集考)』·『청풍세고(淸風世稿)』가 있다.

• • •

慕跂正切 昨自平谷 傳到下答 모기정절 작자평곡 전도하답
披奉慰感 曷任下懷 피봉위감 갈임하회

第承廊底之患 膝下之憂 弁甚非常 제승랑저지환 슬하지우 병심비상
至有出寓之撓 區區驚念不可極 지유출우지요 구구경념불가극

所喜憂患旣已向減 而尊丈道體康寧也 소희우환기이향감 이존장도체강녕야
是庸攢賀之至 시용찬하지지

伏不審日間動止諸節若何 복불심일간동지제절약하
而從御所次 卽是書院邪 이종어소차 즉시서원야
又不勝伏慕耿耿 우불승복모경경

鍾厚 奉老粗依 而自有冗撓 所業不能專實 종후 봉로조의 이자유용요 소업불능전실
間棲郊舍 爲癘氣所驅 狼貝徑還 간서교사 위려기소구 낭패경환

今承院中淸閒 極欲一出 以親德廕금승원중청한 극욕일출 이친덕음
而此亦有懲 前之慮不克便辦이차역유징 전지려불극편판
只增詹翹菀紆而已지증첨교울우이이

頻還書儀 謹領見諭以氣質本然論心之說조환서의 근령견유이기질본연론심지설
未知是何人之論미지시하인지론
而鍾厚 頃嘗於讀中庸 時率爾作此見解이종후 경상어독중용 시솔이작차견해
子靜 則已聞之矣 豈未曾一稟於門下耶자정 즉이문지의 기미증일품어문하야
今聞如宋參奉之積學宿德 而駁此論云금문여송참봉지적학숙덕 이박차론운
令人不勝瞿然영인불승구연

然 苟如是說 則心之未發 則無不善연 구여시설 즉심지미발 즉무불선
而已發則 善惡萬變者 將皆謂之本然耶이이발즉 선악만변자 장개위지본연야
抑皆謂之氣質耶억개위지기질야

本然也 則心本有惡 而南塘韓丈之論 爲至矣본연야 즉심본유악 이남당한장지론 위지의
氣質也 則是何無聖愚 而箇箇有此기질야 즉시하무성우 이개개유차
無不善底氣質乎무불선저기질호
敢問盛意於斯二者 判得何如감문성의어사이자 판득하여
乞賜明敎 以定其案焉걸사명교 이정기안언
抑愚妄之見 則又進此 而敢曰 氣質亦有本然억우망지견 즉우진차 이감왈 기질역유본연
與非本然之分 特不成 謂氣質之氣而已여비본연지분 특불성 위기질지기이이
倉卒不能悉布 玆略擧端 以冀幷蒙斤正耳창졸불능실포 자략거단 이기병몽근정이

區區於憂苦時 略事禮書구구어우고시 약사예서
近復時時繙閱 不勝其合商量處근부시시번열 불승기합상량처
而寡陋之甚 無與訂正이과루지심 무여정정
恨不能一詣門下 逐承指誨之明也한불능일예문하 축승지회지명야

姑擧其一二 則家禮於冠言 必父母無期以上喪고거기일이 즉가례어관언 필부모무기이상상
於昏言 身及主昏者 無期以上喪 一款어혼언 신급주혼자 무기이상상 일관

南溪以爲各是一義 而尤翁則 謂之互文而相通 남계이위각시일의 이우옹즉 위지호문이상통
區區常以尤翁說 爲直截通暢 而無容議矣 구구상이우옹설 위직절통창 이무용의의

近以書儀 註說考之 則却似溪說爲得 근이서의 주설고지 즉각사계설위득
蓋註中 旣備引士昏禮雜記之文 개주중 기비인사혼례잡기지문
而斷之 以今依律文 以從簡易 이단지 이금의율문 이종간이
則是其不用士昏 三族不虞之說 明矣 즉시기불용사혼 삼족불우지설 명의
若謂與冠禮 互文而幷包父母之無期喪 약위여관례 호문이병포부모지무기상
則是所謂三族之不虞也 즉시소위삼족지불우야
安在其不用古禮 以從簡易之意哉 안재기불용고례 이종간이지의재

家禮此文 旣一襲於書儀 而書儀之本義如此 가례차문 기일습어서의 이서의지본의여차
則家禮 豈容有他義耶 즉가례 기용유타의야
無或鍾厚惑於三思 而爲捨正就謬之歸耶 무혹종후혹어삼사 이위사정취류지귀야

喪禮 始襲而設奠 卒襲而設靈座 상례 시습이설전 졸습이설영좌
又有酒果之卓 우유주과지탁
將小歛而還襲 奠旣歛而又奠 장소렴이환습 전기렴이우전
未知始襲之奠 與卒襲之卓 同也 異也 미지시습지전 여졸습지탁 동야 이야
同則小歛之所遷 亦是靈座之卓耶 동즉소렴지소천 역시령좌지탁야
異則一箇襲 何得有此兩奠耶 이즉일개습 하득유차양전야

且靈座之中 卽設櫛頮 奉養之具 차령좌지중 즉설즐회 봉양지구
則小歛之前已可 즉소렴지전이가
日進盥盆 朝夕上食耶 일진관분 조석상식야
抑文字之間 別有可以不害意看 出之道否 억문자지간 별유가이불해의간 출지도부
幷乞垂敎焉 병걸수교언

且有一二變禮 來問者 차유일이변례 내문자
人有兄弟 持父喪 兄死未葬 而値父之祥 인유형제 지부상 형사미장 이치부지상
兄子旣承重 當待葬後 追行此祥 형자기승중 당대장후 추행차상

而死子之弟 除父之衰 亦當遲待 이사자지제 제부지쇠 역당지대

其追行之祥耶 기추행지상야

抑當於祥月忌日 先自除之耶 억당어상월기일 선자제지야

人有出後 而持本生心喪者 인유출후 이지본생심상자

本生兄弟禫後 當隨以服禫耶 본생형제담후 당수이복담야

抑無復變除 惟俟吉祭直爲復吉耶 억무부변제 유사길제직위부길야

亦乞裁誨 幸甚萬萬 無以悉暴 역걸재회 행심만만 무이실포

止此 不備 지차 불비

伏惟下察 복유하찰

再拜 上候書 재배 상후서

　　丙子 五月 九日 병자 오월 구일　侍生 金鍾厚 頓首 시생 김종후 돈수

우러러 그리운 마음이 간절하기만 한데, 어제 평곡(平谷)으로부터 답장을 전해 받고 펼쳐 읽으면서 위안과 감사의 마음을 견딜 수 없었습니다.

다만 낭저(廊底 : 행랑)의 병과 슬하(膝下)의 근심이 모두 예사롭지 않고, 심지어 집을 떠나야 하는 어지러운 일도 있다고 하니 놀랍기 그지없습니다.

기쁘게도 우환은 이미 줄어들고 있으며 존장(尊丈)의 도체(道體)[1]가 강녕하시니, 지극한 마음으로 축하드리지 않을 수 없습니다.

요사이는 어떻게 지내고 계시며, 종어(從御)[2]하여 머무시는 곳이 바로 이 서원(書院)입니까.

1　도체(道體) : 학자의 안부를 물을 때 쓰는 표현이다.
2　종어(從御) : 부인과 함께 거처하는 것을 말한다. 『예기』 「상대기(喪大記)」에 "담제(禫祭)를 마치면 종어(從御)하고 길제(吉祭)를 마치면 복침(復寢)한다(禫而從御 吉祭而復寢)."라고 한 구절이 있는데, 종어에는 "부인을 거느리는 것(御婦人也)", 또는 "정사에 종사하여 직무를 다스리는 것(從政而御職事)"의 두 가지 설이 있다. 담제를 지낸 뒤에는 종어(從御)하고 길복을 입으면 침실로 돌아간다.

그리운 마음을 또 어찌할 수 없습니다.

저는 늙으신 부모님을 모시고 그럭저럭 지내고 있습니다만, 쓸데없이 번잡한 일이 많아 학문에 제대로 전념하지 못하고 있습니다.

그동안 나쁜 기운[3]을 물리치기 위해 교외에 나가 살았습니다. 돌아오려고 하니 낭패스럽기만 합니다. 지금 서원의 맑고 한가로운 기운을 접하면서, 한번 가서 음덕을 가까이하고 싶은 마음은 간절합니다. 그러나 이곳에서도 또한 해야 할 일이 있고 이전의 걱정거리도 해결하지 못하고 있어서 애태우며 안타깝기만 합니다.

돌려보내신 서의(書儀)[4]의 '기질(氣質)과 본연(本然)으로 마음을 논한 설'로 가르침을 받게 되었습니다만, 이것이 누구의 이론인지 알지 못합니다.

그리고 제가 지난번 『중용』을 읽으면서 때때로 대충 이러한 견해를 표명하였고 자정(子靜)[5]이 이미 이 견해를 들었는데, 어떻게 아직 문하에 한 번도 얘기하지 않았겠습니까?

지금 들으니, 마치 송 참봉[6]의 적학(積學)[7]과 숙덕(宿德)[8]으로 이 이론을 논박한다고 하는 것 같아 두렵기만 합니다.

그러나 진실로 그렇다면, 이 말은 마음이 '미발(未發)'인 상태일 때는 선하지 않은 것이 없으며, '이발(已發)'일 때는 선악(善惡)이 만 가지로 변하는 것으로, 나아가 모두 '본연(本然)'이라고 해야 하지 않겠습니까. 그렇지 않다면 '기질(氣質)'이라고 해야 합니까?

---

3 나쁜 기운 : 원문의 '여기(癘氣)'는 열병이나 돌림병을 일으킨다는 기운을 뜻하는 말이다.
4 서의(書儀) : 원래는 송나라 때 사마광(司馬光)이 편찬한, 공사(公私)에 쓰이는 글의 형식에 관한 저서를 말한다. 일정한 형식의 글이란 뜻으로도 쓰인다.
5 자정(子靜) : 스승인 민우수(閔遇洙)에게 동문수학한 김자정(金子靜)이다. 김종후의 저서 『본암집』에 나온다.
6 송 참봉 : 본문의 내용을 미루어 볼 때 송무원(宋婺源)으로 여겨진다. 자는 경휘(景徽), 호는 염수와(念修窩)이다. 본관은 은진(恩津)으로, 우암(尤庵) 송시열(宋時烈)의 증손이다. 그의 이름인 무원은 원래 주자(朱子)의 선조 고향으로 주자를 직접 칭하기도 하는데, 이 역시 주자를 사모하여 이름으로 삼은 것이다.
7 적학(積學) : 학문의 공을 높이 쌓음.
8 숙덕(宿德) : 오래도록 쌓은 덕망.

'본연'이라는 것은, 즉 마음속에는 본래 악한 성질이 있으므로 남당(南塘)[9] 한장(韓丈)의 이론이 지극합니다.

성인과 어리석은 사람의 기질에 있어 차이가 어떻게 없겠습니까? 그러나 모두가 이를 지니고 있는데, 기질에는 선하지 않음이 없지 않겠습니까?

이 두 가지에 대하여 감히 높은 뜻을 묻고자 하니 밝혀 주시기 바랍니다.

그렇지 않다면, 어리석고 망령된 견해로 더 나아가 감히 '기질'에도 '본연'이 있으며 '본연'이 아닌 것과의 구분이 특별히 없다고 하면서, '기질'의 '기(氣)'일 뿐이라고 말하게 될 것입니다.

미처 생각할 겨를이 없이 다급하여 자세히 말씀드릴 수도 없어서 이렇게 간략하게 단서만을 거론하였으니, 아울러 바로잡아 주시기 바랍니다.

제가 우환을 겪고 있을 때 '예(禮)'에 대한 글을 요약해 두었는데, 요즈음 때때로 다시 살펴보니 좀 더 생각해야 할 곳이 있습니다. 그러나 제가 아는 것도 없고 고루하기만 하여 어떻게 할 수도 없습니다.

잘못을 고치고 바로잡지도 못하면서, 한번 문하(門下)에 찾아가 밝은 가르침을 구하지 못하였으니 한스러울 뿐입니다.

우선 그 한두 가지를 말씀드리자면, 『가례(家禮)』[10]에 '관례(冠禮)'는 "반드시 부모가 '기년복(期年服)' 이상의 상(喪)이 없어야(必父母無期以上喪)" 하며, '혼례(昏禮)'는 "자신과 혼사를 주관하는 사람이 기년복 이상의 상이 없어야 한다(身及主昏者 無期以上喪)."고 한 조목에 대해 남계(南溪)[11]는 각기 독립적인 의미가 있다고 여겼으나 우옹(尤翁)[12]은 이 부분을 호문(互文)[13]이라고 하며 서로 통한다고 하였습니다.

저는 항상 우옹의 설이 확실하고 명쾌하다고 여기고 있으므로 다시 의논할

---

9 남당(南塘): 한원진(韓元震, 1682~1751)이다. 성리학자로 본관은 청주(淸州). 자는 덕소(德昭), 호는 남당(南塘)이다. 이간(李柬) 등과 호락논쟁(湖洛論爭)을 일으켜 호서 지역 학자들의 학설인 호론(湖論)을 이끌었다.
10 『가례(家禮)』: 여기서는 송나라의 학자 주희(朱熹)가 가정에서 일용하는 예절을 모아 엮은 책을 일컫는다.
11 남계(南溪): 박세채(朴世采, 1631~1695)의 호이다. 박세채에 대해서는 이 책 327쪽의 주 3 참조.
12 우옹(尤翁): 우암(尤庵) 송시열(宋時烈, 1607~1689)이다. 송시열에 대해서는 이 책 190~191쪽 참조.
13 호문(互文): '호설(互說)'과 같은 의미이다. 상호 연관 지어 설명하는 것을 일컫는 말이다.

것도 없습니다.

최근에 『서의(書儀)』의 주설(註說)을 살펴보니 남계(南溪)의 이론을 받아들인 듯합니다.

대체로 주(註)에 「사혼례(士昏禮)」와 「잡기(雜記)」[14]의 글을 다 인용하고 나서는, 끝에 가서 "이제 율문(律文)에 따라 간이(簡易)한 쪽을 따른다."고 단언하였으니, 「사혼례(士昏禮)」 중 '삼족(三族)[15]의 예기치 못한 상사(喪事)'에 대한 설을 원용하지 못하고 있음이 명백합니다.

만약 관례도 호문(互文)으로 여기고 부모의 기년복 이상의 상을 포함시킨다면, 이것이 이른바 '삼족의 예기치 못한 상사'인 것입니다. 이것이 어떻게 고례(古禮)를 따르지 않으면서 간이한 쪽을 따른다는 뜻이겠습니까?

『가례』의 이 문장은 이미 『서의』에서 습(襲)을 한가지로 정의하였고, '서의'의 본뜻도 이와 같으니 어찌 다른 뜻을 용납할 수 있겠습니까?

혹시라도 제가 세 번 생각한 탓으로 의혹이 생긴 나머지,[16] 옳은 것을 버리고 잘못된 것을 선택하여 귀결 지은 것은 아닌지요.

상례(喪禮)에는, 습(襲)[17]을 한 후에 설전(設奠)[18]하며, 염습을 마치고 영좌(靈座)[19]를 설치한 후에 다시 탁자 위에 술과 과일을 진설(陳設)하고, 소렴(小斂)[20]을 하고 나면 환습(還襲)[21]하고, 전(奠)을 거두고 또 전을 진설하게 되어 있는데, 염습하기 전과 염습을 마쳤을 때 탁자는 같기도 하고 다르기도 합니다.

같다고 한다면, 소렴을 하고 시신을 옮겨도 또한 영좌 탁자입니까?

다르다고 한다면, 한 번의 염습으로 어떻게 전을 두 번 차려야 합니까?

---

14 「사혼례(士昏禮)」와 「잡기(雜記)」: 주나라의 주공(周公)이 저술한 것으로 알려진 『의례(儀禮)』의 편명을 말하는 것으로 보인다.
15 삼족(三族): 부친의 형제, 자신의 형제, 자식의 형제를 말한다.
16 세 번 생각한 탓으로 의혹이 생긴 나머지: 원문의 '혹어삼사(惑於三思)'는 지나치게 생각하여 오히려 의혹이 생겼다는 뜻이다. 『논어』 「공야장편(公冶長篇)」에 "계문자(季文子)가 무슨 일이든 세 번 생각한 뒤에 행하므로 공자가 듣고, '두 번이 옳다.'라고 하였다(季文子 三思而後行 子聞之曰 再思可矣)."고 한 데서 온 말이다.
17 습(襲): 시체를 목욕시키고 일체의 의복을 입히는 것을 의미한다.
18 설전(設奠): 아침과 저녁에 시신의 오른쪽 어깨 옆에 상을 차려 올리는 것을 말한다.
19 영좌(靈座): 염습(殮襲)이 끝난 뒤에 죽은 이의 혼백(魂帛)을 임시로 모셔 두는 곳이다.
20 소렴(小斂): 시신의 손톱과 발톱을 자르고 목욕시킨 다음 옷을 입히고 이불로 싸는 것을 말한다.
21 환습(還襲): '습렴(襲斂)'할 때 상복의 소매를 벗었다가 일을 마치면 다시 벗은 소매를 입는 것을 말한다.

또 영좌 안에 바로 빗, 세수 도구, 봉양 도구를 진설하는 것은 소렴 이전에 마쳐도 되며, 매일 대야에 나아가고, 아침저녁으로 음식을 올립니까?
그렇지 않다면, 문헌에 달리 뜻을 해치지 않으면서 도리로 나아가는 일이 있습니까?
아울러 가르침을 주시기 바랍니다.

또 한두 가지 변례(變禮)[22]에 대해 물으러 온 사람이 있었습니다.
어떤 형제가 있어, 아버지의 상중[23]에 형이 죽었지만 장례를 치르지도 못한 채 바로 아버지의 대상(大祥)[24]이 돌아올 경우에는, 형의 아들은 이미 승중(承重)[25]을 하고 있으므로 당연히 장례가 끝나기를 기다렸다가 아버지의 대상을 뒤로 물려서 지내고, 죽은 아들의 동생은 아버지 상(喪)의 최복(衰服)[26]을 벗고 역시 의당 뒤로 물려서 지내는 대상을 기다려야 하는지요?
그렇지 않다면, 대상을 지내는 달과 제삿날에 먼저 스스로 최복을 벗습니까?

어떤 사람이 양자로 갔다가 본생(本生)[27]의 심상(心喪)[28]을 당하면 본생의 형제가 담제(禫祭)를 지낸 뒤에 이어서 담복(禫服)을 입습니까? 아니면 다시 변제(變除)[29]하지 않고 길제(吉祭)[30]를 기다렸다가 바로 길복(吉服)을 입습니까?
이 또한 헤아려 가르침을 주시기 바랍니다.

할 말은 많지만 다 말씀드리지 못하고 이만 줄입니다.

---

22 변례(變禮) : 비상사태에 임기응변하는 예법을 일컫는다.
23 상중 : 원문의 '지상(持喪)'은 상복을 입고 상주(喪主) 노릇을 하는 일을 말한다.
24 대상(大祥) : 사망한 날로부터 만 2년이 되는 두 번째 기일(忌日)에 지내는 상례(喪禮)의 한 절차이다.
25 승중(承重) : 아버지가 사망한 후 조상에 대한 제사를 책임지는 일을 말한다. 여기서는 아버지가 죽은 다음에 할아버지의 장례를 책임지는 것을 뜻한다.
26 최복(衰服) : 아들이 부모, 증조부모, 고조부모의 상중에 입는 상복(喪服)을 말한다.
27 본생(本生) : 남의 집에 양자로 간 사람의 본래 부모가 사는 집을 일컫는 말이다.
28 심상(心喪) : 상복을 입지는 아니하나 상중(喪中)과 같이 처신하는 행위를 말한다. 여기서는 남에게 양자 간 자가 그의 생부모의 상을 당한 경우를 말한다.
29 변제(變除) : '변복(變服)' 또는 '제복(除服)'으로, 소상(小祥)을 마친 뒤에는 상복을 빨고 수질(首絰 : 상복을 입을 때에 머리에 두르는, 짚에 삼 껍질을 감은 둥근 테)을 벗으며, 대상(大祥)을 지낸 뒤에 상복을 벗고 '길복(吉服)'으로 갈아입는 것을 말한다.
30 길제(吉祭) : 담제를 지낸 다음날 '정일(丁日)'과 '해일(亥日)'을 택해서 신주를 사당에 안치하기 위하여 지내는 제사를 말한다.

두 번 절하고 문안 편지를 올립니다.

1756년 5월 9일 시생 김종후 올림

민백분(閔百奮)

1723(경종 3) ~ 1793(정조 17)

본관은 여흥(驪興). 자(字)는 흥지(興之)이다. 명성황후(明成皇后)의 아버지인 민치록(閔致祿)의 조부이다.

1770년(영조 46)에 문과에 급제하여 관직에 올랐으며, 충청감사, 대사성 등의 관직을 역임하였다.

. . .

惠書與復札 長弟承拜於數日之內 荷慰交至 혜서여부찰 장제승배어수일지내 하위교지
且知兄留止於弟家 而不得相際 豈勝悵惘 차지형류지어제가 이부득상제 기승창망
忽已歲改 伏惟兄旅履益福 遙切慰賀 홀이세개 복유형여리익복 요절위하

師門遺集之役 承承始刊 愴感百端 사문유집지역 승승시간 창감백단
物力相助 何待勤敎 而積弊之局 殆不成樣 물력상조 하대근교 이적폐지국 태불성양
僅以五十銅 具單拜納 庶或俯諒也 근이오십동 구단배납 서혹부량야

弟 孔路奔忙 誠非病骨可堪 悶憐奈何 제 공로분망 성비병골가감 민련내하
極撓艱草不宣 극요간초불선
伏惟兄下照 拜謝狀上 복유형하조 배사장상

　甲申 元月 三日 갑신 원월 삼일　弟 百奮 頓首 제 백분 돈수

來紙敬覽還納 내지경람환납
訖又當在那間 一帙可能派及 則竊欲速得之 흘우당재나간 일질가능파급 즉절욕속득지
幸乞留神 행걸류신

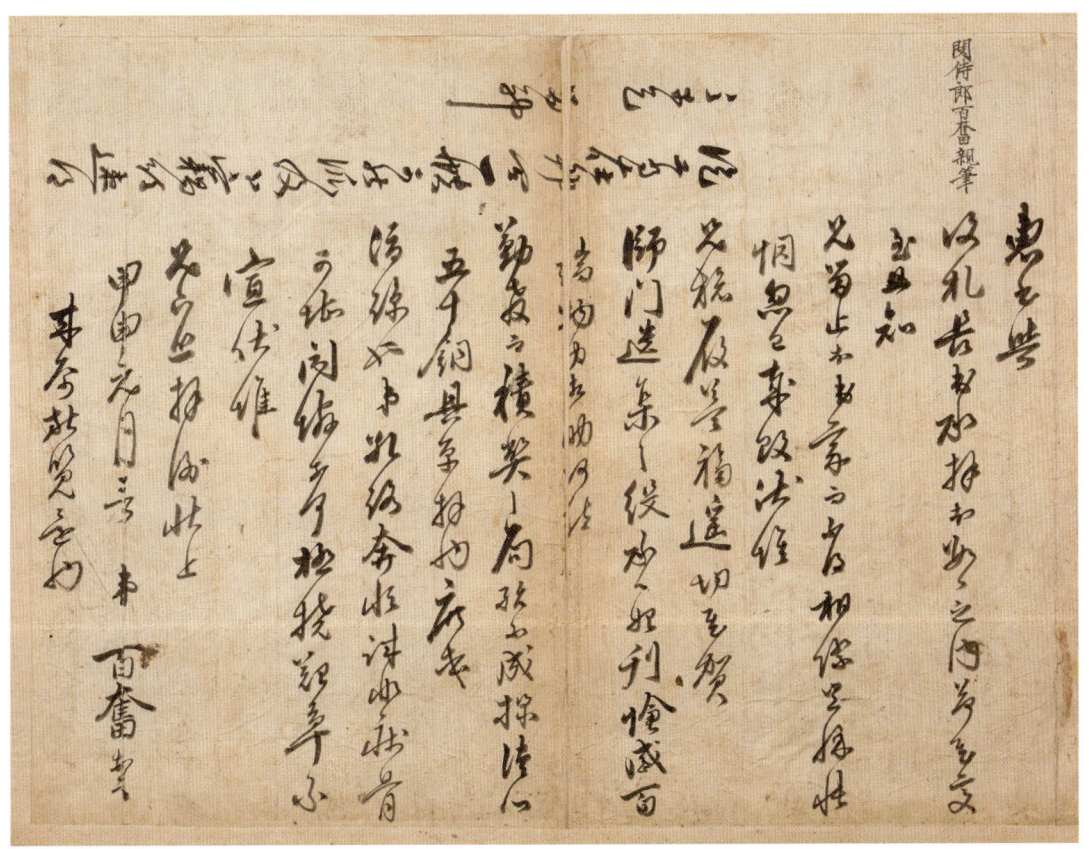

편지와 답장을 며칠 사이에 차례로 받아 감사와 위로가 아울러 넘쳤습니다. 또 그대께서 제 집에 머물러 계시다는 것을 알게 되니, 함께하지 못한 것이 너무나 서글펐습니다.

어느덧 새해를 맞았습니다. 그대께서 객지 생활 중에 더욱더 복을 누리시길 멀리서 간절히 축원합니다.

스승님의 유집(遺集)이 계속 이어 간행되기 시작하니, 온갖 서글픈 감정이 다 몰려옵니다.

재물로 돕는 일은 말씀하시지 않아도 알아서 해야 되는 것이지만, 오랫동안 피폐함이 누적되어 있는 까닭에 격에 걸맞지 않게 겨우 오십 동(銅)만 단자(單子)를 갖추어 올리니 굽어 살펴 주시기 바랍니다.

저는 공로(孔路)¹에서의 바쁜 일과로 힘들게 지내고 있습니다.
이는 정말 저같이 병약한 사람이 감당할 만한 일이 못 됩니다만, 고민하고 슬퍼한들 어찌하겠습니까.
너무 어시러워 간신히 글을 쓰느라 예의를 갖추지 못하였습니다.
그대께서 살펴 주시기 바라며 이렇게 답장을 올립니다.

   1764년 정월 3일 　백분 올림

보내 주신 글은 잘 읽어 보고 돌려보냅니다.
또 언제쯤 되어야 한 질 나눠 주실 수 있으신지요.
하루 속히 얻을 수 있었으면 좋겠습니다.
잊지 않고 유념하여 주시기 바랍니다.

1 　공로(孔路) : 통행하는 사람이 많은 큰길. 즉 우리나라와 중국의 사신(使臣)이 왕래하는 곳이나 그와 관련된 공무 등을 말한다.

김종수(金鍾秀) 1728(영조 4)~1799(정조 23)

본관은 청풍(淸風). 자는 정부(定夫), 호는 진솔(眞率)·몽오(夢梧)이다. 우의정 김구(金構)의 증손이며, 성리학자 김종후(金鍾厚)의 아우이다.

1768년(영조 44) 식년문과에 병과로 급제해 벼슬길에 올라 승지, 경기도·평안도 관찰사를 거쳐 대제학, 이조·병조 판서를 역임하고 우의정과 좌의정을 지냈다.

1794년(정조 18) 사도세자(思悼世子)를 위한 토역(土役)을 주장한 채제공(蔡濟恭)의 남인과 대립하면서 유배되었다가, 그해에 벼슬에서 물러나 봉조하(奉朝賀 : 종2품의 관리로 사임한 자에게 주던 벼슬)가 되었다. 이후 순조 때에 이르러 척신인 김구주(金龜柱) 및 심환지(沈煥之) 등과 당파를 이루어 정조를 기만하고 뒤에서 그 치적을 파괴해 자신의 이익을 추구했다고 하여 관작이 추탈되기도 하였으나 곧 회복되었다.

저서로 『몽오집(夢梧集)』이 전한다.

· · ·

日昨獲拜下札 甚慰戀仰多矣 일작획배하찰 심위연앙다의
而日日藥院 曉入夜出 未卽修謝 何歎如之 이일일약원 효입야출 미즉수사 하탄여지
便后春深 伏惟靜候增衛 편후춘심 복유정후증위

少弟侍奉粗安 소제시봉조안
而賤疾尙未蘇完之中 强策奔走 이천질상미소완지중 강책분주
若將顚仆 悶如之何 약장전부 민여지하

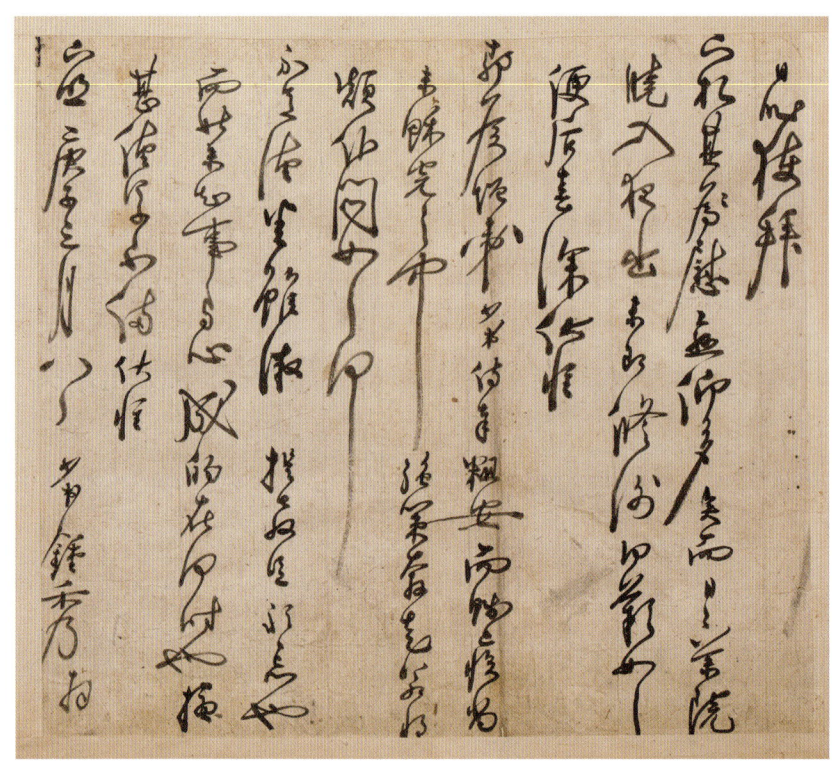

示意謹悉 雖微提敎 豈敢忘也 시의근실 수미제교 기감망야
而姑未知事與心成 的在何時也 이고미지사여심성 적재하시야

擾甚僅草不備 요심근초불비
伏惟下照 복유하조

庚子 三月 八日 경자 삼월 팔일 少弟 鍾秀 拜 소제 종수 배

일전에 보내 주신 편지를 받고 몹시 그리던 마음에 위안이 되었습니다.
그렇지만 매일 새벽에 약원(藥院 : 내의원)에 들어갔다가 밤이 되어야 나오느라 바로 답장을 하지 못하였으니 이보다 더 한심한 일이 있겠습니까.
소식이 있은 뒤로 봄은 깊어만 가는데 고요히 수양하시며 잘 계시리라 생각합니다.

저는 부모님 모시고 그럭저럭 지내고 있습니다만, 병이 완전히 낫지도 않은 채 더욱 무리하여[1] 설치고 다니느라 곧 쓰러질 듯하지만 걱정해 본들 어찌하겠습니까.

말씀하신 뜻은 잘 알고 있습니다.
비록 작은 가르침이라도 어찌 감히 잊을 수 있겠습니까.
그러나 마음먹은 대로 일이 이루어질 날이 언제가 될지는 아직 정확하게 알지 못합니다.

어지러워 간신히 글을 쓰느라 예의를 제대로 갖추지 못하였습니다.
살펴 주시기 바랍니다.

  1780년 3월 8일   어린 아우 종수 올림

· · ·

長洞 夢村謝狀 장동 몽촌사장   (手決) 謹封 근봉
徐報恩宅 回納 서보은댁 회납

歲暮益增馳仰 手敎慰甚 矧承雪冱 靜候之安 세모익증치앙 수교위심 신승설호 정후지안

弟 親候長時凜切 賤疾長時呻頓 제 친후장시늠절 천질장시신돈
而次福 頭風上熱之證 이차복 두풍상열지증
今冬益甚 殆無讀書耳 奈何 금동익심 태무독서이 내하

新醪之惠 及此病渴之中 荷賜多矣 신료지혜 급차병갈지중 하사다의
珍感非他物比也 壺乾當完耳 진감비타물비야 호건당완이

病草不備 伏惟下照 병초불비 복유하조

1   더욱 무리하여 : 본문의 '강책(强策)'은 "강하게 채찍질하다."의 뜻이다.

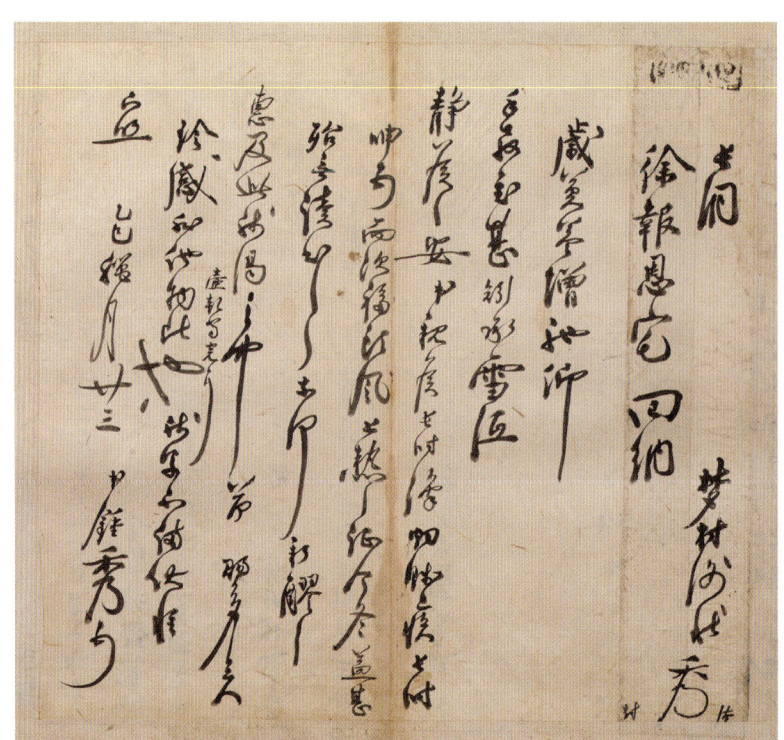

乙巳臘月 卄三 을사 납월 입삼　弟 鍾秀 頓 제 종수 돈

장동(長洞) 몽촌(夢村)의 답장　　(수결) 근봉(謹封)
서(徐) 보은군수(報恩郡守) 댁에 보냄

한 해가 저물어 가면서 더욱더 그리워하던 차에 편지를 받아 무척 위안이 되었습니다. 더욱이 눈보라 몰아치는 추위 속에서 평안하신[2] 것도 알게 되었습니다.

저는 부모님께서 오랫동안 위중한 데다 저도 병이 들어 오래 앓고 있습니다. 차복(次福)[3]이의 두풍(頭風)[4]과 상열(上熱)[5] 증세는 겨울이 되면서 더욱 심해지

2　평안하신 : 원문의 '정후(靜候)'는 조용히 수양하며 지내는 사람의 안부를 물을 때 쓰는 표현이다.
3　차복(次福) : 김종수의 아들 김약연(金若淵)의 후사(後嗣)이다. 약연이 후사가 없이 사망하자

면서 책도 거의 읽을 수 없으니 어쩌면 좋겠습니까.

병으로 목마른 사람에게 새로 빚은 술을 보내 주셔서 대단히 고맙습니다.
다른 어떤 것에도 비할 수 없이 고마울 따름입니다.
술병은 당연히 다 비워 버렸습니다.

병중에 예의를 갖추지 못합니다.
살펴 주십시오.

   1785년 12월 23일　종수 올림

   종인(宗人) 김수묵(金守默)의 장자(長子) 김기건(金基建)의 차남 김차복(金次福)을 후사로 삼았다. 『일성록(日省錄)』에는 1783년(정조 7) 5월 25일 김종수가 상소하여 치사(致仕)하기를 청하고, 이어 김차복으로 후사(後嗣)를 잇게 해 주기를 청한 일에 대한 내용이 있다.
4 두풍(頭風) : 머리 아픈 것이 오랫동안 치유되지 않고 수시로 발작하는 증상이 있는 병이다.
5 상열(上熱) : 몸에 열이 오르는 증세를 말한다.

137 김근순(金近淳) 1772(영조 48)~?

본관은 안동(安東). 자는 여인(汝仁), 호는 십청(十靑)·귀연(歸淵)이다.

1794년(정조 18) 알성문과에 장원급제하였다.

관직으로 부제학, 대사성, 직제학을 지냈다.

・・・

別兼 直廬 별겸 직려

晚熱更甚 直履一樣 稍阻可悵 만열갱심 직리일양 초조가창
夕當齋宿閣中 而面穩則無路 甚歎甚歎 석당재숙각중 이면온즉무로 심탄심탄

明將治疏 疏本玆送去 覽還如何 명장치소 소본자송거 남환여하
不宣式 불선식

卽 즉 從 頓 종 돈

별겸(別兼)[1]이 숙직하는 처소에.

늦더위가 다시 심해지는데 숙직하시면서 잘 계시는지요. 다소 격조하여 서운합니다.

---

1 별겸(別兼): 별겸춘추(別兼春秋)를 말하는 것으로 보인다. 조선 후기 각 고을의 문관(文官) 수령으로 발령 받은 관원이 춘추관(春秋館)의 수찬관(修撰官) 이하의 관직을 겸임한 경우를 일컫는다.

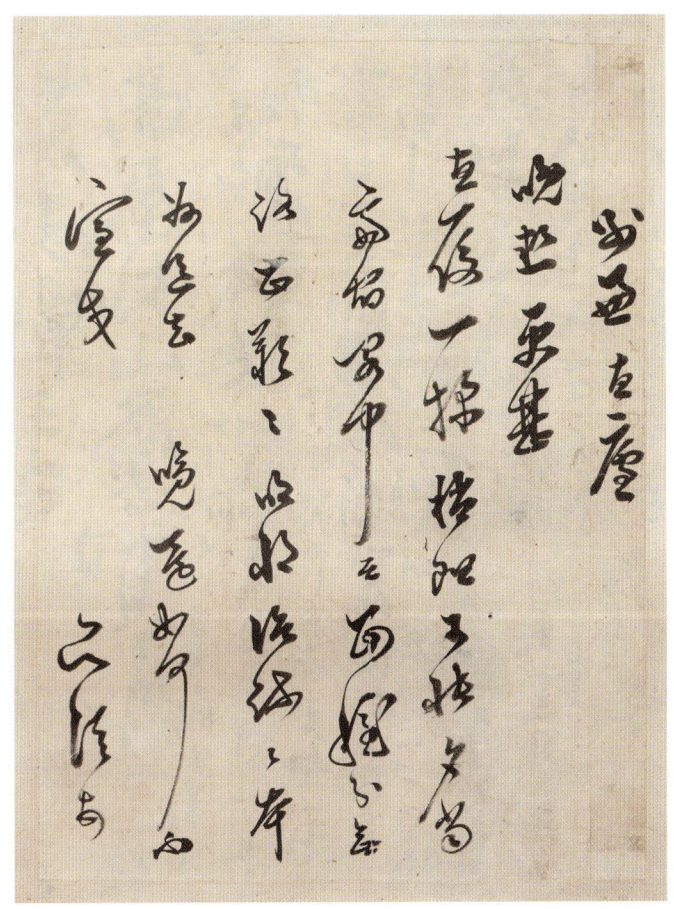

날이 저물면 재각(齋閣)에서 주무셔야 하니[2] 만나 뵐 길이 없어 더욱 한탄스럽습니다.

내일은 상소문을 올리려고 하며, 원본을 이렇게 보내 드립니다. 보시고 돌려주십시오.
이만 줄입니다.

  편지를 받은 날 사촌 올림

2   주무셔야 하니 : 원문의 재숙(齋宿)은 제관(祭官)이 재소(齋所)에서 밤을 지내는 일을 말한다.

조두순(趙斗淳)   1796(정조 20)~1870(고종 7)

본관은 양주(楊州). 자는 원칠(元七), 호는 심암(心菴)이다.

1826년(순조 26) 황감제시(黃柑製試 : 매년 제주도 진상 밀감을 성균관 유생들에게 하사하면서 실시한 과거 시험)에 장원으로 뽑히고, 그해 4월 정시문과에 병과로 급제하였다. 순조·헌종·철종·고종 등 네 명의 임금 밑에서 황해도·평안도 관찰사, 공조·형조·병조·이조 판서, 한성부판윤 등을 거쳐 우의정, 좌의정, 영의정에 이르기까지 40여 년 동안 벼슬살이를 하였다.

정원용(鄭元容)·김흥근(金興根)·김좌근(金左根) 등과 함께 삼정이정청(三政釐整廳)의 총재관(總裁官)을 지내면서 고종의 영립(迎立)에 주도적 역할을 하였으며, 흥선대원군(興宣大院君) 집권 초기에 영의정으로 천주교 탄압에 앞장섰다. 동학농민운동의 원인을 제공하고도 권력을 누린 탐관오리 조병갑(趙秉甲)이 그의 조카이다.

경복궁(景福宮) 재건, 『대전회통(大典會通)』 편찬, 삼군부(三軍府) 설치 등의 지휘를 맡았다. 저서로 『심암집(心菴集)』이 전한다.

• • •

比稍惜乾一需 際此望日耳 비초석건일패 제차망일이
卽辰 台體旬宣莊護 즉신 대체순선장호
農節也 簿領計簡漫矣 裘帶作何算度耶 농절야 부령계간만의 구대작하산도야

弟 以眩以瀉 收拾轉艱 悶然悶然 제 이현이사 수습전간 민연민연
有所告 略具另夾 유소고 약구영협

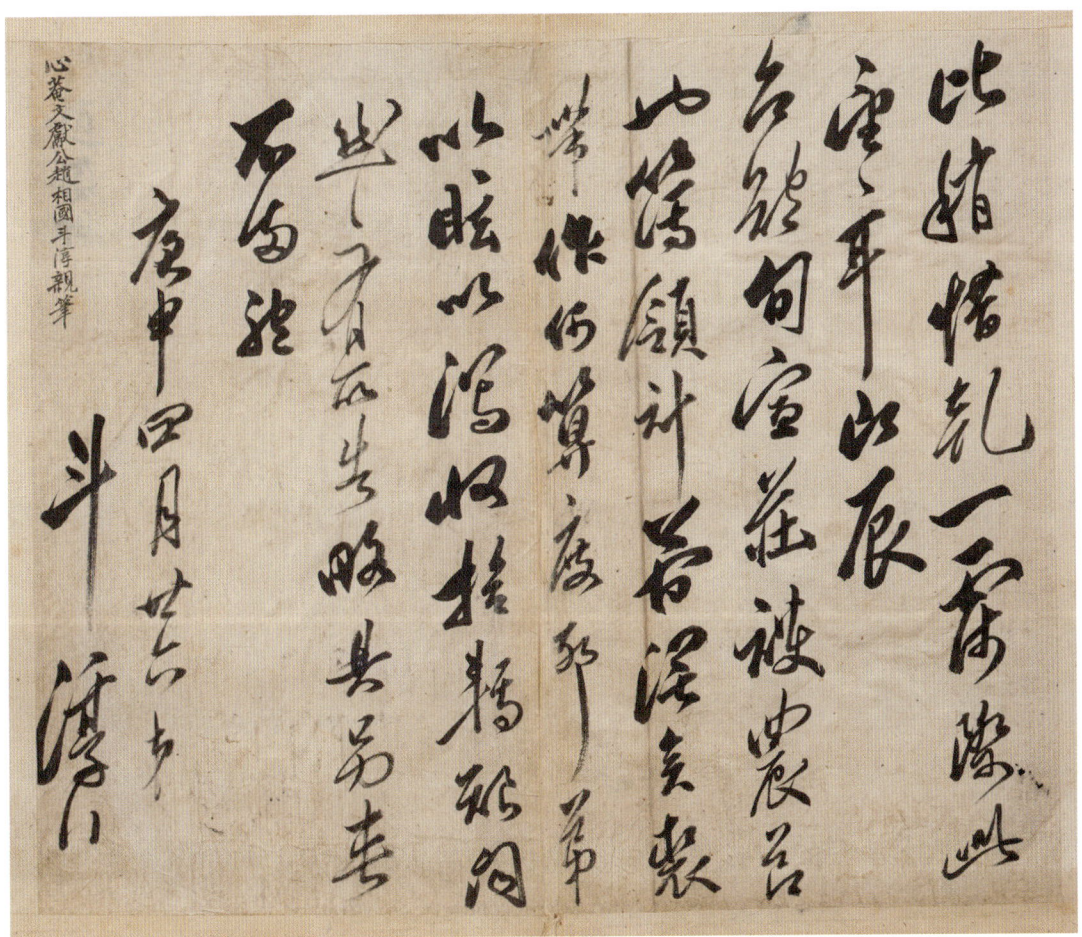

不備禮 불비례

庚申 四月 廿六日 경신 사월 입육일 弟 斗淳 拜 제 두순 배

요즈음 날씨가 조금 가물었는데 한바탕 비가 내리고 나더니 해가 났습니다. 지금 대감께서는 관찰사[1]의 직무를 수행하시며 건강하게 잘 지내고 계시겠

---

[1] 관찰사 : 원문의 '순선(旬宣)'은 『시경』 「대아(大雅)」 '강한(江漢)'에 "임금이 소호에게 명하시어 정사를 두루 펴라 하시다(王命召虎 來旬來宣)."라고 한 데서 유래하여, 지방관이 되어 왕정(王政)을 펴는 것을 의미한다. '순(旬)'은 "두루 다스린다."는 뜻으로 '순(巡)'과 통한다. 여기서는 관찰사의 직임을 말한다.

지요.

농사철에는 문서 더미[2]가 모두 부질없는 것입니다.

가벼운 옷차림에 허리띠 풀고 있으면[3] 따질 일도 없지 않겠습니까.

저는 어지럼증과 설사를 앓고 있어, 수습하기도 더욱 어려워졌으니 고민스럽기만 합니다.

드릴 말씀은 협지에 간략히 썼습니다.

예를 갖추지 못하고 이만 줄입니다.

  1860년 4월 26일 두순 올림

---

2 문서 더미 : 원문의 '부령(簿領)'은 관청의 문서를 이르기도 하며, 장부를 다루는 일, 즉 관청의 업무를 의미하기도 한다.
3 가벼운 옷차림에 허리띠 풀고 있으면 : 본문의 '구대(裘帶)'는 존귀한 신분을 지칭하기도 하고, '완대경구(緩帶輕裘)'의 약칭으로도 쓰이는데, 이는 『진서(晉書)』「양호전(羊祜傳)」에 "군중에 있을 적에도 완대와 경구로 지내며 몸에 갑옷을 걸치지 않는다."라는 글에서 유래한다.

미상(未詳) 1

유천군(儒川君) 이정(李瀞, 1619~1659)으로 고증되어 있으나 미상이다. 동명이인으로는 본관이 연안(延安)으로 이하징(李夏徵)의 아들인 이정(李瀞, 1659~1737)도 있으며, 다른 성(姓)에 이름이 정(瀞)인 사람도 다수 있다.

• • •

交棠若順 意謂此歲返節矣 교당약순 의위차세반절의
事終巧違 方深瞻慕倍切 사종교위 방심첨모배절
卽伏承遠問札 憑審窮陰 즉복승원문찰 빙심궁음
兄主節侯神相 無任伏慰區區 형주절후신상 무임복위구구

下惠三種歲儀 依受伏感 鳴謝鳴謝 하혜삼종세의 의수복감 명사명사
餘希迓新蔓祉 不備 여희아신만지 불비
伏惟下察 謹拜謝狀上 복유하찰 근배사장상

　　壬辰 臘月 卄二 임진 납월 입이　　再從弟 瀞 頓首 재종제 정 돈수

虎鬚曾蒙覓惠之敎矣 尙或留念否 호수증몽멱혜지교의 상혹유념부

관찰사[1] 자리를 바꾸는 일이 순조로우면 금년에 퇴임하고서 돌아갈 생각이었으나, 일이 끝내 공교롭게도 어긋나고 말았습니다.
지금 그리운 마음은 더욱 깊기만 한데 멀리서 안부 편지를 받아 섣달 추위에

1　관찰사 : 원문의 '당(棠)'은 주나라 소공(召公)이 순행(巡幸)할 때 감당(甘棠)나무 아래서 쉬어 가며 은혜로운 정사를 행했던 고사(故事)에서 유래하여, 관찰사를 가리킨다.

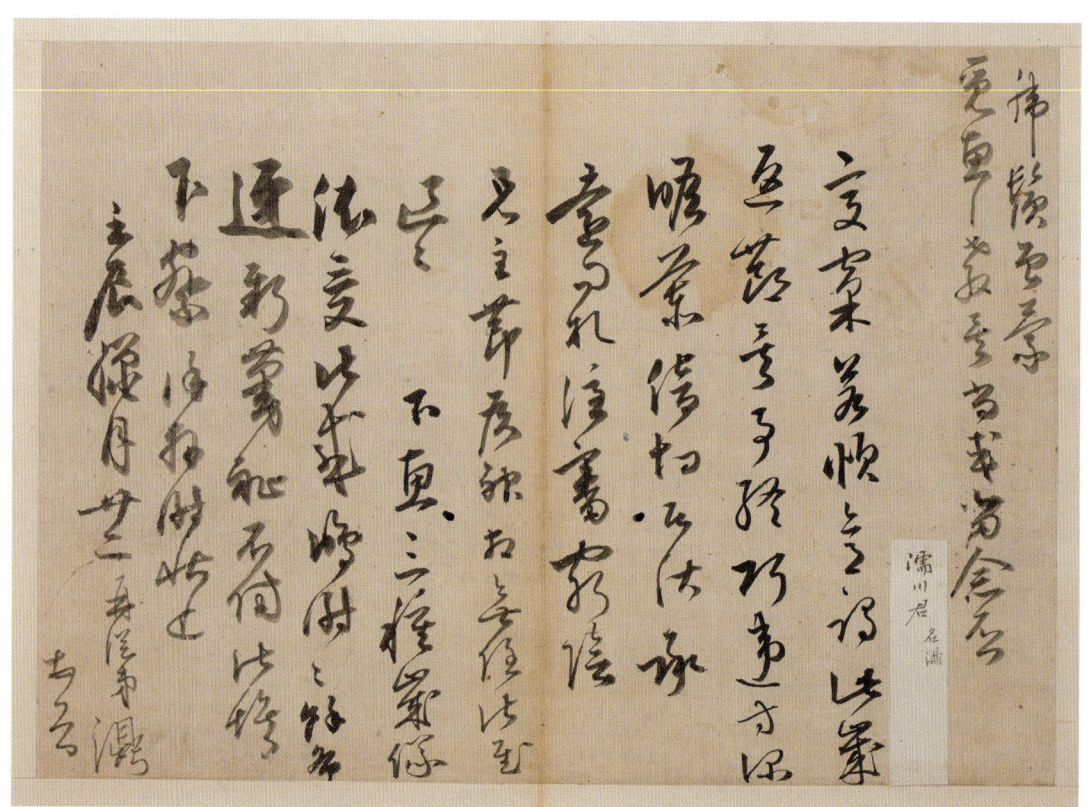

그대께서 편히 계심을 알게 되니 무척 위안이 됩니다.

보내 주신 새해 선물 세 가지는 감사하는 마음으로 잘 받았습니다. 고맙고 고맙습니다.
새해를 맞이하여 큰 복을 누리시기만 바라며, 이만 줄입니다.
살펴 주시기 바라며 삼가 답장을 올립니다.

임진년(壬辰年) 12월 22일   육촌 아우 정 올림

호수(虎鬚)[2]를 찾아 보내 달라고 하셨는데, 아직도 혹시 기억하고 계시는지요.

2   호수(虎鬚) : 조선시대의 입식(笠飾)의 하나로, 문무관이 융복(戎服 : 옛 군복)을 착용할 때 주립(朱笠)의 네 귀에 장식으로 꽂던 흰 빛깔의 새털을 말한다.

미상(未詳) 2

…

浹旬直候若何若何 협순직후약하약하
當出直 可以一晉穩敍 당출직 가이일진온서
前作一書 送直本宅 未知入照否 未可曲施否 전작일서 송직본댁 미지입조부 미가곡시부

見任房宜所急 可痛 弊家婢未情事 可冤 견임방의소급 가통 폐가비미정사 가원
而生之私念極切 이생지사념극절

令鑑處置不難 玆以更冒 無乃深咎耶 영감처치불난 자이갱모 무내심구야
還懷未安 환회미안

伏惟令鑑 不備上狀 복유영감 불비상장

　癸五旬 五日 계오순 오일　永聲 영성

열흘 동안 당직[1] 업무를 하시며 잘 계시는지요.
당직을 마치고 나오시면 한번 찾아뵐 수 있을 것 같습니다.
접때 편지를 써서 본댁으로 바로 보냈습니다.
이미 살펴 보시고 곡진히 베풀어 주셨는지요.

지금 임방(任房)[2]의 일이 의당 급하니 가슴이 아픕니다.

1　당직 : 원문의 '직후(直候)'는 당직 서는 사람의 안부를 물을 때 쓰는 표현이다.
2　임방(任房) : 보부상(褓負商)들이 모여 이익을 도모하던 곳을 말한다. 여기서는 보부상들의 사

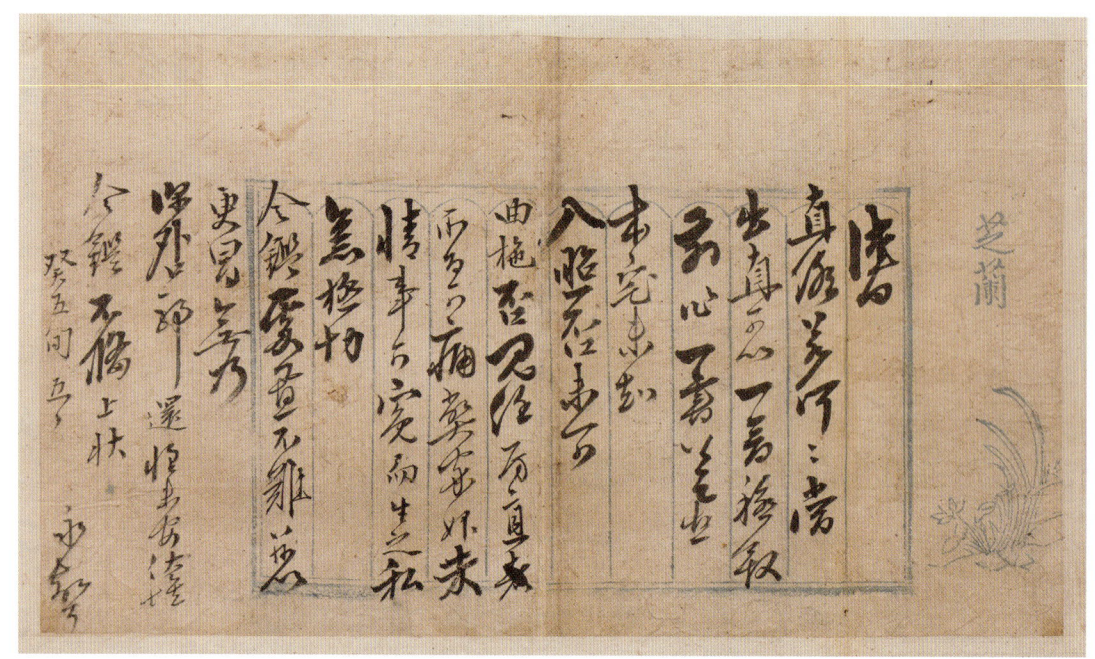

저희 집안의 여자 종 미정의 일은 원통하기만 하여, 제 마음이 지극히 간절합니다.

영감께서 조치하시기에는 어렵지 않은 일이어서 다시 이렇게 성가시게 하게 되니, 어찌 큰 죄가 아니겠습니까. 거듭 송구스럽기만 합니다.

영감께서 살펴 주시기 바라며 글을 맺습니다.

　계(癸)년 5월 15일　영성

* 이 편지의 발신인이 영성(永聲)이라고 쓰여 있다. 비슷한 연대의 인물로는 1645년(인조 23) 경기전(慶基殿) 참봉(參奉)을 지낸 김영성(金永聲)이 있으나 단정할 수 없다. 아울러 이 간찰의 내용도 부분적으로 명확하지 않다.

무소를 지칭하는 듯하다.

미상(未詳) 3

...

謹次 東臺賞春韻 上松戶 兼謝僉兄頃柱 근차 동대상춘운 상송호 겸사첨형경왕

先生高臥白雲壇 선생고와백운단
八十季春醉裡看 팔십년춘취리간
近戶松含經劫翠 근호송함경겁취
滿園花浥太和團 만원화읍태화단

閒情不讓陶潛逸 한정불양도잠일
傑句全嫌賈島寒 걸구전혐가도한
抱病江湖勞極目 포병강호노극목
若爲鷗鷺與同懽 약위구로여동환

聯翩巾屨綠江隈 연편건구록강외
春水如天上有臺 춘수여천상유대
興劇應多驢背句 흥극응다여배구
家貧幸有鴨頭杯 가빈행유압두배

松庭散策遙山入 송정산책요산입
蘭渚移檣語燕廻 난저이장어연회
皈日更傳紅錦軸 귀일갱전홍금축
弼雲林壑眼中開 필운임학안중개

삼가 '동대(東臺) 상춘(賞春)' 운으로 시를 지어 송호(松戶)에 올리면서, 아울러 여러분들께서 접때 방문해 주신 일에 대해 보답한다.

선생은 백운단(白雲壇)에 높이 누워 계셔[1]
팔십 년 봄을 술에 취해 보누나.
집 가까이 소나무는 억겁(億劫)[2]의 푸르름을 머금고

동산 가득 핀 꽃은 천지조화³에 젖어 있네.

한가로운 마음은 도연명(陶淵明)의 은거에 뒤지지 않고
뛰어난 시구는 가도(賈島)⁴의 쓸쓸함을 닮았네.
병든 몸 강호의 고달픔이 눈에 선한데
갈매기, 해오라기 어울려 함께 즐기누나.

여러 벗⁵ 잇달아 파란 강가 찾아드니
봄 물은 하늘인 양 대(臺) 위로 솟구치네.
흥이 오르면 나귀 등⁶에 시도 많이 실리리니
가난한 살림살이에 포도주⁷ 한 잔 했으면 좋겠네.

소나무 뜰을 거닐어 먼 산으로 들어가고
난초 핀 강가에 돛을 옮기니 지지배배 울며 제비가 돌아오네.
돌아가는 날 다시 붉은 비단에 싼 시축(詩軸)을 전하리니
필운(弼雲)⁸ 숲 골짜기에서 눈이 번쩍 뜨이리라.

---

1 높이 누워 계셔 : 원문의 '고와(高臥)'는 벼슬하지 않고 시골에 물러나 편히 생활하는 것을 말한다. 진(晉)나라 사안(謝安)이 몇 차례나 조정의 부름에 응하지 않은 채 동산에 높이 누워(高臥東山) 지냈던 고사에서 유래한다. 『진서(晉書)』 「사안전(謝安傳)」에 나온다.
2 억겁(億劫) : 원문의 '겁(劫)'은 헤아릴 수 없을 정도로 긴 시간을 가리키는 불교용어이다.
3 천지조화 : 원문의 '태화(太和)'는 천지 사이에 충만하고 조화로운 기운을 일컫는 말이다.
4 가도(賈島) : 779~843. 당나라의 시인으로 자는 양선(浪仙) 또는 낭선(閬仙)이다. 한유(韓愈)에게 문장을 배웠다. 841년 보주(普州)의 사창참군(司倉參軍)에 발령받았으나 부임 전 쇠고기를 과식해 향년 65세의 나이로 죽었다. 송나라 시인 소동파는 맹교(孟郊)와 함께 '교한도수(郊寒島瘦)'라고 불렀으며, '퇴고(堆敲)'라는 유명한 말이 그에게서 유래되었다.
5 여러 벗 : 원문의 '건구(巾屨)'는 두건과 신발이라는 말인데, 당나라 시인 두보(杜甫)의 시 「제이존사송수장자가(題李尊師松樹障子歌)」에 "솔 아래 노인들 두건과 신발이 똑같으니, 짝하여 앉은 모습이 상산의 노인네 같네(松下丈人巾屨同 偶坐似是商山翁)."라는 시구에서 인용한 것이다.
6 나귀 등 : 당나라 시인 맹호연(孟浩然)이 눈 속에 나귀를 타고 매화를 찾으며 시를 애써 지은 일에서 유래하여, "시를 짓는다."는 뜻으로 쓰였다. 송나라 손광헌(孫光憲)이 지은 『북몽쇄언(北夢瑣言)』에는 당나라 정경(鄭綮)이 "나의 시상(詩想)은 눈보라 치는 파교 위에서 나귀 등에 올라타고 있을 때 가장 잘 우러난다(詩思在灞橋風雪中驢子上)."라고 술회한 고사가 있다.
7 포도주 : 원문의 '압두(鴨頭)'는 청둥오리 머리 색깔처럼 파란 포도주를 의미한다. 당나라 시인 이백(李白)의 시에 "멀리 한강 물은 청둥오리 머리의 파란색, 흡사 이제 막 발효하는 포도주 빛이로다(遙看漢水鴨頭綠 恰似葡萄初發酷)."라는 표현에서 나왔다.
8 필운(弼雲) : 필운산, 즉 인왕산(仁王山)의 별칭으로, 일반적으로 서울 도성을 가리키지만, 어떤 분의 자(字)나 호(號)일 수도 있다. 미상이다.

미상(未詳) 4

. . .

飄以絶村裏 표이절촌리
絰年共我饑 경년공아기
同居貧亦樂 동거빈역락
棄去病誰依 기거병수의

霜落梨初熟 상락이초숙
秋深蟹正肥 추심해정비
爾歸今得所 이귀금득소
臨別自沾衣 임별자첨의

바람이 잦아든 이 산골에
해를 넘겨 가며 함께 굶주렸지만
함께한 가난 속엔 즐거움도 있었네.
버려두고 가 버리면 병든 이 몸은 누구를 의지하리.

서리 내리면 배는 익어 가고
가을이 깊어 게는 한참 살이 찼네.
그대, 돌아가도 갈 곳은 있겠지만,
이별을 앞두고 옷깃을 적시네.

次 砂巖 차 사암

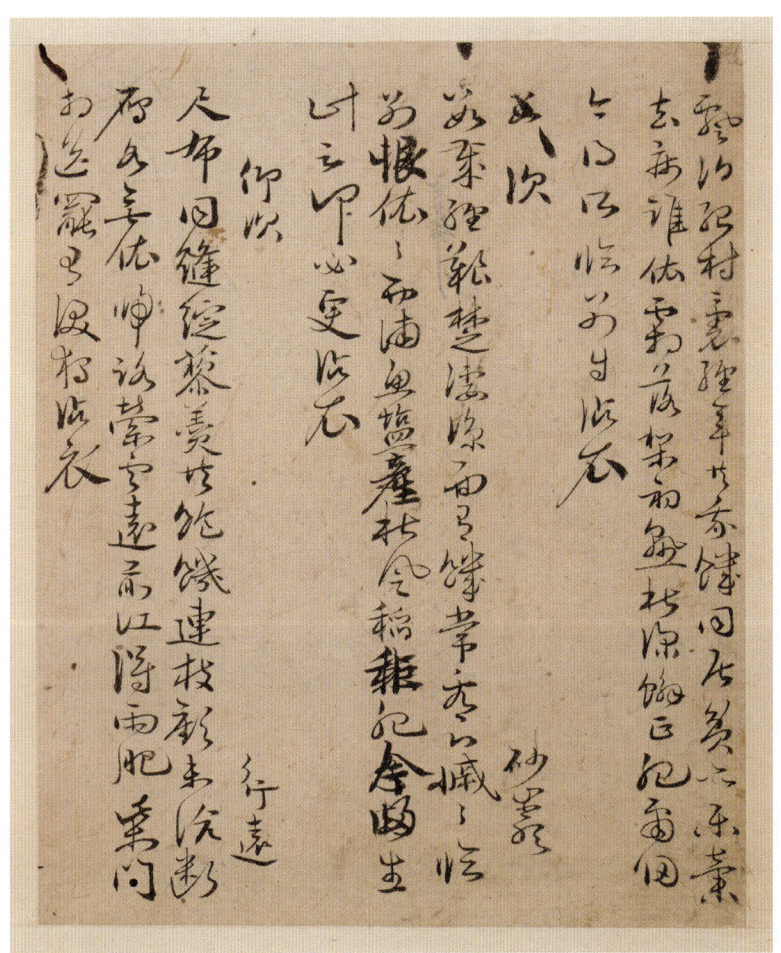

數歲經艱楚 수세경간초
淒凉面有饑 처량면유기
常看心慼慼 상간심척척
臨別恨依依 임별한의의

西浦魚鹽産 서포어염산
秋風稻秬肥 추풍도거비
今歸盡計云 금귀진계운
何必更沾衣 하필갱점의

'사암(砂巖)'에 차운하다

몇 해 동안 온갖 어려움을 겪었으니
처량하다, 얼굴엔 주린 기색이 흐르네.
항상 바라보면 마음은 서글프고
이별을 앞두고는 아쉬움만 남았어라.

서쪽 포구엔 생선도 소금도 나고
가을바람에 곡식이 익어 가는데
지금 다 뿌리치고 돌아간다고 하니
어찌하여 다시금 눈물 적시게 하는가.

仰次 行遠 앙차 행원

尺布同縫綻 척포동봉탄
藜羹共飽饑 여갱공포기
連枝顧未洽 연지고미흡
斷鴈各無依 단안각무의

歸路縈雲遠 귀로영운원
前江得雨肥 전강득우비
柴門相送罷 시문상송파
有淚獨沾衣 유루독첨의

'행원(行遠)'에 차운하다

한 조각 베옷¹도 함께 기워 입고

---

1 한 조각 베옷 : 『한서(漢書)』에 "한 자의 베도 기울 수 있고, 한 말 곡식도 찧어 먹을 수 있건마는, 형제 두 사람은 서로 용납하지 못하네(一尺布尚可縫 一斗粟尚可舂 兄弟二人 不能相容)."라

나물국으로 주린 배를 같이 채웠네.
한 가지[2]로 태어나 서로 돌보기도 흡족하지 않은데
외기러기처럼 각자 흩어져 사는구나.

돌아가는 길[3]은 구름을 휘돌아 아득하고
앞 강물은 비가 내려 불어났네.
사립문 앞에서 서로 이별하고
눈물 흘리며 홀로 옷을 적시네.

　　는 구절이 나온다.
2　한 가지 : 본문의 '연지(連枝)'는 친형제를 말한다.
3　돌아가는 길 : 원문에는 '귀(歸)' 자를 빼고 다른 글자를 넣는 것으로 표기되어 있으므로, 아마
　　바꾼 글자는 왼쪽 아랫부분에 잘려 나간 것으로 여겨진다.

에필로그

지난 30여 년 동안 고미술품을 나름 체계적으로 수집해 왔다고 자부하지만, 한문으로 된 고서류(古書類)는 읽기 어려워 쉽사리 손에 넣지 못하고 주저했던 게 사실이다. 그러던 차에 우연인 듯 필연인 듯, 2015년경 『동방명적(東方名蹟)』 등 여섯 권의 간찰첩(簡札帖)을 접하게 되었다.

그 순간 나에게는 두 가지 생각이 떠올랐다. 하나는 200~300여 년 전의 어느 분이 어떤 연유로 조선의 기라성 같은 선현(先賢)들의 간찰을 모았으며, 어쩌면 이토록 정성을 다해 장첩(粧帖)을 했는가 하는 의문이었고, 또 하나는 이 귀한 유물을 내가 매입하여 소장한다면 이후 어떻게 활용할 수 있을까 하는 고민이었다. 그러나 머릿속 생각들은 잠시 접어 두고, 나는 그 가치만을 소중히 여겨 마침내 여섯 권의 간찰첩을 구입했다.

시간이 흐르면서, 수장고에 보관 중인 여섯 권의 간찰첩에 먼지만 쌓여 가는 것을 보는 내 마음은 무거워져만 갔다. 그러면서 '조상으로부터 물려받은 찬란한 문화유산이 한문(漢文)이라는 장벽 때문에 그 가치를 제대로 빛내지 못하고 있구나!' 절감하게 되었다. 그래서 이 간찰들을 정성껏 보관해 온 분들의 뜻을 되살려, 오늘을 살아가는 누구나 쉽게 읽을 수 있도록 번역하여 출판하기로 결심했다. 그러니, 결과적으로 이 간찰들을 손에 넣은 후 책을 통해 널리 공개하기까지 10년이 걸린 셈이다.

아무쪼록 이 책을 읽는 이들이 160여 편의 간찰들에 담긴 다양한 사연들을 통해 선현들의 아름다웠던 문화, 법고창신(法古創新)의 정신을 조금이라도 느끼기를 바랄 뿐이다. 나아가 인공지능 시대에 이러한 자료가 디지털 데이터베이스로 축적되어 새로운 창의적 발상의 원천이 되기를 기대한다.

끝으로, 이 책의 집필과 번역을 맡아 주신 동혼재(東昏齋) 석한남(石韓男) 선생님께 깊이 감사드리며, 아울러 출간에 이르기까지 열과 성을 다한 큐레이터 이수현 차장의 노고를 치하한다. 이 책의 편집에 애써 준 태학사 조윤형 주간께도 감사의 마음을 전한다. 또한 이 간찰들을 정성껏 모아 보관해 오신 이름 모를 선비들께 사숙(私淑)의 마음을 전하고 싶다.

작은 호텔을 경영하는 기업인으로서 의미 있는 역할을 할 수 있어 큰 보람을 느낀다.

2025년 5월
㈜더프리마 이상준